LA
LEXICOLOGIE DES ÉCOLES

COURS COMPLET

DE

LANGUE FRANÇAISE ET DE STYLE

DIVISÉ EN TROIS ANNÉES

ET RÉDIGÉ

SUR UN PLAN ENTIÈREMENT NEUF

PAR

M. P. LAROUSSE

GRAMMAIRE COMPLÈTE

SYNTAXIQUE ET LITTÉRAIRE

COURS DE DEUXIÈME ANNÉE

> « Populariser la science..., c'est-à-dire la
> rendre plus compréhensible, plus attrayante,
> plus à la portée de tous les esprits désireux
> de s'instruire, et lui donner une application
> utile et pratique. »
>
> FEUCHTERSLEBEN.

PARIS

AUG. BOYER ET Cⁱᵉ, LIBRAIRES-ÉDITEURS

RUE SAINT-ANDRÉ-DES-ARTS, 49.

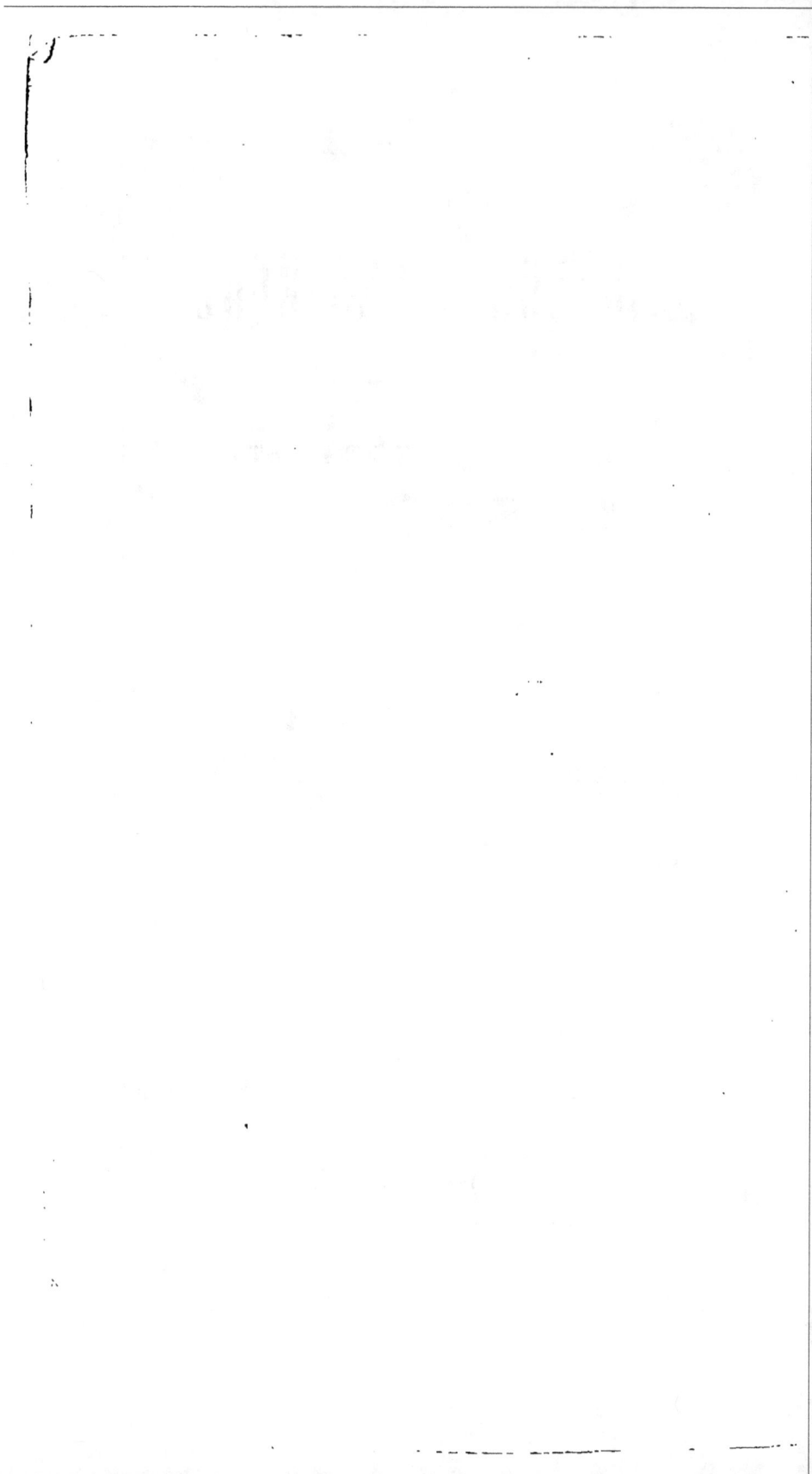

LA
LEXICOLOGIE DES ÉCOLES

COURS COMPLET

DE

LANGUE FRANÇAISE ET DE STYLE

DIVISÉ EN TROIS ANNÉES

ET RÉDIGÉ

SUR UN PLAN ENTIÈREMENT NEUF

PAR

M. P. LAROUSSE

GRAMMAIRE COMPLÈTE

SYNTAXIQUE ET LITTÉRAIRE

COURS DE DEUXIÈME ANNÉE

« Populariser la science…, c'est-à-dire la
rendre plus compréhensible, plus attrayante,
plus à la portée de tous les esprits désireux
de s'instruire, et lui donner une application
utile et pratique. »
FEUCHTERSLEBEN.

DEUXIÈME ÉDITION.

PARIS
AUG. BOYER ET Cᵉ, LIBRAIRES-ÉDITEURS
49, RUE SAINT-ANDRÉ-DES-ARTS, 49

PARIS. — IMPRIMERIE PIERRE LAROUSSE

49, RUE NOTRE-DAME-DES-CHAMPS, 49

AVANT-PROPOS

La grammaire que nous donnons aujourd'hui, extraite de notre GRAMMAIRE SUPÉRIEURE, publiée il y a quelques mois seulement, apporte la dernière pierre à nos travaux sur la langue française; et voici les quatre étages, pourrions-nous dire, de notre modeste, mais utile édifice :

1° PETITE GRAMMAIRE DU PREMIER ÂGE ;

2° GRAMMAIRE ÉLÉMENTAIRE (1re année) ;

3° GRAMMAIRE COMPLÈTE (2e année) ;

4° GRAMMAIRE SUPÉRIEURE (3e année).

Voilà pour la partie purement grammaticale ; mais, comme la connaissance complète d'une langue exige celle de deux branches distinctes, bien que corrélatives : la *Grammaire* et le *Style*, nous avons un second tableau à placer en regard de celui que nous venons de présenter :

1° *A B C* DU STYLE ET DE LA COMPOSITION ;

2° LE LIVRE DES PERMUTATIONS (1re année) ;

3° COURS LEXICOLOGIQUE DE STYLE (2e année) ;

4° TRAITÉ DE RHÉTORIQUE, avec exercices intellectuels (3e année).

Tous ces ouvrages sont aujourd'hui en vente, à

l'exception du dernier, qui n'est encore qu'en prépara-
tion.

Disons donc quelques mots de notre GRAMMAIRE DE
DEUXIÈME ANNÉE. Elle n'est autre chose que notre
Grammaire supérieure, allégée d'une foule d'accessoires,
utiles sans doute, mais qui ne sont pas indispensables
dans un ouvrage exclusivement classique. Cette réduc-
tion dans le plan nous a permis de réduire considérablement le prix de cette nouvelle grammaire, résultat
qui a bien aussi son importance quand il s'agit d'un
livre destiné aux écoles.

Il nous reste à parler d'une innovation dont on ne
contestera pas la valeur, et qui figure pour la première
fois dans une grammaire, bien que, au point de vue de
la langue, elle s'y rattache nécessairement : nous voulons
parler de la partie purement littéraire qui suit la syntaxe dans notre nouvel ouvrage, et qu'aucun auteur
n'a le droit d'imiter, encore moins de reproduire. Voilà
surtout ce qui imprime à cette grammaire une personnalité, un cachet qui lui est propre. Les élèves n'appren-
dront plus seulement l'orthographe et la syntaxe ; ils
connaîtront, en outre, la langue qu'ont écrite les
Pascal, les Bossuet, les La Fontaine, les Corneille, les
Racine, les Boileau, les Molière et les Fénelon.

GRAMMAIRE FRANÇAISE

PREMIÈRE PARTIE

LEXICOLOGIE

NOTIONS PRÉLIMINAIRES

DES DIFFÉRENTES SORTES DE LANGAGES.

1. On nomme *idée* la représentation, l'image d'une chose dans l'esprit : *Dieu, éternel, créer,* expriment des idées.

2. La comparaison de deux idées se nomme *pensée.* *Penser* signifie littéralement *peser*, parce que, pour comparer deux idées, il faut en quelque sorte les peser dans l'esprit. Ainsi, quand on compare les deux idées *Dieu* et *éternel,* pour voir si elles se conviennent, on émet une pensée.

3. Le résultat de cette pensée se nomme *jugement.*

4. L'énonciation d'un jugement s'appelle *proposition.*

5. Tout moyen employé pour manifester nos pensées prend le nom de *langage.*

6. Il y trois sortes de langages : le *langage mimique* ou d'*action,* le *langage parlé* ou la *parole,* et le *langage écrit* ou l'*écriture.*

7. Une langue est la manière propre à une nation d'exprimer ses pensées par la parole et par l'écriture.

8. Les langues sont *mortes* ou *vivantes :*

Une *langue morte* est celle qu'on ne parle plus, comme le latin, le grec ancien.

Une *langue vivante* est celle qu'on parle actuellement, comme le français, l'allemand, l'anglais, etc.

9. Les langues sont *mères* ou *dérivées;* elles sont *langues mères* si elles ont donné naissance à d'autres langues, comme le sanscrit, l'hébreu, le celtique; elles sont *dérivées* si elles sont elles-mêmes formées d'autres langues, comme le français, l'anglais, etc. Une langue peut être à la fois langue mère et langue dérivée, comme le celtique, qui est d'origine sanscrite, et qui forme un des trois éléments principaux de la langue française.

10. Pour *parler* ou pour *écrire* une langue, il faut en connaître la Grammaire.

DE LA GRAMMAIRE.

11. La Grammaire est l'art de parler et d'écrire correctement une langue.

12. *Parler*, c'est exprimer ses idées et ses pensées au moyen de la parole.

13. *Écrire*, c'est exprimer ses idées et ses pensées au moyen de l'écriture.

14. Parler et écrire *correctement*, c'est parler et écrire conformément au meilleur usage et aux règles de la Grammaire.

15. Il y a deux sortes de grammaires : la *Grammaire générale* et la *Grammaire particulière*.

16. La *Grammaire générale* est celle qui traite des principes communs à toutes les langues.

17. La *Grammaire particulière* est celle qui traite des principes particuliers à une langue.

18. La *Grammaire française* est l'art de parler et d'écrire correctement en français.

19. Pour parler et pour écrire, c'est-à-dire pour exprimer sa pensée, on se sert de mots.

20. Les *mots* sont donc les signes de nos idées et de nos pensées.

DES VOYELLES ET DES CONSONNES.

21. Les mots sont composés de lettres.

Il y a deux sortes de lettres : les *voyelles* et les *consonnes*.

22. Les *voyelles* sont les lettres qui ont par elles-mêmes un son, une voix. Il y a six voyelles simples : *a, e, i, o, u, y*.

23. Les voyelles doubles ou composées sont : *ou, an, in, on, un,* et leurs équivalents : *en, am, em, ym, ain, ein,* etc.

24. Les *consonnes* sont les lettres qui ne peuvent former un son qu'avec le secours des voyelles.

Il y en a dix-neuf, qui sont : *b, c, d, f, g, h, j, k, l, m, n, p, q, r, s, t, v, x, z.*

25. Elles se divisent, d'après l'organe (*nez, dents, langue, gosier,* etc.) qui sert plus particulièrement à les articuler, en *nasales, dentales, linguales, labiales, gutturales, sifflantes, chuintantes,* etc.

26. Elles sont d'ailleurs *fortes* ou *faibles*.

Les consonnes *fortes* sont celles que produit un mouvement fort et appuyé de l'organe générateur.

Les consonnes *faibles* sont celles que produit un mouvement doux de l'organe.

VOYELLES LONGUES ET VOYELLES BRÈVES.

27. Les voyelles sont *longues* ou *brèves,* suivant qu'on appuie plus ou moins longtemps en les prononçant; ainsi :

> *a* est long dans *pâte* et bref dans *natte*.
> *e* est long dans *arrêt* et bref dans *projet*.
> *i* est long dans *gîte* et bref dans *petite*.
> *o* est long dans *apôtre* et bref dans *dévote,*
> *u* est long dans *flûte* et bref dans *butte*.

Dans ces exemples, les voyelles longues se distinguent des voyelles brèves en ce qu'elles sont surmontées du signe appelé *accent circonflexe;* mais il arrive souvent que les voyelles sont longues ou brèves sans qu'aucun signe vienne marquer cette différence. Ce changement dans la quantité des voyelles est produit alors par l'accent tonique. Ainsi :

> *a* est long dans *avare* et bref dans *avarice* (deuxième *a.*)
> *e* est long dans *mets* et bref dans *mettre*.
> *i* est long dans *néglige* et bref dans *négliger*.
> *o* est long dans *mors* et bref dans *mordre*.

L'accent tonique joue un très-grand rôle dans la plupart des langues; c'est ainsi qu'en anglais le mot *comfort* se prononce en appuyant fortement sur *com,* et en donnant une accentuation à peu près nulle à *fort*.

DIFFÉRENTES SORTES D'*E*.

28. Il y a trois sortes d'*e* : l'*e* muet, l'*e* fermé et l'*e* ouvert. L'*e* muet est celui qui ne se prononce pas, comme dans soie*r*ie, ou qui ne se prononce que faiblement comme dans liv*r*e, je demande. L'*e* fermé est celui qui se prononce la bouche presque fermée, comme dans *été*, *régénéré*, ass*e*z. L'*e* ouvert est celui qui se prononce la bouche légèrement ouverte, comme dans *succès*, regr*e*t.

REMARQUES SUR *Y*.

29. *Y* s'emploie tantôt pour un *i*, tantôt pour deux *i*. Il se prononce *i* au commencement, à la fin et au milieu des mots après une consonne : *y*eux, tor*y*, st*y*le.

Il s'emploie pour deux *i* dans le corps d'un mot après une voyelle : pa*y*s, cito*y*en (prononcez *pai-is*, *citoi-ien*.)

Il faut excepter *Bayard*, *Bayonne*, *La Haye*, *Biscaye*, *Mayence*, *Andaye*, *La Fayette*, *bayadère*, *cipaye* et *mayonnaise*, où, bien que précédé d'une voyelle, il a la valeur de *i* simple.

REMARQUE SUR *H*.

30. La lettre *h* est *muette* ou *aspirée;* elle est muette quand elle ne modifie en rien la prononciation : *h*omme, *h*istoire, *h*onorable ; elle est aspirée, non pas, comme disent la plupart des grammaires, quand elle fait prononcer du gosier la voyelle qui la suit (car lorsqu'on dit le *hêtre*, *ê* a exactement la même valeur que dans *être*), mais quand elle empêche la liaison de la consonne qui précède avec la voyelle qui suit : le *h*éros, un *h*areng ; *l* ne peut se lier avec *é*, ni *n* avec *a*.

SIGNES ORTHOGRAPHIQUES ET SIGNES DE PONCTUATION.
SIGNES ORTHOGRAPHIQUES.

31. Ce sont :

1° L'*accent aigu*, qui se met sur les *e* fermés : bont*é*, caf*é;* à moins que cet *e* ne se trouve dans les syllabes *er*, *ez*, comme chant*er*, n*ez;*

2° L'*accent grave*, qui se met sur la plupart des *e* ouverts, comme proc*è*s, acc*è*s, succ*è*s ; on excepte les monosyllabes *les, des, mes, tes, ses, est* (il), *es* (tu), et quand *e* est suivi d'une consonne appartenant à la même syllabe : esprit, effort, etc. L'accent grave se met aussi sur *où,* adverbe, pour le distinguer de *ou,* conjonction ; sur *à,* préposition, pour le distinguer de *a,* verbe, et sur *a* des mots *çà* (adv.), *ah çà, or çà, deçà, delà, déjà, jà* (abréviation de *déjà*), *holà, voilà,* etc. ;

3° L'*accent circonflexe,* qui se met sur la plupart des voyelles, tantôt comme signe de distinction : *dû,* participe, pour le distinguer de *du,* article ; *mûr,* adjectif, pour le distinguer de *mur,* substantif ; *sûr,* adjectif, pour le distinguer de *sur,* préposition — tantôt pour remplacer *a,* comme dans *âge* (*aage*) ; *e,* dans *dénoûment* (*dénouement*) ; enfin *s,* dans *pâte, fête, épître, apôtre, flûte,* etc. (*paste, feste, épistre, apostre, fluste,* etc.) ;

4° L'*apostrophe,* qui indique la suppression des voyelles *a, e, i,* comme dans *l'âme, l'enfant, s'il* vient ;

5° La *cédille,* qui se place sous la lettre *c* devant *a, o, u,* lorsque l'on veut indiquer que cette consonne doit avoir le son de *s* dur, comme dans *façade, leçon, reçu ;*

6° Le *tréma,* qui se met sur les voyelles *e, i, u,* pour indiquer qu'il faut les prononcer séparément de la voyelle précédente, comme *ciguë, naïf, Saül.* Si le mot *ciguë* s'écrivait sans tréma, on prononcerait comme dans *figue ;*

7° Le *trait d'union,* qui sert à unir deux ou plusieurs mots, comme dans *chou-fleur, coq-à-l'âne, donnez-le-lui ;*

8° Le *trait de séparation* ou *tiret,* qui, entre autres usages, indique le changement d'interlocuteur dans le dialogue. La Grenouille, qui veut se faire aussi grosse que le bœuf, dit à sa sœur :

. . . . N'y suis-je point encore?
— Nenni. — M'y voici donc? — Point du tout. — M'y voilà?
— Vous n'en approchez point.

9° Les *guillemets,* qui se placent au commencement et à la fin d'une citation :

Dieu dit : « *Que la lumière soit!* » *et la lumière fut ;*

10° La *parenthèse*, qui sert à séparer une pensée intercalée dans la phrase :

> Je croyais, moi (jugez de ma simplicité),
> Que l'on devait rougir de la duplicité.

SIGNES DE PONCTUATION.

32. Ces signes sont au nombre de sept :

1° La *virgule*, qui indique une pose légère ;

2° Le *point et virgule*, qui sépare entre elles les parties, les membres de phrase d'une certaine étendue ;

3° Les *deux points*, qui s'emploient après une phrase annonçant une citation, ou devant une phrase qui sert à développer celle qui précède ;

4° Le *point*, qui s'emploie après une phrase entièrement terminée, ou entre deux phrases qui se rapportent à la même idée, mais distinctes l'une de l'autre ;

5° Le *point d'interrogation*, qui s'emploie à la fin d'une phrase interrogative ;

6° Le *point d'exclamation*, qui s'emploie après les interjections et après les phrases qui marquent la joie, l'admiration, la terreur, la pitié, etc. ;

7° Les *points de suspension*, qui indiquent une phrase inachevée ou interrompue à dessein.

NATURE ET COMPOSITION DES MOTS.

33. On appelle *syllabe* une ou plusieurs lettres qui se prononcent par une seule émission de voix.

34. Sous le rapport des syllabes, les mots se divisent en *monosyllabes*, mots qui n'ont qu'une syllabe, comme *dent, gant, cri* — *dissyllabes*, ceux qui en ont deux, comme *roseau, plume* — *trissyllabes*, ceux qui en ont trois, comme *vérité, artiste*, et *polysyllabes*, ceux qui en ont plusieurs, quel qu'en soit le nombre : *peuple, abondance, reconnaissance*, etc.

35. On donne le nom de *diphthongue* à une réunion de deux sons qui se joignent d'une manière tellement intime qu'ils se modifient l'un l'autre, et semblent

être prononcés d'une seule émission de voix. Tels sont *ia, ui, oi*, dans *diamètre, huile, loi.*

36. On distingue encore dans les mots les *homonymes*, les *synonymes*, les *paronymes*, les *antonymes* et les *homographes*.

37. Les *homonymes* sont des mots qui se prononcent de même et qui s'écrivent différemment, comme *pin* (arbre) et *pain* (à manger) ; ou bien comme *cher* (précieux), *chair* (viande), *chaire* (où l'on prêche).

38. Les *synonymes* sont des mots qui ont à peu près la même signification, comme *beau* et *joli; charge, fardeau* et *faix.*

39. Les *paronymes* sont des mots qui ont du rapport entre eux par leur forme, comme *abstraire* et *distraire.*

40. Les *antonymes* sont des mots qui ont un sens opposé et qui sont le contraire des synonymes, comme *beauté* et *laideur.*

41. Les *homographes* sont des homonymes ayant la même orthographe : *bière*, boisson; *bière*, cercueil.

DIVISION DES MOTS.

42. Une réunion de mots formant un sens complet s'appelle *phrase.*

43. Une suite de phrases se rattachant à un même sujet forme un *discours.*

44. On appelle *parties du discours* les différentes espèces de mots qui existent dans une langue.

45. Il y a, en français, dix espèces de mots : le *Nom*, l'*Article*, l'*Adjectif*, le *Pronom*, le *Verbe*, le *Participe*, la *Préposition*, l'*Adverbe*, la *Conjonction* et l'*Interjection.*

46. Ces différentes espèces de mots se divisent en mots variables et en mots invariables.

Les mots *variables* sont ceux dont la forme peut changer, surtout dans la terminaison. Il y en a six : le *Nom*, l'*Article*, l'*Adjectif*, le *Pronom*, le *Verbe* et le *Participe.*

Les mots *invariables* sont ceux dont la forme ne change jamais. Ils sont au nombre de quatre : la *Préposition*, l'*Adverbe*, la *Conjonction* et l'*Interjection.*

CHAPITRE PREMIER

DU NOM

47. Le *nom* ou *substantif* est un mot qui sert à désigner, à *nommer* les personnes, les animaux et les choses : *Paul, lion, rosier, chapeau.*

DU NOM COMMUN ET DU NOM PROPRE.

48. Il y a deux sortes de noms : le nom *commun* et le nom *propre*.

49. Le nom *commun* est celui qui convient, qui est *commun* à toutes les personnes ou à toutes les choses de la même espèce : *femme, enfant, soldat, ville, maison, cheval.*

50. Le nom *propre* est celui qui appartient en particulier, en propre, à un ou à plusieurs individus d'une même espèce, tels que *Turenne, Médor,* les *Alpes.*

Le mot *Turenne* ne convient pas à tous les *guerriers;* *Médor* peut être le nom de plusieurs *chiens,* mais il ne convient pas à tous les individus de l'espèce *chien;* *Alpes* ne convient pas à toutes les *montagnes.*

51. Parmi les noms communs, il faut distinguer les noms *collectifs,* les noms *abstraits* et les noms *composés.*

52. On appelle *collectifs* des noms communs qui, quoique au singulier, présentent à l'esprit l'idée de plusieurs personnes ou de plusieurs choses : *armée, peuple, flotte, foule.*

53. Les collectifs sont *généraux* ou *partitifs.*

Les collectifs sont *généraux* lorsqu'ils désignent la totalité des personnes ou des choses dont on parle; dans ce cas, ils sont ordinairement précédés de *le, la, les :*

LA FOULE *des humains est vouée à la douleur.*

Les collectifs sont *partitifs* lorsqu'ils ne désignent qu'une partie des personnes ou des choses dont on parle ; dans ce cas, ils sont ordinairement précédés de *un, une :*

Il y a dans Paris UNE FOULE *d'hommes désœuvrés.*

54. Les noms communs abstraits sont ceux qui, comme *amitié, valeur, sagesse,* expriment des qualités, des manières d'être, et non des objets réels ; mais comme l'esprit sépare ces qualités de l'être où elles résident, il leur attribue en quelque sorte une existence à part, et on les appelle *noms communs abstraits.*

55. On appelle noms *composés* des noms formés de mots restés distincts, mais joints ensemble par le trait d'union, et n'exprimant qu'une seule chose : *arrière-pensée, chef-d'œuvre.*

DU GENRE.

56. Il y a deux choses principales à considérer dans les noms : le *genre* et le *nombre.*

57. Le *genre* est la propriété qu'ont les noms de représenter la distinction des sexes.

Il y a, en français, deux genres : le *masculin* et le *féminin.*

58. Les noms d'hommes et de mâles sont du genre masculin : *père, lion ;* les noms de femmes et de femelles sont du genre féminin : *mère, lionne.* Cependant quelques noms d'animaux ont reçu un genre fixe, qu'ils conservent quel que soit le sexe de l'animal désigné : *une alouette* (mâle ou femelle), *un moineau* (mâle ou femelle.)

59. Par imitation, on a donné le genre masculin ou le genre féminin à des choses inanimées, et qui, par conséquent, ne sont ni mâles ni femelles.

C'est ainsi que *soleil, château, pays,* ont été faits du genre masculin, et *lune, maison, contrée,* du genre féminin.

60. On reconnaît qu'un nom commun est du genre

1.

masculin quand on peut mettre *le* ou *un* avant ce nom, et du féminin quand on peut mettre *la* ou *une*.

61 **LISTE DES NOMS SUR LE GENRE DESQUELS IL EST FACILE DE SE TROMPER.**

NOMS MASCULINS.

Abime	Armistice	Équinoxe	Leurre
Acabit	Artifice	Érésipèle	Limbes
Acrostiche	Astérisque	Esclandre	Losange
Acte	Atome	Évangile	Mânes
Age	Augure	Éventail	Midi (précis)
Air	Auspices	Exemple	Obélisque
Alambic	Autel	Exorde	Obus
Albâtre	Automate	Girofle	Opuscule
Alvéole	Automne	Héliotrope	Omnibus
Amadou	Balustre	Hémisphère	Orage
Amalgame	Centime	Hémistiche	Orbe
Ambre	Cloporte	Hôpital	Orchestre
Amiante	Concombre	Horoscope	Organe
Anathème	Crabe	Hospice	Orifice
Anchois	Décombres	Hôtel	Ouvrage
Anévrisme	Éclair	Hyménée	Parafe
Anniversaire	Ellébore	Incendie	Pétale
Antidote	Éloge	Indice	Platine
Antipode	Emblème	Interligne	Pleurs
Autre	Emplâtre	Interstice	Quine
Apanage	Entr'acte	Intervalle	Rebours
Apologue	Épilogue	Isthme	Ulcère
Arcane	Épisode	Ivoire	Ustensile
Argent	Épithalame	Légume	Vestige

NOMS FÉMININS.

Agrafe	Atmosphère	Extase	Orbite
Amnistie	Avant-scène	Fibre	Ouïe
Anagramme	Dinde	Fourmi	Outre
Antichambre	Drachme	Horloge	Paroi
Apothéose	Ébène	Hydre	Patère
Après-dînée	Écarlate	Idole	Pédale
Après-midi	Échappatoire	Image	Prémisses
Après-soupée	Écharde	Immondices	Réglisse
Argile	Écritoire	Jujube	Sandaraque
Armoire	Enclume	Nacre	Sentinelle
Arrhes	Épitaphe	Oasis	Ténèbres (épais-
Artère	Équivoque	Omoplate	Varice [ses)

62. En général, dans les noms de personnes ou d'animaux, le féminin se forme du masculin :

1° En ajoutant un *e* : *Allemand, Allemand*E; *ami, ami*E; *Chinois, Chinois*E; *écolier, écolièr*E; *Espagnol, Espagnol*E; *Français, Français*E; *géant, géant*E; *Justin, Justin*E; *Louis, Louis*E; *marquis, marquis*E; *Persan, Persan*E, etc.

2° En changeant *e* en *esse* : *abbé, abb*ESSE : *comte, comt*ESSE; *diable, diabl*ESSE; *druide, druid*ESSE; *hôte, hôt*ESSE; *maître, maîtr*ESSE; *prêtre, prêtr*ESSE; *prophète, prophét*ESSE; *tigre, tigr*ESSE, etc.

3° En changeant *teur* en *trice* ou en *teuse* : *abrévia*TEUR, *abréviat*RICE; *accéléra*TEUR, *accélérat*RICE; *acteur, act*RICE; *admira*TEUR, *admirat*RICE; *adula*TEUR, *adula*TRICE; *composi*TEUR, *composit*RICE; *conduc*TEUR, *conduc*TRICE; *conserva*TEUR, *conserva*TRICE; *concilia*TEUR, *concilia*TRICE; *consola*TEUR, *consola*TRICE; *corrup*TEUR, *corrup*TRICE; *créa*TEUR, *créa*TRICE; *cura*TEUR, *curo*TRICE; *débi*TEUR, *débi*TRICE (dans le sens de *dette*); *déla*TEUR, *déla*TRICE; *dénoncia*TEUR, *dénoncia*TRICE; *destruc*TEUR, *destruc*TRICE; *déten*TEUR, *détent*RICE; *examina*TEUR, *examina*TRICE; *exécu*TEUR, *exécu*TRICE; *fonda*TEUR, *fonda*TRICE; *institu*TEUR, *institu*TRICE; *inven*TEUR, *invent*RICE; *lec*TEUR, *lect*RICE; *média*TEUR, *média*TRICE; *modéra*TEUR, *modéra*TRICE; *moni*TEUR, *moni*TRICE; *négocia*TEUR, *négocia*TRICE; *nova*TEUR, *nova*TRICE; *opéra*TEUR, *opéra*TRICE; *pacifica*TEUR, *pacifica*TRICE; *persécu*TEUR, *persécu*TRICE; *perturba*TEUR, *perturba*TRICE; *précep*TEUR, *précept*RICE; *protec*TEUR, *protec*TRICE; *régula*TEUR, *régula*TRICE; *specta*TEUR, *specta*TRICE; *tu*TEUR, *tu*TRICE; *versifica*TEUR, *versifica*TRICE, etc. — *Ache*TEUR, *ache*TEUSE; *agio*TEUR, *agio*TEUSE; *exploi*TEUR, *exploi*TEUSE; *fouet*TEUR, *fouet*TEUSE; *frot*TEUR, *frot*TEUSE; *por*TEUR, *por*TEUSE; *sau*TEUR, *sau*TEUSE; *solici*TEUR, *solici*TEUSE; *souhai*TEUR, *souhai*TEUSE, etc.

4° En changeant *en* en *enne* : *arithmétici*EN, *arithmétici*ENNE; *bourbonni*EN, *bourbonni*ENNE; *Brésili*EN, *Bré-*

*sili*ENNE ; *capéti*EN, *cap éti*ENNE ; *carlovingi*EN, *carlovin-gi*ENNE ; *cartési*EN, *carté si*ENNE ; *Chaldé*EN, *Chaldé*ENNE ; *chi*EN, *chi*ENNE ; *chréti*EN, *chréti*ENNE ; *épicuri*EN, *épicuri*ENNE ; *gardi*EN, *gardi*ENNE ; *maniché*EN, *maniché*ENNE ; *musici*EN, *musici*ENNE ; *Parisi*EN, *Parisi*ENNE ; *paroissi*EN, *paroissi*ENNE ; *plébéi*EN, *plébéi*ENNE ; *Vosgi*EN, *Vos-gi*ENNE, etc.

Dans tous ces mots, la distinction des deux genres n'offre que peu de difficulté, parce que le radical étant le même pour les deux formes, l'habitude du langage a rendu ces mots familiers.

La difficulté augmente quand les deux mots se rattachent à des radicaux tout à fait différents ou n'ayant entre eux que de faibles rapports, comme dans : *cheval, jument ; empereur, impératrice*, etc.

MOTS DONT LE FÉMININ OFFRE QUELQUES DIFFICULTÉS.

Avocat, dans le sens ordinaire, n'a pas de féminin ; il fait *avocate* quand il signifie celle qui intercède : *Soyez mon avocate. La Vierge est l'avocate des pécheurs.*

Chanteur fait au féminin *chanteuse* dans le sens ordinaire, quand on parle d'une femme qui aime à chanter ou qui en fait profession ; il fait *cantatrice* pour désigner une actrice célèbre qui chante.

Chasseur : *chasseuse*, qui chasse ; en style poétique, on dit *chasseresse : Diane chasseresse.*

Débiteur : *débiteuse de mensonges, de fausses nouvelles ;* — *débitrice*, qui doit.

Demandeur : *demandeuse*, qui a l'habitude de demander ; *demanderesse*, qui fait une demande en justice. Il en est de même de *vendeur*, qui fait *vendeur* et *venderesse.*

Devineur : *devineuse*, qui se pique de deviner facilement ; *devineresse*, qui fait métier de deviner, de prédire, et dont le masculin est *devin.*

BORGNE
DRÔLE
MULÂTRE
PAUVRE
SUISSE

{ joints à un substantif, ou employés comme attributs immédiatement après le verbe *être*, ne changent pas au féminin : *une femme* BORGNE, *elle est* DRÔLE, *une vieille femme* MULÂTRE, *une fille* PAUVRE, *une laitière* SUISSE. Employés comme substantifs, c'est-à-dire accompagnés de l'article, ces mots font *borgnesse, drôlesse, mulâtresse, pauvresse, suissesse*.

NOTA. — Le mot *assassin*, employé comme substantif, nechange pas au féminin ; employé comme adjectif dans le style poétique, il fait *assassine* au féminin : *Main assassine*.

MOTS QUI NE CHANGENT PAS AU FÉMININ.

63. La plupart de ces mots se terminent en *eur ;* ils expriment des états qui appartiennent le plus souvent à des hommes :

AMATEUR : *Beaucoup de dames sont* AMATEURS *de tableaux.*

ARTISAN : *La femme est rarement l'*ARTISAN *de sa fortune.*

AUTEUR : *Madame de Sévigné est un charmant* AUTEUR *épistolaire.*

CENSEUR : *Elle s'est faite le* CENSEUR *de toutes mes actions.*

CHEF : *Catherine II était le* CHEF *d'un grand empire.*

DÉFENSEUR : *La reine d'Angleterre s'intitule* DÉFENSEUR *de la foi.*

DOCTEUR : *On voit aujourd'hui des femmes qui sont* DOCTEURS *en médecine.*

ÉCRIVAIN : *Madame de Girardin était un charmant* ÉCRIVAIN.

GROGNON : *On voit beaucoup de vieilles* GROGNONS.

IMPOSTEUR : *La comtesse de la Mothe était un* IMPOSTEUR.

PARTISAN : *Cette dame n'était pas* PARTISAN *des folles idées de son mari.*

PEINTRE : *Madame Rosa Bonheur est un* PEINTRE *de premier ordre.*

PHILOSOPHE : *Madame de Staël avait des prétentions à être un grand* PHILOSOPHE.

Poète : *Certaines femmes écrivent très-bien en prose,* mais aucune n'a été grand Poète.

Possesseur : *Joséphine, après son divorce, fut* posses-seur *de la Malmaison.*

Professeur : *Madame de Genlis était* professeur *en titre des princesses de France.*

Sauveur : *Jeanne d'Arc a été le* sauveur *de la France.*

Successeur : *Élisabeth a été le* successeur *de Marie Tudor.*

Témoin : *Antigone fut le* témoin *des malheurs de son père.*

Traducteur : *Madame Dacier a été le* traducteur *d'Homère.*

DU NOMBRE.

64. Le nombre est la propriété qu'ont les noms d'indiquer, au moyen d'une terminaison particulière, si l'on parle d'une seule personne, d'une seule chose, ou de plusieurs personnes, de plusieurs choses.

65. Il y a en français deux nombres dans les noms : le *singulier*, quand on parle d'une seule personne ou d'une seule chose : un *homme*, un *livre;* le *pluriel*, quand on parle de plusieurs personnes ou de plusieurs choses : des *hommes*, des *livres*.

FORMATION DU PLURIEL DANS LES NOMS.

66. Règle générale. On forme le *pluriel* d'un nom en ajoutant s : le *père*, les *pères ;* la *mère*, les *mères;* le *destin*, les *destins ;* le *criminel*, les *criminels;* le *mur*, les *murs*.

67. Remarque. Les noms en *ent* et en *ant* conservent le *t* au pluriel : une *dent*, des *dents ;* un *diamant*, des *diamants*. Un seul nom fait exception, c'est *gent*, qui fait au pluriel *gens*. Beaucoup cependant écrivent ces mots au pluriel en supprimant le *t* : les *enfans*, les *événemens*. Les journaux sont partagés sur cette orthographe : le *t* est conservé dans le *Moniteur universel*, et supprimé dans les *Débats*.

68. Exceptions. 1° Les noms terminés au singulier par *s*, *x*, *z*, ne changent pas au pluriel : le *fils*, les *fils ;* la *voix*, les *voix ;* le *nez*, les *nez*.

2° Les noms terminés au singulier par *eau, au, eu*, prennent *x* au pluriel : le *bateau*, les *bateaux* ; le *noyau*, les *noyaux* ; le *feu*, les *feux* ; excepté *landau* et *bleu* : des *landaus*, des *bleus* de différentes nuances.

3° Les noms suivants : *bijou, caillou, chou, genou, hibou, joujou* et *pou*, prennent un *x* au pluriel : *bijoux, cailloux, choux, genoux, hiboux, joujoux, poux*. Tous les autres noms terminés au singulier par *ou* suivent la règle générale : des *verrous*, des *sous*, des *clous*, etc.

4° Presque tous les noms en *al* font leur pluriel en *aux* : le *mal*, les *maux* ; le *cheval*, les *chevaux* ; le *tribunal*, les *tribunaux*.

La règle générale, qui devient ici l'exception, n'est applicable qu'aux mots *aval, bal, cal, carnaval, chacal, narval, nopal* (plante), *pal* (pieu), *régal*, et à quelques autres peu usités : des *bals*, des *régals*, etc.

Quant aux noms *archal, bancal, chenal, official* et *sandal*, ils ne s'emploient guère au pluriel.

5° Les noms suivants en *ail* : *bail, corail, émail, soupirail, vantail, vitrail*, changent *ail* en *aux* : des *baux*, des *coraux*, des *émaux*, etc. Les autres sont soumis à la règle générale : un *camail*, des *camails* ; un *détail*, des *détails*, etc.

69. Travail fait en général *travaux* : *des travaux manuels*. Il fait *travails* quand il désigne certains rapports présentés par un employé à son chef, ou bien une machine en bois à quatre piliers pour ferrer les chevaux vicieux ou opérer des pansements difficiles.

70. Ail a deux formes au pluriel, *ails* et *aulx*. Dans le langage ordinaire on dit *aulx* : *Il a dans son jardin des aulx cultivés et des aulx sauvages*. En terme de botanique, les savants préfèrent se servir de la forme *ails* : *La famille des ails*.

71. Aïeul a deux pluriels, *aïeux* et *aïeuls*. *Aïeux* s'emploie dans le sens de ancêtres : *Ce prince compte vingt rois parmi ses aïeux*.

Aïeuls désigne le grand-père paternel et le grand-père maternel : *Mes deux* AÏEULS *sont encore vivants.*

Le féminin singulier est *aïeule*, et le féminin pluriel *aïeules.*

72. CIEUX est le pluriel le plus ordinaire de *ciel.* On ne se sert de *ciels* que dans les cas suivants : *Des* CIELS *de lit, des* CIELS *de tableaux, des* CIELS *de carrières.* La plupart des écrivains se servent aussi de *ciels* dans le sens de climat : *L'Italie est située sous un des plus beaux* CIELS *de l'Europe.*

73. ŒIL fait YEUX : *J'ai mal aux* YEUX. On dit aussi les YEUX *de la soupe, du pain, du fromage,* ainsi qu'en termes de jardinage : *tailler un pêcher à deux, à trois* YEUX.

ŒILS ne se dit guère que pour désigner ces sortes de petites fenêtres rondes appelées ŒILS-*de-bœuf.*

On dit aussi *œils* en parlant de diverses pierres précieuses : ŒILS-*de-serpent,* ŒILS-*de-chat;* de quelques plantes : ŒILS-*de-chèvre;* des cors aux pieds : ŒILS-*de-perdrix;* de coquillages particuliers et de certains poissons : ŒILS-*de-bouc,* ŒILS-*d'or.*

74. BERCAIL et BÉTAIL n'ont pas de pluriel. *Bestiaux* est un nom pluriel dont le singulier (*bestial, bête*) est inusité.

75. Certains substantifs n'ont pas de pluriel, c'est-à-dire qu'ils ne s'emploient qu'au singulier. Ce sont :

1° Les noms de métaux, comme *or, argent, fer, cuivre, platine, bronze, plomb.* Toutefois, quelques-uns de ces mots s'emploient au pluriel, par exemple quand ils sont envisagés comme métaux mis en œuvre et formant des objets distincts; c'est ainsi qu'on dit *des plombs, des bronzes d'art,* etc. On peut dire aussi : *Les* FERS *d'Allemagne, les* FERS *d'Angleterre,* pour faire comprendre que ces fers se distinguent des nôtres par quelques propriétés particulières;

2° Quelques noms abstraits, comme ceux qui expriment les vices et les vertus : la *candeur*, l'*innocence*, la *justice*, la *paresse*, la *valeur*, etc. ;

3° Les noms de sciences et d'arts : l'*agriculture*, l'*astronomie*, la *chimie*, la *peinture*, la *rhétorique*, la *sculpture*, etc.

4° Les adjectifs de noms abstraits et les infinitifs, quand les uns et les autres sont employés substantivement : le *beau*, l'*agréable*, le *boire*, le *manger*, le *dormir*.

SUBSTANTIFS QUI N'ONT PAS DE SINGULIER ET QUI S'EMPLOIENT TOUJOURS AU PLURIEL.

Abois	Besicles	Environs	Mathématiques
Accordailles	Bestiaux	Éphémérides	Matines
Agrès	Brisées	Épousailles	Mœurs
Aguets	Broussailles	Fastes (de l'hist.)	Mouchettes
Alentours	Calendes	Fiançailles	Obsèques
Ambages	Catacombes	Fonts (baptis.)	Pâques (faire ses)
Annales	Cisailles	Frais (dépenses)	Pincettes
Appas	Complies	Funérailles	Pleurs
Archives	Confins	Hardes	Prémices
Armoiries	Décombres	Haubans	Proches (parents)
Arrérages	Dépens	Jonchets	Relevailles
Arrhes	Doléances	Lupercales (fêtes)	Ténèbres
Assises (cour d')	Entrailles	Mânes	Vêpres
Atours	Entrefaites	Matériaux	Vivres

SUBSTANTIFS EMPLOYÉS AU PLURIEL ET QUI N'EN PRENNENT PAS LE SIGNE.

76. Ce sont les adjectifs de nombre cardinaux : *Trois* UN *font* 111, *les* QUARANTE *de l'Académie* — les mots invariables de leur nature et les locutions, quand on les emploie accidentellement comme substantifs : *les* POURQUOI, *les* COMMENT, *les* CAR, *les* DONC, *les* HOLÀ, *les* CHUT — *les* PARCE QUE, *les* ON DIT, *les* QU'EN DIRA-T-ON, *les* VA-ET-VIENT, etc.

CHAPITRE II

DE L'ARTICLE

77. L'*article* est un petit mot qui se place avant les noms communs pour annoncer qu'ils sont pris dans un sens *déterminé :* LA *bonté de Dieu est infinie.* Le mot *la* annonce qu'il s'agit d'une bonté déterminée, précise, particulière, *celle de Dieu. Dieu* est le *déterminatif* de *bonté.*

78. NOTA. — Les noms propres ayant par eux-mêmes un sens *déterminé,* comme *Bossuet, Fénelon, Paris, Lyon,* ils ne devraient jamais être précédés de l'article ; cependant cette règle ne comprend que les noms d'hommes et de villes, qui sont, il est vrai, les plus nombreux. Pour les autres noms propres géographiques, *France, Bourgogne, Rhin, Pyrénées,* ainsi que pour certains titres d'ouvrages, *Iliade, Énéide, Messiade,* etc., on se sert de l'article : LA *France,* LA *Bourgogne,* LE *Rhin,* LES *Pyrénées,* L'*Iliade,* etc. ; mais ici l'exception n'est qu'apparente ; car, dans ces cas et dans tous ceux qui leur ressemblent, l'article se rapporte à un substantif commun sous-entendu : LA *France* signifie la *contrée* appelée *France ;* LA *Bourgogne* signifie la *province* appelée *Bourgogne ;* LE *Rhin,* le fleuve appelé *Rhin ;* LES *Pyrénées,* les montagnes appelées *Pyrénées ;* L'*Iliade*, l'épopée appelée *Iliade,* etc.

79. Nous n'avons en français qu'un article :

Le pour le masculin singulier : LE *père.*

La pour le féminin singulier : LA *mère.*

Les pour le pluriel des deux genres : LES *pères,* LES *mères.*

80. L'article prend toujours le genre et le nombre du nom auquel il se rapporte.

81. Il y a deux choses à remarquer dans l'article : l'*élision* et la *contraction.*

82. L'*élision* est la suppression de la voyelle finale *e* ou *a* devant un mot qui commence par une voyelle ou un *h* muet.

83. L'élision consiste dans la suppression des voyelles *e*, *a*, qui sont remplacées par une apostrophe. C'est par élision qu'on dit :

L'*esprit* pour LE *esprit* — L'*amitié* pour LA *amitié*.

L'*homme* pour LE *homme* — L'*humanité* pour LA *humanité*.

L'élision a pour objet d'empêcher un *hiatus* (bâillement), c'est-à-dire l'effet désagréable qui serait produit par la rencontre de deux voyelles, l'une à la fin du mot, l'autre au commencement du mot suivant.

84. La *contraction* est la réunion de plusieurs mots, de plusieurs sons en un seul.

85. La contraction de l'article consiste dans la réunion des mots *le*, *les* avec *à*, *de*. *Le* se contracte toujours devant une consonne ou un *h* aspiré. C'est par contraction que l'on dit :

AU *village* pour À LE *village* — AU *hameau* pour À LE *hameau*.

DU *village* pour DE LE *village* — DU *hameau* pour DE LE *hameau*.

86. Au pluriel, *de les*, *à les*, se contractent toujours, quelle que soit la première lettre du mot suivant :

> *Les branches* DES *arbres.*
> *La beauté* DES *fleurs.*
> *Les habitants* DES *hameaux.*
> *Dieu donne la pâture* AUX *oiseaux,* etc.

CHAPITRE III

DE L'ADJECTIF

87. L'*adjectif* est un mot *qui s'ajoute* au nom pour le *qualifier* ou pour le *déterminer*.

De là deux grandes classes d'adjectifs : les adjectifs *qualificatifs* et les adjectifs *déterminatifs*.

ADJECTIFS QUALIFICATIFS.

88. Les adjectifs *qualificatifs* sont ceux qui expriment la manière d'être, la *qualité* des personnes ou des choses dont on parle : BON *père*, BEAU *livre*, BELLE *image*, MÉCHANT *homme*, *fruit* VÉREUX.

89. Un nom ajouté à un autre nom pour le qualifier devient accidentellement adjectif : *Napoléon*, EMPEREUR ; *le bourgeois* PHILOSOPHE. Les noms *empereur* et *philosophe* sont employés ici comme adjectifs.

Réciproquement un adjectif peut devenir nom, s'il sert à désigner une personne ou une chose : *les* AVARES, *les* MÉCHANTS, *le* BEAU, *le* VRAI, *le* JUSTE. *Il faut préférer l'*UTILE *à l'*AGRÉABLE.

DU GENRE ET DU NOMBRE DANS LES ADJECTIFS.

90. L'adjectif, ne représentant directement ni les personnes ni les choses, ne peut avoir par lui-même ni genre ni nombre ; il varie cependant, dans sa terminaison, selon le genre et le nombre, pour mieux marquer son rapport avec le nom :

Le père INDULGENT.	*La mère* INDULGENTE.
Les pères INDULGENTS.	*Les mères* INDULGENTES.

91. Tout adjectif qui qualifie plusieurs noms singuliers se met au *pluriel*, parce que deux singuliers valent un pluriel.

92. Il prend le genre *masculin* si les substantifs sont du masculin :

> L'ÂNE *et le* MULET *sont* TÊTUS.

93. Il prend le genre *féminin*, si les substantifs sont du féminin :

> *La* JUSTICE *et la* VÉRITÉ *sont* ÉTERNELLES.

94. Si les substantifs sont de différents genres, l'adjectif se met au *masculin pluriel :*

> *La* BICHE *et le* CERF *sont* LÉGERS.
> *Le* FEU *et l'*EAU *sont* ENNEMIS.
> *Il avait la* BOUCHE *et les* YEUX OUVERTS.

Légers, ennemis, ouverts, sont au masculin pluriel.

FORMATION DU FÉMININ DANS LES ADJECTIFS.

95. RÈGLE GÉNÉRALE. On forme le féminin dans les adjectifs en ajoutant un *e* au masculin : *prudent, prudent*E ; *saint, saint*E ; *méchant, méchant*E ; *grand, grand*E ; *poli, poli*E ; *vrai, vrai*E ; *savant, savant*E.

Nous n'avons que trois adjectifs terminés par *eu :* *bleu, feu, hébreu : La toilette d'une femme* HÉBREUE.

La forme féminine *hébreue* ne s'emploie qu'en parlant des personnes ; pour les choses, on se sert d'un autre adjectif : *les caractères* HÉBRAÏQUES, *la langue* HÉBRAÏQUE. Quant à l'adjectif *feu*, il est soumis à des règles particulières que nous donnerons dans la syntaxe.

La règle générale qui précède a de nombreuses exceptions que nous allons faire connaître.

96. Les adjectifs terminés au masculin par un *e* muet ne changent pas au féminin : *Un homme* AIMABLE, *une femme* AIMABLE.

96. Les adjectifs terminés au masculin par *el, eil, en, et, on,* doublent au féminin la consonne finale devant l'*e* muet :

Le pouvoir *temporel.*	La puissance *temporelle.*
Un teint *vermeil.*	Une fleur *vermeille.*

Un *ancien* usage.	Une *ancienne* loi.
Un frère *cadet*.	Une sœur *cadette*.
Un pied *mignon*.	Une bouche *mignonne*.

98. Cependant, six adjectifs en *et* : *complet, concret, discret, inquiet, replet, secret*, ne doublent pas la consonne et prennent un accent grave sur l'*e* qui précède le *t* : *complète, concrète, discrète, inquiète, replète, secrète*.

Ces adjectifs prennent un accent grave à cause des mots *compléter, concrétion, discrétion, inquiétude, réplétion* et *sécrétion*, qui sont de la même famille. Si l'accent aigu disparaît dans ces adjectifs pour faire place à l'accent grave, c'est que, d'après le génie de notre langue, ce dernier caractérise généralement l'*e* suivi d'une syllabe muette.

99. Les adjectifs *nul, épais, gros, gentil, exprès, profès*, doublent aussi la consonne finale devant l'*e* muet :

Testament *nul*.	Clause *nulle*.
Brouillard *épais*.	Herbe *épaisse*.
Gros livre.	*Grosse* somme.
Petit garçon *gentil*.	Petite fille *gentille*.
Un ordre *exprès*.	Une défense *expresse*.
Un religieux *profès*.	Une religieuse *professe*.

Dans *exprès* et *profès*, l'accent grave disparaît, parce qu'il devient inutile au féminin avant deux *s*.

100. *Bas, gras, las, sot, vieillot, paysan*, doublent également les dernières consonnes avec addition de *e*, et font *basse, grasse, lasse, sotte, vieillotte, paysanne;* mais aucun des autres adjectifs en *as, ot, an*, ne redouble au féminin la consonne finale : *ras, rase; dévot, dévote; sultan, sultane*.

101. Pour plus de douceur dans la prononciation, les adjectifs terminés en *f* changent au féminin cette consonne en *ve* : *vif, vive; neuf, neuve; bref, brève* :

Un esprit *vif*.	Une imagination *vive*.
Un chapeau *neuf*.	Une robe *neuve*.
Un ton *bref*.	Une parole *brève*.

L'accent grave dans *brève* empêche qu'il n'y ait deux syllabes muettes de suite.

102. Les adjectifs en *x* changent *x* en *se* :

Un sort *heureux*.	Une condition *heureuse*.
Un lion *furieux*.	Une lionne *furieuse*.
Un spectacle *curieux*.	Une foule *curieuse*.

X équivaut à *cs* ; c'est, par conséquent, la gutturale *c* qui disparaît pour plus de douceur dans la prononciation.

Cependant *doux*, *faux*, *roux*, *préfix*, *vieux* (*vieil* devant une voyelle), font au féminin *douce*, *fausse*, *rousse*, *préfixe*, *vieille*.

103. Les adjectifs terminés au masculin par *er* forment leur féminin régulièrement, et prennent un accent grave sur l'avant-dernier *e* :

Un caractère *altier*.	Une démarche *altière*.
Un idiome *étranger*.	Une langue *étrangère*.
Un succès *passager*.	La beauté *passagère*.

Dans ces adjectifs, on met un accent grave sur la syllabe qui précède *r*, pour qu'il n'y ait pas deux syllabes muettes de suite à la fin d'un mot.

104. Les adjectifs terminés en *gu* au masculin prennent au féminin un *e* surmonté d'un tréma :

Son *aigu*.	Voix *aiguë*.
Oracle *ambigu*.	Réponse *ambiguë*.
Jardin *contigu*.	Maison *contiguë*.
Revenu *exigu*.	Somme *exiguë*.

Sans le tréma, la finale *gue* serait muette, comme dans *figue*, *bague*.

105. Voici quelques adjectifs dont le féminin est très-irrégulier :

Blanc, *franc*, *sec*, *frais*, font *blanche*, *franche*, *sèche*, *fraîche*. Cependant *franc*, de *français*, fait *franque* : *la langue* FRANQUE.

Public, *caduc*, *turc*, *grec*, *ammoniac*, font *publique*, *caduque*, *turque*, *grecque*, *ammoniaque*.

On voit que toutes les modifications ou additions faites à la terminaison masculine de ces adjectifs ont pour objet de conserver au *c* sa prononciation dure.

106. *Long, oblong, bénin, malin,* font *longue, oblon-gue, bénigne, maligne.*

Favori, coi, font *favorite, coite.*

Coi vient du latin *quietus,* tranquille : *t* reparaît en français.

107. *Beau, nouveau, fou, mou, vieux,* font au féminin *belle, nouvelle, folle, molle, vieille.* Par analogie, *jumeau* fait *jumelle.*

Remarque. Devant un mot commençant par une voyelle ou un *h* muet, par raison d'euphonie, c'est-à-dire pour éviter un hiatus, *beau, nouveau, fou, mou, vieux,* se changent en *bel, nouvel, fol, mol, vieil :* bel *enfant,* nouvel *appartement,* fol *espoir,* mol *édre-don,* vieil *homme.*

108. *Tiers* fait *tierce : une* TIERCE *personne.*

109. *Muscat* fait *muscade : raisin* MUSCAT, *rose* MUSCADE.

110. Il y a des adjectifs qui ne se rapportent jamais qu'à des substantifs masculins, comme *vélin, bot, aqui-lin, pers, violat,* etc., dans *papier* VÉLIN, *pied* BOT, *nez* AQUILIN, *yeux* PERS, *sirop* VIOLAT. La forme féminine n'offre donc ici aucune difficulté, puisque le féminin n'existe pas. Il y a d'autres adjectifs qui conservent leur forme masculine, même quand ils se rapportent à des noms féminins ; tels sont : *grognon, châtain, parti-san, témoin, contumax, dispos, fat, rosal, capot : femme* GROGNON ; *chevelure* CHÀTAIN ; *personne* PARTISAN *d'une idée, d'une doctrine ; elle est* TÉMOIN *de ce qui s'est passé ; la condamnée est* CONTUMAX ; *on ne la trouve jamais* DIS-POS ; *elle est trop* FAT *de sa personne ; huile* ROSAT ; *elle est demeurée* CAPOT.

111. Les adjectifs en *eur* et en *teur,* formés d'un par-ticipe présent par le changement de *ant* en *eur,* font leur féminin en *euse :*

Trompant.	*Trompeur.*	*Trompeuse.*
Mentant.	*Menteur.*	*Menteuse.*
Boudant.	*Boudeur.*	*Boudeuse.*
Flattant.	*Flatteur.*	*Flatteuse.*

Cette terminaison *euse* éveille une idée d'habitude.

112. Cependant *vengeur, enchanteur,* font *vengeresse, enchanteresse : La foudre* VENGERESSE, *une musique* EN-CHANTERESSE. *Pécheur* fait *pécheresse : La femme* PÉCHERESSE *de l'Evangile.*

113. *Chasseresse,* dont le masculin est *chasseur,* ne s'emploie guère que dans le style soutenu : *Diane* CHASSERESSE ; *les nymphes* CHASSERESSES.

114. Les adjectifs en *teur* qui ne viennent pas *directement* d'un participe présent font, en général, leur féminin en *trice :*

Un langage *adulateur.*	Une expression *adulatrice.*
Un ange *consolateur.*	Une parole *consolatrice.*
Un signe *accusateur.*	Une voix *accusatrice.*

115. *Imposteur* ne s'emploie qu'au masculin : *Un éloge* IMPOSTEUR; *des oracles* IMPOSTEURS.

116. Les adjectifs en *érieur* suivent la règle générale : *antérieur, antérieure; extérieur, extérieure.*

Il en est de même de *majeur, meilleur, mineur : majeure, meilleure, mineure.*

FORMATION DU PLURIEL DANS LES ADJECTIFS.

117. RÈGLE GÉNÉRALE. On forme le pluriel dans les adjectifs comme dans les noms, en ajoutant un *s* au singulier :

Un enfant *poli.*	Des enfants *polis.*
Une *belle* orange.	De *belles* oranges.

118. REMARQUE. Les adjectifs en *ent* et en *ant* conservent généralement, comme les noms qui ont cette terminaison (Voir § 67), le *t* au pluriel : *Un enfant* INTELLIGENT, SAVANT ; *des enfants* INTELLIGENTS, SAVANTS.

119. Les adjectifs terminés au singulier par *s* ou par *x* ne changent pas au pluriel : *Un fils* DOUX *et* SOUMIS, *des fils* DOUX *et* SOUMIS.

120. Les adjectifs terminés en *eau* prennent *x* au pluriel : *Un* BEAU *chapeau, de* BEAUX *chapeaux.*

ADJECTIFS TERMINÉS PAR *AL* AU MASCULIN SINGULIER.

121. Le pluriel de ces adjectifs est une des difficultés orthographiques de notre langue.

La règle comprend deux cas principaux:

1° Adjectifs en *al* qui forment leur pluriel en *aux ;*

2° Adjectifs en *al* qui prennent un *s* au masculin pluriel.

122. 1° Adjectifs en *al* qui forment leur pluriel en *aux*. Ces adjectifs sont : *abbatial, abdominal, allodial, annal, anomal, anormal, arsenical, banal, baptismal, biennal, brachial, brutal, bursal, capital, cardinal, cérébral, cérémonial, chirurgical, claustral, collatéral, collégial, commensal, commercial, conjugal, consistorial, cordial, costal, crural* (méd.), *curial, décemviral, décimal, déloyal, dental, diagonal, doctrinal, domanial, dorsal, dotal, égal, électoral, épiscopal, équinoxial, féal, féodal, final, fiscal, fondamental, frontal, général, génital, grammatical, guttural, horizontal, idéal, illégal, immoral, impartial, impérial, inégal, infernal, initial, intercostal, intestinal, labial, lacrymal, latéral, légal, libéral, littéral, local, loyal, lustral, machinal, martial, matrimonial, médial, médical, médicinal, méridional, moral, municipal, musical, nasal* (méd.), *national, numéral, nuptial, occidental, occipital, ombilical, ordinal, oriental, original, paradoxal, pariétal, partial, patriarcal, patrimonial, pectoral* (méd.), *présidial, prévôtal, primordial, principal, pronominal, proverbial, provincial, pyramidal, quatriennal, quinquennal, radical, rival, royal, rural, sacerdotal, sacramental, seigneurial, septentrional, sépulcral, social, solsticial, spécial, spiral, synodal, terminal, tibial, total, transversal, triennal, triomphal, trivial, vénal, verbal, vertébral, vertical, vicinal, vital, vocal,* etc., etc.

123. 2° Adjectifs en *al* qui prennent un *s* au masculin pluriel. Ces adjectifs, sur lesquels l'Académie ne se prononce pas ou se contente de dire : *N'est point d'usage* *au pluriel masculin,* sont : *amical, arbitral, astral, austral, automnal, bancal, bénéficial, boréal, brumal, canonial, clérical, conjectural, coronal, cortical, diagonal, diamétral, doctoral, ducal, expérimental, fatal* (ici l'Académie se prononce pour *fatals*), *filial* (on est partagé entre *als* et *aux;* mais nous préférons *sentiments* FILIAUX à *sentiments* FILIALS), *frugal, glacial, immémorial, instrumental, jovial, lingual* (toutefois, en anatomie, on dit *linguaux*), *lustral, magistral, marginal, matinal, mental, monacal, natal, naval, papal, paroissial, pascal, pastoral, patronal, pénal, préceptoral, quadragésimal, sentimental, septennal, stomacal, théâtral, thériacal, virginal* et *zodiacal.*

124. La plupart de ces adjectifs s'emploient surtout au féminin pluriel : *paroles amicales, aurores boréales, heures canoniales, lignes diagonales, maisons ducales, mers glaciales, maladies mentales, mœurs pastorales, fêtes patronales, lois pénales, représentations théâtrales.*

125. Les adjectifs en *eu* et en *ou* prennent *s* au pluriel : *Un œil* BLEU, *des yeux* BLEUS; *un prix* FOU, *des prix* FOUS; *un corps* MOU, *des corps* MOUS; *le* FEU *prince, les* FEUS *princes.*

126. Cependant *hébreu* prend un *x : Les livres* HÉBREUX.

DEGRÉS DE SIGNIFICATION DANS LES ADJECTIFS.

127. On peut être *heureux, plus heureux* qu'un autre, *le plus heureux* de tous, ou, en général, *très-heureux.* De là trois degrés de signification dans les adjectifs : le *positif,* le *comparatif* et le *superlatif.*

1° POSITIF.

128. Le *positif* n'est autre chose que l'adjectif lui-même, il marque simplement la qualité en la considérant telle qu'elle est dans l'objet dont il s'agit, comme *grand, beau, savant.*

2° COMPARATIF.

129. Le *comparatif* exprime la comparaison. Or, quand on compare deux choses, on trouve qu'elles sont égales, ou bien que l'une est supérieure ou inférieure à l'autre. De là trois sortes de comparatifs : d'*égalité*, de *supériorité* ou d'*infériorité*.

130. Le comparatif d'*égalité* se forme à l'aide du mot *aussi*, que l'on met devant l'adjectif: *Turenne était* AUSSI MODESTE *que vaillant.*

131. Le comparatif de *supériorité* se forme au moyen du mot *plus*, que l'on met devant l'adjectif: *Les remèdes sont* PLUS LENTS *que les maux.*

132. Le comparatif d'*infériorité* se forme à l'aide du mot *moins*, que l'on met devant l'adjectif : *La Seine est* MOINS LARGE *que le Rhin.*

133. Nous avons en français trois adjectifs qui expriment par eux-mêmes une comparaison : *meilleur*, au lieu de *plus bon*, qui ne se dit pas; *moindre*, au lieu de *plus petit ; pire*, au lieu de *plus méchant*, *plus mauvais :*

Le temps est MEILLEUR *qu'il n'était hier.*

L'épaisseur de ce mur est MOINDRE *que celle du mur voisin.*

La crainte du mal est PIRE *que le mal même.*

3° SUPERLATIF.

134. Le *superlatif* exprime la qualité dans le plus haut degré, ou dans un très-haut degré. De là deux sortes de superlatifs : le superlatif *relatif* et le superlatif *absolu*.

135. Le *superlatif relatif* marque une qualité portée au plus haut degré, par comparaison avec d'autres objets ou avec d'autres circonstances; on le forme en mettant *le, la, les, mon, ton, son, notre, votre, leur*, avant le comparatif de supériorité ou d'infériorité :

La baleine est LE PLUS GROS *de tous les cétacés.*

Voilà la femme LA PLUS GRACIEUSE *que je connaisse.*

Elle est LA MOINS JOLIE *des trois sœurs.*
C'est le MEILLEUR *homme du monde.*
Au MOINDRE *signe vous serez obéi.*
Le désespoir est LE PIRE *de tous les maux.*
Il avait mis SON PLUS BEAU *chapeau.*

136. Le *superlatif absolu* exprime une qualité portée à un très-haut degré sans comparaison avec d'autres objets ou d'autres circonstances; on le forme en mettant avant le positif un des mots *très, bien, fort, extrêmement, infiniment,* etc. :

La charité est une TRÈS-*belle vertu.*
Dieu est INFINIMENT *bon.*

ADJECTIFS DÉTERMINATIFS.

137. Les adjectifs *déterminatifs* sont ceux qui se joignent au nom pour en préciser, pour en *déterminer* la signification : MON *livre,* VOTRE *plume,* CES *oranges,* QUINZE *francs.* Cependant quelques-uns ne remplissent ce rôle que d'une manière vague : TOUTE *personne,* PLUSIEURS *amis,* CERTAINES *choses.*

138. Il y a quatre sortes d'adjectifs *déterminatifs :* les adjectifs *démonstratifs,* les adjectifs *possessifs,* les adjectifs *numéraux* et les adjectifs *indéfinis.*

1° ADJECTIFS DÉMONSTRATIFS.

139. Les adjectifs *démonstratifs* sont ceux qui déterminent le nom en y ajoutant une idée d'*indication.*

Ces adjectifs sont :

CE, CET pour le masculin singulier : CE *livre,* CET *homme;*

CETTE pour le féminin singulier : CETTE *table.*

CES pour le pluriel des deux genres : CES *livres,* CES *tables.*

140. REMARQUE. *Ce* s'emploie avant une consonne ou un *h* aspiré : *ce* crayon, *ce* hameau. On se sert de *cet* avant une voyelle ou un *h* muet : *cet* arbre, *cet* habit.

La consonne *t,* dans *cet,* est purement euphonique.

2° ADJECTIFS POSSESSIFS.

141. Les adjectifs *possessifs* sont ceux qui déterminent le nom en y ajoutant une idée de *possession*. Ces adjectifs sont :

SINGULIER.		PLURIEL.
Masculin.	*Féminin.*	*Des deux genres.*
Mon	Ma	Mes.
Ton	Ta	Tes.
Son	Sa	Ses.
Notre.	Notre.	Nos.
Votre.	Votre.	Vos.
Leur	Leur	Leurs.

142. REMARQUE. Pour éviter un hiatus, on emploie *mon, ton, son,* au lieu de *ma, ta, sa,* devant un nom féminin commençant par une voyelle ou un *h* muet; on dit MON *amie,* pour MA *amie;* TON *épée,* pour TA *épée;* SON *humeur,* pour SA *humeur.*

143. Il ne faut pas confondre *ses,* adjectif possessif, avec *ces,* adjectif démonstratif.

144. *Ses* exprime une idée de possession :
La poule réchauffe SES *poussins sous* SES *ailes.*

145. *Ces* exprime une idée d'indication :
CES *fleurs sentent bon.*

3° ADJECTIFS NUMÉRAUX.

146. Les adjectifs *numéraux* sont ceux qui déterminent l'étendue de signification donnée au nom en y ajoutant une idée de *nombre.*

147. Il y a deux sortes d'adjectifs numéraux : les adjectifs numéraux *cardinaux,* et les adjectifs numéraux *ordinaux.*

148. Les adjectifs numéraux *cardinaux* sont ceux qui déterminent le nom en y ajoutant une idée de nombre, de quantité. Ce sont: *Un, deux, trois, quatre, cinq, six, sept, huit, neuf, dix, vingt, cent, mille,* etc.

149. On les appelle *cardinaux,* d'un mot latin qui signifie *base,* parce qu'ils sont, en effet, la base des adjectifs *ordinaux,* qu'ils forment au moyen de la terminaison *ième.*

150. Les adjectifs numéraux *ordinaux* sont ceux qui déterminent le nom en y ajoutant une idée d'ordre, de rang : *Le* DEUXIÈME *étage, la* VINGTIÈME *année.* Voici les dix premiers adjectifs numéraux ordinaux avec leur formation :

ADJ. NUMÉR. CARDINAUX.	OBSERVATIONS.	ADJ. NUMÉR. ORDINAUX.
Un. . . .	(*unième* ne s'emploie qu'avec *vingt, trente,* etc.)	Premier.
Deux.		Deuxième.
Trois.		Troisième.
Quatre. . .	(*e* s'élide avant *ième*) . .	Quatrième.
Cinq	(un *u* s'intercale)	Cinquième.
Six.		Sixième.
Sept		Septième.
Huit.		Huitième.
Neuf. . . .	(*f* s'adoucit en *v*)	Neuvième.
Dix.		Dixième.

4° ADJECTIFS INDÉFINIS.

151. Les adjectifs *indéfinis* sont ceux qui ajoutent au nom une idée de généralité, d'*indétermination*, le plus souvent de nombre vague : PLUSIEURS *personnes*, QUELQUES *amis.*

152. Ces adjectifs sont *aucun, autre, certain, chaque, maint, même, nul, plusieurs, quel, quelconque, tel, tout*, etc.

153. A cette classification appartiennent encore *un* (*des,* au plur.), *vingt, trente, cent, mille,* quand ces adjectifs n'expriment pas un nombre précis : *J'ai appris* UNE *nouvelle fâcheuse;* on dirait au pluriel : *J'ai appris* DES *nouvelles fâcheuses.*— *Cette recommandation, je vous l'ai faite* CENT *fois,* c'est-à-dire un grand nombre de fois.

154. L'adjectif *quelconque* se place toujours après le nom ; mais alors il est plutôt qualificatif que déterminatif : *Donnez-moi une raison* QUELCONQUE.

CHAPITRE IV

DU PRONOM

155. Le *pronom* est un mot qui tient *la place du nom* et en prend le genre et le nombre :

Les personnes capricieuses ressemblent à des girouettes ; ELLES *tournent à tout vent.*

Les plaies que fait la langue sont plus dangereuses que CELLES *que fait le glaive.*

Elles tient la place de *personnes; celles* est mis pour *plaies. Elles* et *celles* sont des pronoms.

Quelquefois aussi le pronom tient la place de certains mots d'une autre nature : *Obéissez, je* LE VEUX. LE est mis pour *que vous obéissiez.*

156. Il y a cinq sortes de pronoms : les pronoms *personnels*, les pronoms *démonstratifs*, les pronoms *possessifs*, les pronoms *conjonctifs* et les pronoms *indéfinis*.

1° PRONOMS PERSONNELS.

157. Les pronoms *personnels* rappellent les personnes et les choses par la seule idée du *rôle* que ces personnes et ces choses jouent dans le discours.

Ce rôle, en grammaire, s'appelle *personne*.

158. Or, dans l'acte de la parole, il n'y a que trois situations possibles : ou *parler*, ou *écouter*, ou *servir d'objet* au discours.

159. Il y a donc trois personnes grammaticales : la *première*, celle qui parle : JE *lis;* la *deuxième*, celle à qui l'on parle : TU *lis;* la *troisième*, celle de qui l'on parle : IL *lit.*

PRONOMS DE LA PREMIÈRE PERSONNE.

Je, me, moi, pour le singulier
Nous, pour le pluriel
} des deux genres.

PRONOMS DE LA DEUXIÈME PERSONNE.

Tu, te, toi, pour le singulier ⎫
Vous, pour le pluriel ⎰ des deux genres.

PRONOMS DE LA TROISIÈME PERSONNE.

SINGULIER.		PLURIEL.	
Masc.	Fém.	Masc.	Fém.
Il	*Elle*	*Ils, Eux*	*Elles*
Le	*La*	*Les* pour les deux genres.	

Lui, pour le singulier ⎫
Leur, pour le pluriel ⎰ des deux genres.

Se, soi, en, y, pour les deux genres et les deux nombres.

160. REMARQUE. 1° LEUR, pronom personnel, accompagne toujours un verbe :

Il faut compter sur l'ingratitude des hommes, et ne pas laisser de LEUR *faire du bien.* (FÉNELON.)

Dans ce cas, *leur* ne prend jamais *s,* signe ordinaire du pluriel ; il se distingue suffisamment du singulier *lui* par sa forme essentielle et par sa prononciation.

161. LEUR, adjectif, précède toujours un nom et prend un *s* devant un nom pluriel :

Les oiseaux se servent de LEURS *doigts beaucoup plus que les quadrupèdes.* (BUFFON.)

162. 2° LE, LA, LES, pronoms, accompagnent toujours un verbe :

*Un sage vieillard te donne-t-il des conseils, écoute-*LE *et suis-*LES.

163. LE, LA, LES, articles, précèdent toujours un nom :

LE *bonheur et* LA *fortune attirent* LES *amis.*

2° PRONOMS DÉMONSTRATIFS.

164. Les pronoms *démonstratifs* sont ceux qui rappellent, en y ajoutant une idée d'indication, les personnes ou les choses dont ils tiennent la place :

La plus douloureuse lassitude est CELLE *des plaisirs.*

165. Les pronoms démonstratifs sont :

Pour le singulier ⎧ masc.   *Ce, celui.*
            ⎩ fém.   *Celle.*

Pour le pluriel ⎧ masc.   *Ceux.*
           ⎩ fém.   *Celles.*

2.

166. En ajoutant à ces pronoms la syllabe *ci* ou la syllabe *là*, on a les autres pronoms démonstratifs : *ceci, celui-ci, celle-ci, ceux-ci, celles-ci,* qui marquent la proximité ; *cela, celui-là, celle-là, ceux-là, celles-là,* qui expriment l'éloignement :

Quelle différence y a-t-il entre la belle et la bonne femme? CELLE-LÀ *est un bijou,* CELLE-CI *est un trésor.* (NAPOLÉON Iᵉʳ.)

167. REMARQUE. 1° Le mot *ce* peut être adjectif ou pronom démonstratif.

168. Il est adjectif quand il détermine un nom : CE *livre,* CE *tableau.*

169. Il est pronom quand il est avant un verbe ou un autre pronom et qu'il peut être remplacé par *ceci, cela* : *c'est vrai;* CE *doit être ;* CE *que je dis,* c'est-à-dire CELA *est vrai,* CECI *doit être,* etc.

170. 2° Il ne faut pas confondre *ce*, pronom démonstratif, avec *se*, pronom personnel ; *se* peut toujours se traduire par *soi, lui, elle, eux, elles : La calomnie s'étend comme une tache d'huile* (*étend soi*).

3° PRONOMS POSSESSIFS.

171. Les pronoms *possessifs* sont ceux qui rappellent à l'esprit, en y ajoutant une idée de *possession*, les personnes ou les choses dont ils tiennent la place :

En soulageant les peines des autres, l'homme sensible soulage LES SIENNES.

N'oubliez jamais que le sort du malheureux peut devenir LE VÔTRE.

Les siennes, le vôtre, sont des pronoms possessifs.

172. Les pronoms possessifs ont une forme particulière, selon que le possesseur est de la première, de la seconde ou de la troisième personne. En voici le tableau :

	MASC.	FÉM.	MASC.	FÉM.
Pour la 1ʳᵉ pers. du sing. :	Le mien.	La mienne.	Les miens.	Les miennes.
— 2ᵐᵉ —	Le tien.	La tienne.	Les tiens.	Les tiennes.
— 3ᵐᵉ —	Le sien.	La sienne.	Les siens.	Les siennes.

		POUR LES DEUX GENRES :
Pour la 1ʳᵉ pers. du plur. :	Le nôtre. La nôtre.	Les nôtres.
— 2ᵐᵉ —	Le vôtre. La vôtre.	Les vôtres.
— 3ᵐᵉ —	Le leur. La leur.	Les leurs.

173. Il ne faut pas confondre les adjectifs possessifs *notre*, *votre*, avec les pronoms possessifs *le nôtre*, *le vôtre*, *la nôtre*, *la vôtre;* les premiers s'écrivent sans accent circonflêxe et précèdent toujours un nom; les seconds prennent un accent circonflexe sur l'ô, et ne se joignent jamais au nom : VOTRE *maison est plus belle que* LA NÔTRE.

4° PRONOMS CONJONCTIFS.

174. Les pronoms *conjonctifs* sont ceux qui, tout en tenant la place d'un nom, servent à *joindre* ensemble deux propositions :

La religion est une chaîne d'or QUI *attache le ciel à la terre.* (BOSSUET.)

Le mot QUI est un pronom conjonctif, parce qu'il joint ensemble les deux propositions et qu'il tient la place du nom *chaîne*.

175. Les pronoms conjonctifs sont :

Sing. { masc. : *Lequel, duquel, auquel.*
{ fém. : *Laquelle, de laquelle, à laquelle.*

Plur. { masc. : *Lesquels, desquels, auxquels.*
{ fém. : *Lesquelles, desquelles, auxquelles.*

Pour les deux genres et pour les deux nombres : *qui, que, quoi, dont*. Ce dernier pronom équivaut au mot *de* suivi du nom qu'il remplace.

176. REMARQUE: 1° Le mot dont le pronom conjonctif tient la place s'appelle, par rapport à ce dernier, *antécédent*, c'est-à-dire mot qui précède. Dans l'exemple donné plus haut, *chaîne* est l'antécédent de *qui*. Comme ces pronoms sont toujours en rapport, en *relation* avec un mot qui les précède immédiatement, on les nomme aussi pronoms *relatifs*.

177. 2° Les pronoms *qui, que, quoi, lequel*, etc., sont interrogatifs quand ils n'ont pas d'antécédent : QUI *demandez-vous?* QUE *me voulez-vous ? à* QUOI *songe-t-il?* LEQUEL *préfères-tu?*

5° PRONOMS INDÉFINIS.

178. Les pronoms *indéfinis* sont ceux qui rappellent *vaguement* l'idée d'un nom, d'un adjectif, d'un infinitif, d'un membre de phrase et même d'une phrase tout entière.

179. Ces pronoms sont : *On, quiconque, quelqu'un, chacun, autrui, l'un, l'autre, l'un et l'autre, plusieurs, rien*, etc.

180. Le mot *le* est pronom indéfini quand il signifie *ceci, cela : Croyez-vous que la terre tourne? Oui, je* LE *crois*, c'est-à-dire *je crois* CELA (qu'elle tourne).

181. *Il* est aussi pronom indéfini quand il veut dire *ceci, cela :* IL *importe de travailler*, c'est-à-dire CECI (travailler) *importe*.

182. Les mots *tout, aucun, nul, plusieurs, tel, certain*, etc., sont pronoms quand ils tiennent la place d'un nom : AUCUN *ne sortira;* PLUSIEURS *pensent ainsi*. Ils sont adjectifs quand ils sont joints à un nom : AUCUN *livre*, PLUSIEURS *personnes*.

183. Le mot *personne* est tantôt pronom, tantôt nom. Il est pronom quand il signifie *aucune personne :* PERSONNE *n'est exempt de la mort*. Il est nom quand il est précédé de l'article ou d'un adjectif déterminatif : *Les* PERSONNES *vaines veulent qu'on les admire*.

184. *Rien* fait au pluriel *riens*, dans le sens de *bagatelles, choses* de peu d'importance; c'est alors un véritable nom : *Il vaut mieux ne rien dire que de dire des* RIENS. *Je n'ai que des* RIENS *à vous mander*.

185. On ne doit compter *rien* parmi les pronoms indéfinis que lorsqu'il veut dire *aucune chose, aucune circonstance, aucune affaire;* alors il est masculin à cause du sens vague qu'on lui prête.

CHAPITRE V

DU VERBE

DÉFINITION DU VERBE.

186. Quand on dit : *Le soleil est brillant*, on énonce un jugement; en d'autres termes, on fait une *proposition*.

187. L'objet sur lequel porte le jugement (*le soleil*) se nomme *sujet*.

188. La qualité (*brillant*) que l'on juge convenir au sujet s'appelle *attribut*.

189. Le mot (*est*) par lequel on affirme que l'attribut convient au sujet porte le nom de *verbe*.

190. Le *verbe est* donc *un mot qui marque l'affirmation*, c'est-à-dire *qui affirme que l'attribut convient au sujet*.

VERBE SUBSTANTIF.

191. Il n'existe, à proprement parler, qu'un seul verbe, c'est ÊTRE; on le nomme *verbe substantif*, parce qu'il existe, parce qu'il *subsiste* par lui-même, indépendamment de l'attribut.

VERBES ATTRIBUTIFS.

192. Tous les autres verbes renferment l'idée de l'affirmation et l'idée de l'attribut, et se nomment, pour cette raison, *verbes attributifs*. Ainsi, dans la proposition *le soleil brille*, dont le sens est *le soleil est brillant*, le verbe *brille* équivaut à *est* (signe de l'affirmation), et *brillant* (attribut).

DU SUJET.

193. Tous les verbes attributifs expriment un *état* ou une *action*.

194. Le sujet, ou objet du jugement, est la personne

ou la chose dont le verbe exprime l'état ou l'action : Dieu *est éternel. La* Seine *arrose Paris.*

195. On trouve mécaniquement le sujet en mettant *qui est-ce qui* ou *qu'est-ce qui* avant le verbe : *Qui est-ce qui* est éternel? Dieu; *Dieu* est le sujet de *est.—Qu'est-ce qui* arrose Paris? la *Seine; Seine* est le sujet du verbe *arrose.*

DES COMPLÉMENTS DU VERBE.

196. On appelle *compléments* d'un verbe les mots qui achèvent le sens de ce verbe en désignant la personne ou la chose sur laquelle tombe l'action exprimée par ce verbe.

197. On distingue deux sortes de compléments : le *complément direct* et le *complément indirect.*

198. Le *complément direct* est celui qui se joint au verbe directement, c'est-à-dire sans l'intermédiaire d'aucune préposition : *Caïn tua* Abel. *On récolte le* RAISIN *en automne.*

199. On trouve le *complément direct* en énonçant le sujet, puis le verbe, après lequel on met *qui* ou *quoi :* Caïn tua *qui? Abel; Abel* est donc le complément direct de *tua.* — On récolte *quoi?* le *raisin; raisin* est le complément direct de *récolte.*

200. Le *complément indirect* est celui qui se joint au verbe indirectement, c'est-à-dire par l'intermédiaire d'une préposition : *Dieu donna sa loi* à Moïse. *La vie naît* DE *la* MORT. *Les ballons furent inventés* PAR Mont-GOLFIER. *Le brave se dévoue* POUR *sa* PATRIE.

201. On trouve le *complément indirect* en énonçant le sujet, puis le verbe, après lequel on met *à qui, à quoi; de qui, de quoi; par qui, par quoi; pour qui, pour quoi,* etc. Dieu donna *à qui? à Moïse.* La vie naît *de quoi? de la mort.* Les ballons furent inventés *par qui? par Montgolfier.* Le brave se dévoue *pour qui, pour quoi? pour sa patrie. Moïse, mort, Montgolfier, patrie,* sont les compléments indirects des verbes *donna, naît, furent inventés, se dévoue.*

202. Toute préposition annonce un complément indirect.

203. Remarque. Le complément indirect prend souvent le nom de *complément circonstanciel* : c'est lorsqu'il exprime les diverses circonstances d'une action, d'un fait : *Les étoiles brillent pendant la* nuit. *Les serpents se cachent sous les* fleurs.

Le complément circonstanciel répond à l'une des questions *où, quand, comment, pourquoi,* etc. : Les étoiles brillent *quand ? pendant la nuit.* Les serpents se cachent *où ? sous les fleurs.*

DU RADICAL ET DE LA TERMINAISON.

204. Tout verbe se compose de deux parties distinctes : le *radical* et la *terminaison.*

205. Le *radical* est la partie essentielle, la *racine* du verbe, celle qui représente l'attribut dans les verbes attributifs.

206. La *terminaison* est la partie ajoutée au radical et qui varie selon la personne, le nombre, le temps et le mode.

Ainsi dans j'*aim e*, j'*aim ais*, ils *aim èrent*, nous *aim erons*, AIM est le radical ; E, AIS, ÈRENT, ERONS, sont les terminaisons.

MODIFICATIONS DU VERBE.

207. Le verbe est sujet à quatre modifications ou changements de forme : la *personne*, le *nombre*, le *temps* et le *mode*.

DE LA PERSONNE.

208. La *personne* est la forme particulière que prend la terminaison du verbe, selon que le sujet joue le premier, le second ou le troisième rôle dans le discours.

SINGULIER :	PLURIEL :
1re pers. : Je se-rai.	Nous se-rons.
2e — : Tu se-ras.	Vous se-rez.
3e — : Il se-ra.	Ils se-ront.

DU NOMBRE.

209. Le *nombre* est la forme particulière que prend

la terminaison du verbe, selon que le sujet est du singulier ou du pluriel.

SINGULIER :	PLURIEL :
Tu aim-es.	Vous aim-ez.
Il avert-it.	Ils avert-issent.

DU TEMPS.

210. Le *temps* est la forme particulière que prend la terminaison du verbe pour indiquer à quelle époque se rapporte l'état ou l'action.

211. Il y a trois *temps principaux :* LE PRÉSENT, *je parle ;* LE PASSÉ, *j'ai parlé ;* LE FUTUR, *je parlerai.*

212. Le *présent* n'est qu'un point indivisible, comme l'a dit excellemment Boileau :

Le moment où je parle est déjà loin de moi.

Il ne saurait, par conséquent, se prêter à des subdivisions d'aucune sorte.

Mais le *passé* et le *futur* admettent plusieurs nuances d'antériorité et de postériorité, ce qui donne lieu à des *temps secondaires.*

213. Il y a en tout huit temps : *un* pour le présent, *cinq* pour le passé et *deux* pour le futur.

214. Le *présent* est un temps qui exprime qu'une chose a lieu au moment où l'on parle : *Vous étudiez, nous sortons, ils paraissent tristes.*

215. Les cinq sortes de passés sont : l'*imparfait*, le *passé défini*, le *passé indéfini*, le *passé antérieur* et le *plus-que-parfait.*

216. L'*imparfait* est un temps qui exprime une chose passée maintenant, mais *qui n'était pas achevée* quand une autre a eu lieu : *Je* LISAIS *quand vous êtes entré.*

217. Le *passé défini* exprime qu'une chose a eu lieu dans un temps entièrement passé et conçu comme *déterminé : Dieu* CRÉA *le monde en six jours.*

218. Le *passé indéfini* exprime qu'une chose a eu lieu dans un temps qui n'est pas entièrement écoulé ou qui ne l'est que depuis peu, et qui, par cela même, est conçu comme *indéterminé* : *J'ai* ÉTUDIÉ *hier mes leçons. J'ai* ÉCRIT *une lettre ce matin.*

219. Le *passé antérieur* exprime qu'une chose a eu lieu immédiatement avant une autre : *Hier, quand j'*EUS FINI, *je sortis.*

220. Le *plus-que-parfait* marque une chose passée relativement à une autre également passée : *J'*AVAIS TERMINÉ *mes affaires quand vous partîtes.*

Ce temps est ainsi nommé, parce qu'il marque en quelque sorte doublement le passé.

221. Les deux temps du futur sont : le *futur simple* et le *futur antérieur.*

222. Le *futur simple* exprime qu'une chose aura lieu : *Dieu* RÉCOMPENSERA *les bons et* PUNIRA *les méchants.*

223. Le *futur antérieur* exprime qu'une chose aura eu lieu quand une autre se fera : *J'*AURAI ÉCRIT *ma lettre quand vous reviendrez.*

224. Sous le rapport de la forme, les temps des verbes sont *simples* ou *composés.*

225. Les *temps simples* sont ceux qui ne prennent pas d'auxiliaire : *Nous chantions, vous écoutiez.*

226. Les *temps composés* sont ceux qui sont formés d'un auxiliaire et d'un participe passé : *Nous avons chanté, vous avez écouté.*

227. NOTA. — On nomme auxiliaires les verbes AVOIR et ÊTRE lorsqu'ils aident à conjuguer les autres verbes.

DU MODE.

228. Le *mode* est la *manière* de présenter l'état ou l'action que le verbe exprime.

229. Il y a dans les verbes cinq modes, savoir : l'*indicatif*, le *conditionnel*, l'*impératif*, le *subjonctif* et l'*infinitif.*

230. L'*indicatif* présente l'état ou l'action comme positive : *Je* CHANTE, *j'*AI CHANTÉ, *je* CHANTERAI.

231. Le *conditionnel* présente l'état ou l'action comme dépendante d'une condition : *Je* FERAIS *l'aumône si j'étais riche.*

232. L'*impératif* présente l'état ou l'action avec commandement, avec exhortation, avec prière : RÉCITEZ *votre leçon. Seigneur,* EXAUCEZ-*nous.*

233. Le *subjonctif* présente l'état ou l'action comme subordonnée et, par conséquent, comme douteuse, incertaine : *Je désire* QU'IL VIENNE. *Je souhaite* QUE VOUS RÉUSSISSIEZ.

234. L'*infinitif* présente l'état ou l'action comme vague, sans désignation de nombre ni de personne : PARLER *sans* RÉFLÉCHIR, *c'est* SE METTRE *en voyage sans* AVOIR FAIT *ses* *préparatifs.* L'*infinitif* est une sorte de nom invariable.

235. L'*indicatif*, le *conditionnel*, l'*impératif* et le *subjonctif* sont des *modes personnels*, parce qu'ils ont des terminaisons propres à marquer le changement des personnes ; l'*infinitif* est un *mode impersonnel*, parce qu'il n'a point cette multiplicité de terminaisons.

DES CONJUGAISONS.

236. On appelle *conjugaison* le tableau de toutes les formes que prend un verbe pour exprimer les différences de personne, de nombre, de temps et de mode.

237. *Conjuguer* un verbe, c'est donc en réciter ou en écrire toutes les formes dans un ordre déterminé.

238. Il y a, en français, quatre conjugaisons, que l'on distingue par la terminaison du présent de l'infinitif.

239. La première conjugaison a le présent de l'infinitif terminé en ER, comme *chant-er ;* la seconde en IR, comme *fin-ir ;* la troisième en OIR, comme *recev-oir ;* et la quatrième en RE, comme *rend-re.*

240. Il y a deux verbes, *avoir* et *être*, qui servent, comme nous l'avons dit, à conjuguer les autres : il importe donc, avant tout, d'en donner la conjugaison.

Conjugaison du verbe AVOIR (1).

Premier mode.

INDICATIF.

PRÉSENT.

J'ai.
Tu as.
Il *ou* elle a.
Nous avons.
Vous avez.
Ils *ou* elles ont.

IMPARFAIT.

J'avais.
Tu avais.
Il avait.
Nous avions.
Vous aviez.
Ils avaient.

PASSÉ DÉFINI.

J'eus.
Tu eus.
Il eut.
Nous eûmes.
Vous eûtes.
Ils eurent.

PASSÉ INDÉFINI.

J'ai eu.
Tu as eu.
Il a eu.
Nous avons eu.
Vous avez eu.
Ils ont eu.

PASSÉ ANTÉRIEUR.

J'eus eu.
Tu eus eu.
Il eut eu.
Nous eûmes eu.
Vous eûtes eu.
Ils eurent eu.

PLUS-QUE-PARFAIT.

J'avais eu.
Tu avais eu.
Il avait eu.
Nous avions eu.
Vous aviez eu.
Ils avaient eu.

FUTUR.

J'aurai.
Tu auras.
Il aura.
Nous aurons.
Vous aurez.
Ils auront.

FUTUR ANTÉRIEUR.

J'aurai eu.
Tu auras eu.
Il aura eu.
Nous aurons eu.
Vous aurez eu.
Ils auront eu.

Deuxième mode.

CONDITIONNEL.

PRÉSENT.

J'aurais.
Tu aurais.
Il aurait.
Nous aurions.
Vous auriez.
Ils auraient.

PASSÉ (1re *forme*).

J'aurais eu.
Tu aurais eu.
Il aurait eu.
Nous aurions eu.
Vous auriez eu.
Ils auraient eu.

PASSÉ (2me *forme*).

J'eusse eu.
Tu eusses eu.
Il eût eu.
Nous eussions eu.
Vous eussiez eu.
Ils eussent eu.

Troisième mode.

IMPÉRATIF.

PRÉSENT *ou* FUTUR.

Aie.
Ayons.
Ayez.

Quatrième mode.

SUBJONCTIF.

PRÉSENT *ou* FUTUR.

Que j'aie.
Que tu aies.
Qu'il ait.
Que nous ayons.
Que vous ayez.
Qu'ils aient.

IMPARFAIT.

Que j'eusse.
Que tu eusses.
Qu'il eût.
Que nous eussions.
Que vous eussiez.
Qu'ils eussent.

PASSÉ.

Que j'aie eu.
Que tu aies eu.
Qu'il ait eu.
Que nous ayons eu.
Que vous ayez eu.
Qu'ils aient eu.

PLUS-QUE-PARFAIT.

Que j'eusse eu.
Que tu eusses eu.
Qu'il eût eu.
Que nous eussions eu.
Que vous eussiez eu.
Qu'ils eussent eu.

Cinquième mode.

INFINITIF.

PRÉSENT.

Avoir.

PASSÉ.

Avoir eu.

PARTICIPE PRÉSENT.

Ayant.

PARTICIPE PASSÉ.

Eu, ayant eu.

---

(1) Nous donnons la conjugaison du verbe *avoir* avant celle du verbe *être*, parce que *avoir* sert non-seulement à se conjuguer lui-même dans ses temps composés, mais encore à conjuguer les temps composés du verbe *être*, des verbes *actifs*, des verbes *impersonnels* et de presque tous les verbes *neutres*.

Conjugaison du verbe ÊTRE.

Premier mode.

INDICATIF.

PRÉSENT.

Je suis.
Tu es.
Il *ou* elle est.
Nous sommes.
Vous êtes.
Ils *ou* elles sont.

IMPARFAIT.

J'étais.
Tu étais.
Il était.
Nous étions.
Vous étiez.
Ils étaient.

PASSÉ DÉFINI.

Je fus.
Tu fus.
Il fut.
Nous fûmes.
Vous fûtes.
Ils furent.

PASSÉ INDÉFINI.

J'ai été.
Tu as été.
Il a été.
Nous avons été.
Vous avez été.
Ils ont été.

PASSÉ ANTÉRIEUR.

J'eus été.
Tu eus été.
Il eut été.
Nous eûmes été.
Vous eûtes été.
Ils eurent été.

PLUS-QUE-PARFAIT.

J'avais été.
Tu avais été.
Il avait été.
Nous avions été.
Vous aviez été.
Ils avaient été.

FUTUR.

Je serai.
Tu seras.
Il sera.
Nous serons.
Vous serez.
Ils seront.

FUTUR ANTÉRIEUR.

J'aurai été.
Tu auras été.
Il aura été.
Nous aurons été.
Vous aurez été.
Ils auront été.

Deuxième mode.

CONDITIONNEL.

PRÉSENT.

Je serais.
Tu serais.
Il serait.
Nous serions.
Vous seriez.
Ils seraient.

PASSÉ (1re forme).

J'aurais été.
Tu aurais été.
Il aurait été.
Nous aurions été.
Vous auriez été.
Ils auraient été.

PASSÉ (2me forme).

J'eusse été.
Tu eusses été.
Il eût été.
Nous eussions été.
Vous eussiez été.
Ils eussent été.

Troisième mode.

IMPÉRATIF.

PRÉSENT ou FUTUR.

Sois.
Soyons.
Soyez.

Quatrième mode.

SUBJONCTIF.

PRÉSENT ou FUTUR.

Que je sois.
Que tu sois.
Qu'il soit.
Que nous soyons.
Que vous soyez.
Qu'ils soient.

IMPARFAIT.

Que je fusse.
Que tu fusses.
Qu'il fût.
Que nous fussions.
Que vous fussiez.
Qu'ils fussent.

PASSÉ.

Que j'aie été.
Que tu aies été.
Qu'il ait été.
Que nous ayons été.
Que vous ayez été.
Qu'ils aient été.

PLUS-QUE-PARFAIT.

Que j'eusse été.
Que tu eusses été.
Qu'il eût été.
Que nous eussions été.
Que vous eussiez été.
Qu'ils eussent été.

Cinquième mode.

INFINITIF.

PRÉSENT.

Être.

PASSÉ.

Avoir été.

PARTICIPE PRÉSENT.

Étant.

PARTICIPE PASSÉ.

Été, ayant été.

Première conjugaison en ER.

INDICATIF.

PRÉSENT.

J'aim *e*.
Tu aim *es*.
Il *ou* elle aim *e*.
Nous aim *ons*.
Vous aim *ez*.
Ils *ou* elles aim *ent*.

IMPARFAIT.

J'aim *ais*.
Tu aim *ais*.
Il *ou* elle aim *ait*.
Nous aim *ions*.
Vous aim *iez*.
Ils *ou* elles aim *aient*.

PASSÉ DÉFINI.

J'aim *ai*.
Tu aim *as*.
Il aim *a*.
Nous aim *âmes*.
Vous aim *âtes*.
Ils aim *èrent*.

PASSÉ INDÉFINI.

J'ai aim *é*.
Tu as aim *é*.
Il a aim *é*.
Nous avons aim *é*.
Vous avez aim *é*.
Ils ont aim *é*.

PASSÉ ANTÉRIEUR.

J'eus aim *é*.
Tu eus aim *é*.
Il eut aim *é*.
Nous eûmes aim *é*.
Vous eûtes aim *é*.
Ils eurent aim *é* (1).

PLUS-QUE-PARFAIT.

J'avais aim *é*.
Tu avais aim *é*.
Il avait aim *é*.
Nous avions aim *é*.
Vous aviez aim *é*.
Ils avaient aim *é*.

FUTUR.

J'aim *erai*.
Tu aim *eras*.
Il aim *era*.
Nous aim *erons*.
Vous aim *erez*
Ils aim *eront*.

FUTUR ANTÉRIEUR.

J'aurai aim *é*.
Tu auras aim *é*.
Il aura aim *é*.
Nous aurons aim *é*.
Vous aurez aim *é*.
Ils auront aim *é*.

CONDITIONNEL.

PRÉSENT.

J'aim *erais*.
Tu aim *erais*.
Il aim *erait*.
Nous aim *erions*.
Vous aim *eriez*.
Ils aim *eraient*.

PASSÉ (1re *forme*).

J'aurais aim *é*.
Tu aurais aim *é*.
Il aurait aim *é*.
Nous aurions aim *é*.
Vous auriez aim *é*.
Ils auraient aim *é*.

PASSÉ (2me *forme*).

J'eusse aim *é*.
Tu eusses aim *é*.
Il eût aim *é*.
Nous eussions aim *é*.
Vous eussiez aim *é*.
Ils eussent aim *é*.

IMPÉRATIF.

Aim *e*.
Aim *ons*.
Aim *ez*.

SUBJONCTIF.

PRÉSENT *ou* FUTUR.

Que j'aim *e*.
Que tu aim *es*.
Qu'il aim *e*.
Que nous aim *ions*.
Que vous aim *iez*.
Qu'ils aim *ent*.

IMPARFAIT.

Que j'aim *asse*.
Que tu aim *asses*.
Qu'il aim *ât*.
Que nous aim *assions*.
Que vous aim *assiez*.
Qu'ils aim *assent*.

PASSÉ.

Que j'aie aim *é*.
Que tu aies aim *é*.
Qu'il ait aim *é*.
Que nous ayons aim *é*.
Que vous ayez aim *é*.
Qu'ils aient aim *é*.

PLUS-QUE-PARFAIT.

Que j'eusse aim *é*.
Que tu eusses aim *é*.
Qu'il eût aim *é*.
Que nous eussions aim *é*
Que vous eussiez aim *é*
Qu'ils eussent aim *é*.

INFINITIF.

PRÉSENT.

Aim *er*.

PASSÉ.

Avoir aim *é*.

PARTICIPE PRÉSENT.

Aim *ant*.

PARTICIPE PASSÉ.

Aim *é*.
Aim *ée*.
Ayant aim *é*.

(1) Il y a un quatrième temps désigné par le nom de passé, dont on se sert également; le voici : *J'ai eu aimé, tu as eu aimé, il a eu aimé; nous avons eu aimé, vous avez eu aimé, ils ont eu aimé.*

REMARQUES PARTICULIÈRES SUR L'ORTHOGRAPHE DE CERTAINS VERBES DE LA PREMIÈRE CONJUGAISON.

241. Les verbes terminés à l'infinitif par *cer*, comme *avancer, prononcer*, prennent une cédille sous le *c* devant les voyelles *a, o*, pour conserver au *c* la prononciation douce qu'il a au présent de l'infinitif : *Nous avançâmes, nous prononçons.*

242. Les verbes terminés à l'infinitif par *g*, comme *ménager, partager*, prennent *e* après le *g* devant les voyelles *a, o*, afin de conserver à cette consonne l'articulation douce de l'infinitif : *Nous ménageâmes, partageons.*

243. Les verbes terminés à l'infinitif par *eler, eter*, comme *atteler, ficeler, niveler ; cacheter, jeter, souffleter*, redoublent *l* et *t* devant un *e* muet, ce qui empêche qu'il n'y ait deux syllabes muettes de suite à la fin d'un mot : *J'attelle, tu ficelles, il nivellera — tu cachettes, ils jettent, que je soufflette.*

244. Nota. — L'Académie ne généralise pas cette règle ; elle en excepte les verbes *bosseler, botteler, bourreler, celer, ciseler, congeler, cordeler, créneler, déceler, dégeler, démanteler, denteler, écarteler, geler, harceler, marteler, modeler, peler — Acheter, banqueter, becqueter, breveter, colleter, crocheter, décolleter, déchiqueter, épousseter, étiqueter, haleter, marqueter, pailleter, racheter*, qui, au lieu de redoubler *l* ou *t*, prennent un accent grave sur l'*e* qui précède ces consonnes : *Je pèle une pomme, j'achèterai ce livre.*

Cette règle du redoublement de la consonne ne concerne pas les verbes en *éler, eller*, comme *béler, quereller ; en éter, etter*, comme *arrêter, regretter*. Ces verbes ont un radical unique et suivent le modèle de la première conjugaison.

245. Les verbes de la première conjugaison qui ont un *e* muet avant la dernière syllabe de l'infinitif, comme *amener, soulever*, changent cet *e* en *è* ouvert devant une syllabe muette, afin qu'il n'y ait pas deux syllabes de cette nature à la fin du même mot : *Il amène, je soulèverai.*

246. Les verbes de la première conjugaison qui ont un *é* fermé avant la dernière syllabe de l'infinitif, comme *espérer, empiéter*, changent cet *é* en *è* ouvert devant une syllabe muette : *J'espère, il empiète.*

Dans tous ces verbes, l'Académie maintient l'*é* fermé au futur simple et au conditionnel présent : *Nous espérerons, vous empiéteriez.*

247. REMARQUE. Les verbes en *éger*, comme *abréger, assiéger, protéger*, sont exceptés de cette règle : ils conservent l'*é* fermé dans toute leur conjugaison : *J'abrége, qu'il protége.*

248. Remarquons aussi que les verbes en *éer* prennent deux *é* fermés et un *e* muet au féminin singulier du participe passé : *L'âme a été* CRÉÉE *immortelle.*

249. Remarquons enfin que les verbes en *uer*, comme *arguer, continuer, distribuer, saluer, tuer*, etc., prennent généralement un tréma sur l'*i* à la 1re et à la 2e pers. pl. de l'imparf. de l'indic. et du prés. du subj. : *Nous salu-ions, que vous continu-iez.* En outre, le verbe *arguer* prend encore un tréma sur l'*e* muet du prés. de l'indic. et du subj. : *J'argu-ë, tu argu-ës, qu'ils argu-ênt.* Dans les verbes en *guer*, où *u* et *er* appartiennent à la même syllabe, comme *distinguer, naviguer, narguer*, on ne fait pas usage du tréma : *nous distinguions, que vous naviguiez.* Dans les verbes en *ouer*, comme *nouer, dévouer*, on ne fait pas non plus usage du tréma, parce que la présence de *o* empêche toute erreur de prononciation.

Deux verbes de la 4e conjugaison, *conclure* et *exclure*, prennent aussi le tréma à la 1re et à la 2e pers. de l'imparf. de l'indic. et du pr. du subj. : *Nous conclu-ions, que vous exclu-iez.*

250. Les verbes terminés à l'infinitif par *yer* comme *coudoyer, appuyer*, changent *y* en *i* devant une muet : *Je coudoie, il appuiera.*

251. Mais si le verbe est terminé en *ayer* ou *eyer*, comme *effrayer, grasseyer*, il est d'usage de conserver l'*y* : *J'effraye, Paul grasseye.*

252. Il faut remarquer que tous les verbes terminés par *yer, ier*, et, en général, ceux qui ont le participe présent en *yant, iant*, à quelque conjugaison qu'ils appartiennent, prennent, les uns un *y* et un *i*, les autres deux *i* de suite à la première et à la deuxième personne du pluriel de l'imparfait de l'indicatif et du présent du subjonctif : *Nous essuyions, vous essuyiez ; que nous essuyions, que vous essuyiez.* — *Nous priions, vous priiez ; que nous priions, que vous priiez.*

Deuxième conjugaison, en IR.

INDICATIF.

PRÉSENT.

Je fin *is*.
Tu fin *is*.
Il fin *it*.
Nous fin *issons*.
Vous fin *issez*.
Ils fin *issent*.

IMPARFAIT.

Je fin *issais*.
Tu fin *issais*.
Il fin *issait*.
Nous fin *issions*.
Vous fin *issiez*.
Ils fin *issaient*.

PASSÉ DÉFINI.

Je fin *is*.
Tu fin *is*.
Il fin *it*.
Nous fin *îmes*.
Vous fin *îtes*.
Ils fin *irent*.

PASSÉ INDÉFINI.

J'ai fin *i*.
Tu as fin *i*.
Il a fin *i*.
Nous avons fin *i*.
Vous avez fin *i*.
Ils ont fin *i*.

PASSÉ ANTÉRIEUR.

J'eus fin *i*.
Tu eus fin *i*.
Il eut fin *i*.
Nous eûmes fin *i*.
Vous eûtes fin *i*.
Ils eurent fin *i*.

PLUS-QUE-PARFAIT.

J'avais fin *i*.
Tu avais fin *i*.
Il avait fin *i*.
Nous avions fin *i*.
Vous aviez fin *i*.
Ils avaient fin *i*.

FUTUR.

Je fin *irai*.
Tu fin *iras*.
Il fin *ira*.
Nous fin *irons*.
Vous fin *irez*.
Ils fin *iront*.

FUTUR ANTÉRIEUR.

J'aurai fin *i*.
Tu auras fin *i*.
Il aura fin *i*.
Nous aurons fin *i*.
Vous aurez fin *i*.
Ils auront fin *i*.

CONDITIONNEL.

PRÉSENT.

Je fin *irais*.
Tu fin *irais*.
Il fin *irait*.
Nous fin *irions*.
Vous fin *iriez*.
Ils fin *iraient*.

PASSÉ (1re *forme*).

J'aurais fin *i*.
Tu aurais fin *i*.
Il aurait fin *i*.
Nous aurions fin *i*.
Vous auriez fin *i*.
Ils auraient fin *i*.

PASSÉ (2me *forme*).

J'eusse fin *i*.
Tu eusses fin *i*.
Il eût fin *i*.
Nous eussions fin *i*.
Vous eussiez fin *i*.
Ils eussent fin *i*.

IMPÉRATIF.

Fin *is*.
Fin *issons*.
Fin *issez*.

SUBJONCTIF.

PRÉSENT ou FUTUR.

Que je fin *isse*.
Que tu fin *isses*.
Qu'il fin *isse*.
Que nous fin *issions*.
Que vous fin *issiez*.
Qu'ils fin *issent*.

IMPARFAIT.

Que je fin *isse*.
Que tu fin *isses*.
Qu'il fin *ît*.
Que nous fin *issions*.
Que vous fin *issiez*.
Qu'ils fin *issent*.

PASSÉ.

Que j'aie fin *i*.
Que tu aies fin *i*.
Qu'il ait fin *i*.
Que nous ayons fin *i*.
Que vous ayez fin *i*.
Qu'ils aient fin *i*.

PLUS-QUE-PARFAIT.

Que j'eusse fin *i*.
Que tu eusses fin *i*.
Qu'il eût fin *i*.
Que nous eussions fin *i*.
Que vous eussiez fin *i*.
Qu'ils eussent fin *i*.

INFINITIF.

PRÉSENT.

Fin *ir*.

PASSÉ.

Avoir fin *i*.

PARTICIPE PRÉSENT.

Fin *issant*.

PARTICIPE PASSÉ.

Fin *i*.
Fin *ie*.
Ayant fin *i*.

Troisième conjugaison, en **OIR.**

INDICATIF.

PRÉSENT.

Je reç *ois.*
Tu reç *ois.*
Il reç *oit.*
Nous recev *ons.*
Vous recev *ez.*
Ils reç *oivent.*

IMPARFAIT.

Je recev *ais.*
Tu recev *ais.*
Il recev *ait.*
Nous recev *ions.*
Vous recev *iez.*
Ils recev *aient.*

PASSÉ DÉFINI.

Je reç *us.*
Tu reç *us.*
Il reç *ut.*
Nous reç *ûmes.*
Vous reç *ûtes.*
Ils reç *urent.*

PASSÉ INDÉFINI.

J'ai reç *u.*
Tu as reç *u.*
Il a reç *u.*
Nous avons reç *u.*
Vous avez reç *u.*
Ils ont reç *u.*

PASSÉ ANTÉRIEUR.

J'eus reç *u.*
Tu eus reç *u.*
Il eut reç *u.*
Nous eûmes reç *u.*
Vous eûtes reç *u.*
Ils eurent reç *u.*

PLUS-QUE-PARFAIT.

J'avais reç *u.*
Tu avais reç *u.*
Il avait reç *u.*
Nous avions reç *u.*
Vous aviez reç *u.*
Ils avaient reç *u.*

FUTUR.

Je recev *rai.*
Tu recev *ras.*
Il recev *ra.*
Nous recev *rons.*
Vous recev *rez.*
Ils recev *ront.*

FUTUR ANTÉRIEUR.

J'aurai reç *u.*
Tu auras reç *u.*
Il aura reç *u.*
Nous aurons reç *u.*
Vous aurez reç *u.*
Ils auront reç *u.*

CONDITIONNEL.

PRÉSENT.

Je recev *rais.*
Tu recev *rais.*
Il recev *rait.*
Nous recev *rions.*
Vous recev *riez.*
Ils recev *raient.*

PASSÉ (**1re** *forme*).

J'aurais reç *u.*
Tu aurais reç *u.*
Il aurait reç *u.*
Nous aurions reç *u.*
Vous auriez reç *u.*
Ils auraient reç *u.*

PASSÉ (**2me** *forme*).

J'eusse reç *u.*
Tu eusses reç *u.*
Il eût reç *u.*
Nous eussions reç *u.*
Vous eussiez reç *u.*
Ils eussent reç *u.*

IMPÉRATIF.

Reç *ois.*
Recev *ons.*
Recev *ez.*

SUBJONCTIF.

PRÉSENT *ou* FUTUR.

Que je reçoiv *e.*
Que tu reçoiv *es.*
Qu'il reçoiv *e.*
Que nous recev *ions.*
Que vous recev *iez.*
Qu'ils reçoiv *ent.*

IMPARFAIT.

Que je reç *usse.*
Que tu reç *usses.*
Qu'il reç *ût.*
Que nous reç *ussions.*
Que vous reç *ussiez.*
Qu'ils reç *ussent.*

PASSÉ.

Que j'aie reç *u.*
Que tu aies reç *u.*
Qu'il ait reç *u.*
Que nous ayons reç *u.*
Que vous ayez reç *u.*
Qu'ils aient reç *u.*

PLUS-QUE-PARFAIT.

Que j'eusse reç *u.*
Que tu eusses reç *u.*
Qu'il eût reç *u.*
Que n. eussions reç *u.*
Que vous eussiez reç *u.*
Qu'ils eussent reç *u.*

INFINITIF.

PRÉSENT.

Recev *oir.*

PASSÉ:

Avoir reç *u.*

PARTICIPE PRÉSENT.

Recev *ant.*

PARTICIPE PASSÉ.

Reç *u.*
Reç *ue.*
Ayant reç *u.*

3

Quatrième conjugaison, en RE.

INDICATIF.

PRÉSENT.

Je rend *s*.
Tu rend *s*.
Il rend.
Nous rend *ons*.
Vous rend *ez*.
Ils rend *ent*.

IMPARFAIT.

Je rend *ais*.
Tu rend *ais*.
Il rend *ait*.
Nous rend *ions*.
Vous rend *iez*.
Ils rend *aient*.

PASSÉ DÉFINI.

Je rend *is*.
Tu rend *is*.
Il rend *it*.
Nous rend *îmes*.
Vous rend *îtes*.
Ils rend *irent*.

PASSÉ INDÉFINI.

J'ai rend *u*.
Tu as rend *u*.
Il a rend *u*.
Nous avons rend *u*.
Vous avez rend *u*.
Ils ont rend *u*.

PASSÉ ANTÉRIEUR.

J'eus rend *u*.
Tu eus rend *u*.
Il eut rend *u*.
Nous eûmes rend *u*.
Vous eûtes rend *u*.
Ils eurent rend *u*.

PLUS-QUE-PARFAIT.

J'avais rend *u*.
Tu avais rend *u*.
Il avait rend *u*.
Nous avions rend *u*.
Vous aviez rend *u*.
Ils avaient rend *u*.

FUTUR.

Je rend *rai*.
Tu rend *ras*.
Il rend *ra*.
Nous rend *rons*.
Vous rend *rez*.
Ils rend *ront*.

FUTUR ANTÉRIEUR.

J'aurai rend *u*.
Tu auras rend *u*.
Il aura rend *u*.
Nous aurons rend *u*.
Vous aurez rend *u*.
Ils auront rend *u*.

CONDITIONNEL.

PRÉSENT.

Je rend *rais*.
Tu rend *rais*.
Il rend *rait*.
Nous rend *rions*.
Vous rend *riez*.
Ils rend *raient*.

PASSÉ (1re *forme*).

J'aurais rend *u*.
Tu aurais rend *u*.
Il aurait rend *u*.
Nous aurions rend *u*.
Vous auriez rend *u*.
Ils auraient rend *u*.

PASSÉ (2me *forme*).

J'eusse rend *u*.
Tu eusses rend *u*.
Il eût rend *u*.
Nous eussions rend *u*.
Vous eussiez rend *u*.
Ils eussent rend *u*.

IMPÉRATIF.

Rend *s*.
Rend *ons*.
Rend *ez*.

SUBJONCTIF.

PRÉSENT *ou* FUTUR.

Que je rend *e*.
Que tu rend *es*.
Qu'il rend *e*.
Que nous rend *ions*.
Que vous rend *iez*.
Qu'ils rend *ent*.

IMPARFAIT.

Que je rend *isse*.
Que tu rend *isses*.
Qu'il rend *ît*.
Que nous rend *issions*.
Que vous rend *issiez*.
Qu'ils rend *issent*.

PASSÉ.

Que j'aie rend *u*.
Que tu aies rend *u*.
Qu'il ait rend *u*.
Que nous ayons rend *u*.
Que vous ayez rend *u*.
Qu'ils aient rend *u*.

PLUS-QUE-PARFAIT.

Que j'eusse rend *u*.
Que tu eusses rend *u*.
Qu'il eût rend *u*.
Que nous eussions rend *u*
Que vous eussiez rend *u*.
Qu'ils eussent rend *u*.

INFINITIF.

PRÉSENT.

Rend *re*.

PASSÉ.

Avoir rend *u*.

PARTICIPE PRÉSENT.

Rend *ant*.

PARTICIPE PASSÉ.

Rend *u*.
Rend *ue*.
Ayant rend *u*.

TABLEAU DES TERMINAISONS DES QUATRE VERBES-MODÈLES POUR LES QUATRE CONJUGAISONS.

Dans les quatre verbes-types *aimer, finir, recevoir, rendre,* que nous avons donnés plus haut, nous avons séparé de la terminaison la partie qui forme le radical ; nous allons donner maintenant le tableau de ces terminaisons, afin que les élèves puissent les étudier séparément.

INDICATIF. PRÉSENT.

1re conj.	2e conj.	3e conj.	4e conj.
e	is	ois	s
es	is	ois	s
e	it	oit	»
ons	issons	ons	ons
ez	issez	ez	ez
ent	issent	oivent	ent

IMPARFAIT.

ais	issais	ais	ais
ais	issais	ais	ais
ait	issait	ait	ait
ions	issions	ions	ions
iez	issiez	iez	iez
aient	issaient	aient	aient

PASSÉ DÉFINI.

ai	is	us	is
as	is	us	is
a	it	ut	it
âmes.	îmes	ûmes	îmes
âtes	îtes	ûtes	îtes
èrent	irent	urent	irent

FUTUR.

erai	irai	rai	rai
eras	iras	ras	ras
era	ira	ra	ra
erons	irons	rons	rons
erez	irez	rez	rez
eront	iront	ront	ront

CONDITIONNEL. PRÉSENT.

1re conj.	2e conj.	3e conj.	4e conj.
erais	irais	rais	rais
erais	irais	rais	rais
erait	irait	rait	rait
erions	irions	rions	rions
eriez	iriez	riez	riez
eraient	iraient	raient	raient

IMPÉRATIF.

e	is	ois	s
ons	issons	ons	ons
ez	issez	ez	ez

SUBJONCTIF. PRÉSENT.

e	isse	e	e
es	isses	es	es
e	isse	e	e
ions	issions	ions	ions
iez	issiez	iez	iez
ent	issent	ent	ent

IMPARFAIT.

asse	isse	usse	isse
asses	isses	usses	isses
ât	ît	ût	ît
assions	issions	ussions	issions
assiez	issiez	ussiez	issiez
assent	issent	ussent	issent

INFINITIF. PRÉSENT.

er	ir	oir	re

PARTICIPE PRÉSENT.

ant	issant	ant	ant

PARTICIPE PASSÉ.

é, ée	i, ie	u, ue	u, ue

TEMPS PRIMITIFS, TEMPS DÉRIVÉS, FORMATION DES TEMPS.

253. Sous le rapport du mécanisme de la conjugaison, les temps des verbes sont *primitifs* ou *dérivés*.

254. Les *temps primitifs* sont ceux qui servent à former les autres.

255. Les *temps dérivés* sont ceux qui sont formés des temps primitifs.

256. Il y a cinq temps primitifs : le *présent de l'infinitif*, le *participe présent*, le *participe passé*, le *singulier du présent de l'indicatif* et le *passé défini*.

257. Le PRÉSENT DE L'INFINITIF forme deux temps :

1° Le *futur*, par le changement de r, *oir* ou *re*, en *rai, ras, ra, rons, rez, ront*.

Aime-r : j'aime-*rai*.　　｜　Recev-oir : je recev-*rai*.
Fini-r : je fini-*rai*.　　｜　Rend-re : je rend-*rai*.

2° Le *conditionnel présent*, par le changement de r, *oir* ou *re*, en *rais, rais, rait, rions, riez, raient*.

Aim-er : j'aime-*rais*.　　｜　Recev-oir : je recev-*rais*.
Fini-r : je fini-*rais*.　　｜　Rend-re : je rend-*rais*.

258. Le PARTICIPE PRÉSENT forme :

1° Le *pluriel du présent de l'indicatif*, par le changement de *an t* en *ons, ez, ent* :

Aim-*ant* : nous aim-*ons*, vous aim-*ez*, ils aim-*ent*.

Finiss-*ant* : nous finiss-*ons*, vous finiss-*ez*, ils finiss-*ent*.

Recev-*ant* : nous recev-*ons*, vous recev-*ez*. . . . . .

Rend-*ant* : nous rend-*ons*, vous rend-*ez*, ils rend-*ent*.

259. REMARQUE. Dans les verbes en *oir*, la troisième personne est quelquefois irrégulière, et la voyelle composée du singulier reparaît : ils reçoivent, ils peuvent.

2° L'*imparfait de l'indicatif*, par le changement de *ant* en *ais, ais, ait, ions, iez, aient* :

Aim-*ant* : j'aim-*ais*.　　｜　Recev-*ant* : je recev-*ais*.
Finiss-*ant* : je finiss-*ais*.｜　Rend-*ant* : je rend-*ais*.

3° Le *pluriel de l'impératif*, par le changement de *ant* en *ons, ez* :

Aim-*ant* : aim-*ons*, aim-*ez*.
Recev-*ant* : recev-*ons*, recev-*ez*.
Finiss-*ant* : finiss-*ons*, finiss-*ez*.
Rend-*ant* : rend-*ons*, rend-*ez*.

4° Le *présent du subjonctif*, par le changement de *ant* en *e, es, e, ions, iez, ent* :

Aim-*ant*,   Que j'aim-*e*.

Finiss-*ant*,   Que je finiss-*e*.

Recev-*ant*, { Que nous recev-*ions*.
{ Que vous recev-*iez*.

Rend-*ant*,   Qu'ils rend-*ent*.

260. Remarque. Dans les verbes en *oir*, les trois personnes du singulier et la troisième personne du pluriel sont souvent irrégulières, et la voyelle composée reparaît encore : *Que je reçoiv-e, que tu reçoiv-es, qu'il reçoiv-e — qu'ils reçoiv-ent.*

261. Le PARTICIPE PASSÉ forme tous les temps composés, au moyen de l'auxiliaire *avoir* ou de l'auxiliaire *être :*

J'ai aim-*é*. | Vous aviez reç-*u*.
Nous avons fin-*i*. | Qu'ils eussent rend-*u*.

262. Le SINGULIER DU PRÉSENT DE L'INDICATIF forme le *singulier de l'impératif*, par la suppression du pronom sujet *tu*, et de la consonne finale *s* dans les verbes de la première conjugaison :

Tu aim-*es :* aim-*e*. | Tu reç-*ois :* reçoi-*s*.
Tu fin-*is :* fin-*is*. | Tu entend-*s :* entend-*s*.

L'euphonie veut cependant que l'on conserve cette consonne finale *s* avant les pronoms *en* et *y :* Cherche, *cherches-en ;* Va, *vas-y*.

263. La DEUXIÈME PERSONNE DU SINGULIER DU PASSÉ DÉFINI forme l'*imparfait du subjonctif*, par le changement de *s* final en *sse, sses, 't, ssions, ssiez, ssent*.

Tu aima-*s :* que j'aima-*sse*, que tu aima-*sses*, qu'il aimâ-*t*, etc.

Tu fini-*s :* que je fini-*sse*, que tu fini-*sses*, qu'il fini-*t*, etc.

Tu reçu-*s :* que je reçu-*sse*, que tu reçu-*sses*, qu'il reçû-*t*, etc.

Tu rendi-*s :* que je rendi-*sse*, que tu rendi-*sses*, qu'il rendi-*t*, etc.

OBSERVATIONS PARTICULIÈRES SUR LES VERBES IRRÉGULIERS DES QUATRE CONJUGAISONS.

264. En général, on appelle *irréguliers* les verbes qui n'ont pas un radical unique. *Aimer, finir, rendre*, qui ont *aim, fin, rend*, pour radical dans tout le cours de leur conjugaison, sont réguliers. Pour les conjuguer, il suffit d'ajouter au radical les terminaisons indiquées page 51. *Recevoir* est, à la rigueur, irrégulier, puisque les terminaisons doivent s'ajouter à deux ra dicaux différents : *reç, recev*.

PREMIÈRE CONJUGAISON.

265. ALLER, ALLANT, ALLÉ, JE VAIS, J'ALLAI.

Tu vas, il va... ils vont. J'irai. J'irais. Va. Que j'aille, que tu ailles, qu'il aille... qu'ils aillent. Tous les temps composés se conjuguent avec *être : Je suis allé, j'étais allé.* Conjuguer de même *s'en aller*, en mettant *en* immédiate ment avant l'auxiliaire : *Il s'EN est allé, elles s'EN sont allées,* et non : *Il s'est EN allé, elles se sont EN allées.*

A l'impératif, deuxième personne du singulier, on doit écrire *va-t'en* avec une apostrophe, parce que *t'* est une élision de *te.* La meilleure preuve qu'on puisse en donner, c'est qu'on dit au pluriel : *Allez-vous-en.*

266. BAYER, BAYANT (pas de part. passé), JE BAYE, JE BAYAI.

Ce verbe n'est guère usité que dans cette expression familière : BAYER *aux corneilles,* s'amuser à regarder niaisement en l'air.

Au figuré *bayer* signifie désirer quelque chose avec une grande avidité : BAYER *après les richesses, après les honneurs.* (ACAD.)

267. BÉER n'est plus usité qu'au participe présent et comme adjectif verbal : *Le lion vint à lui la gueule* BÉANTE. — *Un gouffre* BÉANT.

268. ENVOYER, ENVOYANT, ENVOYÉ, J'ENVOIE, J'ENVOYAI. Ce verbe est irrégulier au futur simple et au conditionnel présent : *J'enverrai, tu enverras,* etc.; *j'enverrais, tu enverrais,* etc.

DEUXIÈME CONJUGAISON.

269. ACQUÉRIR, ACQUÉRANT, ACQUIS, J'ACQUIERS, J'ACQUIS.

Indicatif : *ils acquièrent ;* futur : *j'acquerrai*, etc. ; conditionnel : *j'acquerrais*, etc. ; subjonctif : *que j'acquière, que tu acquières, qu'il acquière,... qu'ils acquièrent.*

Au futur èt au conditionnel, la caractéristique *i* de *acquérir* disparaît pour plus de rapidité dans l'expression, et les deux *r* se trouvent ainsi rapprochés.

Comme on le voit, le futur et le conditionnel s'écrivent par deux *r*.

On conjugue de même *requérir* et *s'enquérir ; conquérir* n'est guère usité qu'à l'infinitif, au passé défini et aux temps composés : *L'ardeur de* CONQUÉRIR. *Alexandre* CONQUIT *l'Asie. César* A CONQUIS *les Gaules.*

270. AVENIR (quelques-uns disent *advenir*). N'est employé qu'aux troisièmes personnes : *Il* ADVINT *que...* S'*il* AVENAIT *que... Quand le cas* AVIENDRA. *Qu'il* AVIENNE. *Les cas qui* ADVIENDRONT. *Les choses qui sont* AVENUES. (ACAD.)

> Cependant il *avint* qu'au sortir des forêts...
> LA FONTAINE.

271. BÉNIR. Employé comme adjectif, le participe de ce verbe a deux formes : *béni, bénie ; bénit, bénite.* Cette dernière se dit des choses consacrées par une cérémonie religieuse : *Du pain* BÉNIT, *de l'eau* BÉNITE. Dans tous les autres cas, on se sert de *béni, bénie : Peuple* BÉNI, *nation* BÉNIE *de Dieu.*

Remarquez que *béni* conjugué avec un auxiliaire ne prend jamais le *t*, quelle que soit son acception : *Dieu* A BÉNI *la famille d'Abraham ; le prêtre* A BÉNI *les drapeaux.*

272. COURIR, COURANT, COURU, JE COURS, JE COURUS. *Je courrai — Je courrais.*

Les deux *r* qui se suivent proviennent de la suppression de la caractéristique *i*.

Conjuguez de même *accourir, concourir, discourir, encourir, parcourir, recourir, secourir*.

273. CUEILLIR, CUEILLANT, CUEILLI, JE CUEILLE, JE CUEILLIS.

Je cueillerai. Je cueillerais.

Cette irrégularité vient de ce qu'on disait autrefois *cueiller*. Les gens de la campagne disent encore : *Allons* CUEILLER *des cerises, des fraises*, etc.

Les composés *accueillir* et *recueillir* se conjuguent comme *cueillir*.

274. DÉFAILLIR n'est plus guère usité qu'au pluriel du présent de l'indicatif, *nous défaillons ;* à l'imparfait, *je défaillais ;* au passé défini, *je défaillis ;* au passé indéfini, *j'ai défailli ;* et au présent de l'infinitif. *Défaillant* est un adjectif verbal : *Sa main* DÉFAILLANTE *cherchait à presser la mienne*.

275. FAILLIR. *Je faux, tu faux, il faut, nous faillons, vous faillez, ils faillent — Je faillais*, etc. *— Je faudrai*, et mieux *je faillirai*, etc. *— Je faudrais*, et mieux *je faillirais*, etc. *— Faillant*. Plusieurs de ces temps sont peu usités. Autrefois, on écrivait *il fault*. (Montereau-fault-Yonne) ; et peut-être *je faulx, je fauldrai*.

276. FÉRIR (du latin *ferire*, frapper) est un vieux mot qui n'est guère usité que dans cette expression : *Sans coup férir*, sans se battre, sans en venir aux mains : *On prit la ville* SANS COUP FÉRIR.

277. FLEURIR. Ce verbe a deux formes à l'imparfait de l'indicatif et au participe présent : il fait *fleurissait* et *fleurissant* dans son sens propre, c'est-à-dire quand il signifie *pousser des fleurs* : *Les rosiers* FLEURISSAIENT. *Les arbres* FLEURISSANT *au printemps*. Il fait *florissait, florissant*, formes empruntées au verbe inusité *florir*, dans le sens figuré, c'est-à-dire quand il signifie *prospérer, être en crédit, en honneur, en réputation : Ronsard* FLORISSAIT *en France au* XVIᵉ *siècle. Athènes* FLORISSAIT *sous Périclès. Cet empire* FLORISSAIT *encore par ses an-*

ciennes lois. Cette règle est toujours suivie pour le participe présent et pour l'adjectif verbal : *Tout était* FLO-RISSANT *dans l'E tat. Mes affaires ne sont pas* FLORISSAN-TES. Mais la règle n'est pas absolue pour l'imparfait de l'indicatif; ici les deux formes peuvent être employées : *Les sciences et les beaux-arts* FLEURISSAIENT OU FLORIS-SAIENT *sous le règne de ce prince.*

Surfleurir, défleurir et *refleurir* se conjuguent toujours comme *fleurir* au propre.

278. GÉSIR (du latin *jacere,* être étendu, être couché, reposer) n'est usité qu'aux formes suivantes : *Il gît, nous gisons, vous gisez, ils gisent — Je gisais, tu gisais, il gisait, nous gisions, vous gisiez, ils gisaient. Gisant —* Quelques-uns doublent *s : Nous gissons, vous gissez,* etc.

Ci-gît est la formule ordinaire par laquelle on commence les épitaphes : *Ci-gît un tel.*

279. HAÏR prend un tréma dans toute sa conjugaison, excepté au singulier de l'indicatif présent et de l'impératif : *Je hais, tu hais, il hait — Hais.*

280. ISSIR, venir, descendre d'une personne ou d'une race, n'est plus en usage qu'au participe passé, *issu, issue : Cousin* ISSU *de germain. Princesse* ISSUE *de sang royal.* Le blason emploie encore le participe présent *issant,* dans le sens de *sortant,* montrant la tête au dehors.

281. MOURIR, MOURANT, MORT, JE MEURS, JE MOURUS.
Ils meurent — Je mourrai — Je mourrais — Que je meure, que tu meures, qu'il meure.... qu'ils meurent.

C'est *ou* changé en *eu* devant une syllabe muette : *Je mourrai* est pour *je mour-i-rai;* c'est, comme dans *cou-rir,* la caractéristique *i* supprimée pour plus de rapidité.

282. OUÏR, *entendre* (du latin *audire*), n'est plus usité qu'au présent de l'infinitif et aux temps composés : OUÏR *la messe, j'ai* OUÏ *dire.* On dit aussi : *Les dimanches messe*

3.

OUÏRAS ; puis *oyant*, participe présent, dans *oyant
compte*.

283. QUERIR (du latin *quærere*, chercher) ne s'emploie qu'à l'infinitif, et précédé des verbes *aller, venir,
envoyer : Il est allé* QUERIR *du vin. Envoyez-nous* QUERIR
telle chose.

284. SAILLIR, *être en saillie, avancer en dehors, débor-
der*, ne s'emploie qu'à la troisième personne : *Cette cor-
niche* SAILLE *trop,* SAILLAIT *trop,* SAILLERA *trop. Les premiers plans ne* SAILLENT *point assez dans ce tableau.*

Saillir, dans le sens de *jaillir, sortir avec force,* en
parlant des liquides, est régulier et se conjugue comme
finir. L'Académie fait cependant remarquer qu'on ne
l'emploie guère qu'à l'infinitif et à la troisième personne de quelques temps : *Quand Moïse frappa le ro-
cher, il en* SAILLIT *une source d'eau vive. Le sang* SAILLIS-
SAIT *de sa veine avec impétuosité.* (ACAD.)

285. TENIR, TENANT, TENU, JE TIENS, JE TINS.

*Ils tiennent — Je tiendrai — Je tiendrais — Que je
tienne, que tu tiennes, qu'il tienne..... qu'ils tiennent.*

La consonne *n* du radical se double avant *e, es, ent,*
pour qu'il n'y ait pas deux syllabes muettes à la fin du
mot.

Tiendrai est pour *ten-i-rai ;* c'est la caractéristique *i*
transportée après la première lettre du radical, et un *d*
intercalé entre *n* et *r.* Cette transposition est ce qu'on
nomme une *métathèse. Tenir, venir,* et leurs composés,
sont les seuls verbes de la langue française qui présentent cet exemple de métathèse.

Ainsi se conjuguent *s'abstenir, appartenir, contenir,
détenir, entretenir, maintenir, obtenir, retenir, soutenir.*

286. VENIR, VENANT, VENU, JE VIENS, JE VINS.

Ce verbe se conjugue comme *tenir,* mais il prend
l'auxiliaire *être* dans ses temps composés. Conjuguez
de même *circonvenir, contrevenir, convenir, devenir, disconvenir, intervenir, parvenir, prévenir, provenir, reve-*

nir, *se souvenir*, *se ressouvenir*, *subvenir* et *survenir*, sauf que plusieurs de ces verbes prennent l'auxiliaire *avoir*.

TROISIÈME CONJUGAISON.

287. APPAROIR, terme de palais signifiant *apparaître*, *être évident*, *être manifeste*, *résulter*, n'est usité qu'à l'infinitif : *Il a fait* APPAROIR *de...;* et à la troisième personne du singulier de l'indicatif, où il ne s'emploie qu'impersonnellement, et où il fait *appert : Ainsi qu'il* APPERT *de tel acte.* (ACAD.)

288. ASSEOIR, ASSEYANT, ASSIS, J'ASSIEDS, J'ASSIS.

J'assiérai ou *j'asseyerai.* — *J'assiérais* ou *j'asseyerais.*

D'après l'Académie, on doit conserver l'*y* même avant une syllabe muette : *Que j'asseye.*

On conjugue aussi quelquefois ce verbe de la manière suivante : *J'assois, tu assois, il assoit, nous assoyons, vous assoyez, ils assoient* — *J'assoyais* — *J'assoirai* — *J'assoirais* — *Assois* — *Assoyons, assoyez* — *Que j'assoie* — *Assoyant.*

Cette dernière manière de conjuguer est surtout usitée dans le style noble : *Rien ne* S'ASSOIT *dans l'ordre moral que sur la justice.* (LACORDAIRE.)

Sur cette seconde forme on conjugue SURSEOIR : *sursoyant, ayant sursis, je sursois, je sursis.* Seulement le futur et le présent du conditionnel prennent l'*e* muet du présent de l'infinitif : *je surseoirai, je surseoirais.* D'après l'Académie, le présent du subjonctif n'est pas en usage.

289. CHALOIR est un vieux mot qui ne s'emploie qu'impersonnellement et ne se dit guère que dans cette phrase : *Il ne m'en* CHAUT, *il ne m'importe.* (ACAD.)

290. CHOIR, *tomber*, ne se dit guère qu'à l'infinitif et au participe passé *chu : Se laisser* CHOIR.

Cependant Perrault a dit, dans un de ses contes : *Tire la bobinette et la chevillette* CHERRA.

NOTA.—Le participe passé *chu* faisait au féminin *chute* dans le vieux langage : *chape-chute.*

291. COMPAROIR (*comparaître*) est un terme de palais. Ce verbe n'est guère usité qu'au présent de l'infinitif : *Être assigné à* COMPAROIR, et au participe présent : *Comparant, comparante, non-comparants*.

292. CONDOULOIR (SE), *participer à la douleur de quelqu'un*, est un vieux mot qui ne s'emploie plus qu'au présent de l'infinitif : SE CONDOULOIR *avec quelqu'un*. (ACAD.) *Condoléance* dérive de ce verbe.

293. DÉCHOIR n'a, d'après l'Académie, ni l'imparfait de l'indicatif, ni l'impératif, ni le participe présent : *Je déchois, tu déchois, il déchoit ; nous déchoyons, vous déchoyez, ils déchoient — Je déchus — Je décherrai — Je décherrais — Que je déchoie, que tu déchoies,* etc. — *Que je déchusse.* Prend *avoir* ou *être* suivant la nuance de la pensée : *Il* EST *bien* DÉCHU *de son crédit. Depuis ce moment, il* A DÉCHU *de jour en jour.* (ACAD.)

Ce verbe, quoique dépourvu de participe présent, a tous les temps dérivés de ce primitif, sauf l'imparfait et l'impératif.

294. ÉCHOIR n'est guère usité, au présent de l'indicatif, qu'à la troisième personne du singulier : *Il échoit,* qu'on écrit quelquefois *il échet.* — Autres temps usités : *J'échus — J'écherrai — J'écherrais — Que j'échusse — Échéant — Échu, échue.*

Ce verbe, qui a un participe présent, manque d'imparfait de l'indicatif, d'impératif et de subjonctif. Cette singularité est précisément le contraire de celle que nous venons de signaler au verbe précédent.

295. FALLOIR, verbe impersonnel : *Il faut, il fallait, il fallut, il faudra, il aura fallu, qu'il faille,* etc. ; il n'a pas de participe présent, bien qu'il ait l'imparfait de l'indicatif et le présent du subjonctif : *Pensez-vous qu'il* FAILLE *croire tout ce qu'il dit?*

296. MOUVOIR, MOUVANT, MU, JE MEUS, JE MUS.

Ils meuvent — Que je meuve, que tu meuves, qu'il meuve..... qu'ils meuvent.

Émouvoir et *promouvoir* se conjuguent de la même

manière, sauf que l'accent circonflexe disparaît sur l'*u*
du participe passé. *Promouvoir* ne s'emploie guère qu'à
l'infinitif et aux temps composés : *On l'*A PROMU *à l'é-
piscopat.*

297. PLEUVOIR est un verbe impersonnel : *Il pleut, il
pleuvait, il plut, il pleuvra, il pleuvrait, qu'il pleuve,
qu'il plût.*

Au figuré, ce verbe s'emploie à la troisième personne
du pluriel : *Les balles* PLEUVENT *de tous côtés. Les honneurs* PLEUVAIENT *sur lui.*

298. POUVOIR, POUVANT, PU, JE PEUX OU JE PUIS, JE
PUS.

Ils peuvent — Je pourrai — Je pourrais. (Pas d'impératif; on ne peut commander de *pouvoir*). *Que je
puisse, que tu puisses, qu'il puisse; que nous puissions,
que vous puissiez, qu'ils puissent.*

A la forme interrogative, on dit toujours *puis-je* et
non *peux-je.* Aux autres formes, c'est le goût qui décide.

299. RAVOIR n'est usité qu'au présent de l'infinitif :
J'avais un logement commode, je veux essayer de le RAVOIR.

300. SAVOIR, SACHANT, SU, JE SAIS, JE SUS.

*Nous savons, vous savez, ils savent — Je savais — Je
saurai — Je saurais — Sache.*

A la forme négative, on emploie quelquefois, à la
première personne du singulier du présent de l'indicatif, *sache* au lieu de *sais : Je ne* SACHE *rien de plus
beau que la vertu.*

301. SEOIR, *être assis,* n'est plus guère en usage qu'à
ses participes *séant* et *sis.* Il s'employait autrefois avec
le pronom personnel, *se seoir;* mais il a également
vieilli dans ce sens ; on dit *s'asseoir.* Quelquefois on dit
encore, en poésie et dans le langage familier, *sieds-toi :*

> *Sieds-toi,* je n'ai pas dit encor ce que je veux.
> CORNEILLE.

302. SEOIR, *être convenable,* n'est plus en usage à
l'infinitif ; il ne s'emploie que dans certains temps, et

toujours à la troisième personne du singulier ou du pluriel : *Il sied, ils siéent, il seyait, il siéra, il siérait.* Quelques grammairiens disent *qu'il siée, qu'ils siéent*, bien que l'Académie ne donne pas de subjonctif à ce verbe.

Seoir est souvent impersonnel : *Il* SIED *mal à un homme en place d'être léger dans ses discours.*

Messeoir, n'être pas convenable, s'emploie aux mêmes temps que *seoir : Cette couleur* MESSIED *à votre âge. Cet ajustement ne vous* MESSIÉRA *point.* (ACAD.)

303. SOULOIR (du latin *solere*, avoir coutume) est un vieux mot qui ne s'emploie plus guère qu'à l'imparfait : *Il* SOULAIT *dire, il* SOULAIT *faire.*

Ce verbe se trouve dans l'épitaphe de La Fontaine, faite par lui-même :

> Quant à son temps, bien sut le dispenser :
> Deux parts en fit, dont il *soulait* passer
> L'une à dormir, et l'autre à ne rien faire.

304. VALOIR, VALANT, VALU, JE VAUX, JE VALUS.

Je vaudrai — Je vaudrais — Que je vaille, que tu vailles, qu'il vaille..... qu'ils vaillent.

A l'impératif, l'Académie donne les formes régulières *vaux, valez*, mais elle ne cite pas d'exemple où ces formes soient employées.

Conjuguez de même *équivalir* et *revaloir.*

Prévaloir suit la même conjugaison, excepté au présent du subjonctif, où il fait : *Que je prévale, que tu prévales*, etc.

305. VOIR, VOYANT, VU, JE VOIS, JE VIS.

Je verrai — Je verrais.

On conjugue de même *entrevoir, revoir* et *prévoir.* Cependant, ce dernier verbe fait au futur *je prévoirai*, et au présent du conditionnel *je prévoirais.*

NOTA. — *Pourvoir*, autre composé de *voir*, fait, au passé défini, *je pourvus*, et à l'imparfait du subjonctif, *que je pourvusse;* au futur et au présent du conditionnel, *je pourvoirai, je pourvoirais.*

306. Vouloir, voulant, voulu, je veux, je voulus.

Ils veulent — Je voudrai — Je voudrais — Que je veuille, que tu veuilles, qu'il veuille..... qu'ils veuillent.

L'impératif *veuillez* s'emploie par civilité dans le sens de *ayez la complaisance. Veux, voulons, voulez,* signifient *aie, ayons, ayez la ferme volonté de :* Veux *ce que tu veux.*

QUATRIÈME CONJUGAISON.

307. Absoudre, absolvant, absous, j'absous (pas de passé défini ni d'imparfait du subjonctif.)

Ce verbe fait, au participe passé, *absous, absoute,* seule irrégularité qui se remarque dans sa conjugaison.

Le verbe simple *soudre* est un vieux mot inusité.

Nota. —Les verbes qui ont l'infinitif en *indre* et en *soudre* perdent le *d* aux deux premières personnes du singulier de l'indicatif présent : *Je peins, je crains, tu absous,* et à l'impératif : *Peins, crains, absous.*

308. Accroire n'est usité qu'au présent de l'infinitif avec le verbe *faire,* et *faire accroire* signifie *faire croire ce qui n'est pas : Vous voudriez nous en* FAIRE ACCROIRE.

Mécroire ne se dit plus guère que dans cette phrase proverbiale : *Il est dangereux de croire et de* MÉCROIRE. (Acad.)

309. Boire, buvant, bu, je bois, je bus.

Ils boivent — Que je boive, que tu boives, qu'il boive.... qu'ils boivent.

310. Braire ne s'emploie guère qu'à l'infinitif et aux troisièmes personnes du présent de l'indicatif, du futur et du conditionnel : *Son âne se mit à* BRAIRE. *Il* BRAIT, *ils* BRAIENT; *il braira, ils* BRAIRONT; *il* BRAIRAIT, *ils* BRAIRAIENT. (Acad.)

311. Bruire, suivant l'Académie, n'est usité qu'à l'infinitif, à la troisième personne du singulier du présent de l'indicatif, *il bruit,* et aux troisièmes personnes de l'imparfait, *il bruyait, ils bruyaient.* Mais les écrivains emploient ce verbe à l'indicatif présent, à l'imparfait de l'indicatif et au présent du subjonctif.

312. CLORE n'est usité, dans ses temps simples, qu'aux trois personnes du singulier du présent de l'indicatif, *je clos, tu clos, il clôt;* au futur, *je clorai,* etc.; au conditionnel, *je clorais,* etc., et au subjonctif présent, *que je close,* etc.

Il a tous ses temps composés : *J'ai clos, j'avais clos,* etc. On conjugue de même *enclore* et *déclore.*

313. DIRE, DISANT, DIT, JE DIS, JE DIS.

Par exception, *dire* fait *vous dites, dites* (et non pas *vous disez, disez*) au présent de l'indicatif et à l'impératif, deuxième personne du pluriel. *Redire* se conjugue de même : *Vous* REDITES *toujours la même chose.* A la deuxième personne du pluriel de ces deux temps, tous les autres composés de *dire* sont réguliers : *Vous* CONTREDISEZ, *vous* DÉDISEZ, *vous* INTERDISEZ, *vous* MÉDISEZ, *vous* PRÉDISEZ — CONTREDISEZ, etc.

Maudire prend deux *s* au participe présent et aux temps qui en dérivent.

314. ÉCLORE n'est guère usité qu'à l'infinitif et aux troisièmes personnes de quelques temps : *Il éclôt, ils éclosent — Il éclora — Il éclorait — Qu'il éclose.* De même que *clore,* il a tous ses temps composés.

Forclore ne s'emploie guère qu'à l'infinitif et au participe passé : *Il s'est laissé* FORCLORE. *Il a été* FORCLOS. (ACAD.)

315. COURRE, *courir* (du latin *currere*), est un terme de chasse qui ne s'emploie qu'au présent de l'indicatif : COURRE *le cerf, le daim.*

Courre s'emploie aussi comme nom : *C'est un beau* COURRE, c'est-à-dire un pays commode pour la chasse.

316. FAIRE, FAISANT, FAIT, JE FAIS, JE FIS.

Vous faites, ils font — Je ferai — Je ferais — Faites — Que je fasse.

Autrefois on écrivait *fère,* et non *faire.* Cette ancienne forme s'est conservée au futur et au conditionnel, *je ferai, je ferais;* elle se retrouve aussi dans le passé défini, *je fis*, contraction de *je feis*. Bien qu'on écrive *faisons, faisais, faisant*, on prononce *fe*.

On conjugue de même *contrefaire, défaire, refaire, satisfaire* et *surfaire*. Contrairement aux composés du verbe *dire*, ceux de *faire* ont toutes les irrégularités du simple : *vous* CONTREFAITES, *vous* SATISFAITES, etc.

Forfaire n'est usité qu'au présent de l'indicatif et aux temps composés : *Il* FORFAIT, *il* A FORFAIT *à l'honneur*.

Il en est de même de *parfaire*, d'ailleurs peu usité : PARFAIRE *un ouvrage.* — *Il* A PARFAIT *la somme*.

Malfaire, faire de méchantes actions, n'est usité qu'à l'infinitif : *Il ne se plaît qu'à* MALFAIRE. Remarquons toutefois que cette forme en un seul mot tend à disparaître, comme pour *bien faire, bien dire*, etc.

Méfaire, faire le mal, ne s'emploie guère non plus qu'à l'infinitif : *Il ne faut ni* MÉFAIRE *ni médire.* (ACAD.)

317. FRIRE, outre l'infinitif, n'est usité qu'au singulier du présent de l'indicatif : *Je fris, tu fris, il frit;* au futur : *Je frirai, tu friras, il frira, nous frirons, vous frirez, ils friront;* au conditionnel présent : *Je frirais, tu frirais, il frirait, nous fririons, vous fririez, ils friraient;* à la deuxième personne du singulier de l'impératif, *fris*, et aux temps composés : *J'ai frit, j'aurai frit, que j'aie frit*, etc.

Ce verbe se conjugue le plus souvent avec *faire*, que l'on joint à l'infinitif *frire : Je fais frire, tu fais frire, il fait frire*.

318. LUIRE, LUISANT, LUI, JE LUIS (rarement employé au passé défini).

Par conséquent, point d'imparfait du subjonctif.

Conjuguez de même *reluire*.

319. PAÎTRE, PAISSANT, JE PAIS.

Usité seulement à ces trois temps primitifs et à ceux qui en sont dérivés.

Cependant, en terme de fauconnerie, on dit : *Un faucon qui* A PU.

Le composé *repaître* est usité dans tous ses temps; au

participe passé, il fait *repu*, et, au passé défini, *je repus.*

320. POINDRE, *piquer*, n'est guère usité que dans les phrases suivantes : *Oignez vilain, il vous* POINDRA ; POIGNEZ *vilain, il vous oindra. Quel taon vous* POINT? Cette expression a vieilli ; on dit aujourd'hui : *Quelle mouche vous pique?*

321. POINDRE, *commencer à paraître*, n'est guère usité qu'à l'infinitif, au futur et au conditionnel : *Le jour ne fait que* POINDRE. *Je partirai dès que le jour* POINDRA.

322. TISTRE, d'abord *tixtre* (du latin *texere, textum*), synonyme de *tisser*, et autrefois la seule forme usitée. Donnons quelques exemples : *Quand tout est dit, entreprendre de le spécifier ne seroit autre chose que* RETIXTRE *la toile de Pénélope.* (THOMAS SEBILET, *Art poétique françois,* 1576.) *Il nous faut* TISTRE *et* RETISTRE *d'un tour laborieux la toile de nos livres.* (NIC. PASQUIER.) Des formes *tixtre* et *tistre*, un peu âpres, est dérivée une forme intermédiaire *tissir*, empruntée au prétérit même de *tixtre*. La trace de cette orthographe primitive s'est conservée longtemps dans notre mot *Tixeranderie,* nom d'une des rues les plus connues du vieux Paris. Aujourd'hui, *tistre* est complétement remplacé par *tisser;* il n'est resté que son participe *tissu*, qui se substitue souvent à *tissé : Il a* TISSU *cette toile. Nos années sont* TISSUES *de peines et de plaisirs.* (BOISTE.) On voit que l'ancienne forme embrasse les deux sens, propre et figuré, tandis que *tisser* ne s'emploie qu'au propre. Ainsi l'on ne dirait pas qu'une intrigue est *tissée* adroitement, il faudrait dire *tissue.*

323. TRAIRE, TRAYANT, TRAIT, JE TRAIS (pas de passé défini).

Par conséquent, pas d'imparfait du subjonctif.

Conjuguez de même *abstraire, distraire, extraire, rentraire, retraire, soustraire : Elle a* RENTRAIT *cette tapisserie. — Cela est si bien* RENTRAIT, *qu'on ne voit point la rentraiture.* (ACAD.)

TEMPS PRIMITIFS DE CERTAINS VERBES QUI SUIVENT LES RÈGLES DE LA FORMATION DES TEMPS, MAIS DONT LA CONJUGAISON PEUT OFFRIR QUELQUES DIFFICULTÉS.

DEUXIÈME CONJUGAISON.

Assaillir (1).	Assaillant.	Assailli.	J'assaille.	J'assaillis.
Bouillir (2).	Bouillant.	Bouilli.	Je bous.	Je bouillis.
Couvrir (3).	Couvrant.	Couvert.	Je couvre.	Je couvris.
Dormir.	Dormant.	Dormi.	Je dors.	Je dormis.
Fuir.	Fuyant.	Fui.	Je fuis.	Je fuis.
Mentir.	Mentant.	Menti.	Je mens.	Je mentis.
Offrir (4).	Offrant.	Offert.	J'offre.	J'offris.
Ouvrir.	Ouvrant.	Ouvert.	J'ouvre.	J'ouvris.
Partir.	Partant.	Parti.	Je pars.	Je partis.
Répartir.	Répartissant	Réparti.	Je répartis.	Je répartis.
Sentir.	Sentant.	Senti.	Je sens.	Je sentis.
Servir.	Servant.	Servi.	Je sers.	Je servis.
Sortir.	Sortant.	Sorti.	Je sors.	Je sortis.
Souffrir.	Souffrant.	Souffert.	Je souffre.	Je souffris.
Vêtir (5).	Vêtant.	Vêtu.	Je vêts.	Je vêtis.

TROISIÈME CONJUGAISON.

Apercevoir.	Apercevant.	Aperçu.	J'aperçois.	J'aperçus.
Concevoir.	Concevant.	Conçu.	Je conçois.	Je conçus.
Décevoir.	Décevant.	Déçu.	Je déçois.	Je déçus.
Devoir (6).	Devant.	Dû.	Je dois.	Je dus.
Pourvoir.	Pourvoyant.	Pourvu.	Je pourvois.	Je pourvus.
Prévoir.	Prévoyant.	Prévu.	Je prévois.	Je prévis.

QUATRIÈME CONJUGAISON.

Battre.	Battant.	Battu.	Je bats.	Je battis.
Conclure.	Concluant.	Conclu.	Je conclus.	Je conclus.
Conduire.	Conduisant.	Conduit.	Je conduis.	Je conduisis
Confire.	Confisant.	Confit.	Je confis.	Je confis.
Connaître (7)	Connaissant	Connu.	Je connais.	Je connus.
Coudre (8).	Cousant.	Cousu.	Je couds.	Je cousis.
Croire.	Croyant.	Cru.	Je crois.	Je crus.

(1) Conjuguez de même *tressaillir*. Quelques grammairiens disent : *J'assaillerai, j'assaillerais ; je tressaillerai, je tressaillerais*.

(2) Un grand nombre de verbes en *ir* perdent, au participe présent, la syllabe *iss*, et se conjuguent alors comme s'ils étaient de la quatrième conjugaison : les trois dernières conjugaisons permutent souvent entre elles.

(3) La plupart des verbes en *vrir* se conjuguent comme *couvrir*.

(4) Tous les verbes en *frir* se conjuguent comme *offrir*.

(5) On trouve dans quelques auteurs : *Nous vêtissons, je vêtissais, vêtissant*, et, dans Buffon, *je vêtis*. L'Académie n'admet pas ces formes.

(6) L'accent circonflexe sur *dû* empêche de confondre, dans le langage écrit, le participe passé du verbe *devoir* avec *du*, contraction de l'article *de le*. L'accent circonflexe se met aussi sur les participes passés, masculin singulier, des verbes *redevoir* et *mouvoir* : *redû, mû*. Mais au féminin, ainsi qu'au pluriel, l'accent disparaît.

(7) L'*i* du radical conserve l'accent circonflexe quand il est suivi d'un *t*. Sur *connaître* se conjuguent la plupart des verbes en *aître*.

(8) Ce verbe a deux radicaux : *coud* avant une consonne, *cous* avant une voyelle.

QUATRIÈME CONJUGAISON (suite).

Croître (1).	Croissant.	Crû.	Je crois.	Je crûs.
Écrire (2).	Écrivant.	Écrit.	J'écris.	J'écrivis.
Exclure.	Excluant.	Exclu.	J'exclus.	J'exclus.
Joindre.	Joignant.	Joint.	Je joins.	Je joignis.
Lire.	Lisant.	Lu.	Je lis.	Je lus.
Mettre.	Mettant.	Mis.	Je mets.	Je mis.
Moudre (3).	Moulant.	Moulu.	Je mouds.	Je moulus.
Naître.	Naissant.	Né.	Je nais.	Je naquis.
Nuire (4).	Nuisant.	Nui.	Je nuis.	Je nuisis.
Oindre.	Oignant.	Oint.	J'oins.	J'oignis.
Paraître.	Paraissant.	Paru.	Je parais.	Je parus.
Plaire (5).	Plaisant.	Plu.	Je plais.	Je plus.
Prendre (6).	Prenant.	Pris.	Je prends.	Je pris.
Repaître.	Repaissant.	Repu.	Je repais.	Je repus.
Résoudre (7)	Résolvant.	{ Résolu. Résous.	{ Je résous.	Je résolus.
Rire.	Riant.	Ri.	Je ris.	Je ris.
Rompre.	Rompant.	Rompu.	Je romps.	Je rompis.
Suffire.	Suffisant.	Suffi.	Je suffis.	Je suffis.
Suivre.	Suivant.	Suivi.	Je suis.	Je suivis.
Taire.	Taisant.	Tu.	Je tais.	Je tus.
Teindre.	Teignant.	Teint.	Je teins.	Je teignis.
Vaincre (8).	Vainquant.	Vaincu.	Je vaincs.	Je vainquis.
Vivre (9).	Vivant.	Vécu.	Je vis.	Je vécus.

(1) L'accent circonflexe du verbe *croître* se met non-seulement quand la voyelle *i* est suivie d'un *t*, mais encore à toutes les formes que l'on pourrait confondre avec celles du verbe *croire*. Cependant, à l'imparfait du subjonctif, l'Académie écrit : *Que je crusse*, sans accent circonflexe.

Les composés *accroître* et *décroître* ne conservent l'accent que lorsque l'*i* est suivi d'un *t*.

(2) *Écrire* a deux radicaux : *écri* avant une consonne, *écriv* avant une voyelle. Les composés *décrire, circonscrire, inscrire*, etc., se conjuguent de même.

(3) *Moudre* se conjugue comme s'il était de la troisième conjugaison, mais avec deux radicaux : *moud* avant une consonne, *moul* avant une voyelle.

(4) *Nuire* a deux radicaux : *nui* avant une consonne, *nuis* avant une voyelle. Chose assez bizarre ! l'Académie donne à ce verbe l'imparfait du subjonctif : *Que je nuisisse*, et ne lui reconnaît pas de passé défini : voilà un fils qui n'a point de père.

(5) *Plaire* et ses composés prennent un accent circonflexe à la troisième personne du singulier du présent de l'indicatif : *Il plaît*.

(6) La consonne finale *n* du radical *pren* se double avant *e, es, ent*, pour qu'il n'y ait pas deux syllabes muettes de suite à la fin d'un mot : *Ils prennent, qu'il prenne*.

(7) Ce verbe a deux radicaux : *résoud* avant une consonne, *résolv* avant une voyelle. On se souvient que, dans les verbes en *soudre*, le *d* tombe au singulier du présent de l'indicatif et de l'impératif : *Je résous, tu résous, il résout ; résous*.

Le participe passé *résous* ne s'emploie qu'en parlant des choses qui se changent en d'autres choses : *Du brouillard* RÉSOUS *en pluie*. Au lieu de *eau* RÉSOUTE *en vapeur*, on dit RÉDUITE *en vapeur*. Dans les autres cas, on emploie le participe passé *résolu* : *Il a* RÉSOLU *de voyager. Nous avons* RÉSOLU *ce problème*.

Sur *résoudre* se conjugue *dissoudre*.

(8) Pour toutes les formes personnelles, deux radicaux : *vainc* avant une consonne, *vainqu* avant une voyelle. Troisième personne du singulier du présent de l'indicatif : *Il vainc*.

(9) *Revivre* et *survivre* se conjuguent comme *vivre*.

DES DIFFÉRENTES SORTES DE VERBES ATTRIBUTIFS.

324. Les verbes *attributifs* se divisent en deux classes : *transitifs* ou *actifs*, *intransitifs* ou *neutres*.

VERBES TRANSITIFS OU ACTIFS.

325. Les verbes *transitifs* expriment une action qui passe du sujet sur un complément direct : *Les singes* CRAIGNENT *le serpent* — *Les remords* CHASSENT *le sommeil.*

326. On reconnaît qu'un verbe est *transitif* quand on peut mettre après lui *quelqu'un* ou *quelque chose*. Ainsi *puiser*, *condamner*, *cueillir*, etc., sont *transitifs*, parce qu'on peut dire *puiser quelque chose*, *condamner quelqu'un*, *cueillir quelque chose*.

NOTA. — Cependant on dit bien DEVENIR *quelque chose*, PARAÎTRE *quelque chose*, et pourtant *devenir*, *paraître*, ne sont pas des verbes *actifs*, parce qu'ils ne peuvent jamais être tournés au passif. Il en est de même de *demeurer*, *rester*, *sembler*, etc.

VERBES INTRANSITIFS OU NEUTRES.

327. Les verbes *intransitifs* marquent une action qui demeure dans le sujet, ou qui ne passe sur un complément qu'à l'aide d'une préposition :
L'Océan MUGIT — *L'enfant* SOURIT *à sa mère.*

328. On reconnaît qu'un verbe est *intransitif* quand on ne peut pas mettre après lui *quelqu'un* ou *quelque chose*. Ainsi *nuire*, *succéder*, etc., sont des verbes intransitifs, parce qu'on ne peut pas dire *nuire quelqu'un*, *succéder quelque chose*.

329. La plupart des verbes neutres expriment l'action, et, par conséquent, se conjuguent avec l'auxiliaire *avoir* : *J'ai souri, vous avez dormi*, etc.

330. Mais il y a des verbes neutres qui expriment l'état du sujet et qui, alors, prennent l'auxiliaire *être* dans leurs temps composés : *Vous* ÊTES *venus trop tard.*

Ceux de ces verbes qui prennent l'auxiliaire *avoir* se conjuguent exactement comme les quatre qui ont servi de paradigmes; nous allons donner la conjugaison du verbe *tomber*, qui prend généralement l'auxiliaire *être*.

Conjugaison du verbe neutre TOMBER.

INDICATIF.

PRÉSENT.

Je tomb e.
Tu tomb es.
Il tomb e.
Nous tomb ons.
Vous tomb ez.
Ils tomb ent.

IMPARFAIT.

Je tomb ais.
Tu tomb ais.
Il tomb ait.
Nous tomb ions.
Vous tomb iez.
Ils tomb aient.

PASSÉ DÉFINI.

Je tomb ai.
Tu tomb as.
Il tomb a.
Nous tomb âmes.
Vous tomb âtes.
Ils tomb èrent.

PASSÉ INDÉFINI.

Je suis tomb é.
Tu es tomb é.
Il est tomb é.
Nous sommes tomb és.
Vous êtes tomb és.
Ils sont tomb és.

PASSÉ ANTÉRIEUR.

Je fus tomb é ou tomb ée.
Tu fus tomb é.
Il fut tomb é.
Nous fûmes tomb és.
Vous fûtes tomb és.
Ils furent tomb és.

PLUS-QUE-PARFAIT.

J'étais tomb é.
Tu étais tomb é.
Il était tomb é.
Nous étions tomb és.
Vous étiez tomb és.
Ils étaient tomb és.

FUTUR SIMPLE.

Je tomb erai.
Tu tomb eras.
Il tomb era.
Nous tomb erons.
Vous tomb erez.
Ils tomb eront.

FUTUR ANTÉRIEUR.

Je serai tomb é.
Tu seras tomb é.
Il sera tomb é.
Nous serons tomb és.
Vous serez tomb és.
Ils seront tomb és.

CONDITIONNEL.

PRÉSENT.

Je tomb erais.
Tu tomb erais.
Il tomb erait.
Nous tomb erions.
Vous tomb eriez.
Ils tomb eraient.

PASSÉ (1re forme).

Je serais tomb é.
Tu serais tomb é.
Il serait tomb é.
Nous serions tomb és.
Vous seriez tomb és.
Ils seraient tomb és.

PASSÉ (2me forme).

Je fusse tomb é.
Tu fusses tomb é.
Il fût tomb é.
Nous fussions tomb és.
Vous fussiez tomb és.
Ils fussent tomb és.

IMPÉRATIF.

Tomb e.
Tomb ons.
Tomb ez.

SUBJONCTIF.

PRÉSENT ou FUTUR.

Que je tomb e.
Que tu tomb es.
Qu'il tomb e.
Que nous tomb ions.
Que vous tomb iez.
Qu'ils tomb ent.

IMPARFAIT.

Que je tomb asse.
Que tu tomb asses.
Qu'il tomb ât.
Que nous tomb assions.
Que vous tomb assiez.
Qu'ils tomb assent.

PASSÉ.

Que je sois tomb é.
Que tu sois tomb é.
Qu'il soit tomb é.
Que nous soyons tomb és.
Que vous soyez tombés.
Qu'ils soient tomb és.

PLUS-QUE-PARFAIT.

Que je fusse tomb é.
Que tu fusses tomb é.
Qu'il fût tomb é.
Q. n. fussions tomb és.
Que v. fussiez tomb és.
Qu'il fussent tomb és.

INFINITIF.

PRÉSENT.

Tomb er.

PASSÉ.

Être tomb é.

PARTICIPE PRÉSENT.

Tomb ant.

PARTICIPE PASSÉ.

Tomb é.
Tomb ée.
Étant tomb é.

331. Les verbes sont encore passifs, pronominaux ou impersonnels.

VERBES PASSIFS.

332. Le verbe *passif* est celui qui exprime une action soufferte, reçue par le sujet : *La terre est* ÉCHAUFFÉE *par le soleil. Pierre* A ÉTÉ BATTU *par Paul.*

L'action d'*être échauffé* est reçue par la terre ; l'action d'*être battu* a été soufferte par Pierre : *est échauffée, a été battu* sont des verbes *passifs.*

333. Il n'y a que le verbe actif qui ait un passif. Pour faire passer une phrase de l'actif au passif, on prend le complément direct du verbe actif pour en faire le sujet du verbe passif, et le sujet pour en faire le complément indirect. Ainsi cette phrase : *Le renard flatta le corbeau*, devient : *Le corbeau fut flatté par le renard.*

MODÈLE DE VERBE ACTIF TRANSFORMÉ EN PASSIF.

INDICATIF PRÉSENT.

VOIX ACTIVE :	VOIX PASSIVE :
Dieu m'aime.	*Je suis aimé de Dieu.*
Dieu t'aime.	*Tu es aimé de Dieu.*
Dieu l'aime.	*Il est aimé de Dieu.*
Dieu nous aime.	*Nous sommes aimés de Dieu.*
Dieu vous aime.	*Vous êtes aimés de Dieu,*
Dieu les aime.	*Ils sont aimés de Dieu.*

VERBES PRONOMINAUX.

334. Les verbes *pronominaux* sont ceux qui se conjuguent avec deux pronoms de la même personne, dont le premier est sujet et le second complément : *Ils* SE SONT REPENTIS *de leurs fautes. Elles* SE SONT NUI. Ces pronoms sont : *Je me, tu te, il se*, pour le singulier ; *nous nous, vous vous, ils se*, pour le pluriel.

335. Il y a deux sortes de verbes pronominaux : les pronominaux *réfléchis* et les pronominaux *réciproques.*

336. Ils sont *réfléchis* quand c'est la même personne ou la même chose qui fait et qui reçoit l'action : IL S'EST BLESSÉ *à la jambe.*

337. Ils sont *réciproques* lorsque l'action est faite par deux ou plusieurs personnes ou choses agissant les unes sur les autres : ILS SE SONT BLESSÉS *en luttant. Ces deux* JOURNALISTES SE FLATTENT *parce qu'*ILS SE CRAIGNENT.

338. Sous un autre rapport, il y a encore deux sortes de verbes *pronominaux :* les verbes *essentiellement* pronominaux et les verbes *accidentellement* pronominaux.

339. Les verbes *essentiellement pronominaux* sont ceux qu'on ne peut employer sans l'un des pronoms compléments *me, te* ou *toi, nous, vous, se.* Tels sont *s'abstenir, s'emparer, s'évanouir, se repentir,* etc.

340. Les verbes *accidentellement pronominaux* sont ceux qui sont formés de verbes actifs ou de verbes neutres pouvant, en d'autres circonstances, se conjuguer sans les pronoms compléments.

Ainsi *se flatter, se tromper,* sont des verbes accidentellement pronominaux, parce qu'on peut dire : *Je flatte, tu flattes,* etc. ; *nous trompons, ils trompent.*

Dans les verbes *essentiellement* pronominaux, les pronoms compléments *me, te, se, nous, vous,* jouent le rôle de compléments directs, et le participe passé en prend toujours le genre et le nombre. Il faut toutefois excepter *s'arroger,* où le pronom complément est toujours complément indirect.

341. Dans les verbes *accidentellement* pronominaux, le participe passé est tantôt variable, tantôt invariable, selon que le pronom complément est complément direct ou indirect.

Conjugaison du verbe pronominal SE REPOSER.

INDICATIF.

PRÉSENT.

Je me repos *e*.
Tu te repos *es*.
Il se repos *e*.
Nous nous repos *ons*.
Vous vous repos *ez*.
Ils se repos *ent*.

IMPARFAIT.

Je me repos *ais*.
Tu te repos *ais*.
Il se repos *ait*.
Nous nous repos *ions*.
Vous vous repos *iez*.
Ils se repos *aient*.

PASSÉ DÉFINI.

Je me repos *ai*.
Tu te repos *as*.
Il se repos *a*.
Nous nous repos *âmes*.
Vous vous repos *âtes*.
Ils se repos *èrent*.

PASSÉ INDÉFINI.

Je me suis repos *é*.
Tu t'es repos *é*.
Il s'est repos *é*.
N. n. sommes repos *és*.
Vous vous êtes repos *és*.
Ils se sont repos *és*.

PASSÉ ANTÉRIEUR.

Je me fus repos *é*.
Tu te fus repos *é*.
Il se fut repos *é*.
N. n. fûmes repos *és*.
Vous v. fûtes repos *és*.
Ils se furent repos *és*.

PLUS-QUE-PARFAIT.

Je m'étais repos *é*.
Tu t'étais repos *é*.
Il s'était repos *é*.
N. n. étions repos *és*.
Vous v. étiez repos *és*.
Ils s'étaient repos *és*.

FUTUR SIMPLE.

Je me repos *erai*.
Tu te repos *eras*.
Il se repos *era*.
Nous nous repos *erons*.
Vous vous repos *erez*.
Ils se repos *eront*.

FUTUR ANTÉRIEUR.

Je me serai repos *é*.
Tu te seras repos *é*.
Il se sera repos *é*.
N. n. serons repos *és*.
Vous v. serez repos *és*.
Ils se seront repos *és*.

CONDITIONNEL.

PRÉSENT.

Je me repos *erais*.
Tu te repos *erais*.
Il se repos *erait*.
Nous n. repos *erions*.
Vous vous repos *eriez*.
Ils se repos *eraient*.

PASSÉ (1re *forme*).

Je me serais repos *é*.
Tu te serais repos *é*.
Il se serait reposé.
N. n. serions repos *és*.
V. v. seriez repos *és*.
Ils se seraient repos *és*.

PASSÉ (2me *forme*).

Je me fusse repos *é*.
Tu te fusses repos *é*.
Il se fût reposé.
N. n. fussions repos *és*.
V. v. fussiez repos *és*.
Ils se fussent repos *és*.

IMPÉRATIF.

Repos *e*-toi:
Repos *ons*-nous.
Repos *ez*-vous.

SUBJONCTIF.

PRÉSENT *ou* FUTUR.

Que je me repos *e*.
Que tu te repos *es*.
Qu'il se repos *e*.
Que n. n. repos *ions*.
Que v. v. repos *iez*.
Qu'ils se repos *ent*.

IMPARFAIT.

Que je me repos *asse*.
Que tu te repos *asses*.
Qu'il se repos *ât*.
Q. n. n. repos *assions*.
Q. v. v. repos *assiez*.
Qu'ils se repos *assent*.

PASSÉ.

Que je me sois repos *é*.
Que tu te sois repos *é*.
Qu'il se soit repos *é*.
Q. n. n. soyons repos *és*.
Q. v. v. soyez repos *és*.
Qu'ils se soient repos *és*.

PLUS-QUE-PARFAIT.

Que je me fusse repos *é*.
Que tu te fusses repos *é*.
Qu'il se fût repos *é*. [*és*.
Q. n. n. fussions repos
Q. v. v. fussiez repos *és*.
Qu'ils se fussent repos
[*és*.

INFINITIF.

PRÉSENT.

Se repos *er*.

PASSÉ.

S'être repos *é*.

PARTICIPE PRÉSENT.

Se repos *ant*.

PARTICIPE PASSÉ.

S'étant repos *é*.

4

VERBES IMPERSONNELS.

342. On appelle verbes *impersonnels* ceux qui ne se conjuguent qu'à la troisième personne du singulier, comme *il pleut, il neige; importer, tonner*, etc. On les appelle aussi *unipersonnels,* parce qu'ils ne s'emploient qu'à une seule personne. Ces verbes n'ont point d'impératif, puisque la troisième personne n'existe pas à ce mode.

343. En général, les verbes dits impersonnels le sont essentiellement; cependant, quelques verbes intransitifs peuvent le devenir accidentellement : *Il* EST TOMBÉ *beaucoup de neige cette nuit; il nous* ARRIVE *souvent de nous tromper; il y* A *vingt ans que...; il* EST *vrai que...*

CONJUGAISON INTERROGATIVE.

344. Pour conjuguer un verbe sous la forme *interrogative,* il faut observer les trois principes suivants :

1° Dans les temps simples, on place le pronom sujet après le verbe, en ayant soin de lier les deux mots par un trait d'union : *Entends-tu? Venez-vous? Viendront-ils?* Dans les temps composés, le pronom se place après l'auxiliaire : *Avez-vous fini? Sont-elles arrivées?*

2° Quand le verbe est terminé par un *e*, on change cet *e* en *é* avant le pronom *je*, pour qu'il n'y ait pas deux syllabes muettes de suite : *Aimé-je? Eussé-je fini?*

3° Quand le verbe ou l'auxiliaire est terminé, à la troisième personne du singulier, par une voyelle, on fait précéder le sujet *il, elle, on,* d'un *t* euphonique que l'on met entre deux traits d'union : *Chante-t-il? Ira-t-elle? Viendra-t-on? Aura-t-on fini?*

345. Un verbe ne peut être conjugué à la forme interrogative qu'au mode indicatif et au mode conditionnel : encore l'euphonie ne permet-elle pas toujours d'employer cette forme à la première personne de l'indicatif présent quand cette personne est un monosyllabe; ainsi on ne doit pas dire *eus-je? cours-je? dors-je? lis-je? mens-je? pars-je? rends-je? sers-je? sors-je?* etc.; mais on dit très-bien *ai-je? dis-je? dois-je? fais-je? sais-je? suis-je? vais-je? vois-je?* etc.

INDICATIF.	PASSÉ ANTÉRIEUR.	Aurons-nous chanté?
		Aurez-vous chanté?
PRÉSENT.	Eus-je chanté?	Auront-ils chanté?
Chanté-je?	Eus-tu chanté?	
Chantes-tu?	Eut-il chanté?	CONDITIONNEL.
Chante-t-il?	Eûmes-nous chanté?	
Chantons-nous?	Eûtes-vous chanté?	**PRÉSENT.**
Chantez-vous?	Eurent-ils chanté?	
Chantent-ils?		Chanterais-je?
IMPARFAIT.	PLUS-QUE-PARFAIT:	Chanterais-tu?
		Chanterait-il?
Chantais-je?	Avais-je chanté?	Chanterions-nous?
Chantais-tu?	Avais-tu chanté?	Chanteriez-vous?
Chantait-il?	Avait-il chanté?	Chanteraient-ils?
Chantions-nous?	Avions-nous chanté?	
Chantiez-vous?	Aviez-vous chanté?	**PASSÉ (1re forme).**
Chantaient-ils?	Avaient-ils chanté?	
PASSÉ DÉFINI.		Aurais-je chanté?
	FUTUR SIMPLE.	Aurais-tu chanté?
Chantai-je?		Aurait-il chanté?
Chantas-tu?	Chanterai-je?	Aurions-nous chanté?
Chanta-t-il?	Chanteras-tu?	Auriez-vous chanté?
Chantâmes-nous?	Chantera-t-il?	Auraient-ils chanté?
Chantâtes-vous?	Chanterons-nous?	
Chantèrent-ils?	Chanterez-vous?	**PASSÉ (2me forme).**
PASSÉ INDÉFINI.	Chanteront-ils?	
		Eussé-je chanté?
Ai-je chanté?	FUTUR ANTÉRIEUR.	Eusses-tu chanté?
As-tu chanté?		Eût-il chanté?
A-t-il chanté?	Aurai-je chanté?	Eussions-nous chanté?
Avons-nous chanté?	Auras-tu chanté?	Eussiez-vous chanté?
Avez-vous chanté?	Aura-t-il chanté?	Eussent-ils chanté?
Ont-ils chanté?		

346. Nous allons donner un modèle de verbe pronominal et de verbe passif employés interrogativement à un temps simple et à un temps composé :

PRONOMINAL.

TEMPS SIMPLE.	TEMPS COMPOSÉ.
Me reposé-je ?	Me suis-je reposé ?
Te reposes-tu ?	T'es-tu reposé ?
Se repose-t-il ?	S'est-il reposé ?
Nous reposons-nous ?	Nous sommes-nous reposés ?
Vous reposez-vous ?	Vous êtes-vous reposés ?
Se reposent-ils ?	Se sont-ils reposés ?

PASSIF.

TEMPS SIMPLE.	TEMPS COMPOSÉ.
Suis-je aimé ?	Ai-je été aimé ?
Es-tu aimé ?	As-tu été aimé ?
Est-il aimé ?	A-t-il été aimé ?
Sommes-nous aimés ?	Avons-nous été aimés ?
Êtes-vous aimés ?	Avez-vous été aimés ?
Sont-ils aimés ?	Ont-ils été aimés ?

CHAPITRE VI

DU PARTICIPE

347. Le *participe* est un mot qui tient à la fois de la nature du verbe et de celle de l'adjectif.

348. Il tient de la nature du *verbe* en ce qu'il emprunte à celui-ci l'idée fondamentale qu'il exprime dans tout le cours de la conjugaison et en ce qu'il lui fournit même quelques-unes de ses formes primitives : *Nous parlions en* MARCHANT, *marchant* exprime évidemment l'idée qui accompagne le verbe *marcher* dans toute sa conjugaison.

349. Il tient de la nature de *l'adjectif* en ce qu'il sert souvent à qualifier les personnes ou les choses en exprimant comment elles agissent ou dans quel état elles se trouvent : *Un vieillard* RESPECTÉ.

350. Il y a deux sortes de participes : le participe *présent* et le participe *passé*.

351. Le participe *présent* est toujours terminé en *ant*, comme *aimant, avertissant, entendant, recevant :*

Une forte puissance agit sur les flots, les SOULEVANT *et les* ABAISSANT *alternativement, et* FAISANT *un balancement de la masse totale des mers, en les* REMUANT *jusqu'à la plus grande profondeur.* (BUFFON.)

Ce participe est nommé *présent* parce qu'il exprime toujours une action présente par rapport à une autre action passée, présente ou future :

Je les trouve *lisant :* ils lisent actuellement.

Je les ai trouvés *lisant :* ils lisaient alors.

Je les trouverai *lisant :* ils liront à ce moment.

352. Il est souvent précédé de la préposition *en*, et alors il marque une simultanéité plus caractérisée entre les deux actions : *Il lit toujours* EN SE PROMENANT, c'est-à-dire *il lit et se promène* en même temps, *il lit* pendant qu'il *se promène.*

353. Le participe présent devient adjectif lorsqu'il exprime comment sont les personnes ou les choses dont on parle; dans ce cas, il prend le nom d'*adjectif verbal* et s'accorde en genre et en nombre avec le mot auquel il se rapporte : *L'hirondelle donne la chasse aux insectes* VOLTIGEANTS. (BUFFON.) *Les épis* JAUNISSANTS *n'attendent que la faux.* (LAMARTINE.)

354. Le participe passé a diverses terminaisons : *aimé, averti, reçu, ouvert, écrit, pris,* etc.

355. On lui donne le nom de participe passé, parce qu'il exprime presque toujours un temps passé. Il est tantôt variable, tantôt invariable : *Les lettres et les arts* ONT FLEURI *sous Louis XIV. L'univers est l'ensemble de toutes les choses que Dieu* A CRÉÉES.

356. C'est dans la conjugaison passive seulement que le participe dont il s'agit peut se rapporter au présent : *Cet enfant est* CHÉRI *par sa mère;* mais il n'en porte pas moins, par abus, le nom de participe passé.

357. La difficulté du participe passé ne consiste pas tout entière dans sa variabilité. Dans ces phrases : *J'ai* FOURNI, *j'ai* PERMIS, *j'ai* CONSTRUIT, les participes *fourni, permis, construit,* sont au masculin singulier, c'est-à-dire invariables; et cette invariabilité offre aussi des difficultés, puisqu'ici la même consonnance donne lieu à trois terminaisons différentes : *i, is, it.*

358. Cette distinction est importante au point de vue de l'orthographe usuelle. Voici la règle à suivre : il faut retrancher la lettre *e* du participe passé mis au féminin; il en résulte naturellement le masculin singulier. Ainsi on écrit *fourni* avec un *i, permis* avec un *s, construit* avec un *t,* parce que ces participes ont pour féminins *fournie, permise, construite.*

Ce moyen fort simple est infaillible, car il dépend de l'oreille, qui ne trompe jamais quand on la consulte.

Il faut excepter *absous,* dont le féminin est *absoute; dissous,* dont le féminin est *dissoute,* et *bénir,* qui a deux formes au participe : *béni, bénie; bénit, bénite.* (Voir § 271.)

CHAPITRE VII

DE L'ADVERBE

359. L'*adverbe* est un mot invariable qui sert à modifier un verbe, un adjectif ou un autre adverbe :

Parlez PEU, *réfléchissez* BEAUCOUP.

Le chien a l'odorat EXTRÊMEMENT *fin.*

Le temps passe TRÈS-*rapidement.*

360. L'adverbe est ainsi nommé, parce qu'il accompagne le plus souvent un verbe; il équivaut à une préposition suivie d'un nom; ainsi, quand on dit : *Parler* POLIMENT, *S'habiller* MODESTEMENT, *poliment* signifie *avec politesse; modestement, avec modestie.*

361. Comme les mots modifiés par l'adverbe n'ont par eux-mêmes ni genre ni nombre, il en résulte que cette partie du discours est toujours invariable.

362. Les principales idées que l'adverbe exprime sont celles de *temps,* de *lieu,* de *manière,* de *quantité,* d'*ordre,* de *comparaison,* d'*affirmation* et de *négation :*

TEMPS : AUJOURD'HUI *elle veut une chose,* DEMAIN *une autre.*

LIEU : ICI *Alexandre gagna une bataille,* LÀ *il passa une rivière.*

MANIÈRE : *Il a* SAGEMENT *conduit sa barque.*

QUANTITÉ : *Je suis* PEU *sensible à vos belles paroles.*

ORDRE : *Il faut* PREMIÈREMENT *songer à faire son devoir.*

COMPARAISON : *Ses affaires vont* MIEUX *que jamais.*

AFFIRMATION : CERTAINEMENT, *les hommes sont bien aveugles.*

NÉGATION : *Je* NE *le veux* PAS.

FORMATION DES ADVERBES DE MANIÈRE.

363. La plupart des adverbes de *manière* se forment des adjectifs qualificatifs mis au féminin singulier et suivis de la finale *ment;* dans le vieux langage, *ment* était un nom féminin qui voulait dire *manière :*

Actif.	Active.	*Activement.*
Bas.	Basse.	*Bassement.*
Beau.	Belle.	*Bellement.*
Discret.	Discrète.	*Discrètement.*
Doux.	Douce.	*Doucement.*
Essentiel.	Essentielle.	*Essentiellement.*
Faux.	Fausse.	*Faussement.*
Frais.	Fraîche.	*Fraîchement.*
Franc.	Franche.	*Franchement.*
Glorieux.	Glorieuse.	*Glorieusement.*
Léger.	Légère.	*Légèrement.*
Long.	Longue.	*Longuement.*
Malin.	Maligne.	*Malignement*
Mutuel.	Mutuelle.	*Mutuellement.*
Net.	Nette.	*Nettement.*
Public.	Publique.	*Publiquement.*
Sec.	Sèche.	*Sèchement.*
Sot.	Sotte.	*Sottement.*
Tardif.	Tardive.	*Tardivement.*
Tendre.	Tendre.	*Tendrement.*

EXCEPTIONS. Les adjectifs *aveugle, bref, commun, complet, conforme, confus, diffus, énorme, exprès, immense, impuni, obscur, opiniâtre, précis, profond, traître, uniforme,* et sans doute d'autres encore, font *aveuglément, brièvement, communément, complétement, conformément, confusément, diffusément, énormément, expressément, immensément, impunément, obscurément, opiniâtrément, précisément, profondément, traîtreusement, uniformément.* La plupart de ces adjectifs prennent, on le voit, un accent aigu sur la voyelle *e* qui précède *ment.*

Gentil, dont la consonne finale ne se prononce pas, fait *gentiment,* comme si cet adjectif s'écrivait *genti* au masculin singulier.

364. Lorsque l'adjectif se trouve avoir deux voyelles de suite au féminin singulier, le besoin d'abréger fait supprimer la dernière :

Hardi.	Hardie.	*Hardiment.*
Poli.	Polie.	*Poliment.*
Vrai.	Vraie.	*Vraiment.*

Un accent circonflexe devrait remplacer la voyelle supprimée, mais l'Académie n'a encore adopté cette orthographe que pour *assidûment*, *crûment*, *dûment*, *indûment* et *gaîment* (on écrit aussi et même plus généralement *gaiement*).

365. Dans les adjectifs en *ant* et en *ent*, on retranche du féminin la syllabe *te*, et l'on change *n* en *m* par assimilation de consonnes.

Courant.	Courante.	Couramment.
Fréquent.	Fréquente.	Fréquemment.
Négligent.	Négligente.	Négligemment.
Nonchalant.	Nonchalante.	Nonchalamment.
Prudent.	Prudente.	Prudemment.
Puissant.	Puissante.	Puissamment.
Savant.	Savante.	Savamment.
Violent.	Violente.	Violemment.

366. *Notamment*, *nuitamment*, *sciemment*, sont des adverbes formés d'adjectifs qui n'existent plus.

367. *Lent* fait *lentement*; *véhément* fait *véhémentement*. Ce dernier adverbe est peu usité.

368. La plupart des adverbes de manière se forment, comme nous venons de le voir, des adjectifs qualificatifs; mais il faut se garder de croire que tout adjectif qualificatif puisse former un adverbe.

369. Il y a d'ailleurs des adverbes de manière qui ne sont pas terminés en *ment*, comme *bien*, *mal*, *pis*, *mieux*, *ainsi*, et d'autres encore.

370. Les adjectifs qualificatifs sont souvent eux-mêmes employés comme adverbes de manière : *Sentir* BON, *chanter* JUSTE, *crier* FORT, *parler* HAUT, *coûter* CHER, *tenir* FERME, *aller* DROIT, etc.

TABLEAU DES ADVERBES LES PLUS USITÉS.

Ailleurs.	Dehors.	Ici.	Où.
Alentour.	Déjà.	Jadis.	Oui.
Assez.	Demain.	Jamais.	Parfois.
Aujourd'hui.	Désormais.	Là.	Partout.
Auparavant.	Dorénavant.	Loin.	Peu.
Aussitôt.	Ensemble.	Longtemps.	Plus.
Autant.	Ensuite.	Maintenant.	Surtout.
Autrefois.	Environ.	Même.	Toujours.
Beaucoup.	Exprès.	Mieux.	Très.
Bientôt.	Gratis.	Moins.	Trop.
Davantage.	Guère.	Ne.	Volontiers.
Dedans.	Hier.	Non.	Y.

871. Remarques. On met un accent grave sur *là*, adverbe de lieu, pour le distiguer de *la*, article ou pronom.

372. *Y* est tantôt adverbe, tantôt pronom :

Il est adverbe quand il peut se tourner par *là* : *J'ai visité la Suisse, j'y ai vu des sites admirables*, c'est-à-dire *j'ai vu là*.

Il est pronom quand il signifie *à lui, à elle, à eux, à elles, à cela* : *La beauté est passagère; n'y attachez donc pas trop de prix*, c'est-à-dire *n'attachez pas à elle*.

DES LOCUTIONS ADVERBIALES

373. On donne le nom de *locution adverbiale* à un ensemble de mots faisant la fonction d'un adverbe : *avant-hier, après-demain, tout à coup,* etc. :

Le bonheur est une ombre qui fuit ici-bas *devant nous.*

TABLEAU DES LOCUTIONS ADVERBIALES LES PLUS USITÉES.

A contre-cœur.	A regret.	Ne... point.
'A contre-temps.	Au-dessous.	Ne... que.
A demi.	Au-dessus.	Pour ainsi dire.
A peu près.	Ne... jamais.	Sens dessus dessous.
A présent.	Ne... pas.	Tout à fait, etc.

DES DEGRÉS DE SIGNIFICATION DANS LES ADVERBES.

374. Certains adverbes sont susceptibles des différents degrés de signification comme les adjectifs; ce sont les adverbes de manière en *ment*, les adjectifs employés adverbialement et les adverbes, *bien, mal, peu, fort, loin, près, tôt, tard, vite, volontiers,* et sans doute quelques autres encore.

Les degrés de signification des adverbes se forment de la même manière que ceux des adjectifs.

375. Trois adverbes forment irrégulièrement leur comparatif; ce sont *bien, mal, peu,* qui font *mieux, pis* (ou *plus mal*), *moins.*

Ces adverbes font au superlatif relatif : *le mieux, le pis, le moins;* et, au superlatif absolu : *très-bien, très-mal, très-peu.*

CHAPITRE VIII

DE LA PRÉPOSITION

376. La *préposition* est un mot invariable qui sert à marquer le rapport des idées et, par conséquent, des mots.

Ainsi, dans cette phrase : *Il se promène* DANS *son jardin*, le mot *dans*, qui met en rapport l'idée d'une action (*se promener*) et l'idée du lieu (*le jardin*) est une préposition.

377. La *préposition* (*position avant*) est ainsi nommée parce qu'elle se place toujours avant le second terme du rapport qu'elle établit.

378. Les principaux rapports que les prépositions expriment sont ceux de *lieu*, d'*ordre*, de *temps*, d'*union*, de *but*, de *cause*, de *séparation*, d'*opposition*, d'*indication*, etc.

LIEU : *Écrivez les injures* SUR *le sable et les bienfaits* SUR *l'airain.*

ORDRE : *Je crains Dieu, et,* APRÈS *Dieu, je crains principalement celui qui ne le craint pas.*

TEMPS : *La cigale chante* PENDANT *l'été.*

UNION : *Il faut tâcher de bien vivre* AVEC *tout le monde.*

BUT : *Il faut manger* POUR *vivre, et non vivre* POUR *manger.*

CAUSE : *Il fut exempté,* ATTENDU *ses infirmités.*

SÉPARATION : *Il travaille toute la semaine,* EXCEPTÉ *le dimanche.*

OPPOSITION : *Un enfant bien élevé ne doit rien faire* MALGRÉ *ses parents.*

INDICATION : *Du pain et du fromage,* VOILÀ *son déjeuner.*

379. TABLEAU DES PRÉPOSITIONS LES PLUS USITÉES.

A.	Depuis.	Euvers.	Sans.
Après.	Derrière.	Hormis.	Selon.
Avant.	Dès.	Hors.	Sous.
Avec.	Devant.	Malgré.	Sur.
Chez.	Devers (peu	Outre.	Voici.
Contre.	usité).	Par.	Voilà.
Dans.	En.	Parmi.	Vu.
De.	Entre.	Pour.	

Il faut ajouter à ce tableau les mots suivants, qui sont employés accidentellement comme prépositions : *Attendu, concernant, durant, excepté, joignant, moyennant, nonobstant, pendant, sauf, suivant, touchant.*

380. REMARQUE. Le mot À est préposition et prend toujours un accent grave, quand il amène dans la phrase un complément indirect ou circonstantiel : *Un cœur pur est agréable* À *Dieu. Je vais* À *Rome.*

A est verbe et ne prend jamais d'accent quand il a un sujet exprimé ou sous-entendu, ou qu'il est suivi d'un participe passé : *Paris* A *de beaux monuments. La France* A *produit de grands hommes.*

381. On met un accent grave sur DÈS, préposition de temps et de lieu, pour la distinguer de DES, contraction de DE LES : *Cette rivière est navigable* DÈS *sa source. Le nombre* DES *étoiles est infini.*

382. Le mot EN est tantôt préposition, tantôt pronom.

Il est *préposition* quand il amène dans la phrase un complément indirect ou circonstanciel : *On met les voleurs* EN *prison. Je vous ai dit cela* EN *riant.*

Il est *pronom* quand on peut le tourner par *de lui, d'elle, d'eux, d'elles, de cela : Avez-vous de l'argent ? Oui, j'*EN *ai,* c'est-à-dire *j'ai de cela, de l'argent;* ou encore quand il est suivi d'un verbe dont il modifie la signification : EN *user bien ou mal envers quelqu'un. Vous* EN *imposez* (vous mentez).

DES LOCUTIONS PRÉPOSITIVES.

383. On appelle *locution prépositive* un ensemble de mots remplissant la fonction d'une préposition.

384. TABLEAU DES LOCUTIONS PRÉPOSITIVES LES PLUS USITÉES.

A cause de.	A force de.	De peur de.	Jusqu'à.
A côté de.	Au lieu de.	En dépit de.	Le long de.
Afin de.	Au prix de.	En face de.	Loin de.
Au-dessous de	Au travers de.	Faute de.	Près de.
Au-dessus de.	Auprès de.	Grâce à.	Proche de.
A la faveur de.	Autour de.	Hors de.	Quant à.

CHAPITRE IX

DE LA CONJONCTION

385. La *conjonction* est un mot invariable qui sert à joindre entre elles les propositions ou les parties semblables d'une même proposition, et à marquer le rapport qui existe entre elles : *La vertu est nécessaire,* CAR *elle conduit au bonheur; car* unit deux propositions et présente la dernière comme prouvant la vérité de la première. *L'histoire* ET *la géographie sont utiles; et* unit les deux sujets, *histoire, géographie.*

386. La différence entre la préposition et la conjonction est facile à saisir : l'une marque le rapport des mots, et ces mots sont souvent de nature différente : l'autre marque le rapport des propositions ou ne peut être placée qu'entre des mots de même nature et de même fonction.

387. Certaines conjonctions, *et, ou, ni, mais, car, or, donc, cependant,* joignent simplement entre eux des mots de même nature ou des propositions similaires : *L'oisiveté étouffe les talents* ET *engendre les vices.*

D'autres, comme *si, comme, quand, que, lorsque, puisque, quoique,* etc., servent à exprimer un rapport de subordination : *Il ne faut pas* QUE *la science inspire de l'orgueil.*

388. Les conjonctions proprement dites sont peu nombreuses; mais, d'une part, certains mots tels que *ainsi, aussi, cependant, combien, comment, encore, pourquoi, toujours,* etc., appartenant à d'autres parties du discours, s'emploient accidentellement comme conjonctions; d'autre part, la conjonction par excellence *que* sert à former une foule de locutions conjonctives, à la fin desquelles elle se place.

389. Le mot *que* peut être pronom, adverbe ou conjonction.

Il est *pronom* quand on peut le tourner par *lequel, laquelle*, etc., ou par *quelle chose : Un bienfait* QUE *l'on reproche a perdu son mérite.* QUE *dites-vous ?*

Il est *adverbe* quand il signifie *combien :* QUE *Dieu est bon !*

Il est *conjonction* quand on ne peut le remplacer ni par *lequel*, ni par *quelle chose*, ni par *combien : Sachez* QUE *la paresse est la mère de tous les vices.*

390. Il ne faut pas confondre *où* adverbe et *ou* conjonction.

Où, adverbe, marque le lieu ou le temps, et prend toujours un accent grave : *Où* (lieu) *allez-vous ? Le jour* où (temps) *nous mourrons nous est caché.*

Ou, conjonction, peut se tourner par *ou bien*, et ne prend jamais d'accent grave : *Vaincre* ou *mourir*, c'est-à-dire *ou bien* mourir.

DES LOCUTIONS CONJONCTIVES.

391. On donne le nom de *locution conjonctive* à une réunion de mots remplissant la fonction d'une conjonction; tels sont les groupes suivants : *Afin que, ainsi que, à mesure que, avant que, de même que, de peur que, dès que, jusqu'à ce que, parce que, par conséquent, pendant que, pourvu que, tandis que*, etc.

CHAPITRE X

DE L'INTERJECTION

392. L'INTERJECTION est une sorte de cri, *jeté entre* les autres mots de la phrase, pour exprimer les affections vives et subites de l'âme :

La douleur :	*Ah! aïe! ahi! hélas!*
La joie :	*Ah! bon!*
La crainte :	*Ha! hé! ho!*
L'aversion :	*Fi!*
L'admiration :	*Oh! ah!*
La surprise :	*Ha!*
Pour appeler :	*Hé! holà!*
Pour avertir :	*Holà! gare!*
Pour faire taire :	*Chut!*

Il faut ajouter à cette liste un grand nombre de mots qui s'emploient *accidentellement* comme interjections, tels que : *Allons! bon! ciel! courage! paix! silence!* et bien d'autres.

393. On donne le nom de *locution interjective* à toute réunion de mots remplissant la fonction d'une interjection : *Eh bien! grand Dieu! juste ciel! ma foi! tout beau!* etc.

DEUXIÈME PARTIE

REMARQUES PARTICULIÈRES

394. Nous venons d'étudier la première partie de la grammaire, c'est-à-dire la lexicologie proprement dite. Maintenant nous avons à traiter de la syntaxe; mais, avant d'aborder ce chapitre important, nous allons passer en revue quelques parties, plutôt étrangères que secondaires, qui participent, quoique de loin, de la lexicologie et de la syntaxe; ces parties sont:

1º L'ORTHOGRAPHE D'USAGE ;
2º La MAJUSCULE ;
3º Le TRAIT D'UNION ;
4º L'APOSTROPHE ;
5º Les LOCUTIONS VICIEUSES ;
6º Les SYNONYMES ;
7º L'ANALYSE GRAMMATICALE ;
8º L'ANALYSE LOGIQUE ;
9º La PONCTUATION ;
10º La PRONONCIATION ;
11º La VERSIFICATION ;
12º La RHÉTORIQUE.

ORTHOGRAPHE D'USAGE.

395. Il y a deux sortes *d'orthographes : l'orthographe de règle* et *l'orthographe d'usage*. La première consiste dans l'observation de certains principes de grammaire, comme la marque du pluriel dans les noms et les adjectifs, la formation du féminin dans ces derniers, les différentes terminaisons du verbe, puis dans la connaissance des lois qui régissent l'accord de l'adjectif, du verbe et du participe. C'est la lexicologie et la syntaxe qui enseignent ces lois.

L'*orthographe d'usage* n'obéit à aucune règle. Pourquoi un mot se termine-t-il par telle consonne qui n'ajoute rien à sa prononciation, comme *franc, plomb, bord, rang, fusil*, etc.? pourquoi telle lettre se redouble-t-elle dans *appeler*, et figure-t-elle seule dans *apercevoir?* pourquoi écrit-on *pain, homme*, par *a, h*, lettres nulles dans la prononciation; *femme* par *e*, tandis que la prononciation demande plutôt un *a (fame)*? La syntaxe et la lexicologie ne donnent les raisons d'aucune de ces difficultés. Elles rentrent toutes dans le domaine de l'*orthographe d'usage*, qui, si elle n'explique pas la cause plus ou moins logique de ces anomalies, fournit du moins des recettes mécaniques dont l'application rend les erreurs moins nombreuses.

396. La règle d'*orthographe d'usage* qui comprend le plus de mots, c'est la *dérivation*, laquelle donne la clef de la plupart des lettres qui ne se prononcent pas ou qui ont un son qui ne leur est pas propre. Le procédé mécanique consiste à prendre dans un mot analogue à celui que l'on écrit toutes les lettres que la prononciation permet d'y prendre. Par exemple, *tard* emprunte le *d* final aux mots *tarder*, *tardif* ; *art* emprunte le *t* à *artiste*, *artisan*.

Quand on a des participes et des adjectifs à écrire, c'est dans leur féminin qu'il faut prendre les lettres dérivées ; ainsi, pour les mots *fécond*, *soumis*, *prédit*, on prend les lettres *d*, *s*, *t*, dans *féconde*, *soumise*, *prédite*.

Vert, masculin de *verte*, s'écrit avec un *t* ; *pervers*, masculin de *perverse*, prend un *s*.

Froid prend le *d* final dans *froide* ; *étroit* emprunte le *t* au féminin *étroite* ; *roi*, *effroi*, *beffroi*, n'ayant point de dérivés auxquels ils puissent emprunter le *d* ou le *t*, s'écrivent sans ces finales.

Les verbes dérivent du présent de l'infinitif : *il* REND, *il* SENT, *il* VAINC, de *rendre*, *sentir*, *vaincre*.

Nous allons donner la série des règles concernant l'orthographe d'usage, en observant l'ordre suivant : initiales, médiales, finales.

INITIALES.

397. Tous les mots commençant par *ac* prennent deux *c* : *accablement*, *acclimaté*, *accueil*, etc. ; excepté *acabit*, *acacia*, *académie*, *acagnarder*, *acajou*, *acanthe*, *acaridtre*, *acarus*, *acaule*, *acéphale*, *acerbe*, *acéré*, *acétate*, *acide*, *acier*, *acolyte*, *à-compte*, *aconit*, *acoquiner*, *acotylédon*, *acoustique*, et leurs composés.

398. Tous les mots commençant par *af* prennent deux *f*, excepté *afin*, *afistoler Afrique* et ses composés.

399. Tous les verbes commençant par *ap* doublent le *p*, comme *apparaître*, *apporter*, *approuver*, etc., excepté *apaiser*, *apanager*, *apercevoir*, *apetisser*, *apitoyer*, *aplanir*, *aplatir*, *aposter*, *apostiller*, *apurer*, et conséquemment tous leurs composés.

400. Tous les mots commençant par *at* prennent deux *t* : *attacher*, *atticisme*, *attribut*, etc., excepté *atelier*, *atermoyer*, *athée*, *athénée*, *athlète*, *atome*, *atonie*, *atours*, *atout*, *atrabilaire*, *âtre*, *atrium*, *atroce*, *atrophie*, et leurs composés.

401. Tous les mots commençant par *com* prennent deux *m* : *commerce*, *commodité*, *communiquer*, etc., excepté *coma* (sorte de sommeil léthargique), *comédie*, *comestible*, *comète comices*, *comique*, *comité*, et leurs dérivés, ainsi que certains noms propres : *Comus*, *Comagène*, *Comores* (îles).

402. Tous les mots commençant par *cor* prennent deux *r* : *correct*, *corriger*, *corruption*, etc., excepté *corail*, *Coran*, *coreligion-*

naire, coriace, coriandre, Corinthe, corollaire, corolle, coronal, coroner (mot angl.), *corymbe, coryphée, coryza* et leurs composés.

403. Tous les mots commençant par *dif* prennent deux *f : diffamer, différence, diffusion,* etc.

404. Tous les mots commençant par *ef* prennent deux *f: effacer, effectif, effort,* etc., excepté *éfaufiler.*

405. Tous les mots commençant par *il* prennent deux *l,* comme *illégal, illustre,* etc., excepté *île, Iliade, Ilion, ilote,* et leurs composés.

406. Tous les mots commençant par *im* prennent deux *m : immense, immobilité, immoler,* etc., excepté *image, imaginer, iman, imiter,* et leurs composés.

407. Tous les mots commençant par *ir* prennent deux *r : irréconciliable, irritable,* etc., excepté *irascible, ire, iris, ironie, iroquois,* et leurs composés.

408. Tous les mots commençant par *oc* prennent deux *c : occasion, occuper,* etc., excepté *océan, ocre, oculaire, oculiste,* et leurs composés.

409. Tous les mots commençant par *of* prennent deux *f: offense, office, offrir,* etc.

MÉDIALES.

410. Les voyelles nasales *an, in, on, un,* s'écrivent par *m* devant *b, m, p,* comme *embarras, emmener, emporter,* etc., excepté *bonbon, bonbonnière, embonpoint, néanmoins,* et les verbes terminés par *inmes : nous vînmes.*

411. La consonne *b* est simple dans tous les mots, comme *obésité, abondance, abrégé,* etc., excepté dans *abbé, gibbeux, rabbin, sabbat,* et leurs composés.

412. *D* se double dans les mots *addition, adducteur, adduction, bouddhisme, pudding, reddition* et leurs composés; il est simple dans tous les autres mots.

413. *F* après *i,* dans la première syllabe des mots, se redouble, comme *biffer, chiffon, sifflet,* etc., excepté *bifide, biflore, bifurcation, clifoire, fifre, persifler, riflard,* et leurs composés.

414. Tous les mots où se trouve la syllabe *ouf* prennent deux *f,* comme *bouffon, souffler, touffu,* etc., excepté *boursoufler, camouflet, emmitoufler, maroufle, moufle, mouflon, pantoufle, soufre,* et leurs composés.

415. Tous les mots où se trouve la syllabe *uf* prennent deux *f,* comme *buffle, suffire, truffe,* etc., excepté *génuflexion, manufacture, mufle, nénufar, usufruit,* et leurs composés.

NOTA. — Les écrivains ne sont pas d'accord sur l'orthographe du mot *Tartufe :* les uns l'écrivent par un seul *f,* les autres par deux *f.* L'Académie écrit *Tartufe, tartuferie,* et cette orthographe est généralement adoptée.

FINALES.

416. Tous les mots terminés par le son *air* prennent un *e* à la fin, comme *alimentaire, funéraire, vulnéraire*, excepté *air, clair, éclair, flair, impair, pair* (adj.), *pair* (de France), *vair* (couleur appartenant au blason).

417. Mots dont le son final est *èce*. Tous ces noms s'écrivent par *esse*, comme *adresse, jeunesse, vitesse*, excepté *abaisse* (croûte de dessous d'un pâté), *baisse, bouillabaisse, caisse, graisse, laisse* (chien en) — *espèce, nièce, pièce*, et enfin *vesce*.

418. Verbes en *ayer, eyer*. Tous les verbes qui ont cette finale s'écrivent par le son *ayer*, comme *balayer, frayer, payer*, excepté *grasseyer* et *planchéier*.

419. Les substantifs féminins terminés par le son aigu *é* prennent deux *é* (*ée*), comme *allée, cognée, saignée*, etc., excepté *amitié, inimitié, moitié, pitié, psyché, sévigné* (sorte de coiffure).

420. Tous les substantifs féminins terminés par le son *té* ne prennent pas *e*, comme *âcreté, humidité, vétusté*, etc., excepté *bractée, dictée, jetée, montée, nuitée, platée, portée*, et ceux qui expriment une idée de contenance, comme *assiettée, brouettée, charretée, fourchettée, hottée, jattée, pelletée, potée*.

421. Verbes à l'infinitif en *andre, endre*. Tous ces verbes s'écrivent par *endre*, comme *apprendre, fendre, vendre*, etc., excepté *épandre* et *répandre*, qui prennent *a*.

422. Tous les adjectifs en *eu* prennent *x* final, comme *bulbeux, fâcheux, soigneux*, etc., excepté *bleu, feu* (défunt), *hébreu*.

423. Les mots masculins en *eur*, qui participent presque tous du substantif et de l'adjectif, comme *censeur, lutteur, voltigeur*, etc., s'écrivent sans *e* à la fin, excepté *beurre, babeurre, feurre* et *leurre*.

424. Tous les noms féminins terminés par le son *eur* s'écrivent sans *e* final, comme *ardeur, pudeur, vigueur*, etc., excepté *chantepleure, demeure, heure, majeure, mineure*.

425. Tous les noms féminins terminés par le son *i* prennent *e*, comme *apoplexie, pluie*, etc., excepté *brebis, fourmi, houri, merci* (à la merci), *nuit, perdrix, péri, souris*.

426. Noms terminés par *ice, isse*. La plupart de ces mots s'écrivent par *ice*, comme *avarice, justice, police*, etc. Il faut excepter *abscisse, bâtisse, clisse, coulisse, éclisse, écrevisse, esquisse, génisse, jaunisse, mélisse, pelisse, prémisse* (terme didactique), *pythonisse, réglisse* et *saucisse*.

427. Tous les adjectifs en *il* prennent *e* à la fin, comme *docile*, *futile, utile,* etc., excepté *bissextil, civil, puéril, sextil* (terme d'astronomie), *subtil, vil, viril, volatil* (sel).

428. Verbes en *ir* ou *ire.* Tous ces verbes s'écrivent *ir,* comme *finir, convenir, mourir,* etc., excepté ceux qui ont le participe présent en *isant,* comme *suffire, conduire,* etc., ou en *ivant,* comme *écrire,* etc., auxquels il faut ajouter *bruire, frire, maudire, rire* et son composé *sourire.*

429. Mots qui ont pour finale *ment, man.* Ces mots, qui sont en très-grand nombre, s'écrivent pour la plupart par *ment,* comme *allaitement, mandement, ralliement,* etc., excepté :

1° *Aimant, amant, diamant, flamant, nécromant,* qui, ainsi que tous les participes présents, se terminent par *ant;*

2° *Allemand, flamand, gourmand, normand, command,* qui prennent *and;*

3° *Alderman, aman, bosseman, caïman, dolman, drogman, firman, hetman, iman, landamman.*

430. Tous les adjectifs terminés par le son *oir* prennent un *e* à la fin, comme *accessoire, aléatoire, contradictoire, notoire, provisoire,* etc., excepté l'adjectif *noir.*

431. Tous les verbes terminés par le son *oir* appartiennent à la troisième conjugaison, comme *apercevoir, vouloir, pouvoir,* etc., excepté *boire, croire,* et leurs composés.

432. Verbes en *onner.* Tous ces verbes s'écrivent par deux *n,* comme *chansonner, moissonner, sanctionner,* etc., excepté *détoner* (faire explosion), *dissoner, époumoner, prôner, ramoner* et *trôner.*

433. Les verbes terminés par *quer,* comme *appliquer, convoquer, fabriquer,* etc., conservent *qu* dans toute leur conjugaison; mais les noms et les adjectifs qui en dérivent prennent *c : applicable, communication, convocation, fabrication, indication;* cependant on écrit par *qu* les mots *attaquable, critiquable, croquant, immanquable, marquant, remarquable* et *risquable.*

434. Noms féminins en *u, ue.* Tous ces noms prennent *e,* comme *avenue, berlue, fondue, tortue,* etc., excepté *bru, glu, tribu, vertu.*

CAS PARTICULIERS.

435. Il existe un assez grand nombre de mots où entrent à la fois un *i* et un *y,* et où l'on se trompe facilement sur la place respective que doivent occuper ces deux lettres. Voici la liste de ces mots correctement orthographiés : *Abyssinie, amphictyon, Bithynie, Callipyge, cynisme, diachylon, dionysiaque, diptyque, hiéroglyphe, hiéronymite, Hippolyte, Hyacinthe, hémicycle, hypocrisie, labyrinthe, Libye, Lilybée, Lycie, Lydie, patronymique, péristyle, pythie, rhythmique, sibylle, sibyllin, Tityre, triptyque.*

436. Mots qui ont deux orthographes, selon le sens :

Martyr, e, adj. et n. Celui qui est mort pour sa religion, celle qui est morte pour sa religion.

Martyre, n. m. Mort endurée pour la religion.

Satire, n. f. Petite pièce, le plus souvent en vers.

Satyre, n. m. Demi-dieu de la Fable.

Zéphire, divinité mythologique.

Zéphyr, vent doux et agréable.

437. La terminaison des mots suivants est *ent*, lorsqu'ils sont employés comme noms ou comme adjectifs ; elle est *ant*, lorsqu'ils sont participes présents ou adjectifs verbaux :

NOMS OU ADJECTIFS.	PARTICIPE PRÉSENT OU ADJECTIFS VERBAUX.
Adhérent, *adj.*	Adhérant.
Affluent, *nom.*	Affluant.
Coïncident, *adj.*	Coïncidant.
Compétent, *adj.*	Compétant.
Différent, *adj.*	Différant.
Divergent, *adj.*	Divergeant.
Equivalent, *adj.* et *nom.*	Equivalant.
Excellent, *adj.*	Excellant.
Expédient, *nom.*	Expédiant.
Négligent, *adj.*	Négligeant.
Précédent, *nom.*	Précédant.
Président, *nom.*	Présidant.
Résident, *nom.*	Résidant.
Violent, *adj.*	Violant.

EMPLOI DE LA LETTRE MAJUSCULE.

438. La lettre *majuscule* ou lettre *capitale* s'emploie :

1º Au commencement d'une phrase ;

2º Dans le courant d'une phrase après un point : *La paix fut donnée à l'Église. Constantin la combla d'honneurs et de biens. La victoire le suivit partout* (Bossuet.) ;

3º Au commencement de chaque vers, quel que soit le signe de ponctuation placé à la fin du vers précédent, et lors même qu'il n'y aurait aucun signe :

> Travaillez, prenez de la peine ;
> C'est le fonds qui manque le moins.

4º Après deux points, quand on rapporte les paroles de quelqu'un : *Aristote disait à ses disciples : Mes amis, il n'y a point d'amis.*

5º Au commencement de tous les mots synonymes de *Dieu*, comme la *Providence*, le *Créateur*, le *Seigneur*, l'*Être suprême.* Quand le substantif se compose de plusieurs mots, chacun d'eux prend une majuscule : le *Tout-Puissant*, le *Très-Haut*, le *Saint-*

Esprit, etc. *Dieu* prend une minuscule pour désigner les divinités du paganisme : *Apollon est le* DIEU *de la poésie* ;

6° Pour désigner les êtres moraux ou abstraits quand ils sont personnifiés : *La* VÉRITÉ *qui sort de son puits. La* FORTUNE, *cette déesse inconstante;*

> Noble et tendre *Amitié*, je te chante en mes vers.
> DUCIS.

> Sur les ailes du *Temps* la tristesse s'envole.
> LA FONTAINE.

> La *Mollesse*, à ce bruit, se réveille, se trouble.
> BOILEAU.

> Là gît la sombre *Envie*, à l'œil timide et louche.
> VOLTAIRE.

7° Au commencement des substantifs qui désignent un ouvrage, une fable, un objet d'art, etc. : *Le Misanthrope, le Contrat social, le Renard et le Corbeau, la Navigation*, poëme d'Esménard, *la Transfiguration* de Raphaël, *la Descente de Croix* de Rubens, etc.;

8° Au commencement des noms de planètes et au mot *Soleil*, quand cet astre est considéré comme centre de notre système planétaire : *Jupiter, Mercure, Saturne, la Lune*, etc. Ces mêmes noms prennent une minuscule lorsqu'ils sont considérés individuellement, et non comme parties intégrantes de l'univers : *Dumont d'Urville a fait plusieurs fois le tour de la* TERRE. *Les différents quartiers de la* LUNE *n'exercent aucune influence sur la température;*

9° Au nom des constellations : *la Balance, le Bélier, le Capricorne, le Sagittaire, le Chariot de David, la grande Ourse*, etc.;

10° Au mot *État* quand il signifie royaume, empire : *Les revenus de l'*ÉTAT. *L'*ÉTAT, *c'est moi.* — Au mot *Église*, quand il signifie l'assemblée des fidèles, la catholicité : *Dans les premiers siècles de l'*ÉGLISE ;

11° Au commencement de tous les noms propres. Sont considérés comme noms propres les noms de personnes : *Alexandre, Auguste, Joseph, Caroline*, etc.; les noms géographiques en général : *Europe, France, Paris, Seine, Himalaya, Vésuve, Bourgogne, Haute-Saône, Atlantique, Majorque, Minorque* (île), *Espagnols, Russes, Japonais.* — Les noms de vaisseaux : *La Méduse, le Bellérophon, Argo* (navire), *le Great-Eastern, le Formidable, le Tonnant, le Vengeur.*

439. Au XVIIe siècle, on orthographiait en mettant une minuscule aux articles des noms propres, *la Fontaine, la Bruyère, la Ferté*, etc. Aujourd'hui, l'usage d'écrire l'article par une majuscule a prévalu : *La Fontaine, La Bruyère, La Ferté*, etc., bien que l'Académie conserve encore la minuscule. Chez les Italiens et pour quelques noms français, l'article, déterminant un nom sous-entendu, prend généralement la minuscule : *le Tasse, le*

Dante, l'Arioste, le Poussin, etc. C'est comme s'il y avait : *le poète Tasse, le peintre Poussin,* etc.

440. Sont considérés comme noms communs, et prennent par conséquent la minuscule :

1º Les noms des diverses religions : *babysme, bouddhisme, brahmanisme, calvinisme, catholicisme, christianisme, judaïsme, luthéranisme, mahométisme, paganisme, sabéisme,* etc.;

2º Les noms par lesquels on désigne les sectaires et les partisans de doctrines religieuses ou philosophiques : *albigeois, anabaptistes, épicuriens, hussites, jansénistes, juifs, luthériens, mahométans, pharisiens, publicains, pyrrhoniens, pythagoriciens, samaritains, vaudois,* etc.;

3º Les noms des membres des ordres monastiques : *bénédictins, camaldules, carmes, chartreux, corde liers, dominicains, feuillants, trappistes, ursulines, visitandines,* etc.;

4º Les noms que désignent la dignité des souverains et des hauts personnages : *bey, calife, czar, dey, émir, pacha, schah, sultan,* etc.;

5º Les noms des fêtes païennes : *bacchanales, lupercales, saturnales,* etc.;

6º Les noms par lesquels on désigne les diverses espèces de divinités des eaux et des bois : *dryades, faunes, naïades, satyres, sirènes,* etc.;

7º Les noms des mois, *janvier, février,* etc.; les noms des jours, *lundi, mardi,* etc.; les noms des points cardinaux, *le nord, le midi,* etc.; mais ces derniers deviennent noms propres, et prennent par conséquent la majuscule, s'ils désignent certaine étendue, certaine partie du monde : *mer du Nord, Amérique du Sud, la guerre d'Orient, les échelles du Levant.*

Que l'*Orient* contre elle à l'*Occident* s'allie.

CORNEILLE.

DU TRAIT D'UNION.

441. Le trait d'union s'emploie :

1º Dans toutes les expressions composées dont l'usage veut qu'il unisse les parties composantes : *arc-en-ciel, vice-roi, chef-d'œuvre, un trois-mâts, contre-amiral, Très-Haut, Gustave-Adolphe, Marc-Aurèle, quelques-uns, nouveau-né, tout-puissant,* etc. Certaines de ces expressions, dont les parties étaient autrefois séparées, ne forment plus aujourd'hui qu'un seul mot. Tels sont : *porteballe, portechape, portefeuille, portefaix, portemanteau, portecrayon, marchepied, zigzag, aparté;*

2º Entre un verbe et les pronoms, *je, moi, nous, tu, toi, vous, il, ils, elles, le, la, les, lui, leur, y, en, on,* placés immédiatement après le verbe : *Parlerai-je? répondez-lui, allez-y, vient-on?* S'il y a deux pronoms, on met deux traits d'union : *Donnez-le-moi, transportez-vous-y*, *allons-nous-en*, *prêtez-les-lui*. Mais on écrit *faites lui parler*, *faites en prendre*, parce que *lui* et *en* sont ici compléments des verbes *parler* et *prendre* et non du verbe *faire*, alors ces phrases signifient : *Faites parler à lui, faites prendre de cela*;

3° Avant et après la lettre *t* euphonique : *Parle-t-il? va-t-elle?* On écrit *va-t'en*, et non *va-t-en*, parce que *t* n'est pas dans ce cas une lettre euphonique, mais un pronom mis pour *te* ou *toi*; ce qui le prouve, c'est qu'on dit au pluriel *allez-vous-en*;

4° Avant ou après *ci*, *là*, *ce*, accompagnant un substantif, un nom, une préposition ou un adverbe : *Celui-ci, celui-là, cet homme-là, cette femme-là, là-dessus, ci-dessus, ci-joint ci-inclus, ci-après, par-ci, par-là, là-haut, est-ce là que vous demeurez?* — Et dans la locution *oui-da*;

5° Entre *très* et l'adjectif ou l'adverbe suivant : *Très-bien, très-fort*, etc. Mais il ne faudrait pas de trait d'union dans cette phrase : *Il est très en colère*;

6° Pour lier *même* à un pronom personnel : *moi-même, lui-même, eux-mêmes*, etc.;

7° Entre les dizaines et les unités, quand celles-ci s'ajoutent aux premières : *Dix-neuf, trente-sept, deux cent vingt-quatre.* Il faut ajouter à cette règle le mot *quatre-vingts*, bien que *vingt* ne s'additionne pas avec *quatre*;

8° Entre deux prénoms appliqués à une seule personne ; *Paul-Louis Courier, Jean-Jacques Rousseau*, et entre certains noms propres dans le même cas, consacrés par l'usage : *Gay-Lussac, Prévost-Paradol*, etc.;

9° Entre les mots qui servent ensemble à nommer un département, une ville, une rue, etc. : *Pyrénées-Orientales, Lons-le-Saunier, Civita-Vecchia, Clermont-Ferrand*, rue des *Grands-Augustins*, etc.;

10° Après *non* suivi d'un substantif, d'un verbe ou de l'adverbe *seulement* : *non-valeur, non-recevoir, non-seulement*;

11° Après *quasi* suivi d'un substantif : *quasi-contrat, quasi-délit*.

NOTA. — Tous les mots français commençant par la préposition latine *ultra* s'écrivent en deux parties et prennent le trait d'union après cette préposition : *ultra-monarchique*, excepté *ultramontain*.

442. La préposition *extra* se joint généralement sans trait d'union au mot qui suit; il faut excepter *extra-muros* et quelques expressions exclusivement scientifiques.

En résumé : Règle générale, il faut le trait d'union dans les mots composés commençant par *arrière, demi, mi, quasi, sous, vice, très*; il faut le supprimer dans les mots commençant par *anti, archi, co, extra, juxta*.

DE L'APOSTROPHE.

443. En dehors de l'élision ordinaire, comme *l'oiseau, l'aiguille*, etc., pour *le oiseau, la aiguille*, etc., cas qui n'offre aucune difficulté orthographique, l'emploi ou la suppression de l'apostrophe dépend de certaines règles que nous allons donner. Les mots avec lesquels on fait usage de l'apostrophe sont :

1° *Lorsque, puisque, quoique*, mais seulement avant *il, elle, on, ils, elles, un, une : Lorsqu'un enfant désobéit ; quoiqu'on ait intérêt à ménager cet homme ; puisqu'il vous résiste.* Ainsi on écrira sans élision : *Lorsque Alexandre pénétra dans l'Asie ; Quoique Octave fût fils adoptif de César ; Puisque aucun de vous n'y consent.*

2° *Entre* formant un substantif ou un verbe composé avec le substantif ou le verbe auquel il s'unit et qui commence par une voyelle : *entr'acte, s'entr'aider.* Dans tous les autres cas, *entre* s'écrit sans élision : *Entre eux, entre elles, entre autres, entre onze heures et midi.*

3° *Presque*, seulement dans le substantif composé *presqu'île.* Ainsi on doit écrire : *Presque usé, presque achevé, presque en même temps*, etc.

4° *Quelque*, uniquement devant *un, une : Quelqu'un, quelqu'une.* Il faut donc écrire sans élision *quelque autre, quelque argent, quelque endroit*, etc.

5° *Grande*, dans *grand'mère, grand'tante, grand'chambre, grand'salle, grand'chose, grand'croix, à grand'peine, grand'peur, grand'route, grand'pitié, grand'merci, grand'messe, grand'chère, grand'faim, grand'rue, grand'vergue, grand'voile*, mais seulement dans le sens familier pour lequel l'usage a consacré ces locutions ; car on peut dire aussi : *Une grande chose, une grande croix, une grande peine, une grande salle*, etc.

6° *Si*, seulement devant *il, ils : S'il vient, s'ils viennent.*

7° *Jusque* devant un mot commençant par une voyelle : *Jusqu'à Paris, jusqu'ici, jusqu'alors.* Quelquefois cependant une raison de consonnance s'oppose à l'élision : dans ce cas, on termine *jusque* par un *s : Jusques à quand.* Il en est souvent ainsi dans le style poétique :

> Sion, *jusques* au ciel autrefois élevée...
>
>   RACINE.

444. L'*e* muet de *contre* ne s'élide dans aucun cas, même dans les mots composés : *Contre-attaque, contre-épreuve, contre-ordre*, et non *contr'attaque, contr'épreuve, contr'ordre.*

445. L'élision n'a pas lieu devant certains mots commençant par une voyelle. Ainsi l'on dit : *Le onze, la onzième, la ouate, le oui, le uhlan, le yacht, le yatagan, la yole, le yucca.*

446. On écrit avec l'apostrophe *va-t'en, procure-t'en,* etc., parce que le *t* n'est autre chose que le pronom *te* dont l'*e* est supprimé. Mais ce serait une faute d'écrire *viendra-t'il, parle-t'on,* parce que le *t* n'est pas ici pronom ; ce n'est qu'une lettre euphonique. Il faut *viendra-t-il, parle-t-on.*

447. Quelques personnes écrivent sans apostrophe *aujourd'hui, prud'homme, prud'homie;* mais l'Académie n'a pas encore sanctionné cette orthographe.

448. En général, l'élision n'a pas lieu devant le mot *Henri;* on trouve cet exemple dans le dictionnaire de l'Académie : « Ventre-saint-gris *était le juron de Henri IV.* » Toutefois cette règle n'a rien d'absolu, et elle souffre quelques exceptions, surtout dans le langage familier. Ainsi une mère dira en parlant à son enfant : *Mon Henri, mon petit Henri,* en faisant sonner les consonnes *n* et *t.* On peut donc conclure que, dans ces cas, l'élision peut être permise.

DES LOCUTIONS VICIEUSES.

449. La PURETÉ du langage consiste à n'employer que les locutions, les tournures et les mots autorisés par les règles ou du moins par l'usage.

450. Les fautes contre la pureté du langage sont le BARBARISME et le SOLÉCISME.

451. On fait un *barbarisme :*

1º Quand on se sert de mots forgés ou altérés : *Un visage* RÉBARBARATIF, pour RÉBARBATIF; *Ils* RÉDUIRENT, pour *ils* RÉDUISIRENT.

2º Quand on donne aux mots un sens différent de celui qu'ils ont reçu de l'usage : *Il* A RECOUVERT *la vue,* pour *il* A RECOUVRÉ *la vue.*

452. Le SOLÉCISME est une faute contre la syntaxe : *Je m'*EN *rappelle; Pardonnez vos ennemis; Donnez-*MOI-LE; *Je voudrais qu'il* VIENNE *me voir; C'est moi qui* A *fait cela; C'est à lui* A *qui je veux parler,* etc., sont autant de solécismes.

Nous allons mettre en regard deux colonnes, dont l'une contiendra les mauvaises locutions, et l'autre celles qu'il faut employer à leur place.

NE DITES PAS :	DITES :
Acabit (poire d'une bonne)	D'un bon acabit.
Aéromètre (pèse-liqueur).	Aréomètre.
Agir avec quelqu'un (en bien, en mal).	Bien agir, mal agir avec quelqu'un.

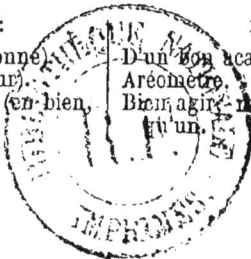

NE DITES PAS :	DITES :
Agoniser d'injures, de sottises.	Accabler, agonir d'injures.
Aigledon, aigredon.	Édredon.
Airé (un lieu bien).	Aéré (un lieu bien).
Amicablement.	Amicalement.
Angola (chat):	Chat angora.
Apparution.	Apparition.
Apprentisse, apprentive (une).	Une apprentie.
Après écrire, lire, etc. (être).	Être à écrire, à lire, etc.
Après la porte (la clef est).	La clef est à la porte.
Aréolithe.	Aérolithe.
Aréonaute.	Aéronaute.
Aréostat.	Aérostat.
Bailler aux corneilles.	Bayer aux corneilles.
Bonne heure (à).	De bonne heure.
Boulvari.	Hourvari.
Brouine, brouillasse (il).	Il bruine.
Cacaphonie.	Cacophonie.
Cambuis.	Cambouis.
Caneçon (un).	Un caleçon.
Castonnade.	Cassonade.
Casuel (le verre ou le cristal est).	Cassant ou fragile.
Cataclysse.	Cataclysme.
Célébrale (congestion).	Cérébrale.
Centaure (une voix de).	Une voix de Stentor.
Changer (se) en parlant de vêtements.	Changer de vêtements.
Chipoteur, chipoteuse.	Chipotier, chipotière.
Chrusocale.	Chrysocale.
Colidor (un long).	Un long corridor.
Comme de juste.	Comme il est juste.
Comparition.	Comparution.
Compte de partir (je).	Je compte partir.
Confusionnez (vous me).	Vous me couvrez de confusion.
Conséquente (affaire).	Affaire importante.
Contrévention.	Contravention.
Corporence.	Corpulence.
Coûte qui coûte.	Coûte que coûte.
Coutumace.	Contumace.
Couvé, gâté, qui a été couvé (œuf).	Œuf couvi.
Crainte qu'il ne vienne.	De crainte qu'il ne vienne.
Crasane (poire de).	Poire de crassane ou de crésane.
Cresson à la noix.	Cresson alénois.
Croche-pied (aller à).	Aller à cloche-pied.
Curer la vaisselle, un chaudron.	Écurer la vaisselle, un chaudron.
Darte au visage (une).	Une dartre.
Décesse de pleurer (cet enfant ne)	Cet enfant ne cesse de pleurer.
Définitif (en).	En définitive.
Demande excuse (je vous).	Je vous présente mes excuses.
Dépersuader.	Dissuader.
Dernier adieu.	Denier à Dieu.
Désagrafer un manteau.	Dégrafer un manteau.
Deviens (j'en).	J'en viens.
Dinde rôti (un).	Une dinde rôtie.
Disparution.	Disparition.

NE DITES PAS :	DITES :
Donnez moi-z-en.	Donnez-m'en.
Echauffourée (une).	Une échauffourée.
Echarpe au doigt (une).	Une écharde.
Elexir (c'est un).	C'est un élixir.
Embarras (faire ses).	Faire l'important.
Embrouillamini.	Brouillamini.
En est fait de moi (c').	C'est fait de moi.
Enflammation (une).	Une inflammation.
Errhes (donner des).	Donner des arrhes.
Espadron, large épée.	Espadon.
Esquilancie.	Esquinancie.
Evitez-moi cet ennui.	Épargnez-moi cet ennui.
Face le château (en).	En face du château.
Farce (un homme).	Un farceur.
Filigramme, objet d'orfévrerie.	Filigrane.
Flanquette (à la bonne).	A la bonne franquette.
Fortuné (un homme).	Un homme riche.
Franchipane, franchipale.	Frangipane.
Fur et mesure (au), à *fur* et à mesure.	Au fur et à mesure, à fur et mesure.
Geai (noir comme).	Noir comme jais, comme du jais.
Géane, femme très-grande.	Géante.
Gisier ou *gigier.*	Gésier.
Gradé de l'Université.	Gradué.
Guère (il ne s'en est fallu de).	Il ne s'en est guère fallu.
Hustuberlu.	Hurluberlu.
Ici (en ce moment).	En ce moment-ci.
Invectiver quelqu'un.	Invectiver contre quelqu'un.
Jouir d'une mauvaise santé, d'une mauvaise réputation.	Avoir une mauvaise santé, une mauvaise réputation.
Laideronne (une petite).	Une petite laideron.
Lévier (un) ou un *lavier.*	Un évier.
Lierre (pierre de).	Pierre de liais.
Linceuil.	Linceul.
Mairerie.	Mairie.
Maline (elle est bien).	Elle est bien maligne.
Matéraux.	Matériaux.
Mégard (par).	Par mégarde.
Mésentendu (un).	Un malentendu.
Midi précise.	Midi précis.
Midi (vers ou sur les).	Vers ou sur le midi.
Messi, ou *misser Jean* (poire de).	Poire de messire Jean.
Moriginer.	Morigéner.
Nantille.	Lentille.
Outre de cela.	Outre cela.
Palfermier (un).	Un palefrenier.
Pantomine.	Pantomime.
Pariure (une).	Un pari, une gageure.
Perclue d'un bras (une femme).	Une femme percluse...
Plurésie.	Pleurésie.
Pointilleur.	Pointilleux.
Poturon.	Potiron.
Poumonique.	Pulmonique.
Promener (allons).	Allons nous promener.

NE DITES PAS :	DITES :
Aiguiser ou aiguiser de nouveau.	*Raiguiser.*
Rancuneux.	Rancunier.
Rappeler d'une chose (se), s'en rappeler.	Se rappeler une chose, se la rappeler.
Rapport à vous (je me tairai).	A cause de vous.
Rébarbaratif.	Rébarbatif.
*Rebiff*ade.	Rebuffade.
Rebours (à la).	A rebours, au rebours.
Récipissé (un).	Un récépissé.
Recouvrir la santé.	Recouvrer la santé.
Rémémorier.	Remémorer.
Rémouler.	Rémoudre ou émoudre.
Revange.	Revanche.
Revoir (à), sorte de salutation.	Au revoir.
Rimoulade.	Rémoulade ou rémolade.
Ruelle de veau.	Rouelle de veau.
Saigner au nez.	Saigner du nez.
Secoupe (une).	Une soucoupe.
Semouille.	Semoule.
Siau d'eau (un).	Un seau d'eau.
Si 'tellement... (Il est).	Il est tellement....
Sors d'être malade (je).	Je viens d'être malade.
Soupoudrer.	Saupoudrer.
Sucrez-vous (voici votre café ;).	Voici votre café ; sucrez-le.
Suplice (église Saint-).	Église Saint-Sulpice.
Sur le journal (j'ai lu).	J'ai lu dans le journal.
Tant pire.	Tant pis.
Téte d'oreiller.	Taie d'oreiller.
Tonton (tourner comme un).	Tourner comme un toton.
Tout (une fois pour).	Une fois pour toutes.
Trayage, trayer, treiller.	Triage, trier.
Trémontade (perdre la).	Perdre la tramontane.
Trénière, ou *première* (rose).	Rose trémière.
Très faim, *très* soif (j'ai).	J'ai bien faim, bien soif.
Trésoriser.	Thésauriser.
Trichard.	Tricheur.
Un quelqu'un, *un* chacun.	Quelqu'un, chacun.
Usage (cette étoffe est d'un bon).	Est d'un bon user.
Vagistas (un).	Un vasistas.
Vermichelle.	Vermicelle.
Vessicatoire, visicatoire (un).	Un vésicatoire.
Vient (la semaine, le mois qui).	La semaine prochaine, etc.
Volte aux cartes (faire la).	Faire la vole.

Nous allons compléter cette liste par une série d'exemples présentant des pléonasmes vicieux, et nous mettrons en petites capitales les mots qui, complétement inutiles pour le sens, doivent être retranchés :

Quand on s'est tant avancé, on ne peut plus reculer EN ARRIÈRE.

Avancer EN AVANT.

Vos raisons sont ASSEZ suffisantes.

Ce livre est rempli de BEAUCOUP de citations.

Les travaux de cet homme illustre reculèrent les bornes ET LES LIMITES de la science.

Un BRILLANT éclat. (Il faut dire un *grand* éclat.)

La compagnie comptait deux cents hommes, dont il n'y en eut pas un seul de blessé.

Descendre EN BAS.

Monter EN HAUT.

Un cadavre INANIMÉ.

Il fut contraint MALGRÉ LUI d'obéir.

Une tempête ORAGEUSE.

Cet entretien se termina par des plaintes réciproques DE PART ET D'AUTRE.

Montrez-moi d'abord la marchandise, puis ENSUITE nous discuterons le prix.

Je n'affirme pas que la chose soit vraie, je ne fais SEULEMENT que répéter ce qu'on dit.

Ne dites rien ET TAISEZ-VOUS.

On conçoit qu'il serait facile de multiplier ces exemples; mais ceux-là suffisent pour faire reconnaître facilement tous les pléonasmes vicieux qui peuvent se rencontrer dans le discours.

DES SYNONYMES.

453. On appelle synonymes des mots différents de forme qui ont à peu près la même signification. Tels sont : *Indolent, négligent, nonchalant, paresseux — Filou, fripon, larron, voleur — Aïeux, ancêtres, pères — S'amuser, se divertir,* etc. Mais ce n'est pas de ces sortes de synonymes qu'il va être question. Ces synonymes sont purement littéraires, et ils relèvent de la rhétorique plutôt que de la grammaire. Nous allons parler des synonymes dits *syntaxiques,* et, par ce mot, nous entendons ceux qui ont trait à une règle de syntaxe, comme *prêt à, près de; autour, alentour; commencer à, commencer de,* etc., etc.

A — OU (placés entre deux nombres).

454. A, placé entre deux nombres, laisse supposer une quantité intermédiaire, soit entière, soit fractionnaire : *Vingt* à *trente* personnes (c'est peut-être vingt-deux, vingt-cinq, etc.). *Cinq* à *six kilomètres* (c'est peut-être cinq kilomètres et demi, deux tiers, trois quarts, etc.).

Ou s'emploie dans le même cas quand le sens indique que, si ce n'est pas le premier nombre, c'est nécessairement ou vraisemblablement le second, sans que l'esprit doive s'arrêter sur une quantité intermédiaire : *Cinq* ou *six personnes. Un pain de deux* ou *de quatre livres.*

ABAISSER — BAISSER.

455. Baisser se dit des choses qu'on place plus bas, et s'emploie au propre : *On* baisse *les yeux.*

Abaisser se dit des choses faites pour en couvrir d'autres, mais qui, étant relevées, les laissent à découvert : *On* abaisse *les paupières.*

Dans le sens de *humilier,* ou de *se mettre à la portée de quelqu'un,* c'est-à-dire au figuré, on fait toujours usage de *abaisser.*

ACOMPTE — A-COMPTE.

456. Acompte, en un seul mot, est substantif et suit la règle générale du pluriel : *Un* acompte, *des* acomptes.

A-compte s'écrit en deux mots et prend un trait d'union quand il remplit la fonction d'adverbe, c'est-à-dire quand il modifie un verbe ou un participe exprimé ou sous-entendu : *Il a donné deux cents francs* à-compte, c'est-à-dire versés *à-compte.* L'Académie n'a pas encore adopté cette distinction. Quand elle considère *à compte* comme adverbe, elle l'écrit sans trait d'union : *Il a donné mille francs* à compte. Quand elle y voit un substantif, elle met un trait d'union et fait *à-compte* invariable : *Je lui ai donné deux* à-compte. L'Académie ne saurait manquer, dans sa nouvelle édition, d'adopter la distinction que nous avons indiquée, distinction qui est aujourd'hui la seule orthographe rationnelle et la seule en usage.

AIDER QUELQU'UN — AIDER À QUELQU'UN.

457. Aider quelqu'un, c'est lui donner plus ou moins de secours, lui prêter plus ou moins d'assistance, le seconder, le servir d'une manière générale et indéterminée : Aider *quelqu'un de son bien, de son crédit.* Aider *les pauvres. Je l'ai* aidé *toutes les fois qu'il a eu recours à moi.* (Acad.)

Aider à quelqu'un, c'est lui prêter une assistance momentanée pour un objet déterminé, et le plus souvent pour un travail qui demande des efforts physiques : Aidez à *cet homme qui plie sous la charge qu'il porte.* Aidez-*lui à soulever ce fardeau.* (Acad.)

AIMER — AIMER À.

458. Aimer, dans le sens de *trouver bon, avoir pour agréable,* a pour complément direct une proposition dont le verbe est au subjonctif précédé de la conjonction *que :* Aimez *qu'on vous conseille.*

Aimer, signifiant *prendre plaisir à,* veut l'infinitif qui lui sert de complément direct précédé de la préposition *à : Il* aime à *jouer; à chasser; à se promener.* (Acad.) *J'*aime *à voir aux lapins cette chair molle et blanche.* (Boileau.) à, dans ces sortes de phrases, est une préposition *explétive.*

Aimer mieux ne veut aucune préposition : *J'*AIME MIEUX *parler aujourd'hui que demain.* Cependant, s'il y a une comparaison exprimée par deux infinitifs, il est d'usage de mettre *de* avant le second : *Il* AIME MIEUX *contredire que* DE *se ranger au sentiment d'autrui.*

ALENTOUR — AUTOUR.

459. ALENTOUR est adverbe et ne peut jamais être suivi de la préposition *de*; il s'emploie sans complément :

Les plaisirs nonchalants folâtrent *alentour.*

BOILEAU.

AUTOUR, suivi de la préposition *de*, forme une locution prépositive et appelle un complément : *Tourner* AUTOUR *d'une table.*

ALENTOUR s'emploie quelquefois substantivement, et alors il peut être suivi de la préposition *de* et d'un complément : *Les* ALENTOURS *d'un champ, d'une ville.*

ALLER — ÊTRE.

460. ÊTRE s'emploie souvent pour *aller*, mais seulement aux temps composés et avec une différence de sens : *Il* EST ALLÉ *à la promenade* suppose que la personne dont on parle est encore à la promenade : *Il* A ÉTÉ *à la promenade* signifie qu'elle en est revenue.

Ne dites pas *je* FUS *la semaine dernière à la campagne*, mais j'ALLAI, puisque le passé défini est un temps simple.

ANOBLIR — ENNOBLIR.

461. On pourrait d'abord dire que *anoblir* ne peut avoir pour complément direct qu'un nom de personne ou un nom de race, de famille, tandis que *ennoblir* a presque toujours pour complément un nom de chose. Mais on distingue plus exactement ces deux verbes en faisant remarquer que *anoblir* exprime une noblesse de convention, provenant tout simplement de la volonté, souvent des caprices du prince, qui place arbitrairement ses sujets dans telle ou telle classe; et que *ennoblir* marque une noblesse réelle, intrinsèque, d'une valeur toute morale : *Ces sentiments vous* ENNOBLISSENT *à mes yeux*, c'est-à-dire augmentent ou relèvent votre valeur morale. *Les princes ont souvent* ANOBLI *des hommes qui n'avaient d'autre mérite que de pouvoir payer chèrement des lettres de noblesse.*

APPLAUDIR — APPLAUDIR A.

462. APPLAUDIR, c'est faire l'action physique marquée par ce verbe, c'est-à-dire *battre des mains en signe d'approbation* : *J'étais hier au spectacle, on* A *beaucoup* APPLAUDI. (ACAD.)

APPLAUDIR À, c'est, au figuré, *adhérer à, donner son assentiment à* : *Toute l'assemblée* APPLAUDIT à *une proposition si juste.* J'APPLAUDISSAIS *à votre conduite.* (ACAD.)

A TERRE — PAR TERRE.

463. Plusieurs grammairiens ont dit que *par terre* s'emploie quand on parle de choses qui, avant la chute, touchaient déjà la terre, et que *à terre* convient pour les choses qui n'y touchaient pas. Mais cette distinction n'est point admise par l'Académie ni par l'usage des écrivains; la seule qui paraisse résulter de la forme même des locutions, c'est que *à terre* marque simplement la position sur la terre, et que *par terre* marque de plus une idée de dispersion, de fracture : *Un brouillard est un nuage resté* à TERRE. *La carafe s'est cassée en tombant* PAR TERRE.

A TRAVERS — AU TRAVERS DE.

464. Au point de vue purement grammatical, à TRAVERS et AU TRAVERS diffèrent l'un de l'autre en ce que le premier rejette la préposition *de*, tandis que le second l'exige : à TRAVERS *les champs*, AU TRAVERS *des champs*. Si pourtant la préposition *de* servait à marquer le sens partitif, elle pourrait se placer après *à travers* ; ainsi on dirait bien à TRAVERS DES *corps mous*, pour signifier *à travers plusieurs* ou *quelques corps mous*. Au point de vue du sens, ces deux locutions diffèrent en ce que *au travers* semble indiquer un plus grand effort pour passer, une plus grande résistance du milieu : le fil passe sans effort *à travers* l'aiguille, parce que celle-ci est percée d'avance; un boulet ne peut passer *au travers* d'un mur, qu'en le brisant et en faisant voler au loin les pierres.

ATTEINDRE UNE CHOSE — ATTEINDRE A UNE CHOSE.

465. Quand *atteindre* est employé comme verbe actif ou transitif, il ne suppose qu'une somme modérée de travail et de peine, un effort en quelque sorte naturel et qui se fait de soi-même. Quand le même verbe devient neutre, il marque plus de difficulté vaincue, un effort plus concentré. Ainsi, la tige d'un arbre *atteint* telle ou telle hauteur par l'effet du temps et de la force végétative, qui est une force naturelle; mais un enfant est obligé de se dresser sur la pointe des pieds pour *atteindre aux* épaules de son père. Il faut ajouter à cela que *atteindre* est toujours actif quand il veut dire saisir, prendre un objet situé à une certaine distance, à une certaine hauteur, ou rejoindre la personne qui était à une certaine distance devant nous, dans le sens matériel de chemin.

AU MOINS — DU MOINS.

466. AU MOINS s'emploie pour restreindre ce qui vient d'être dit et pour annoncer qu'on va exprimer la moindre limite qui doive être admise, mais en restant toujours dans le même ordre d'idées et sans renoncer à ce qui a été dit d'abord : *Je voudrais que l'instruction fût à la portée de tout le monde*, AU MOINS *je voudrais que tous sussent lire et écrire. Cet homme sera général ou* AU MOINS *colonel.* DU MOINS annonce que l'on passe d'une idée à une autre, parce que celle qui a été exprimée la première pourrait bien être fausse : *La liberté politique consiste dans la sûreté, ou* DU MOINS *dans l'opinion que l'on a de sa sûreté. S'il n'est pas parvenu au grade de général, il est* DU MOINS *colonel.* Cette distinction est subtile.

AUPRÈS DE — AU PRIX DE.

467. Autrefois, on pouvait exprimer indifféremment une idée de comparaison unie à celle de rapport par les trois locutions *près de, auprès de, au prix de.* Aujourd'hui, les deux dernières sont seules employées dans ce sens. *Auprès de* sert à marquer la différence en général, un rapport physique, au propre ou au figuré. *Sa vieillesse paraissait flétrie* AUPRÈS DE *celle de Mentor.* (FÉNE-LON.) *Tous les ouvrages de l'homme sont vils et grossiers* AUPRÈS DU *moindre ouvrage de la nature.* (MARMONTEL.)

> *Auprès du* diadème, il n'est rien qui vous touche.

AU PRIX DE s'emploie pour exprimer la différence quant au mérite, à la valeur ; c'est un rapport métaphysique et moral : *L'intérêt n'est rien* AU PRIX *du devoir.* (MARMONTEL.)

AUPRÈS DE — PRÈS DE.

468. Ces deux locutions expriment également une idée de proximité, de voisinage : *Être logé* PRÈS DE *l'église. S'asseoir* PRÈS DE *quelqu'un. Sa maison est* AUPRÈS DE *la mienne. La rivière passe* AUPRÈS DE *cette ville.* Mais, en parlant du séjour, de la présence habituelle d'une personne auprès d'une autre, c'est AUPRÈS DE qu'il faut employer : *Cette jeune personne a vécu* AUPRÈS DE *ses parents. Ce malade a* AUPRÈS DE *lui un médecin très-habile.*

Dans le langage familier, la préposition *de,* dans PRÈS DE, se supprime souvent : *Il demeure* PRÈS *la porte Saint-Antoine ;* mais cette suppression est formellement interdite par tous les grammairiens, bien qu'elle soit tolérée, plutôt qu'admise, par l'Académie. — La préposition *de* se supprime toujours dans cette phrase et dans ses analogues : *Ambassadeur du gouvernement français près le Saint-Siège.* (ACAD.) AUPRÈS DE ne subit jamais d'abréviation.

AU RESTE — DU RESTE.

469. La différence entre ces deux locutions est tellement fine

qu'on les emploie souvent l'une pour l'autre ; cependant on peut
dire que *au reste* marque le passage à quelque chose qui com-
plétera ce qui précède et qui ne sera pas d'une autre nature, tandis que *du reste* semble annoncer que ce qui va suivre tranchera
avec ce qui précède.

AVANT — AUPARAVANT.

470. AUPARAVANT, toujours adverbe, ne peut être suivi ni de la
conjonction *que* ni d'un substantif complément.

AVANT est aussi quelquefois adverbe ; mais il est plus souvent
préposition, et il peut seul être suivi de *que* ou d'un substantif
complément : *Je partirai* AVANT *vous*, et non *auparavant vous*.
Je voudrais le voir AVANT *qu'il parte*, et non *auparavant qu'il
parte*.

AVANT — DEVANT.

471. AVANT exprime une idée d'antériorité, et se rapporte au
temps et au lieu : *Je suis venu au monde* AVANT *vous*. Il exprime
aussi une idée de préférence : *Il faut toujours mettre la santé*
AVANT *toute chose*.

DEVANT sert surtout à caractériser la position, la place d'une
chose par rapport à une autre, et marque une antériorité immédiate : *Le berger marche* DEVANT *le troupeau. Il ne faut pas mettre
la charrue* DEVANT *les bœufs*. Cependant il se présente un cas où
l'emploi de *avant* et *devant* devient embarrassant. Doit-on dire :
L'article se place toujours AVANT *ou* DEVANT *le substantif?* Devant
est préférable quand il s'agit d'une circonstance déterminée et
très-précise : *Il faut mettre un article* DEVANT CE *substantif*, parce
qu'il s'agit ici d'un substantif déterminé. Mais on dirait indifféremment : *L'article se place toujours* AVANT *ou* DEVANT *le substantif*.

AVOIR AFFAIRE À — AVOIR AFFAIRE AVEC.

472. On emploie toujours *à*, dans cette sorte de locution, quand
la personne dont le nom vient après est d'un rang très-supérieur
ou très-inférieur, et qu'il s'agit d'en obtenir une faveur quelconque
ou de lui imposer un ordre, de lui infliger une peine : *Il vaut
mieux* AVOIR AFFAIRE À *Dieu qu'à ses saints*. Mais cela ne suffit pas
pour établir la vraie différence entre les prépositions *à* et *avec*
dans ces locutions, car la première peut quelquefois s'employer
devant le nom d'un égal. Cette différence consiste en réalité en
ce que *avec* suppose quelque chose de commun entre les personnes ; il leur importe à l'une et à l'autre de se voir, de régler
ensemble un point qui les intéresse ; tandis que *à* marque un
rapport simple, un besoin qui n'est senti que d'un seul côté :
un créancier peut *avoir affaire avec* son débiteur, un fabricant

avec son associé; mais, dans la vie, on *a* quelquefois *affaire à* des gens qui ont des manies bizarres, et même *à* des inconnus.

BEAUCOUP — DE BEAUCOUP.

473. Devant un comparatif, on peut mettre *beaucoup* ou *de beau-coup : Vous êtes* BEAUCOUP *plus savant que lui*, ou DE BEAUCOUP *plus savant que lui;* mais après l'expression comparative, on met toujours DE BEAUCOUP. *Il est plus riche que moi* DE BEAUCOUP. *Cela me semble préférable* DE BEAUCOUP.

On dit également bien : *Il s'en faut* BEAUCOUP et *Il s'en faut* DE BEAUCOUP. Cependant DE BEAUCOUP doit être préféré quand il s'agit d'une différence qui peut s'évaluer en nombre : *Il s'en faut* DE BEAUCOUP *que la somme y soit.*

CE QUI — CE QU'IL (suivis du verbe *plaire*).

474. Si le verbe *plaire*, placé après l'une de ces locutions, doit exprimer une idée de volonté, d'injonction formelle, ou même de demande, il faut lui donner la forme impersonnelle, et, pour cela, employer *ce qu'il : Il en arrivera* CE QU'IL *plaira à Dieu. Je ferai* CE QU'IL *vous plaira* (sous-entendu *d'ordonner*). Si ce même verbe doit simplement exprimer l'idée d'être agréable, il faut mettre *ce qui : Je ferai* CE QUI *vous plaira*, ce qui vous sera agréable.

C'EST A VOUS A — C'EST A VOUS DE.

475. C'EST À VOUS À indique une convenance générale, absolue, essentielle, un devoir, une attribution légale ou naturelle : *C'est au père à commander, et au fils à obéir. C'est aux femmes à décider des modes. C'est aux savants et aux docteurs à produire leurs pensées et à s'expliquer.* (BOURDALOUE.) *C'est au conquérant à réparer une partie des maux qu'il a faits.* (MONTESQUIEU.)

C'EST À VOUS DE se dit d'une manière relative et signifie : c'est à votre tour à, c'est votre droit par suite d'une condition arrêtée : *C'est à vous* DE *jouer.*

Ainsi on dirait : *C'est* A VOUS DE *parler*, dans une circonstance où la conversation étant considérée comme un jeu, chacun jette une parole comme on jette une carte à son tour ; et *C'est à vous* A *parler*, si, la conversation ayant trait à une question scientifique, philosophique, littéraire, etc., on invitait une personne compétente à prendre la parole.

Ajoutons toutefois que cette question est controversée. L'Académie, comme toujours, loin de se déclarer, donne des exemples contradictoires. C'est dans ces sortes de difficultés qu'il serait surtout à désirer qu'il y eût une règle, une loi ; et à qui mieux qu'à l'Académie aurait-on le droit de dire : *C'est à vous* à ou DE *légiférer?*

COLORER — COLORIER.

476. COLORER veut dire donner de la couleur : *Le soleil* COLORE *les fruits. Un vif incarnat* COLORAIT *son visage.*

Il s'emploie aussi au figuré pour signifier Donner une apparence trompeuse : *Il sut trouver de belles paroles pour* COLORER *ses injustices.*

COLORIER signifie appliquer des couleurs sur une estampe, sur une toile, etc. : *Les enlumineuses* COLORIENT *des estampes. Ce peintre* COLORIE *mieux qu'il ne dessine.*

COMMENCER A — COMMENCER DE.

477. On peut d'abord remarquer que, de ces deux manières de parler, COMMENCER à est la plus usitée. C'est toujours *à* qu'il faut employer quand on parle de quelque chose qui doit s'accroître, qui est susceptible de progrès : *Cet enfant* COMMENCE À *parler.* COMMENCEZ-*vous* à *comprendre?* On ne peut employer *de* que lorsqu'il s'agit d'une action qui doit continuer peu de temps, sans différence sensible dans le degré : *Aussitôt que l'orateur* COMMENÇA DE *parler...*

COMPARER A — COMPARER AVEC.

478. COMPARER une chose à une autre, c'est simplement remarquer une certaine analogie, sans prétendre mesurer avec exactitude le degré de ressemblance, et sans donner à entendre qu'il faut revenir de la seconde chose à la première pour continuer la comparaison : *Les poètes* COMPARENT *souvent le héros* AU *lion. On* COMPARE *les conquérants* à *des torrents impétueux.* Au contraire, COMPARER AVEC marque une étude approfondie des ressemblances ou des différences qui signalent deux objets, et le retour plusieurs fois renouvelé de l'un à l'autre : *Les professeurs de littérature* ONT *souvent* COMPARÉ *Corneille* AVEC *Racine.* On doit encore se servir de AVEC quand les objets de la comparaison sont de nature différente : COMPARER *le vice* AVEC *la vertu.*

CONSOMMER — CONSUMER.

479. CONSOMMER signifie *accomplir, parfaire : Dieu* CONSOMMA *en six jours l'ouvrage de la création. Cet événement* CONSOMMA *sa ruine. Jésus-Christ* CONSOMMA *son sacrifice sur la croix.*

CONSUMER se dit proprement du feu, et, par analogie, du temps, du mal, etc. : *Le feu* CONSUMA *cet édifice en moins de deux heures. Le temps* CONSUME *toute chose. La rouille* CONSUME *le fer. Les chagrins le* CONSUMENT.

Voilà deux sens parfaitement déterminés; mais il se présente un cas où *consommer* et *consumer* paraissent se confondre; c'est quand l'un et l'autre expriment une idée de destruction; alors *consommer* suppose un emploi utile, tandis que *consumer* marque quelque chose de fâcheux et implique une perte sans compensation : *On* CONSOMME *des denrées pour l'alimentation des hommes et des animaux. Une lampe* CONSOMME *de l'huile.* — *Le feu* A CONSUMÉ *plusieurs maisons. J'*AI CONSUMÉ *tout mon temps dans ces vaines recherches.*

Les deux exemples suivants, de Buffon, font parfaitement ressortir cette distinction : *Par tel procédé, on* CONSOMME *peu de charbon pour fondre le fer.* — *Cet incendie souterrain n'a pas d'effet violent, et n'est nuisible que par la perte du charbon qu'il* CONSUME.

CONTINUER A — CONTINUER DE.

480. CONTINUER à signifie faire ce qu'on a commencé, c'est-à-dire une série, un genre d'actions qui n'a pas de bornes, pas de terme, qui ne finira pas ou n'est pas considéré comme devant finir : CONTINUEZ à *remplir votre belle âme de toutes les vertus et de tous les arts.* (VOLTAIRE.) *Si vous voulez que je* CONTINUE à *vous écrire, ne montrez plus mes lettres à personne.* (J.-J. ROUSSEAU.)

CONTINUER DE signifie également faire ce qu'on avait commencé, mais en parlant d'une action unique, d'une tâche, d'une entreprise : *Quand je pense combien je suis coupable, la plume me tombe des mains, et je n'ai plus la force de* CONTINUER D'*écrire ma lettre.* (RACINE.)

Ajoutons quelques mots d'explication qui achèveront de déterminer ces deux sens : *On* CONTINUE à *jouer* tant qu'on est adonné à la passion du jeu; *on* CONTINUE DE *jouer* tant qu'on reste au jeu. CONTINUER à *jouer,* c'est ne pas quitter l'habitude du jeu; CONTINUER DE *jouer,* c'est ne pas abandonner une partie commencée.

CONTRAINDRE A — CONTRAINDRE DE.

481. On emploie CONTRAINDRE à quand il s'agit d'une obligation ayant quelque chose de désagréable ou d'éloigné : *Tâchez de* CONTRAINDRE *vos ennemis* à *vous aimer.* (Boss.)

CONTRAINDRE DE se dit quand il faut agir à l'instant même et faire telle ou telle action bien déterminée : *J'*AI ÉTÉ CONTRAINT DE *m'enfuir.*

La même distinction s'applique aux verbes *forcer* et *obliger.*

Disons toutefois qu'après ces trois verbes l'Académie met indifféremment à ou DE.

CROIRE QUELQU'UN ou QUELQUE CHOSE
CROIRE A QUELQU'UN ou A QUELQUE CHOSE.
CROIRE EN QUELQU'UN ou EN QUELQUE CHOSE.

482. Comme verbe actif, CROIRE marque une croyance entière : *Je vous* CROIS. CROIRE *les médecins. Les catholiques* CROIENT *tout ce que l'Eglise enseigne.*

CROIRE À marque une croyance moins ferme, moins directe, qui n'est quelquefois qu'une simple adhésion : *Je* CROIS À *ce que vous dites. Il y a encore des gens qui* CROIENT À *la magie.*

CROIRE EN exprime non-seulement une croyance complète, mais encore une croyance absolue par rapport à l'avenir : *Celui qui* CROIT EN *Dieu ne s'inquiète guère des maux de la terre.*

DE ou À entre deux noms.

483. La préposition DE entre deux noms peut marquer un rapport de possession, d'appartenance : *Le livre* DE *Pierre. La maison* DE *mon frère.*

La préposition À ne saurait être employée dans ce sens. C'est donc une faute de dire : *La fille, le pré, le cheval,* etc., *à un tel.*

L'Académie admet cependant la locution populaire : *La barque* À *Caron.*

DE — PAR.

484. Il n'est pas indifférent d'employer DE ou PAR après un verbe passif : DE est moins précis que PAR et doit être préféré toutes les fois que le complément du verbe passif est considéré comme obéissant à une impulsion toute spontanée, à une sorte d'habitude acquise, surtout quand la phrase elle-même est d'un usage très-fréquent et qu'elle est en quelque sorte faite d'avance : *Un homme obligeant est aimé* DE *tout le monde. Un prince marche accompagné* DE *ses gardes.*

Au contraire, il faut employer *par* quand l'être désigné comme complément est considéré comme faisant une action toute spéciale, en y employant l'effort de sa volonté ou au moins en mettant en jeu son activité propre et par rapport à un but déterminé : *Elle fut aimée* PAR *un jeune homme riche, qui finit par l'épouser. Je ne puis faire un pas au dehors sans être suivi* PAR *cet homme. Le Collége de France fut fondé* PAR *François I*er.

On trouve des différences analogues entre certaines locutions adverbiales où l'on emploie tantôt DE, tantôt PAR : *de force* suppose une contrainte ayant quelque chose de général et d'indéterminé; *par force* annonce une contrainte plus violente ou plus déterminée. *D'avance* marque simplement l'anticipation; *par avance* marque une anticipation résultant d'un dessein prémédité, etc.

DEDANS, DEHORS, DESSUS, DESSOUS.
DANS, HORS DE, SUR, SOUS.

485. DEDANS, DEHORS, DESSUS, DESSOUS sont des adverbes et s'emploient par conséquent seuls; au lieu que DANS, HORS DE, SUR, SOUS, sont des prépositions qui annoncent toujours un mot jouant le rôle de complément indirect : *Je le croyais* HORS DE *la maison,* *il était* DEDANS. *Je le croyais* DANS *la maison, il était* DEHORS. *Ce qui est* SOUS *la table, mettez-le* DESSUS. *On le cherchait* SUR *le lit, il était* DESSOUS.

Cependant les adverbes *dedans, dehors, dessus* et *dessous* s'emploient comme prépositions :

1º Quand on veut exprimer une opposition : *Il n'est ni* DESSUS *ni* DESSOUS *la table.* (ACAD.) *Il y a des animaux* DEDANS *et* DESSUS *la terre.* (MM. DE PORT-ROYAL.)

2º Lorsqu'ils sont précédés des prépositions DE, PAR : *Il porte un gros manteau* PAR-DESSUS *son habit. Otez cela* DE DESSUS *le buffet. Il passa* PAR DEHORS *la ville. De dessus, par-dessus, par dehors* sont alors de véritables locutions prépositives.

DÉJEUNER, DÎNER, SOUPER DE — DÉJEUNER, DÎNER, SOUPER AVEC.

486. Beaucoup de grammairiens ont posé comme règle qu'on ne peut jamais dire DÉJEUNER AVEC *des œufs,* AVEC *une couple de pigeons,* AVEC DU *café au lait.* Ils semblaient craindre que cette façon de parler ne fît croire que les œufs, les pigeons, le café étaient assis à la même table comme convives, ce qui, vraiment, est faire trop bon marché de la raison des personnes à qui l'on parle. Mais l'Académie a réduit cette règle à néant quand elle a donné comme correcte cette phrase : DÉJEUNER AVEC *du beurre, des radis.* La seule distinction à faire ici consiste à dire que, devant un nom de personne, il faut toujours employer *avec* et non *de.*

DÉSIRER — DÉSIRER DE.

487. DÉSIRER suivi d'un infinitif sans préposition est l'expression simple d'un désir qui n'a rien d'extraordinaire : *Je* DÉSIRE *le voir, l'entendre. Il est fort naturel qu'une fille de vingt ans* DÉSIRE *se marier.*

La préposition DE mise entre le verbe *désirer* et l'infinitif suivant annonce qu'il s'agit d'une chose difficile, indépendante de la volonté, ou que le désir est ardent, plus qu'ordinaire : *Si la chose était possible, tous les hommes* DÉSIRERAIENT D'*avoir du génie.*

DE SUITE — TOUT DE SUITE.

488. DE SUITE signifie l'un après l'autre, sans interruption : *Il ne saurait dire deux mots* DE SUITE. *Il a couru vingt postes* DE SUITE.

TOUT DE SUITE signifie aussitôt, sur-le-champ, sans délai : *Il faut que les enfants obéissent* TOUT DE SUITE.

Voici, à propos de cette distinction, une petite anecdote qui pèche moins par le sel que par l'authenticité. On préparait une nouvelle édition de ce fameux dictionnaire,

> Qui, toujours très-bien fait, reste toujours à faire,

et il fallait différencier ces deux locutions : *de suite, tout de suite*. Personne n'était d'accord, on allait se prendre aux cheveux. « Bah! s'écria tout à coup Népomucène Lemercier, allons déjeuner chez Ramponneau ; on tranchera la question au dessert. — Accepté, » répondit Nodier. Et voilà nos immortels qui s'acheminent vers les hauteurs de Rochechouart. Parseval Grandmaison, qui était l'ordonnateur du menu académique, s'adresse à l'écaillère : « Ouvrez-nous *de suite*, lui dit-il, quarante douzaine d'huîtres, et servez-les-nous *tout de suite*. — Mais, monsieur, répondit l'écaillère, si vous voulez que je les ouvre *de suite*, je ne peux pas vous les servir *tout de suite*. » Tous nos académiciens se regardèrent étonnés : le problème était résolu.

DURANT — PENDANT.

489. Durant exprime l'idée d'une durée sans interruption : *J'ai habité la campagne* DURANT *votre voyage*, c'est-à-dire tant que votre voyage a duré.

Pendant exprime un moment, une époque dans la durée :. *En Orient, on se baigne* PENDANT *le jour*, c'est-à-dire à un moment de la journée, *et sur le soir on se lave les pieds.* (Bossuet.)

L'Académie n'admet aucune différence de signification entre ces deux prépositions.

EMPRUNTER A — EMPRUNTER DE.

490. Emprunter, signifiant demander et recevoir en prêt, prend indifféremment à ou DE : *J'*emprunterai *cette somme* à *un de mes amis. J'*ai emprunté DE *mon oncle dix mille francs.*

On dit de même, au figuré, dans le sens de tirer parti de ce qui est à un autre : *Il* A emprunté *cela* d'*Homère. Cette langue n'*a *presque rien* emprunté AUX *autres.* (Acad.)

Emprunter, signifiant figurément recevoir, tirer de, devoir à, est toujours suivi de la préposition DE : *Les magistrats* empruntent *leur autorité* DU *pouvoir qui les institue. La lune* emprunte *sa lumière* DU *soleil.*

EN CAMPAGNE — A LA CAMPAGNE.

491. A la campagne a pour opposé à *la ville* : *Il est* à LA CAMPAGNE. *Je passe chaque année la belle saison* à LA campagne.

En campagne se dit du mouvement, du campement et de l'action des troupes : *Les armées sont* EN CAMPAGNE. *Les troupes doivent bientôt entrer* EN CAMPAGNE.

Au figuré, on dit : *Il a mis toutes ses connaissances* EN CAMPAGNE, il les a fait agir pour le succès d'une affaire. *Il s'est mis* EN CAMPAGNE *depuis hier pour découvrir la demeure de cette personne*, il s'est donné du mouvement pour découvrir cette demeure. *Son imagination est* EN CAMPAGNE, cette personne s'inquiète, son cerveau travaille.

ENFORCIR — RENFORCER.

492. ENFORCIR, rendre plus fort, se dit des animaux et des choses : *La bonne nourriture* A ENFORCI *ce cheval. Il faut* ENFORCIR *ce mur.*

RENFORCER se dit également des personnes, des animaux et des choses : RENFORCER *une armée, un pignon. Ce cheval* SE RENFORCE.

NOTA. — RENFORCIR et ENFORCER seraient des barbarismes.

ENTENDRE RAILLERIE — ENTENDRE LA RAILLERIE.

493. ENTENDRE RAILLERIE désigne une qualité du caractère ; ENTENDRE LA RAILLERIE marque de la finesse d'esprit. Celui qui *entend raillerie* est doué d'une humeur tolérante ; il se laisse railler sans se fâcher, mais il serait peut-être incapable de railler les autres lui-même, ou au moins de le faire avec esprit. Celui qui *entend la raillerie* sait trouver des paroles qui font rire aux dépens des autres, il est porté à la moquerie, il tourne tout en plaisanterie ; mais il peut très-bien se faire qu'il n'*entende pas raillerie*, qu'il n'aime pas à être l'objet des moqueries des autres, et qu'il ne les supporte pas sans mauvaise humeur.

ENTRE — PARMI.

494. On emploie toujours ENTRE quand on parle de deux choses seulement, ou d'un nombre de choses bien déterminé : *Étampes est* ENTRE *Paris et Orléans.* ENTRE *vous et moi. Remettre une chose* ENTRE *les mains de quelqu'un.*

PARMI s'emploie quand on parle d'un grand nombre de choses, d'un nombre indéterminé, et en particulier devant un collectif : PARMI *tant d'enfants, il serait impossible d'affirmer qu'il ne se trouve pas un futur grand homme.*

Il faut *parmi* le monde une vertu traitable.

MOLIÈRE.

ENVIER — PORTER ENVIE.

495. ENVIER se dit le plus ordinairement des choses : *Il ne faut point* ENVIER *le bien d'autrui.*

PORTER ENVIE se dit des personnes : *Le sage ne* PORTE ENVIE *à qui que ce soit.*

ESPÉRER — ESPÉRER DE.

496. ESPÉRER, attendre un bien que l'on désire et dont la venue est probable, se construit quelquefois avec la préposition DE, particulièrement quand il est à l'infinitif et que le verbe qui le suit immédiatement est aussi à ce mode : *Peut-on* ESPÉRER DE *vous revoir ?*

Dans les autres cas, il se construit ordinairement sans préposition : *J'*ESPÈRE *gagner mon procès. J'espère le voir aujourd'hui.*

ESPÉRER DE est plus énergique que ESPÉRER sans préposition.

497. FORCER A — FORCER DE. (V. CONTRAINDRE.)

HÉRITER UNE CHOSE — HÉRITER D'UNE CHOSE.

498. Quand la chose reçue par héritage est désignée par un nom spécial qui en détermine la nature, on emploie de préférence HÉRITER DE, à moins qu'il ne paraisse nécessaire de réserver la préposition pour indiquer la personne d'où vient cette chose. Ainsi on doit dire : *Il* A HÉRITÉ D'*une maison;* et l'on peut dire : *Il* A HÉRITÉ DE *son oncle une maison et une petite rente.*

Quand ce qui est transmis par héritage n'est désigné que sous une forme vague, générale, HÉRITER est ordinairement actif : *Je n'*AI *rien* HÉRITÉ. *Voilà tout ce qu'il* A HÉRITÉ.

Cependant, comme il y a toujours quelque chose d'anormal à employer le verbe *hériter* comme actif ou transitif quand on parle de choses dont la nature est bien déterminée, la seconde phrase citée serait avantageusement remplacée par : *Il* A HÉRITÉ D'*une maison et d'une petite rente par suite du décès de son oncle;* ou par quelque autre construction équivalente pour le sens.

HORS — HORS DE.

499. Hors DE veut dire en dehors de : *Il demeure* HORS DE *la ville.* Hors sans préposition signifie excepté :

> Nul n'aura de l'esprit *hors* nous et nos amis.
>
> MOLIÈRE.

Cependant, dans le premier sens, la préposition est quelquefois sous-entendue dans le langage familier ou en terme de palais : *Demeurer* HORS *barrière. Mettre quelqu'un* HORS *la loi.* Dans le second sens, la préposition devient nécessaire devant un infinitif : Hors DE *le battre, il ne pouvait le traiter plus mal.*

IMPOSER — EN IMPOSER.

500. Dans EN IMPOSER, le pronom EN, qui est indéfini, désigne quelque chose de désagréable qu'on ne veut pas exprimer; c'est ainsi qu'on dit : *Il* EN *fait accroire. Il* EN *tient. Il* EN *conte,* etc. C'est un euphémisme ou adoucissement d'expression.

Il résulte de cela que EN IMPOSER se prend en mauvaise part et signifie tromper, mentir : *Ne le croyez pas, il* EN IMPOSE. (ACAD.); tandis que IMPOSER, sans le pronom EN, signifie imprimer du respect, de la considération : *La présence du général* IMPOSA *aux mutins.* (ACAD.)

INFECTER — INFESTER.

501. INFECTER signifie gâter, corrompre, incommoder par communication de quelque chose de puant, de contagieux ou de venimeux : *Ce marais* INFECTE *l'air. Il nous* INFECTE *de son haleine. La peste* AVAIT INFECTÉ *toute la ville. Si vous le fréquentez, il vous* INFECTERA *de ses dangereuses maximes.* (ACAD.)

INFESTER signifie ravager, désoler, tourmenter par des irruptions, par des courses hostiles, par des actes fréquents de violence et de brigandage : *Les pirates* INFESTAIENT *toutes ces côtes-là. Les sauterelles* INFESTENT *de grandes provinces en Orient.* (ACAD.)

INSULTER — INSULTER A.

502. INSULTER quelqu'un, c'est l'outrager, l'injurier : *Cet ivrogne* A INSULTÉ *son hôte.* (ACAD.)

INSULTER A, c'est manquer au respect, à la considération qu'on doit aux personnes ou aux choses : *Il ne faut pas* INSULTER AU *malheur.* (ACAD.) *Leur allégresse* INSULTE À *ma douleur.* (ACAD.) *Il n'est pas permis d'*INSULTER À *un mourant.* (VOLTAIRE.) *Astarbé, en mourant, regarda le ciel avec mépris et arrogance, comme pour* INSULTER AUX *dieux.* (FÉNELON.)

JOINDRE A — JOINDRE AVEC.

503. JOINDRE veut la préposition À, lorsqu'il signifie ajouter, mettre une chose avec une autre, en sorte qu'elles fassent un tout, ou que l'une soit le complément de l'autre : JOIGNEZ *cette maison* À *la vôtre.* JOINDRE *l'intérêt* AU *capital. On* A JOINT À *l'ouvrage une table analytique des matières.*

JOINDRE, employé pour signifier *unir, allier,* prend indifféremment À ou AVEC : JOINDRE *l'utile* à *l'agréable.* JOINDRE *la prudence* AVEC *la valeur.* (ACAD.)

On dit aussi, sans faire usage d'aucune préposition : JOINDRE *la prudence et la valeur.* JOINDRE *la douceur et la majesté.* (ACAD.)

MAL PARLER — PARLER MAL.

504. On emploie MAL PARLER dans le sens moral : MAL PARLER *des absents est un vice et annonce qu'on manque de charité.* PARLER MAL se prend dans un sens purement grammatical, se rapportant soit au choix des mots, soit à leur prononciation. Ainsi, *parler mal* est une preuve d'ignorance, de mauvaise conformation des organes vocaux, d'un séjour prolongé dans un pays où la langue n'est point parlée avec pureté. Il est bon, néanmoins, de remar-

quer que *mal parler* se prend quelquefois dans le sens de *parler mal*, et que, partout ailleurs qu'à l'infinitif et dans les temps composés, *mal* se met après le verbe dans toutes les acceptions.

MANQUER A — MANQUER DE.

505. Manquer de signifie omettre, oublier de faire quelque chose : *Ne* manquez *pas* de *vous trouver au rendez-vous.* (Acad.)

Manquer à signifie ne pas faire ce que l'on doit à l'égard de quelqu'un : *Je n'aurais pas voulu* manquer à *lui dire adieu.* (Mme de Sévigné.)

Dans ce cas, manquer à est le plus souvent suivi d'un nom : Manquer à *son devoir, à ses engagements.* (Acad.)

MARCHER, SE TENIR DROIT
MARCHER, SE TENIR DROITE.

506. Dans ces manières de parler, droit est adverbe et par conséquent invariable lorsqu'il signifie en droite ligne, directement, par le plus court chemin : *Mademoiselle,* allez droit, marchez droit *devant vous, et vous atteindrez le but en moins d'un quart d'heure.*

Mais si droit marque plutôt une attitude du corps qu'une modification du verbe, il est adjectif et variable : *Mademoiselle,* tenez-*vous* droite, marchez droite. *Les professeurs de calligraphie recommandent à leurs élèves de* se tenir droites *en écrivant.* Il est également adjectif quand il s'agit des choses : *Vous vous tacherez ou vous vous brûlerez si vous ne tenez pas votre chandelle plus* droite.

MATINAL — MATINEUX.

507. Matinal se dit de celui qui, sans en avoir l'habitude, s'est levé matin : *Vous êtes bien* matinal *aujourd'hui. J'étais depuis six jours dans cet état violent, lorsqu'une bonne femme, aussi* matinale, *mais moins belle que l'Aurore, me fit éveiller pour me dire de la suivre.* (Le Sage.) Matinal peut se dire aussi quelquefois des choses : *Mon réveil fut ce jour-là aussi* matinal *que celui de l'Aurore.* (Marmontel.)

Matineux se dit de celui qui a l'habitude de se lever matin : *Les belles dames ne sont guère* matineuses. (Acad.)

> L'âne d'un jardinier se plaignait au Destin
> De ce qu'on le faisait lever devant l'aurore.
> Les coqs, lui disait-il, ont beau chanter matin,
> Je suis plus *matineux* encore.
> La Fontaine.

Matinier signifie qui est du matin : *Étoile* matinière.

MÊLER A — MÊLER AVEC.

508. Pour exprimer un mélange réel et matériel, on se sert presque toujours de *mêler avec* : Mêler *l'eau* avec *le vin. A Charenton,*

la Marne MÊLE *ses eaux* AVEC *celles de la Seine.* Au figuré, on emploie souvent *mêler à* pour signifier simplement *joindre à;* si l'union devait être très-intime, on pourrait alors dire *mêler avec:* MÊLER *la douceur* À *la sévérité. Cet auteur* A MÊLÉ *l'agréable* À *l'utile dans tous ses ouvrages.* (ACAD.)

NE FAIRE QUE — NE FAIRE QUE DE.

509. NE FAIRE QUE se dit en parlant d'une action instantanée qui est immédiatement suivie de son résultat ou d'une autre action : *Je* NE FIS QUE *le toucher, et il tomba.* (ACAD.) Il signifie également être toujours ou presque toujours à faire une certaine chose : *Il* NE FAIT QU'*aller et venir. Il* NE FAIT QUE *jouer, qu'*étudier, QUE *dormir.* (ACAD.)

NE FAIRE QUE DE signifie qu'on vient de faire une chose à l'instant : *Il* NE FAIT QUE DE *sortir.* (ACAD.) *Il* NE FAIT QUE DE *s'éveiller,* c'est-à-dire il y a peu de temps qu'il est sorti, qu'il s'est éveillé.

510. OBLIGER A — OBLIGER DE. (V. CONTRAINDRE.)

OBSERVER — FAIRE OBSERVER.

511. OBSERVER a à peu près le même sens que regarder, envisager, contempler, considérer, remarquer : *Le philosophe consume sa vie à* OBSERVER *les hommes.* (LA BRUYÈRE.) *J'ai cru remarquer qu'il m'*OBSERVAIT *durant ces entretiens.* (J.-J. ROUSSEAU.) *Socrate enseignait que les dieux* OBSERVENT *toutes nos actions et toutes nos paroles.* (ROLLIN.) *J'*AI OBSERVÉ *que les habitants de ce pays sont très-polis envers les étrangers.*

OBSERVER ne doit jamais s'employer dans le sens de *faire remarquer;* alors il faut dire FAIRE OBSERVER : *Je vous* FERAI OBSERVER *que cela a déplu. Quelqu'un* FAISANT OBSERVER *à Voltaire qu'un fait n'était pas tel qu'il l'avait raconté : « Je le sais bien, répondit l'historien, mais je vous* FERAI OBSERVER *à mon tour qu'il est beaucoup mieux comme cela. »*

La petite anecdote suivante achèvera de déterminer le sens de ces deux expressions. C'était sous la Restauration; un député, que ses électeurs n'avaient sans doute pas envoyé à la Chambre en raison directe de ses connaissances grammaticales, monta un jour à la tribune, et, prenant à partie M. de Villèle, président du conseil des ministres, il lui dit avec force gestes qui avaient la prétention d'être très-oratoires : « Monsieur le Ministre, je vous *observe* que... Monsieur le Ministre, je vous *observerai* que... » A la fin, Monsieur le Ministre, impatienté, riposta en souriant : « Et moi, Monsieur le député, je vous *ferai observer* qu'en m'*observant* vous n'*observez* pas un Adonis. » (M. de Villèle était d'une laideur remarquable.) Un éclat de rire général accueillit cette série d'*observations*, et l'*observateur* confus descendit de la tribune pour n'y remonter de sa vie.

OUBLIER DE — OUBLIER A.

512. Devant un infinitif, OUBLIER DE annonce simplement que la mémoire fait défaut dans une circonstance particulière et par rapport à un acte unique : J'AI OUBLIÉ DE *prendre un parapluie,* DE *répondre à sa lettre.*

OUBLIER À, c'est perdre une connaissance, un talent qu'on avait acquis : *Après avoir passé trente ans dans l'exil, il* AVAIT OUBLIÉ À *parler français.*

L'Académie fait observer que cette dernière locution a vieilli.

PARDONNER — PARDONNER A.

513. Quand PARDONNER a pour complément un nom de personne, ce complément est indirect et marqué par la préposition à : PARDONNEZ À *cet enfant.* Quand c'est un complément de chose, il est direct : PARDONNEZ *mes soupçons,* PARDONNEZ-*lui sa maladresse.* Si les choses sont personnifiées, il se conjugue avec à : PARDONNEZ À *ma franchise le reproche qu'elle vous fait.*

> Aime la vérité, mais *pardonne à* l'erreur.
>
> VOLTAIRE.

PARTICIPER A — PARTICIPER DE.

514. PARTICIPER À, c'est prendre une part active à quelque chose, s'y intéresser, se mettre au nombre de ceux qui agissent : *Je* PARTICIPE à *votre douleur. On arrêta tous ceux qui avaient* PARTICIPÉ AU *complot. C'est en quelque sorte* PARTICIPER À *une bonne action que de la louer de bon cœur.*

PARTICIPER DE, c'est présenter quelques-unes des qualités qui distinguent une chose, se rapprocher de cette chose ou lui ressembler en partie : *Un enthousiasme trop exalté* PARTICIPE DE *la folie. Le mulet* PARTICIPE DU *cheval et de l'âne. Le pathétique* PARTICIPE DU *sublime autant que le sublime* PARTICIPE DU *beau et* DE *l'agréable.*

PASSAGER — PASSANT.

515. PASSAGER est adjectif et signifie qui ne fait que passer, qui est de peu de durée : *Les grues sont des oiseaux* PASSAGERS. *La beauté est* PASSAGÈRE. Mais ce n'est jamais sur l'emploi de ce mot que l'on se trompe, c'est sur PASSANT, qui ne se dit que d'un chemin ou d'une rue où il passe beaucoup de monde : *Les rues de Paris sont toutes très-*PASSANTES. Ce serait une faute de dire *passagères.*

PIRE — PIS.

516. *Pire* est adjectif; *pis* est adverbe; et cela détermine suffisamment l'emploi de ces deux mots. *Pire* est l'opposé de *meilleur*; il modifie toujours un nom exprimé ou sous-entendu : *Le* PIRE *défaut est de manquer de caractère. Pis* est l'opposé de *mieux*; il se rapporte toujours au verbe : *Dire* PIS *que pendre de quelqu'un*. Mais *pis* s'emploie aussi quelquefois comme adjectif, et alors il devient synonyme de *pire ;* c'est lorsqu'il est en rapport avec des expressions vagues, comme *rien, ce, tout,* etc. : *Rien de* PIS. *C'est encore* PIS.

PLAINDRE QUE (SE) — PLAINDRE DE CE QUE (SE).

517. SE PLAINDRE DE CE QUE marque une plainte fondée, et veut le verbe suivant à l'indicatif : *Il* SE PLAINT DE CE QU'*on le calomnie.* (ACAD.)

SE PLAINDRE QUE fait entendre que la plainte n'est pas fondée, et, par conséquent, veut le verbe suivant au subjonctif : *Il* SE PLAINT QU'*on l'ait calomnié.* (ACAD.)

PLIER — PLOYER.

518. M. Lafaye, dans son *Dictionnaire des synonymes*, dit que *ployer* est en même temps fréquentatif et diminutif de *plier*, en sorte que *ployer* signifierait agir itérativement sur une chose et ne parvenir qu'à la courber, tandis que *plier* renferme essentiellement l'idée d'angle ou de pli fait à plat comme sur le papier ou sur le linge, et que *ployer* peut s'employer pour rouler, mettre en rond, comme lorsqu'on *ploie* une serviette en rond pour la mettre dans un anneau. L'Académie constate, de son côté, que *ployer* signifie fléchir, courber, d'où il résulte qu'il ne peut servir quand il s'agit de choses repliées à plat sur elles-mêmes. Elle ajoute qu'au figuré *ployer* ne diffère de *plier* qu'en ce qu'il s'emploie seulement en poésie et dans le style élevé. Essayons donc de résumer cette règle en disant que *plier* est augmentatif de *ployer*. Ainsi une armée commence par *ployer* et finit par *plier* tout à fait.

PLUS — DAVANTAGE.

519. DAVANTAGE signifie *plus, plus longtemps,* et modifie toujours un verbe : *Je vous aimerais bien* DAVANTAGE *si vous étiez raisonnable. Vous êtes pressé, ne restez pas* DAVANTAGE. (ACAD.) Il ne peut jamais s'employer pour LE PLUS. Ainsi, au lieu de dire : *De toutes les fleurs d'un parterre, la rose est celle qui me plaît* DAVANTAGE, dites : *est celle qui me plaît* LE PLUS.

Autrefois, DAVANTAGE se mettait avant un adjectif : *Il est* DAVANTAGE *savant,* DAVANTAGE *instruit.* On disait aussi DAVANTAGE devant un nom : DAVANTAGE *d'ennuis.* Enfin il pouvait être suivi de QUE : *Il n'y a rien qui chatouille* DAVANTAGE QUE *les applaudissements.*

Ces différentes manières d'employer DAVANTAGE ne sont plus autorisées, à moins qu'elles ne servent à éviter une répétition de *plus*, désagréable à l'oreille. Remarquez que *davantage* peut se placer devant *de, que,* lorsque ces mots sont appelés par une expression antérieure ; dans cette phrase : *Si vous étiez mon ami, vous craindriez* DAVANTAGE DE *me faire de la peine,* DE est appelé par *craindriez.*

PLUS DE — PLUS QUE.

520. PLUS QUE doit être remplacé par *plus de* devant les locutions *à demi, à moitié, aux trois quarts,* et devant les mots qui servent à exprimer une valeur, une quantité, une mesure : *Cette maison vaut* PLUS DE *soixante mille francs. Cette étoffe a* PLUS D'*un mètre de large. Son apprentissage est* PLUS D'à moitié fait. *Plus que,* dans ces sortes de phrases, ne serait pas précisément une faute, mais *plus de* est préférable.

PLUS TÔT — PLUTÔT.

521. PLUS TÔT, en deux mots, éveille une idée de temps, et est toujours opposé à PLUS TARD : *Les excès détruisent la santé et font mourir* PLUS TÔT. *Il est arrivé* PLUS TÔT *que de coutume.* PLUS TÔT *vous serez prêt,* PLUS TÔT *nous partirons.*

PLUTÔT, en un seul mot, marque la préférence : PLUTÔT *mourir que de faire une lâcheté.* PLUTÔT *la mort que l'esclavage.*

Quelques grammairiens disent que *plutôt* s'écrit en un mot lorsqu'il signifie *à peine* : *Il n'eut pas* PLUTÔT *parlé qu'il s'en repentit,* parce que, ajoutent-ils, dans ce sens, il n'est pas opposé à PLUS TARD. Nous ne saurions accepter cette opinion. Dans ces exemples : *La passion n'est pas* PLUS TÔT *satisfaite que le remords nous déchire. Mila n'eut pas* PLUS TÔT *appris cette nouvelle qu'elle dit à Céluta : Il nous faut aller à cette chasse.* (CHATEAUBRIAND.) *Alexandre ne fut pas* PLUS TÔT *arrivé en Asie qu'il s'avança contre les Perses ;* dans ces exemples, disons-nous, *plus tôt* n'est pas sans doute directement l'opposé de *plus tard* : il signifie *à peine ;* mais il n'y en a pas moins ici une idée de temps bien plus qu'une idée de préférence.

PRÊT A — PRÈS DE.

522. PRÊT À signifie *disposé à, préparé à : Je suis* PRÊT À *faire tout ce qu'il vous plaira. Il est* PRÊT À *partir* (ACAD.)

> La mort ne surprend point le sage,
> Il est toujours *prêt à partir.*
>
> LA FONTAINE.

PRÈS DE veut dire *sur le point de : Louis XI étant* PRÈS DE *mourir alla s'enfermer dans le sombre château de Plessis-les-Tours.*

PRÉTENDRE — PRÉTENDRE A.

523. PRÉTENDRE une chose, c'est l'exiger comme due, comme une prérogative qui nous appartient : *Partout il* PRÉTEND *la première place.*

PRÉTENDRE À une chose, c'est y aspirer, travailler à l'obtenir dans un avenir indéterminé : PRÉTENDRE À *la main d'une jeune personne.* PRÉTENDRE A *un emploi supérieur.*

RAPPELER (SE).

524. RAPPELER veut dire *appeler de nouveau ;* SE RAPPELER signifie donc littéralement *appeler de nouveau à soi,* faire revenir dans son esprit. *Vous* RAPPELEZ-VOUS *ce fait ? Je* ME *le* RAPPELLE *parfaitement. Je* ME RAPPELLE *avec attendrissement mes premiers succès dans les études.* (ACAD.) La personne ou la chose rappelée est toujours complément direct.

Suivi d'un infinitif, SE RAPPELER s'emploie avec ou sans la préposition *de : Je* ME RAPPELLE AVOIR VU *ou* D'AVOIR VU *telle chose.* (ACAD.) *Je* ME RAPPELLE AVOIR TROUVÉ ou D'AVOIR TROUVÉ *dans ma jeunesse un nid de rossignols.*

RIEN MOINS QUE.

525. La locution RIEN MOINS QUE peut avoir un sens affirmatif ou un sens négatif. *Rien moins que* est négatif quand il est suivi d'un adjectif : *Cet homme n'est* RIEN MOINS QUE *brave ,* RIEN MOINS QUE *sincère,* etc., signifie : *Cet homme n'est pas brave, n'est pas sincère.*

Suivie d'un nom ou d'un verbe, la locution *rien moins que* peut avoir le sens positif ou le sens négatif, et alors c'est l'ensemble de la phrase qui décide : *Vous lui devez de la reconnaissance, car il n'est* RIEN MOINS QUE *votre bienfaiteur,* il est votre bienfaiteur. *Vous pouvez vous dispenser de reconnaissance envers lui, car il n'est* RIEN MOINS QUE *votre bienfaiteur,* il n'est pas votre bienfaiteur. *Défiez-vous de cet homme, il ne cherche* RIEN MOINS QU'*à vous nuire,* il cherche à vous nuire. *Vos craintes sont mal fondées, cet homme ne cherche* RIEN MOINS QU'*à vous nuire,* il ne cherche pas à vous nuire.

On comprend qu'ici l'équivoque disparaît à cause de ces mots : *Défiez-vous de cet homme... Vos craintes sont mal fondées..;* mais elle subsisterait si l'on disait simplement : *Cet homme ne cherche* RIEN MOINS QU'*à vous nuire.* Alors, rien ne pourrait guider dans l'interprétation de la phrase.

SATISFAIRE (verbe actif) — SATISFAIRE (verbe neutre).

526. Comme verbe actif, *satisfaire* veut dire contenter, et il a pour complément un nom de personne ou un nom de chose considérée comme ayant des désirs, des exigences : *Un enfant docile* SATISFAIT *ses parents. Une explication claire* SATISFAIT *l'esprit. Rien ne peut* SATISFAIRE *l'ambition de certains courtisans.*

Comme verbe neutre, *satisfaire* a toujours pour complément indirect un nom de chose, et il marque une idée de simple obéissance, ou de conformité : *On* SATISFAIT *à son devoir, à la loi, à un ordre,* etc.

SECOND — DEUXIÈME.

527. Quelques grammairiens pensent que *second* doit s'employer quand on parle d'une chose qui n'a que deux parties, et que

6

deuxième fait penser à une suite où l'on peut employer *troisième,*
quatrième, etc. Mais il y a dans les collèges une classe qu'on appelle *seconde,* quoiqu'il y ait aussi la troisième, la quatrième, etc.
D'autres disent encore que *second* exprime en même temps une
idée d'ordre et une idée de suite; mais il est bien difficile de
concevoir un ordre là où il n'y a pas d'objets qui se suivent.
Toutes ces distinctions sont chimériques; l'Académie n'en tient
aucun compte, et l'unique différence qui existe, c'est que *second*
est plus usuel que *deuxième,* surtout dans les locutions consacrées, telles que : *en second lieu, de seconde main, au second*
tour, etc.

SE RANGER DU PARTI, DU CÔTÉ DE QUELQU'UN.
SE RANGER A L'AVIS, A L'OPINION DE QUELQU'UN.

528. SE RANGER DU PARTI, DU CÔTÉ DE QUELQU'UN, s'emploie pour
faire entendre qu'on embrasse le parti de quelqu'un : *Toute l'ar-*
mée SE RANGEA DE SON PARTI.

SE RANGER À L'AVIS, À L'OPINION DE QUELQU'UN, signifie qu'on par-
tage son avis, son opinion : *Tous les opinants* SE RANGÈRENT À SON
AVIS.

SERVIR A RIEN — SERVIR DE RIEN.

529. SERVIR DE RIEN est en quelque sorte l'augmentatif de *servir*
à rien, en ce sens que le premier exprime une inutilité absolue :
Des lunettes ne SERVENT DE RIEN *à un aveugle;* et que SERVIR À
RIEN n'exprime qu'une inutilité momentanée : *Je vous prête mes*
lunettes; je vais faire un somme et elles ne me SERVIRAIENT À
RIEN.

Voici d'autres exemples de l'un et de l'autre cas : *Il ne* SERT À RIEN
de se fâcher. De quoi SERT-*il de se roidir contre les décrets de la*
Providence? Prêtez-moi ce livre; il ne vous SERT À RIEN *pour le*
moment. Faites-moi cadeau de ce livre; il ne vous SERT *plus* DE
RIEN, *puisque vous le savez par cœur.*

SI — AUSSI.

530. SI et AUSSI modifient l'un et l'autre l'adjectif et l'adverbe,
mais ils n'expriment pas la même idée.

AUSSI marque la comparaison et est suivi de la conjonction *que:*
Il est AUSSI *sage que vaillant. Il vit* AUSSI *magnifiquement qu'un*
prince. Cet ouvrier ne travaille plus AUSSI *bien qu'auparavant.*
(ACAD.)

Dans le sens de *pareillement,* de *même,* il ne se dit qu'à la
forme affirmative; à la forme négative, on se sert de NON PLUS :
Vous le voulez et moi AUSSI. (ACAD.) *Vous ne le voulez pas, ni moi*
NON PLUS.

SI éveille une idée d'extension, et signifie *tellement, à tel*
point : Le vent est SI *violent qu'il rompt tous les arbres. Il marchait*

sɪ *vite, que je ne pus l'atteindre. Je ne connus jamais un* sɪ *brave homme. Ne courez pas* sɪ *fort.* (Acad.)

Il exprime aussi la comparaison, mais il ne s'emploie alors qu'avec la négation : *Il n'est pas* sɪ *riche que vous. Il ne se porte pas* sɪ *bien que son frère.* (Acad.)

S'OCCUPER A — S'OCCUPER DE.

531. S'occuper d'*une chose,* c'est y penser sérieusement, en avoir la tête remplie : S'occuper de *poésie. Cette femme* s'occupe *constamment* de *son ménage,* de *son mari,* de *ses enfants.*

S'occuper à s'applique à des choses auxquelles on attache moins d'importance, et surtout à un travail actuel : *Il* s'occupe à *son jardin. Il* s'occupe *tout le jour* à *lire. Les enfants* s'occupent à *mille petits ouvrages.* (La Bruyère.)

S'occuper de exprime quelque chose de plus spécial, de plus précis, de plus déterminé : *Ne le troublez point, il* s'occupe de *préparer son examen.*

SUCCOMBER A — SUCCOMBER SOUS.

532. On emploie *succomber sous* devant un mot auquel on attache une idée d'oppression, de charge pesante, et alors ce verbe exprime l'idée d'une prostration complète, quelquefois même de la mort.

Succomber à exprime simplement l'idée d'être vaincu, de ne pouvoir plus résister, de céder momentanément à une force supérieure : Succomber sous *le faix des ans.* Succomber à *la tentation,* à *la fatigue.*

SUPPLÉER — SUPPLÉER A.

533. Suppléer, c'est ajouter ce qui manque, c'est fournir ce qu'il faut de surplus : *Ce sac doit être de mille francs, et ce qu'il y aura de moins, je* le suppléerai. (Acad.)

Suppléer *quelqu'un,* c'est tenir sa place, le représenter, faire ses fonctions : *Si vous ne pouvez venir, je* vous suppléerai. (Acad.) *Suppléer* ne peut donc jamais être suivi de la préposition *à* devant un complément désignant la personne.

Suppléer à signifie réparer le manque, le défaut de quelque chose, en tenir lieu : *Il* suppléait *par son travail* à *l'insuffisance de son avoir. Son mérite* suppléait au *défaut de sa naissance. La valeur* supplée au *nombre. Dans les arts, le travail ne peut* suppléer au *génie.* (Acad.)

SUSCEPTIBLE — CAPABLE.

534. On dit qu'un homme est *susceptible* pour signifier qu'il se fâche aisément, et qu'il est *capable* pour faire entendre qu'il a du talent, de l'habileté, de la science. Dans ce cas, ces deux mots ne sont pas synonymes ; mais, dans une autre acception, *susceptible* et *capable* signifient *qui a le pouvoir, la faculté ;* seulement *susceptible* marque un pouvoir passif, et *capable* un pouvoir actif : *Une terre est* SUSCEPTIBLE *d'amélioration*, c'est-à-dire d'être améliorée. *Une décharge électrique est* CAPABLE *de tuer un bœuf.*

TANT — AUTANT.

535. AUTANT, exprimant la comparaison, ne se place plus guère qu'après le verbe ou l'adjectif qu'il modifie : *Ce diamant vaut* AUTANT *que ce rubis. Il est modeste* AUTANT *qu'habile.* (ACAD.) Autrefois, AUTANT se plaçait avant le mot auquel il servait de modificatif.

TANT exprime une idée de quantité indéfinie : *Il a* TANT *de bonté ! Il a* TANT *d'amis qu'il ne manquera jamais de rien.* (ACAD.) Il s'emploie quelquefois pour AUTANT, mais seulement dans les phrases où la comparaison est accompagnée de la négation : *Rien ne m'a* TANT *fâché que cette nouvelle.* (ACAD.)

TÉMOIN — A TÉMOIN.

536. TÉMOIN s'emploie quelquefois adverbialement au commencement d'une phrase, et par conséquent ne varie pas : TÉMOIN *les victoires qu'il a remportées.* (ACAD.) C'est comme si l'on disait : *Je prends* À TÉMOIN, *c'est-à-dire* À TÉMOIGNAGE, *les victoires*, etc.; or, À TÉMOIN est évidemment une locution adverbiale qui ne saurait varier elle-même.

TOUCHER — TOUCHER A.

537. TOUCHER *une chose*, c'est simplement se mettre en contact avec cette chose. *Dans sa vie tout aérienne, l'oiseau-mouche* TOUCHE *rarement le gazon.* (BUFFON.)

TOUCHER à *quelque chose*, c'est en prendre, en ôter, y apporter quelque changement : *On ne doit jamais* TOUCHER À *un dépôt. Il n'osait* TOUCHER À *l'ouvrage d'un si grand maître. Je garde cet argent pour une affaire importante, je ne veux pas* Y TOUCHER. *Voilà des plats* AUXQUELS *on n'a pas* TOUCHÉ. (ACAD.)

TOUS LES DEUX — TOUS DEUX.

538. Quand on parle de deux objets entre lesquels il existe une union réelle ou qui agissent ensemble, on se sert généralement de la locution *tous deux.* Au contraire, quand on emploie *tous les deux*, cela fait entendre que chaque objet a été considéré séparément : *Je les ai vus* TOUS DEUX, s'ils étaient ensemble. *Je les ai vus* TOUS LES DEUX, l'un après l'autre et séparément.

La même distinction subsiste pour les nombres *trois, quatre,* et peut-être même jusqu'à dix, mais sans que l'usage se soit prononcé d'une manière aussi formelle.

TOUT A COUP — TOUT D'UN COUP.

539. La première de ces locutions veut dire soudainement, à l'instant même : *Ce mal l'a pris* TOUT à COUP. La seconde signifie tout en une fois : *Il gagna mille écus* TOUT D'UN COUP. On peut aussi employer *tout d'un coup* pour marquer qu'une chose est arrivée au moment où elle n'était pas prévue : *Le fusil a parti* TOUT D'UN COUP. *C'était une maison opulente ; Dieu a permis qu'elle soit tombée* TOUT D'UN COUP *dans la misère.* (VOLTAIRE.)

VISER (verbe actif) — VISER (verbe neutre.)

540. Comme verbe actif, *viser* renferme l'idée de blesser, de tuer ou au moins de produire une dégradation quelconque. Comme verbe neutre, il exprime purement et simplement l'idée de diriger la vue ou le tir vers un but : VISER *un oiseau sur la branche.* VISER *le grand mât, un drapeau.* VISER *au centre d'une planche, au but.* Dans le sens figuré, VISER est le plus souvent neutre ; cependant un fonctionnaire pourrait dire, en parlant d'un rival : *Il* VISAIT *mon emploi depuis longtemps*, parce que l'emploi est alors considéré comme devant périr entre les mains de celui qui l'occupait.

VOICI — VOILA.

541. Pour annoncer ce qu'on va dire, on emploie toujours *voici ;* on emploie *voilà*, au contraire, pour porter l'attention sur ce qui vient d'être dit : VOICI *mon adresse : je demeure rue de Rivoli, numéro 27. Il était malheureux :* VOILÀ *pourquoi je n'ai pas cherché à me venger.*

Voici sert encore à désigner ce qui est proche, et *voilà* ce qui est plus éloigné : VOICI *mon livre* (il est tout près, je le touche), *et* VOILÀ *le vôtre* (je le montre du doigt).

542. Dans l'exposé des synonymes qui précède, nous avons donné surtout des verbes, en indiquant la préposition qu'ils gouvernent. Il en reste encore un certain nombre que nous n'avons pas cru devoir mentionner, par la raison qu'ils peuvent être suivis indifféremment d'une préposition ou d'une autre. En voici la liste :

CHANGER POUR OU CONTRE : *Il* A CHANGÉ *sa vieille vaisselle* POUR *de la neuve. Il* A CHANGÉ *ses tableaux* CONTRE *des meubles.*

CONFRONTER À OU AVEC : CONFRONTER *des témoins* À *l'accusé* ou AVEC *l'accusé.* CONFRONTER *la copie* AVEC ou À *l'original.*

DISTINGUER DE OU D'AVEC : DISTINGUER *un chien* D'UN *loup*, D'AVEC *un loup.* DISTINGUER *la fausse monnaie* DE, D'AVEC *la bonne.*

S'EFFORCER DE OU À : S'EFFORCER DE *soulever un fardeau.* S'EFFORCER À *parler.*

ESSAYER À OU DE : ESSAYER À *dormir* ou DE *dormir.* Si le verbe est pronominal, on ne fait usage que de la préposition à : *Je me* SUIS ESSAYÉ À *nager.*

AVOIR FOI À, EN, DANS : AVOIR FOI À *quelqu'un*, À *quelque chose;* EN *quelqu'un*, EN *quelque chose.*

HASARDER DE OU À : HASARDER DE *faire une chose. Je* ME HASAR- DERAI À *lui parler.*

ÊTRE INQUIET DE OU SUR : *Il* EST INQUIET DE OU SUR *l'avenir.*

NE PAS LAISSER DE OU QUE DE : *Cela ne* LAISSE PAS D'*être* OU QUE D'*être désagréable.*

MARIER À OU AVEC : *Son père l'*A MARIÉ À *la fille* ou AVEC *la fille d'un de ses amis.* MARIER *la vigne* À OU AVEC *l'ormeau.*

SOUPIRER APRÈS OU POUR : *Il y a longtemps qu'il* SOUPIRE APRÈS *le repos,* POUR *le repos.*

TARDER À OU DE : *Il* À *trop* TARDÉ À *m'envoyer ce secours. Il me* TARDE D'*achever cet ouvrage.*

A cette liste, ajoutons les locutions *table* DE *marbre, table* EN *marbre; socle* DE *bronze*, EN *bronze*, où l'Académie donne la pré- férence à DE, malgré l'usage à peu près général.

ANALYSE GRAMMATICALE.

543. Le mot *analyse* vient du grec *analusis*, qui signifie *réso- lution, décomposition du tout en ses parties.*

544. On distingue deux sortes d'analyse : 1° l'*analyse gramma- ticale*, qui est la décomposition d'une phrase en ses éléments grammaticaux, qui apprend à distinguer les dix espèces de mots, qui fait connaître leurs propriétés particulières et les fonctions qu'ils remplissent les uns à l'égard des autres; 2° l'*analyse logi- que*, qui est la décomposition d'une phrase en propositions, et la décomposition d'une proposition en ses parties, telles que le sujet, le verbe et l'attribut.

545. Analyser grammaticalement une phrase, c'est rattacher à une des dix parties du discours chacun des mots qui concourent à l'expression de la pensée; c'est, en outre, étudier chaque terme dans ses propriétés particulières et dans ses rapports avec les autres mots.

DÉPENDANCE ET FONCTION DES MOTS.

546. Considérés sous le rapport de la fonction qu'ils remplissent dans la proposition, les mots peuvent être *sujets, compléments, appositifs, attributs*, ou mis en *apostrophe*.

DU SUJET.

547. On appelle *sujet* l'être qui fait l'action ou qui est dans l'é- tat qu'exprime le verbe.

548. Le *sujet* répond à la question *qui est-ce qui?* pour les personnes ou les êtres animés, et *qu'est-ce qui?* pour les choses :

Le bœuf *traîne la charrue.* — La rosée *fertilise la terre.*

Qui est-ce qui traîne la charrue? *Le bœuf.*
Qu'est-ce qui fertilise la terre? *La rosée.*

Bœuf, sujet de *traîne.* — *Rosée,* sujet de *fertilise.*

DES COMPLÉMENTS.

549. On appelle *complément grammatical* tout mot qui sert à *compléter* l'idée commencée par un autre mot.

550. Les mots susceptibles d'avoir un complément sont le *verbe,* le *nom,* l'*adjectif,* le *participe* et l'*adverbe.*

Remporter *une victoire.* Cœur *de mère.* Plein *d'ambition.* Un enfant chéri *de ses parents.* Beaucoup *de courage.*

Victoire est complément du verbe *remporter; mère,* complément du substantif *cœur; ambition,* complément de l'adjectif *plein; parents,* complément du participe *chéri; courage,* complément de l'adverbe *beaucoup.*

COMPLÉMENTS DU VERBE.

551. Le verbe peut avoir trois sortes de compléments : complément *direct,* complément *indirect* et complément *circonstanciel.*

DU COMPLÉMENT DIRECT.

552. Le complément *direct* est un mot qui reçoit *directement;* c'est-à-dire sans le secours d'une préposition, l'action exprimée par le verbe.

553. Il répond à la question *qui* ou *quoi* faite avec le verbe :

Élevez bien votre fils, *et il consolera votre* vieillesse.

Élevez *qui?* Votre fils. Il consolera *quoi?* Votre vieillesse.

Fils est complément direct de *élevez,* et *vieillesse* complément direct de *consolera.*

COMPLÉMENT INDIRECT.

554. Le complément *indirect* est le terme sur lequel l'action du verbe passe *indirectement,* c'est-à-dire au moyen d'une préposition comme *à, de, par,* etc.

Il répond à l'une des questions *à qui? à quoi? — de qui? de quoi? — par qui? par quoi?* etc., faites avec le verbe :

L'exilé *songe à sa* patrie.
L'éléphant *se souvient des* injures.
La naissance du Christ *a été annoncée par les* prophètes.

L'exilé songe *à quoi? À sa patrie.*
L'éléphant se souvient *de quoi? Des injures.*
La naissance du Christ a été annoncée *par qui? Par les prophètes.*

Patrie est complément indirect de *songe, injures* complément indirect de *se souvient*, *prophètes* complément indirect de *a été annoncée.*

DU COMPLÉMENT CIRCONSTANCIEL.

555. Le *complément circonstanciel* est le mot qui complète le sens du verbe au moyen d'une idée accessoire de *lieu*, de *temps*, de *manière*, de *cause*, etc.

Il répond aux questions *où*, *quand*, *comment*, *pourquoi*, etc. :

On va de FRANCE *en* ITALIE *par la* SUISSE.

On va où? En Italie. D'où? De France. Par où? *Par la Suisse.*

Italie, France, Suisse, sont les compléments circonstanciels de *va*. Circonstances de lieu.

*Les hirondelles partent avant l'*HIVER *et reviennent au* PRINTEMPS.

Les hirondelles partent quand? *Avant l'hiver. Elles reviennent* quand? *Au printemps.*

Hiver, *printemps*, sont les compléments circonstanciels des verbes *partir*, *revenir*. Circonstances de temps.

Numa régna avec SAGESSE.

Numa régna comment? *Avec sagesse.*

Sagesse est complément circonstanciel de *régna*. Circonstance de manière.

*On étudie afin de s'*INSTRUIRE.

Pourquoi *étudie-t-on? Pour s'instruire.*

Instruire, complément circonstanciel de *étudie*. Circonstance de cause, de raison, de fin, de but, etc.

COMPLÉMENT DU NOM.

556. Tout mot qui complète la signification d'un nom, avec ou sans la préposition, est le complément de ce nom :

L'homme est un être raisonnable.

L'homme, IMAGE DE DIEU, *est le roi de la nature.*

Un homme DU MONDE *est un homme poli et bien élevé.*

Dans le premier de ces exemples, il est question de l'homme en général.

Dans le second, le mot *homme* se présente également avec toute l'étendue de sa signification : seulement il se trouve quelque peu modifié par une idée accessoire, *image de Dieu*. Ce membre de phrase, qui n'est pas indispensable au sens, que l'on peut supprimer sans que le mot *homme*, auquel il se rapporte, en présente ni plus ni moins d'étendue, est un complément *explicatif*.

Enfin, dans le troisième exemple, la signification du mot *homme* est *déterminée*, restreinte. On ne parle plus de l'homme en général; il n'est question que de *l'homme* DU MONDE. Ces mots *du monde*, qui *déterminent*, qui limitent l'étendue de la signification du substantif *homme*, sont complément *déterminatif* de *homme*.

557. Ainsi, les noms ont deux sortes de compléments : les com pléments *déterminatifs* et les compléments *explicatifs*.

558. On appelle *complément déterminatif* tout mot qui fixe, qui précise, qui restreint la signification du nom.

Le *complément déterminatif* est nécessaire à la phrase ; on ne peut le retrancher sans en dénaturer le sens :

> La morsure DE LA VIPÈRE *cause la mort.*
>
> La force DE SAMSON *résidait dans ses cheveux.*
>
> Les jeunes chiens frissonnent en entendant les hurlements DU LOUP.

Vipère est complément déterminatif du substantif *morsure.*

Samson est complément déterminatif du substantif *force.*

Loup est complément déterminatif du substantif *hurlements.*

Si l'on supprime ces déterminatifs, non-seulement le sens est modifié, mais on peut dire que les phrases ne présentent plus aucun sens raisonnable.

559. On appelle *complément explicatif* tout mot ou tout assemblage de mots qui développe le sens du nom sans en restreindre, sans en changer la signification.

On peut supprimer les *compléments explicatifs* sans nuire à l'expression de la pensée :

> La rose, FILLE DU PRINTEMPS, *embellit nos jardins.*
>
> Un ami, DON DU CIEL, *est un trésor précieux.*
>
> Je suis Joseph, VOTRE FRÈRE.

Les membres de phrase *fille du printemps — don du ciel — votre frère*, sont *compléments explicatifs* des substantifs *rose, ami, Joseph.*

La suppression de ces mots laisse aux substantifs *rose, ami, Joseph*, toute la plénitude de leur signification.

560. OBSERVATION. Les compléments ne sont pas toujours représentés par des noms. Dans les exemples suivants : CE *livre —* MON *chapeau — l'enseignement* MUTUEL *— la rose* MOUSSEUSE *— le cheval* ARABE, les mots *ce, mon, mutuel, mousseuse, arabe*, limitent l'étendue de la signification des noms auxquels ils se rapportent. Ils indiquent que l'on ne parle pas d'un *livre* indéterminé, mais de celui que l'on montre ; d'un *chapeau* indéterminé, mais du chapeau qui est à moi ; de l'*enseignement* en général, mais de l'enseignement mutuel ; de la *rose* en général, mais de cette espèce de rose que les botanistes ont appelée rose mousseuse ; du *cheval* en général, mais du cheval de l'Arabie, si remarquable par la petitesse de sa taille et par la vigueur de ses membres.

561. *Ce, cet, cette, ces, mon, ton, son, tout, quelconque*, etc., sont toujours des compléments *déterminatifs*; tandis que les adjectifs qualificatifs forment, comme les noms, tantôt des compléments *déterminatifs*, tantôt des compléments *explicatifs*.

6.

562. Ils sont *explicatifs* s'ils ne servent pas à limiter l'étendue de la signification du mot complété; on peut alors les retrancher sans nuire au sens : *J'aime à contempler le lever* MAGNIFIQUE *du soleil.*

563. Ils sont *déterminatifs* s'ils précisent le sens du nom auquel ils sont joints. Dans ce cas, il est impossible de les supprimer : *Dieu bénit les* BONS *fils.*

564. Le complément du nom, lorsqu'il n'est point adjectif, est ordinairement marqué par l'une des prépositions *à* ou *de : Oiseau* DE *passage, montre à répétition.*

Ces sortes de compléments sont toujours *déterminatifs.*

COMPLÉMENT DE L'ADJECTIF.

565. Tout mot qui complète la signification d'un *adjectif* au moyen d'une des prépositions *à, de,* simples ou contractées, est complément de cet adjectif :

La récréation est nécessaire aux ENFANTS.

L'avare est digne de PITIÉ.

566. L'adjectif et son complément ne se suivent pas toujours :

À QUELQUE CHOSE *malheur est bon.*

*Le fils dont la famille est honorable doit toujours s'*EN *montrer digne.*

En faisant disparaître l'inversion on obtient :

Malheur est bon à QUELQUE CHOSE.

Le fils dont la famille est honorable doit toujours se montrer digne de sa FAMILLE.

Les mots *quelque chose, en,* sont les compléments des adjecifs *bon, digne.*

COMPLÉMENT DU PARTICIPE.

567. Tout mot qui complète le sens d'un participe au moyen d'une préposition quelconque est complément de ce participe :

Tu foules une terre fumant du SANG *des malheureux mortels.*

Amollie par les DÉLICES *de Capoue, l'armée d'Annibal ne fut plus capable de résister aux Romains.*

La fermeté unie à la DOUCEUR *est une barre de fer entourée de* VELOURS.

Les hommes de génie sont des victimes couronnées de FLEURS *et dévouées au* SALUT *du genre humain.*

Nourri dans le *sérail,* j'en connais les détours.

RACINE.

Sang est complément de *fumant; délices,* complément de *amollie; douceur,* complément de *unie; velours,* complément de *entourée; fleurs,* complément de *couronnées; salut,* complément de *dévouées; sérail,* complément de *nourri.*

COMPLÉMENT DE L'ADVERBE.

568. L'adverbe, exprimant par lui-même une idée complète, n'a pas eu en général de complément. Il faut en excepter toutefois :

1° Les adverbes de quantité *assez, autant, beaucoup, bien, combien, guère, infiniment, moins, peu, plus, que, tant, telle, trop,* qui admettent un complément marqué par la préposition *de : Assez de* PAROLES, *beaucoup de* GENS, *bien du* CHAGRIN, *combien d'*HOMMES, *moins de* BRUIT, *peu d'*AMIS, etc.

Alors ces mots changent de nature et sont de véritables collectifs.

2° Quelques adverbes de manière, dérivés d'adjectifs, et qui en conservent le régime ; tels sont : *conformément, contrairement, indépendamment, préférablement, relativement,* et quelques autres peu usités.

DE L'APPOSITION.

569. On appelle *appositif* d'un nom tout mot qui, placé à côté de ce nom, n'exprime avec lui qu'une seule et même personne, qu'une seule et même chose :

Je suis Joseph, votre FRÈRE.

Fuyez l'injustice, SOURCE *de tous les maux.*

Qui ne connaît pas Ésope le PHRYGIEN?

Frère est appositif de *Joseph; source,* appositif de *injustice; Phrygien,* appositif de *Ésope.*

570. Quelquefois le nom est séparé de son appositif par la préposition *de :*

La ville de ROME. — *Le fleuve de la* SEINE.

Alors cette préposition peut se remplacer par *qui s'appelle.* On obtient :

La ville qui s'appelle ROME. (Les Latins disaient : *La ville* ROME, *urbs Roma*). — *Le fleuve qui s'appelle la* SEINE.

Cette substitution ne peut pas s'opérer quand le second nom est complément et non appositif du premier, comme dans ces exemples :

La gloire de Rome. — *Les rives de la Seine.*

571. REMARQUE. Dans ces locutions si spirituellement comiques de notre La Fontaine : *Monsieur du corbeau, madame la belette, commère la cigogne, dom pourceau, sire Grégoire, Jean lapin, dame baleine, damoiselle belette, capitaine renard, Martin bâton, le médecin Tant-Pis, Grippeminaud le bon apôtre,* etc., etc., le second substantif est toujours appositif du premier.

DE L'ATTRIBUT.

572. On appelle *attribut* tout mot (*nom, adjectif, participe, pronom* ou *infinitif*) qui exprime la manière d'être d'un autre mot.

573. L'attribut peut se présenter sous des formes très-diverses,

mais ayant toutes entre elles ce rapport commun, que l'attribut
est en quelque sorte une qualification du mot auquel il se rapporte.

Voici les cas principaux dans lesquels il y a attribut :

574. PREMIER CAS. Tout *nom* ou *pronom* qui suit le verbe *être* est
attribut du sujet du verbe :

> *Le chameau est le* VAISSEAU *du désert.*
>
> *Nous sommes* CEUX *que vous cherchez.*
>
> *Vaisseau,* attribut de *chameau; ceux,* attribut de *nous.*

575. Cette particularité peut se produire aussi avec quelques
verbes neutres ou passifs, comme *paraître, sembler, demeurer,
être nommé, mourir, naître,* lesquels ont alors une signification
qui a quelque analogie avec celle du verbe substantif :

Tous ces tableaux PARAISSENT *de véritables* CHEFS-D'OEUVRE.

> *Chefs-d'œuvre,* attribut de *tableaux.*

Chaque tronc me SEMBLAIT *un* FANTÔME.

> *Fantôme,* attribut de *tronc.*

Les ennemis DEMEURÈRENT, RESTÈRENT MAÎTRES *de la place.*

> *Maîtres,* attribut de *ennemis.*

Baucis DEVIENT TILLEUL, *Philémon* DEVIENT CHÊNE.

> *Tilleul,* attribut de *Baucis; chêne,* attribut de *Philémon.*

Je FUS NOMMÉ OFFICIER *sur le champ de bataille.*

> *Officier,* attribut de *je.*

Certains hommes NAISSENT BERGERS *et* MEURENT PAPES.

> *Bergers, papes,* attributs de *hommes.*

576. DEUXIÈME CAS. Le verbe unipersonnel n'a jamais de complément direct; le substantif qui le suit ordinairement et qui paraît
remplir cette fonction n'est autre chose que le nom de l'être qui
agit, c'est-à-dire le véritable sujet; mais comme il y a déjà un
sujet apparent, *il,* le sujet réel devient *attribut* du sujet fictif :

> IL *tombe du ciel des* PIERRES *nommées aérolithes.*
>
> *Il,* sujet de *tombe; pierres,* attribut de *il.*
>
> *Les chaleurs* QU'IL *a fait cette année.*
>
> *Il,* sujet de *a fait; que,* pour *lesquelles chaleurs,* attribut de *il.*

NOTA. — On peut encore analyser de cette manière : *il,* sujet apparent
de *tombe ; pierres,* sujet réel de *tombe,* formant gallicisme.

577. TROISIÈME CAS. Quand il y a deux verbes de suite, l'infinitif est *attribut* du complément de la proposition, chaque fois que
ce complément fait l'action du verbe à l'infinitif :

> *J'ai senti* TREMBLER *sa* MAIN.
>
> *Trembler,* attribut de *main.*

DE L'APOSTROPHE.

578. Un mot est mis en *apostrophe* quand il sert à nommer la
personne ou la chose à laquelle on adresse la parole :

Bois *que j'aime, adieu, je succombe.*
Jeune SOLDAT, *où vas-tu?*
Hé! bonjour, MONSIEUR *du corbeau.*
Les mots *bois, soldat, monsieur,* sont mis en *apostrophe.*

MODÈLE D'ANALYSE GRAMMATICALE.

579. NOTA. — Les mots en italique sont ceux auxquels les élèves doivent assigner une fonction : sujet, complément, attribut, etc.

Un mauvais *accommodement* vaut mieux qu'un bon *procès.* Un *peintre qui* avait été ruiné par un malheureux *procès* eut à *représenter* deux *plaideurs,* dont *l'un* venait de *gagner* sa *cause* et *l'autre* l'avait perdue : *il* représenta le *premier* en *chemise,* et *l'autre* tout nu.

Un.	adj. indéf., masc. sing., dét. *accommodement.*
Mauvais.	adj. qual., masc. sing., qual. *accommodement.*
Accommodement.	nom comm., masc. sing., sujet de *vaut.*
Vaut.	verbe intr., ind., prés., 3e pers. du sing., 3e conj.
Mieux.	adv., mod. *vaut.*
Que.	conj., unit *vaut* à *ne vaut,* s.-ent.
Un.	adj. indéf., masc. sing., dét. *procès.*
Bon.	adj. qual., masc. sing., qual. *procès.*
Procès.	nom comm., masc. sing., suj. de *vaut,* s.-ent.
Un.	adj. indéf., masc. sing., dét. *peintre.*
Peintre.	nom comm., masc. sing., suj. de *eut.*
Qui.	pron. rel., masc. sing., suj de *avait été ruiné.* Il repr. *peintre.*
Avait été ruiné.	v. pass., ind., plus-que-parf., 3e pers. du sing., 1re conj.
Par.	prép., unit *avait été ruiné* à *procès.*
Un.	adj. indéf., masc. sing., dét. *procès.*
Malheureux. . .	adj. qual., masc. sing., qual. *procès.*
Procès.	nom comm., masc. sing., compl. ind. de *avait été ruiné.*
Eut.	verbe trans., ind., passé déf., 3e pers. du sing., 3e conj.
A.	prép., unit *eut* à *représenter.*
Représenter. . .	v. trans., inf., pr., 1re conj., compl. dir. de *eut.*
Deux.	adj. num. card., masc. plur., dét. *plaideurs.*
Plaideurs. . . .	nom comm., masc. plur., compl. dir. de *représenter.*
Dont.	pron. rel., masc. plur., compl. de *l'un.* Il repr. *plaideurs.*
L'un.	pron. indéf., masc. sing., suj. de *venait.* Il repr. *plaideurs.*
Venait.	verbe intr., ind., imparf., 3e pers. du sing., 2e conj.
De.	prép., unit *venait* à *gagner.*
Gagner.	verbe trans., infin., prés., 1re conj., compl. ind. de *venait.*
Sa.	adj. poss., fém. sing., dét. *cause.*
Cause.	nom comm., fém. sing., compl. dir. de *gagner.*
Et.	conj., unit *venait* à *avait perdue.*
L'autre.	pron. indéf., masc. sing., suj. de *avait perdue.*
L'.	pron. pers., fém. sing., compl. dir. de *avait perdue.* Il repr. *cause.*
Avait perdue. . .	v. trans., ind., plus-que-parf., 3e pers. du sing., 4e conj.
Il.	pron. pers., masc. sing., suj. de *représenta.* Il repr. *peintre.*
Représenta. . .	v. trans., ind., passé déf., 3e pers. du sing., 1re conj.
Le.	art. simple, masc. sing., dét. *premier.*
Premier.	adj. pris subst., masc. sing., compl. dir. de *représenta.*
En.	prép., unit *représenta* à *chemise.*
Chemise.	nom comm., fém. sing., compl. circ. de *représenta,* circ. de manière.
Et.	conj., unit *représenta* à *représenta,* s.-ent.
L'autre.	pron. indéf., masc. sing., compl. dir. de *représenta,* s.-ent.
Tout.	adv., mod. *nu.*
Nu.	adj. qual., masc. sing., qual. *l'autre.*

ANALYSE LOGIQUE.

580. On distingue logiquement quatre sortes de sujets ; en d'autres termes, le sujet logique peut être *simple* ou *composé*, *complexe* ou *incomplexe*.

581. Le sujet *simple* est exprimé par un seul mot : LE CASTOR *est industrieux.* LES CASTORS *sont industrieux.*

582. Le sujet *composé* est exprimé par plusieurs mots : LE COMMERCE ET L'AGRICULTURE *enrichissent une nation.*

583. Le sujet *incomplexe* est formé d'un mot sans aucun complément : PAUL *est malade.* TRAVAILLER *est un devoir.*

584. Le sujet *complexe* renferme un ou plusieurs compléments qui déterminent ou expliquent le sens du mot principal : *Le* JARDIN DE MON PÈRE *est grand. De mon père* est le complément du mot *jardin.*

585. On distingue aussi des attributs *simples* ou *composés*, *incomplexes* ou *complexes.* Quand on dit : *La chauve-souris est* VIVIPARE, l'attribut *vivipare* est *simple*; mais dans *L'ours est* CARNIVORE *et* HERBIVORE, *carnivore et herbivore* forment un attribut *composé*, parce qu'il y a plusieurs manières d'être attribuées au sujet. L'attribut *fleur* est *incomplexe* dans *La rose est une* FLEUR ; mais si l'on disait *est une* BELLE FLEUR, l'attribut *belle fleur* serait *complexe*, parce que le qualificatif *belle* complète *fleur.* Enfin, dans la proposition *L'homme surpasse tous les animaux par son intelligence,* qui se décompose ainsi *L'homme est surpassant tous les animaux par son intelligence,* l'attribut est évidemment *complexe*, puisque *surpassant* a pour complément direct *tous les animaux*, et pour complément indirect *par son intelligence.*

DIVISION DU DISCOURS EN PROPOSITIONS. — DIVERSES SORTES DE PROPOSITIONS.

586. Il y a dans un texte donné autant de propositions qu'on y compte de verbes à un mode personnel, exprimés ou sous-entendus.

Soit la phrase suivante :

Calypso se promenait souvent seule sur les gazons fleuris dont un printemps éternel bordait son île; mais ces beaux lieux, loin de modérer sa douleur, ne faisaient que lui rappeler le triste souvenir d'Ulysse, qu'elle y avait vu tant de fois auprès d'elle.

Il y a là quatre verbes à un mode personnel, par conséquent quatre propositions, distribuées ainsi qu'il suit :

Calypso se promenait souvent seule sur les gazons fleuris
dont un printemps éternel bordait son île;
(mais) ces beaux lieux, loin de modérer sa douleur, ne faisaient
que lui rappeler le triste souvenir d'Ulysse,
qu'elle y avait vu tant de fois auprès d'elle.

587. Quand on considère les propositions sous le rapport des pensées ou de l'enchaînement des pensées, on en distingue trois sortes, savoir : la proposition *absolue*, la proposition *principale* et la proposition *complétive*.

PROPOSITION ABSOLUE.

588. On appelle *proposition absolue* toute proposition qui forme un sens complet par elle-même, c'est-à-dire sans le secours d'aucune autre proposition :

La France est une nation puissante.

Les Arabes demeurent sous des tentes.

Le dévouement de Léonidas sauva la Grèce.

Voilà trois *propositions absolues*.

PROPOSITION PRINCIPALE. — PROPOSITION COMPLÉTIVE.

589. Quand plusieurs propositions entrent dans la formation d'une phrase, toutes n'ont pas la même importance. On les divise en *principales* et en *complétives*.

590. On appelle *proposition principale* celle qui régit les autres propositions, celle qui dans la construction directe occupe toujours le premier rang.

591. On appelle *proposition complétive* celle qui est placée sous la dépendance d'une autre proposition :

> *Promettez sur ce livre et devant ces témoins*
> *Que Dieu sera toujours le premier de vos soins.*

PROPOSITION PRINCIPALE : *Promettez sur ce livre et devant ces témoins.*

PROPOSITION COMPLÉTIVE : *(que) Dieu sera toujours le premier de vos soins.*

— *Les alouettes font leurs nids dans les blés, quand ils sont en herbe.*

PROPOSITION PRINCIPALE : *Les alouettes font leurs nids dans les blés.*

PROPOSITION COMPLÉTIVE : *(quand) ils sont en herbe.*

— *L'enfant qui se montre cruel envers les animaux ne sera jamais humain.*

PROPOSITION PRINCIPALE : *L'enfant... ne sera jamais humain.*

PROPOSITION COMPLÉTIVE : *qui se montre cruel envers les animaux.*

Les propositions complétives remplissent dans la phrase les mêmes fonctions que remplissent les mots compléments dans les propositions, et, de même qu'il y a cinq sortes de compléments de mots : *complément déterminatif, complément explicatif, complément direct, complément indirect, complément circonstanciel,* il doit y avoir cinq sortes de propositions complétives : *complétives déterminatives, complétives explicatives, complétives directes, complétives indirectes, complétives circonstancielles.*

NOTA. Nous appelons *incises* les propositions intercalées, qui ne se lient aucunement au sens, comme *dit-il, répondit-il,* etc.

Le tableau suivant montrera clairement l'analogie frappante qui existe entre le rôle que jouent les mots dans les propositions et celui des propositions dans les phrases :

RAPPORTS DES MOTS :

Complément déterminatif. . . . . . *Les fables* DE LA FONTAINE *sont des chefs-d'œuvre.*

Complément explicatif. . . . . *La nécessité,* MÈRE DES ARTS, *a enfanté des prodiges.*

Complément direct. . . . . *Après la bataille de Cannes, on put croire* ROME PERDUE.

Complément indirect. . . . . *Aristide s'opposa* À LA DESTRUCTION DE LA FLOTTE LACÉDÉMONIENNE.

Complément circonstanciel . . . . . *L'alouette commence à chanter* DÈS LE LEVER DU SOLEIL.

RAPPORTS DES PROPOSITIONS.

Proposition complétive détermina-tive . . . . *Les fables* QUE LA FONTAINE A COMPO-SÉES *sont des chefs-d'œuvre.*

Proposition complétive explicative. *La nécessité,* QUI EST LA MÈRE DES ARTS, *a enfanté des prodiges.*

Proposition complétive directe. . . *Après la bataille de Cannes, on put croire* QUE ROME ÉTAIT PERDUE.

Proposition complétive indirecte. . *Aristide s'opposa* À CE QUE L'ON DÉ-TRUISÎT LA FLOTTE LACÉDÉMONIENNE.

Proposition complétive circonstan-cielle. . . . . *L'alouette commence à chanter* DÈS QUE LE SOLEIL EST LEVÉ.

Définissons donc clairement les cinq sortes de propositions complétives.

592. On appelle *proposition complétive déterminative* toute proposition qui, dans une phrase, remplit à l'égard d'un nom ou d'un pronom le rôle de *complément déterminatif* :

Le renard QUI DORT *ne prend point de poules.*

On se rappelle toujours avec bonheur le temps QUE L'ON A PASSÉ AU COLLÉGE.

Les propositions *qui dort, que l'on a passé au collége,* limitent l'étendue de la signification des mots *renard, temps.* Elles font voir qu'il n'est pas question du *renard* en général, *mais de celui qui dort ;* du *temps* en général, *mais de celui que l'on a passé au collége :* ce sont des propositions *complétives déterminatives.*

La *complétive déterminative* est indispensable à la phrase : on ne peut la supprimer sans dénaturer le sens.

593. On appelle *proposition complétive explicative* celle qui remplit à l'égard d'un nom ou d'un pronom la fonction de *complément explicatif* :

Le renard, QUI EST SI RUSÉ, *se laisse cependant attraper aux piéges.*

La mémoire des grands hommes est respectée par le temps, QUI DÉ-TRUIT TOUT.

Les propositions, *qui est si rusé, qui détruit tout,* ne déterminent, n'amoindrissent nullement le sens des substantifs *renard, temps.* Ces mots conservent toute l'étendue de leur signification ; il s'agit ici du *renard* et du *temps* en général : ce sont des *propositions complétives explicatives.*

La *complétive explicative* se joint surabondamment à la phrase : on peut la retrancher sans que celle-ci en souffre.

REMARQUE. Les propositions *déterminatives* et les propositions *explicatives* sont toujours marquées par l'un des pronoms relatifs *qui, que, dont, lequel, laquelle, lesquels, lesquelles, duquel, de laquelle, desquels, desquelles, auquel, à laquelle, auxquels, auxquelles, où, quiconque* — *qui* et *quoi* précédés d'une préposition.

594. On appelle *proposition complétive directe* celle qui remplit à l'égard du verbe la fonction de *complément direct* :

*Les plus grands savants avouent qu'*ILS NE SAVENT QUE FORT PEU DE CHOSE.

Socra te désirait que SA PETITE MAISON FÛT PLEINE DE VRAIS AMIS.

Les Bourguignons ne pouvaient croire que CHARLES LE TÉMÉRAIRE FÛT MORT.

Ces trois propositions, qui remplissent à l'égard des verbes *avouer, désirer, croire,* la fonction de compléments directs, sont des *propositions complétives directes.*

595. On appelle *proposition complétive indirecte* celle qui joue à l'égard du verbe le rôle de *complément indirect* :

Des astronomes sont convaincus que LE SOLEIL PEUT ÊTRE HABITÉ.

Chaque jour nous avertit que LA MORT APPROCHE.

Le vieux Jacob consentit avec peine que BENJAMIN LE QUITTÂT.

Dans ces sortes de phrases, la préposition est ordinairement sous-entendue ; c'est comme s'il y avait :

Des astronomes sont convaincus de ceci, de cette chose : LE SOLEIL PEUT ÊTRE HABITÉ.

Chaque jour nous avertit de ceci, de cette chose : LA MORT APPROCHE.

Le vieux Jacob consentit avec peine à ceci, à cette chose : QUE BENJAMIN LE QUITTÂT.

596. On appelle *proposition complétive circonstancielle* celle qui remplit dans la phrase la fonction de *complément circonstanciel,* celle qui ajoute à la proposition dont elle dépend une circonstance, une idée de *temps,* de *manière,* de *condition,* d'*opposition,* de *comparaison,* de *raison,* de *quantité,* etc., etc. :

Les goûts changent quand ON VIEILLIT. (Idée de *temps.*)

*L'hypocrite parle toujours autrement qu'*IL NE PENSE. (Idée de *manière.*)

Si PERSONNE N'AVAIT LE SUPERFLU, *tout le monde aurait le nécessaire.* (Idée de *condition.*)

Les eaux circulent dans le sein de la terre comme LE SANG DANS LE CORPS HUMAIN. (Idée de *comparaison.*)

*Titus fut aimé parce qu'*IL ÉTAIT BON. (Idée de *raison,* de *cause.*)

*La grenouille s'enfla tant qu'*ELLE CREVA. (Idée de *quantité.*)

La *complétive circonstancielle* est toujours annoncée par une conjonction ou par une locution conjonctive.

PROPOSITIONS COORDONNÉES.

597. Quand une phrase renferme plusieurs propositions de même nature et suivant toutes le même ordre d'idées, ces propositions sont dites *coordonnées*.

Toutes les différentes espèces de propositions peuvent être coordonnées :

1º Propositions principales coordonnées :

Je suis venu — j'ai vu — j'ai vaincu.

2º Propositions complétives déterminatives coordonnées :

Les lois — qui régissent le monde — qui ramènent les saisons — et qui renouvellent tout dans la nature, prouvent un Dieu créateur.

3º Propositions complétives explicatives coordonnées :

Rome, *qui fut autrefois si célèbre — et qui subjugua le monde entier,* n'a plus aujourd'hui aucune importance politique.

4º Propositions complétives directes coordonnées :

Je crois que *Dieu est souverainement juste — qu'il récompensera les bons — et qu'il punira les méchants.*

5º Propositions complétives indirectes coordonnées :

Souviens-toi que *tu es poussière — et que tu retourneras en poussière.*

6º Propositions complétives circonstancielles coordonnées :

On fait une chasse active aux loups, *parce qu'ils sont très-dangereux pour le bétail, — et qu'ils ne sont pour l'homme d'aucune utilité.*

PROPOSITION PLEINE, ELLIPTIQUE, EXPLÉTIVE.

598. Considérée d'après l'énonciation des parties qui la composent, la proposition est *pleine*, *elliptique* ou *explétive*.

599. Lorsque tous les mots nécessaires à l'expression de la pensée sont énoncés, la proposition est *pleine;* toutes les propositions déjà citées jusqu'ici sont dans ce cas.

600. Lorsque, au contraire, quelques mots sont sous-entendus, la proposition est *elliptique : Frappez, et l'on vous ouvrira,* c'est-à-dire, *vous, frappez,* etc.

601. Certaines propositions renferment plus de mots que n'en demande l'expression naturelle de la pensée; la même idée s'y trouve exprimée plusieurs fois, sinon inutilement, au moins sans nécessité manifeste. Cette surabondance de mots est appelée *pléonasme*, et les propositions où elle a lieu sont dites *explétives :*

On cherche les rieurs, et moi je les évite. La seconde de ces propositions est explétive, car le sujet est exprimé deux fois, par *moi* et par *je.*

DES GALLICISMES.

602. Il y a dans la langue française certaines phrases, certaines tournures particulières auxquelles l'usage a attaché un sens purement *conventionnel*, et qui résistent presque toujours à l'analyse, c'est-à-dire à une décomposition raisonnée. Ces locutions s'appellent *gallicismes*, mot qui signifie *quelque chose d'exclusivement propre à la langue française.*

Si nous avons cette phrase à analyser :

Dieu est miséricordieux,

chacun des trois termes a un sens clair, bien connu, qui nous amène à comprendre la signification de la proposition dans son ensemble, en sorte qu'ici notre esprit passe des parties au tout sans aucun effort. Au contraire, dans les phrases :

Il m'en veut.
Il a beau jeu.
Si j'étais que de vous, etc., etc.,

l'étude des éléments ne conduit aucunement à la connaissance de la proposition, car ces éléments ont un sens détourné de leur sens ordinaire. Ce sont des phrases que nous ne comprendrions pas si nous n'en savions à l'avance, et par pure *convention*, la véritable signification.

Ces trois phrases forment trois *gallicismes*.

Les gallicismes proviennent le plus souvent d'une ellipse, d'un pléonasme ou d'une inversion. Il faut alors, pour les soumettre à l'analyse, suppléer l'ellipse, retrancher ou signaler le pléonasme, et faire disparaître l'inversion.

Ou bien, et c'est ici le cas le plus difficile, le gallicisme provient de la présence de certains mots qui ont une signification détournée. Le seul moyen de résoudre alors la difficulté, c'est de remplacer le gallicisme par une autre phrase équivalente, composée d'éléments analysables. Alors le gallicisme disparaît, le fond de la pensée reste le même, la forme seule a changé.

GALLICISMES DONT ON PEUT JUSTIFIER LES TERMES D'UNE MANIÈRE SATISFAISANTE.

PREMIÈRE SÉRIE.

Gallicismes :	*Équivalents analysables :*
C'est ici que je demeure.	Ce (*le lieu*) que (*où, dans lequel*) je demeure est ici.
C'est là que régnait le vieux Aceste.	Ce (*le lieu, le pays*) que (*où*) régnait le vieux Aceste est là.
C'est sous l'équateur que se trouvent les animaux à poil ras.	Ce (*le lieu*) que (*mis pour où*) se trouvent les animaux à poil ras est sous l'équateur.
C'est dans le creuset qu'on éprouve l'or.	Ce dans que (*dans lequel*) on éprouve l'or est le creuset.

Gallicismes :	*Équivalents analysables :*
C'est à un moine *qu'*est due l'invention de la poudre à canon.	Ce, l'invention de la poudre à canon est due à un moine.
C'était merveille *de* l'entendre.	Ce, l'entendre, était merveille.
C'est se tromper *que de* croire au bonheur.	Ce (*cela*), croire au bonheur, est se tromper.
C'était autrefois l'usage en Egypte *d'*embaumer les corps.	Ce (*cela*), embaumer les corps, était autrefois l'usage en Egypte.
C'est à vous *de* jouer.	Ce, jouer, est à vous.
C'est bien le moins qu'il...	Ce, qu'il..., est bien le moins.
Ce sont les Grecs qu'on poursuit.	Ce (*ceux*) qu'on poursuit sont les Grecs.
Le plaisir des bons cœurs, *c'est* la reconnaissance.	Ce forme pléonasme.
C'est moi qui *suis* Guillot.	Ce (*celui*) qui est Guillot est moi.
C'est à vous que je parle.	Ce (*celui*) à que (*auquel*) je parle est vous.
C'est de vous que l'on parlait.	Ce (*celui*) de que (*dont*) on parlait est vous.

DEUXIÈME SÉRIE.

Gallicismes :	*Équivalents analysables :*
Il est un Dieu.	Il, un Dieu, est (*existe*).
Il est midi.	Il, midi, est.
Il est beau *de* se vaincre soi-même.	Il, se vaincre soi-même, est beau.
Il est glorieux *d'*oublier une injure.	Il, oublier une injure, est glorieux.
Il importe *de* travailler.	Il, travailler, importe.
Il me tarde *de* vous revoir.	Il, vous revoir, me tarde.
Il arrive souvent *qu'*on se trompe.	Il, on se trompe, arrive souvent.
Il me faut un livre.	Il, un livre, faut, manque, est nécessaire à moi.

TROISIÈME SÉRIE.

Gallicismes :	*Équivalents analysables :*
Il pleut. Il gèle. Il grêle. Il tonne. Il éclaire, etc.	Dans ces sortes de gallicismes, *il* n'est qu'un sujet apparent ; le sujet réel est sous-entendu ; c'est le plus souvent un des mots *ciel, air, atmosphère, nuages,* etc. Disons cependant que, dans certains cas, ce sujet est assez difficile à indiquer.
Il y a un Dieu.	Il, un Dieu, est.
Il y aura beaucoup de fruits cette année.	Il, beaucoup de fruits, seront cette année.
Il y a en nous deux natures.	Il, deux natures, sont en nous.
Il y avait autrefois un roi et une reine...	Il, un roi et une reine, étaient autrefois.
Il n'y a personne qui me plaigne.	Il, personne, n'est qui me plaigne.

Gallicismes :	*Équivalents analysables.*
Il y a de la lâcheté à mentir.	Il, de la lâcheté, est à mentir.
Il y a deux heures que je tra-vaille.	Il, deux heures, sont *que* je tra-vaille.
Il y a longtemps que nous nous connaissons.	Il, un long temps, est *que* nous nous connaissons.
Il y a vingt ans que je ne l'ai vu.	Il, vingt ans, sont *que* je ne l'ai vu.

Ainsi, on peut rendre raison des termes qui entrent dans tout gallicisme commençant par *il y a*, en substituant le verbe *être* à la forme *y a.*

GALLICISMES AUXQUELS IL FAUT SUBSTITUER UNE PHRASE ÉQUIVALENTE ANALYSABLE.

Gallicismes :	*Substitutions équivalentes.*
Il ne fait que sortir.	Il sort continuellement.
Il ne fait que de sortir.	Il sort à l'instant.
Si j'étais que de vous.	Si j'étais à votre place.
Il a beau essayer.	Il essaye vainement.
J'ai beau appeler, personne ne répond.	J'appelle en vain, personne ne répond.
Cela ne laisse pas de m'in-quiéter.	Cela m'inquiète cependant.

La langue française renferme un grand nombre de gallicismes, et la liste que nous venons de donner est très-restreinte. Telle qu'elle est cependant, elle offre des exemples, des modèles de toutes les différentes formes sous lesquelles peut se présenter un gallicisme. Ce n'est donc pour l'élève qu'un rapprochement à faire, une simple comparaison à établir.

MODÈLES D'ANALYSE LOGIQUE.

L'analyse logique peut se faire de deux manières :

1º Un texte étant donné, indiquer la nature des sujets et des attributs, sujet simple ou multiple, complexe ou incomplexe; sujet grammatical ou logique, attribut grammatical ou logique.

La vertu est aimable.

Paul et Julien sont laborieux et attentifs.

La crainte de Dieu est le commencement de la sagesse.

Cet habit est trop court.

SUJET.	NATURE DU SUJET	ATTRIBUT.	NATURE DE L'ATTRIBUT.
Vertu	simpl. incompl.	*aimable*	simpl. incompl.
Paul et Julien	multipl. incompl.	*laborieux et attentifs*	multipl. incompl.
La crainte	simpl. compl.	*le commencement*	simpl. compl.
Habit	simpl. compl.	*court*	simpl. compl.

L'amour des peuples est la garde des rois.

La force du corps et la gaieté de l'âme sont le fruit de la tempérance.

Un gain honteux est un lourd fardeau.

SUJET GRAMMATICAL.	SUJET LOGIQUE.	VERBE.	ATTRIBUT GRAMMATIC.	ATTRIBUT LOGIQUE
L'amour	*L'amour des peuples.*	*est*	*la garde*	*la garde des rois.*
La force et la gaieté.	*La force du corps et la gaieté de l'âme.*	*sont*	*le fruit*	*le fruit de la tempérance.*
Un gain	*Un gain honteux.*	*est*	*un fardeau*	*un lourd fardeau.*

2° Cette analyse n'est que la partie élémentaire et en quelque sorte matérielle de l'analyse logique. Elle répond à cette partie de l'analyse grammaticale qui consiste à dire si un mot est masculin ou féminin, singulier ou pluriel. Il y en a une seconde, autrement importante, dont le but est d'indiquer le nom, la nature de chaque proposition, la fonction qu'elle remplit dans la phrase, et qui répond d'autre part à cette partie de l'analyse grammaticale, qui a pour objet de déterminer le rôle (sujet ou complément) que chaque mot joue dans la proposition. En voici un exemple :

Un texte étant donné, délimiter chaque proposition et en indiquer la nature : *On pardonne aux enfants qui se repentent sincèrement.*

Il y a dans cette phrase deux propositions :

On pardonne aux enfants, prop. princip.

Qui se repentent sincèrement, prop. complét. déter.

TEXTE SUIVI À ANALYSER.

Un favori du sultan jeta une pierre à un pauvre derviche qui lui avait demandé l'aumône ; le derviche n'osa rien dire ; mais il ramassa la pierre et la mit dans sa poche, espérant que tôt ou tard cette pierre lui servirait à se venger. Quelques jours après, il entendit un grand tumulte dans la rue, s'informa de ce qui le causait, et apprit que le favori était tombé en disgrâce, et que le sultan le faisait conduire dans les rues de la ville attaché sur un chameau et livré aux insultes du peuple. A l'instant, le derviche tira sa pierre de sa poche, mais ce fut pour la lancer loin de lui. « Je sens, s'écria-t-il, que la vengeance n'est jamais à propos ; car si notre ennemi est puissant, elle est imprudente et insensée ; si, au contraire, il est malheureux, elle est lâche et cruelle. »

ANALYSE.

1. Un favori du sultan jeta une pierre à un pauvre derviche. *Prop. princ.*

2. qui lui avait demandé l'aumône. *Prop. compl. dét.*

3. Le derviche n'osa rien dire;
4. mais il ramassa la pierre,
5. et (*il*) la mit dans sa poche, espérant

> *Prop. princ.*
> *coord.* la der-
> nière *ellipt.*

6. que tôt ou tard cette pierre lui servirait à se venger. *Prop. compl. dir.*

7. Quelques jours après, il entendit un grand tumulte dans la rue, *Prop. princ.*

8. (*il*) s'informa de ce. *Prop. princ. ellipt.*

9. qui le causait. *Prop. compl. dét.*

10. et (*il*) apprit. *Prop. princ. ellipt., coord. avec les nos 7 et 8.*

11. que le favori était tombé en disgrâce,
12. et que le sultan le faisait conduire dans les rues de la ville, attaché sur un chameau, et livré aux insultes du peuple.

> *Prop. compl. dir. coord.*

13. A l'instant, le derviche tira sa pierre de sa poche.
14. mais ce fut pour la lancer loin de lui.

> *Prop. princ. coord.*

15. Je sens. *Prop. princ.*

16. s'écria-t-il. *Prop. incise.*

17. que la vengeance n'est jamais (*exercée*) à propos. *Prop. compl. dir. ellipt.*

18. car si notre ennemi est puissant. *Prop. compl. circ.*
19. elle est imprudente et insensée. *Prop. princ.*
20. si, au contraire, il est malheureux. *Prop. compl. circ.*
21. elle est lâche et cruelle. *Prop. princ.*

> *coord.*
> *deux*
> *à deux.*

Nota. — Quand les élèves savent décomposer, analyser une phrase, un texte de cette manière, ils connaissent à fond l'*analyse* dite *logique*. Ici, nous nous sommes surtout attaché à donner une classification exacte des dénominations *logiques*, et nous avons dû proscrire les mots de *propositions principales absolues*, *propositions principales relatives*, *propositions incidentes*, appellations qui ne répondent nullement aux fonctions que ces propositions remplissent.

DE LA PONCTUATION.

603. La *ponctuation* est l'art de diviser les parties du discours qui n'ont pas entre elles une liaison intime, et d'employer les signes de division de la manière la plus propre à montrer les rapports qui existent entre ces parties.

604. Les principaux signes de ponctuation sont au nombre de six : la *virgule* (,) — le *point et virgule* (;) — les *deux points* (:) — le *point* (.) — le *point d'interrogation* (?) — et le *point d'exclamation* (!).

La *virgule* marque la pose la plus courte; le *point*, la plus longue; le *point et virgule* et les *deux points* tiennent le milieu entre la *virgule* et le *point*.

Aux signes qui précèdent, on peut en ajouter quatre qui servent également à déterminer les rapports. Ce sont : les *points de suspension* (....) — la *parenthèse* ( ) — les *guillemets* (« ») — et le *tiret* (—).

DE LA VIRGULE.

605. La *virgule* se place entre les mots de même fonction : sujets, attributs, compléments de même espèce, propositions de peu d'étendue :

Sujets : *La richesse, le plaisir, la santé, deviennent des maux pour qui ne sait pas en user.*

Le regret du passé, le chagrin du présent, l'inquiétude sur l'avenir, sont les fléaux qui affligent le plus le genre humain.

Attributs : *La vraie fermeté est douce, humble, tranquille.*

Cette jeune fille est pieuse, modeste, instruite.

Compléments de même espèce : *Il faut régler ses goûts, ses travaux, ses plaisirs.*

Un enfant bien élevé obéit à son père, à sa mère, à ses supérieurs.

Il faut lire pour s'instruire, pour se corriger, pour se consoler.

Propositions de peu d'étendue : *L'attelage suait, soufflait, était rendu.*

Je suis venu, j'ai vu, j'ai vaincu.

606. La virgule se met encore avant et après tout mot ou toute réunion de mots qu'on pourrait retrancher sans dénaturer le sens de la phrase.

Ne vous écartez jamais, mes enfants, du sentier de la vertu.

L'Amérique fut découverte par Christophe Colomb, en 1492, sous le règne de Ferdinand d'Espagne.

Un ami, don du ciel, est le vrai bien du sage.

Libre et content, tu es resté juste et bon.

La vie, disait Socrate, ne doit être que la méditation de la mort.

Le temps, qui fuit sur nos plaisirs, semble s'arrêter sur nos peines.

La suppression de la virgule, dans cette dernière phrase, dénaturerait le sens, en le faisant passer du général au particulier.

607. Ainsi, toute proposition explicative se met entre deux virgules; mais la proposition déterminative ne prend aucun signe de ponctuation :

Le voile qui enveloppe l'avenir n'est pas un des moindres bienfaits de la Providence.

La conscience est l'unique miroir qui ne flatte point.

Cependant, si cette proposition était trop étendue, on mettrait une virgule à la fin :

Un Arabe qui se destine au rude métier de pirate de terre, s'endurcit de bonne heure à la fatigue des voyages.

Cette virgule se nomme *virgule de respiration*.

608. La virgule s'emploie aussi pour remplacer un verbe sous-entendu :

On a toujours raison ; le destin, toujours tort.

La virgule remplace le verbe *a* sous-entendu.

La jalousie vous dispute une vaine beauté ; la fierté, votre nais-sance ; l'ambition, vos services ; l'orgueil, vos talents.

Dans cette phrase, chaque virgule remplace le verbe *dispute*.

On fait encore usage de la virgule dans bien d'autres cas, que l'usage, la lecture et le bon sens feront connaître.

609. REMARQUE. On ne met point de virgule entre deux parties semblables jointes ensemble par une des conjonctions *et*, *ou*, *ni*, à moins que ces parties n'excèdent la portée de la respiration :

La coquetterie détruit et étouffe toutes les vertus.

Il faut vaincre ou mourir.

L'or ni la grandeur ne rendent l'homme heureux.

Mais on dira, en employant la virgule :

Nul n'est content de sa fortune, ni mécontent de son esprit,

parce que les parties jointes ensemble par *ni* ont trop d'étendue pour qu'on puisse les prononcer sans faire une pause.

On fait aussi usage de la virgule avant *et*, *ou*, *ni*, quand ces conjonctions se trouvent plusieurs fois répétées :

Le lendemain, je quittai Florence ; mais ni l'étude, ni les voya-ges, ni le temps, n'ont diminué ma souffrance. (Th. Gaut.)

On demandait une nouvelle ou pathétique, ou délicate, ou pi-quante, dont le sujet était laissé à l'inspiration des concurrents. (Sainte-Beuve.)

Fénelon réunissait à la fois et l'esprit, et la science, et la dou-ceur, et la vertu.

> Il terrasse lui seul et Guibert, et Grasset,
> Et Gorillon la basse, et Grandin le fausset,
> Et Gerbais l'agréable, et Guérin l'insipide.
>
> BOILEAU.

DU POINT ET VIRGULE.

610. Le *point et virgule* sert à séparer entre elles les proposi-tions semblables qui ont une certaine étendue :

La raison est le flambeau de l'amitié ; le jugement en est le guide ; la tendresse en est l'aliment.

Surtout si ces propositions renferment des parties déjà subdi-visées par la virgule :

Parler, c'est dépenser ; écouter, c'est acquérir.

Les grâces les plus séduisantes sont celles de la beauté ; les plus piquantes, celles de l'esprit ; les plus touchantes, celles du cœur.

7

DES DEUX POINTS.

611. Les *deux points* s'emploient :

1° Avant une citation :

Aristote disait à ses disciples : « *Mes amis, il n'y a point d'amis.* »

2° Avant une énumération, si l'énumération termine la phrase; après une énumération, si l'énumération commence la phrase :

Voici toute la religion chrétienne : croire, espérer, aimer.

Croire, espérer, aimer : voilà toute la religion chrétienne.

3° Pour annoncer qu'on va éclaircir ou confirmer ce qui précède, l'expliquer, le compléter, quelquefois en le résumant, en développer les conséquences, exprimer une pensée ou satisfaire une curiosité qui dérive de ce qui précède comme une suite naturelle, ou enfin poser en regard quelque chose qui le fasse ressortir comme formant contraste. C'est ici la fonction la plus importante du signe qui nous occupe :

On couronne les rois comme on couronna le Christ : chaque fleuron de leur couronne est une épine. (A. KARR.)

Je serai sincère : je profitai fort mal des leçons qui me furent données, et je ne fus jamais qu'un écolier paresseux.

Les biens du monde sont fragiles : plus nous avons l'expérience des choses de la vie, plus nous en sommes convaincus.

Ne fais rien dans la colère : mettrais-tu à la voile pendant la tempête ?

DU POINT.

612. Le *point* se met après une ou plusieurs propositions formant un sens complet :

Le mensonge est le plus bas de tous les vices.

Rien n'est plus propre que l'étude à dissiper les troubles du cœur, à rétablir dans un concert parfait les harmonies de l'âme. Quand, fatigué des orages du monde, vous vous réfugiez au sanctuaire des Muses, vous sentez que vous entrez dans un air tranquille, dont la bénigne influence a bientôt calmé vos esprits.

DU POINT D'INTERROGATION.

613. Le *point d'interrogation* se met à la fin des phrases qui expriment une question :

Comment vous portez-vous ?

Cet ouvrage est magnifique, ne l'admirez-vous pas?

614. REMARQUE. Le verbe est quelquefois à la forme interrogative, sans qu'il y ait pour cela interrogation dans la pensée; dans ce cas, on ne fait pas usage du point d'interrogation :

Lui faites-vous la moindre observation, il se fâche, c'est-à-dire, *si vous lui faites la moindre observation.*

DU POINT D'EXCLAMATION.

615. Le *point d'exclamation* s'emploie à la fin de toutes les phrases exprimant la surprise, la terreur, la pitié, la joie, l'admiration, et généralement après toutes les interjections :

> *Qu'un ami véritable est une douce chose !*
> *O mon fils! ô ma joie! ô l'espoir de mes jours !*

DES POINTS SUSPENSIFS.

Les *points suspensifs* indiquent une réticence, une interruption, faite à dessein dans l'expression de la pensée :

> Et ce même Sénèque et ce même Burrhus
> Qui depuis... Rome alors estimait leurs vertus.

DE LA PARENTHÈSE.

616. La *parenthèse* est un signe dont on se sert pour enfermer des mots formant, au milieu de la phrase, un sens distinct et séparé :

> La peste (puisqu'il faut l'appeler par son nom),
> Capable d'enrichir en un jour l'Achéron,
> Faisait aux animaux la guerre.
>
> La Fontaine.

DES GUILLEMETS.

617. Les *guillemets* sont des signes qu'on met au commencement et à la fin d'une citation, et souvent même au commencement de chacune des lignes qui la composent :

> Quel plaisir de penser et de dire en vous-même :
> « Partout, en ce moment, on me bénit, on m'aime ;
> » On ne voit point le peuple à mon nom s'alarmer ;
> » Le ciel dans tous leurs pleurs ne m'entend point nommer! »

DU TIRET.

318. Le *tiret* sert, dans un dialogue, à indiquer le changement d'interlocuteur, et à remplacer les mots *dit-il, répondit-il,* etc., qu'on ne veut pas répéter :

> Il nous faut ton moulin ; que veux-tu qu'on t'en donne?
> — Rien du tout, car j'entends ne le vendre à personne.
> *Il nous faut* est fort bon... mon moulin est à moi,
> Tout aussi bien, au moins, que la Prusse est au roi.
> — Allons, ton dernier mot, bonhomme, et prends-y garde.
> — Faut-il vous parler clair? — Oui. — C'est que je le garde.
>
> Andrieux.

DE LA PRONONCIATION.

619. La *prononciation* est peut-être ce qu'il y a de plus arbitraire dans notre langue. Aussi, dans les développements qui vont suivre, nous contenterons-nous de donner des exemples.

620. *A*, qui conserve en général le son qui lui est propre, soit bref, soit long, est nul dans *aoriste, août, aoûteron, Saône, toast, taon*. Cependant *aoûté* et *aoûter*, qui appartiennent à la même famille que *août*, se prononcent *a-oûté, a-oûter*.

621. *Ai* se prononce *e* dans *faisons* (nous), dans tout l'imparfait de l'indicatif, je *faisais*, tu *faisais*, etc., et au participe présent *faisant*. Il a le son de *è* dans tous les autres cas : *maître, bienfaisance*.

622. *C* a le son de *g* dans *second* et *reine-Claude* (prunes de).

Un nombre assez considérable de mots se terminent par *c;* mais il est impossible d'établir une règle sur la valeur muette ou sonore du *c* dans ces mots, attendu que ceux où *c* a le son de *k*, comme *frac, bloc, tillac*, sont à peu près en aussi grand nombre que ceux où *c* est nul : *estomac, accroc, caoutchouc, porc, clerc, blanc*. Toutefois, ces trois derniers peuvent être soumis à une règle : *C* est nul quand ces mots sont employés à l'état simple, et dur dans les locutions *porc-épic, de clerc à maître, du blanc au noir*. *Zinc* se prononce *zing*, sans doute à cause du dérivé *zingueur*.

623. *Ch* a le son doux de *che* dans la plupart des cas, comme *cloche, mouche, toucher*, etc. Il faut en excepter les mots tirés du grec, où *ch* a tantôt le son doux, tantôt le son dur de *k*. Il a ce dernier son dans *achromatique, anachorète, anachronisme, Antechr.st, antichrétien, arachnoïde, archaïsme, archange, archéologie, archétype, archiépiscopal, archonte, aurochs, autochthone, bacchanales, bacchante, brachial, catachrèse, catéchumène, chalcographe, chaldéen, chananéen, chaos, Charybde, Chersonèse, chéiroptère, chiragre, chirographaire, chiromancie, chlamyde, chlorate, chlore, chœur, choléra, chorégraphie, choriambe, choriste, chorus, chrême, chrétien, chromate, chrome, chronique, chroniqueur, chronogramme, chronologie, chronomètre, chrysalide, chrysanthème, chrysocale, cochléaria, conchoïde, conchyliologie, dichotomie, drachme, ecchymose, écho, épichérème, eucharistie, exarchat, fuchsia, ichneumon, ichthyologie, isochrone, lichen, lithochromie, loch, malachite, mnémotechnie, monochrome, orchestre, orchidées, philotechnie, polytechnique, psychologie, pyrotechnie, saccharifère, strychnine, synchronisme, technique, trochanter, trochée, yacht*, et les composés de ces différents mots.

Il a le son doux de *ch* dans *Achéron* (prononciation du Théâtre-Français et de l'Académie), *archevêque, archidiacre, archimandrite, archipel, archiprêtre, architectonique, manichéen, pachyderme, tachygraphe, trachéotomie*, et leurs composés.

On dit aussi avec le *ch* doux *machiavélisme, machiavélique* et *Michel*, bien que l'on prononce *Makiavel* et *Mikel*-Ange.

624. *E* se prononce *a* dans *hennir, hennissement, indemnité* (cependant *indemne* se prononce .indèmne), rouennerie, solennel et ses composés, et dans tous les adverbes terminés par *emment*, comme prudemment, éloquemment, etc.

625. *En* et *em* sont des syllabes sur la prononciation desquelles on se trompe assez souvent. Ici, il est à peu près impossible d'établir une règle ; d'ailleurs, cela serait inutile pour un grand nombre de mots, dont on a pu saisir dès l'enfance la véritable prononciation. Nous allons donc nous contenter de donner la liste de ceux sur lesquels on pourrait avoir des doutes.

En se prononce *an* dans envie, enivrer, enorgueillir, ennui, ennoblir, gentiane.

Il se prononce *ène* dans abdomen, amen, cérumen, éden, gramen, hymen, lichen, pollen et spécimen.

Il se prononce *in* dans appendice, chrétienté, compendium, examen, rhododendron.

626. *F* est tantôt nul, tantôt sonore à la fin des mots ; c'est l'usage qui règle cette prononciation. Toutefois les cas particuliers sont assez curieux : *f* se prononce dans *serf*, esclave ; il est nul dans *cerf*, quadrupède, quand ce substantif est suivi d'un autre mot ; il se fait sentir dans *bœuf*, *œuf* et *nerf* au singulier ; il est nul au pluriel.

627. *G* est muet à la fin des mots *étang*, *seing*, *faubourg*.

Dans le mot *joug*, il se fait sentir légèrement.

Il est nul dans *bourgmestre*, et a le son de *k* dans *gangrène*, dans *bourg*, quoiqu'il soit nul dans *faubourg* ; il prend également le son de *k* dans la liaison des mots : *sang* illustre, *rang* honorable, *long* intervalle, suer *song* et eau.

G est nul dans *signet* et dans les noms propres *Regnard*, *Regnaut*, qui se prononcent *sinet*, *Renard*, *Renaut*.

628. *H* est tantôt muet, tantôt aspiré ; cette distinction est faite dans presque tous les dictionnaires. *H* de *héros* est aspiré, mais il est muet dans tous ses dérivés : *héroïne*, *héroïque*, *héroïquement*, *héroïsme*. C'est à tort que quelques personnes aspirent *h* du mot *hyène* ; il faut dire l'*hyène*. Il faut dire aussi *avant-hier*, et non *avan-hier*.

H du mot *Henri* est généralement aspiré ; on dit aussi la *Henriade* ; cependant *h* de *Henriette* est muet. Toutefois, dans le langage familier, on fait souvent l'élision et la liaison devant le mot *Henri* : *Viv' Henri IV !*

629. *I* ne se prononce pas dans *douairière*, *encoignure*, *oignon*, ainsi que dans les noms propres *Montaigne*, *Champaigne* (Philippe de), *Cavaignac*. Suivant quelques grammairiens, *moignon*, *poignet*, *poignant*, *poignard* se prononcent *moagnon*, *poagnet*, *poagnant*, *poagnard*, en faisant de *i* l'équivalent de *a*. Une telle prononciation ne saurait être admise.

630. *Œ* se prononce tantôt *e, eu,* comme dans les mots *bœuf, cœur, chœur, désœuvré, désœuvrement, manœuvre, manœuvrier* (celui qui entend bien la manœuvre des armées de terre et de mer), *nœud, œil, œillade, œillère, œillet, œilleton, œillette, œuf, œuvé, œuvre, sœur, vœu,* — Tantôt *é* comme dans *homœopathe, œcuménique, œdème, Œdipe, œnologie, œsophage,* et leurs composés.

631. *OI.* Autrefois le son *ai* s'écrivait *oi.* On orthographiait *oi,* et l'on prononçait *ai.* Nos vieux écrivains offrent à chaque ligne des exemples de cette anomalie entre l'orthographe et la prononciation. Ce désaccord se faisait surtout remarquer dans les vers, et l'on en trouve de nombreux exemples dans La Fontaine :

> Et que m'importe donc, dit l'âne, à qui je sois ?
> Sauvez-vous, et me laissez paître.
> Notre ennemi, c'est notre maître :
> Je vous le dis en bon *françois.*

> Se croire un personnage est fort commun en France :
> On y fait l'homme d'importance,
> Et l'on n'est souvent qu'un bourgeois.
> C'est proprement le mal *françois.*

Boileau lui-même ne s'est pas interdit cette façon de rimer :

> Durant les premiers ans du Parnasse *françois,*
> Le caprice tout seul faisait toutes les lois.

On ne rimait alors que pour la vue, et l'on sait que c'est Voltaire qui a le premier exigé que la rime satisfît les yeux et l'oreille.

Aujourd'hui, on écrit et on prononce *ai.* Toutefois, il faut excepter les mots congénères *roide, roideur, roidir,* qui, si l'on doit en croire l'Académie, se prononcent *oi* dans le style soutenu et *ai* dans le discours ordinaire.

632. *Qua* se prononce *koua* dans les mots *quadragénaire, quadragésime, quadrangulaire, quadrature, quadrige, quadrilatère, quadrinome, quadrumane, quadrupède, quodruple, quaker, quanquam* (discours à l'ouverture d'une thèse), *quartidi, quarto* (in-), *quartz, quaternaire, quatuor, squale, squame,* et leurs composés.

Dans tous les autres, comme *quadrille, quarteron, quasi,* etc., *qua* se prononce *ka.*

Qui se prononce *ki* dans *quiétude* et ses composés. Voir le n° 635.

633. En général, *s* entre deux voyelles dans le corps d'un mot se prononce comme *z* : *maison, poison,* etc. ; excepté dans les composés où entre comme radical un mot commençant par *s* : *présupposer, vraisemblable, antisocial, monosyllabe* (et les composés de *syllabe*), *soubresaut, tournesol, préséance, resonner* (sonner de nouveau), *resaluer, cosécante, cosinus, parasol, pétrosilex, prosecteur, trisection.*

Cependant, voici des mots où s a le son de z, bien qu'il vienne après une consonne : *transit, transiger, balsamine, Alsace, transition et transaction.* En voici d'autres où il se prononce *se*, bien qu'il soit précédé d'une voyelle : *Israël, christianisme,* ainsi que la plupart des mots en *isme*, et ceux où *s* est final, si toutefois il doit se faire sentir, comme *Gil Blas, Arras, Cérès, Amadis, Adonis; Apis, Pâris, Calvados, Pyrrhus, Bacchus*, etc., parmi les noms propres; *as, atlas, hélas, vasistas, aloès, bis, cassis, gratis, ibis, lis* (un), *lapis, maïs, métis, oasis, orchis, parisis, volubilis, vis, albinos, mérinos, rhinocéros, pathos, blocus, chorus, hiatus, omnibus, prospectus, rébus, typhus, virus, plus* (dans *plus-que-parfait*), *plus* (je dis), *sus* (en), *sus* (courir).

634. Le *t* précédé de *s* ou de *x*, et suivi de *ion*, a le son dur, comme dans *bastion, combustion, confection, digestion, immixtion, indigestion, mixtion, question, suggestion*. On dit également *amphictyons*. Dans tous les autres cas, *tion* se prononce *cion* : *attention, intention, mention, subvention*, etc.

T est doux et se prononce *c* avant *ie* terminant un mot, comme dans *argutie, aristocratie, calvitie, démocratie, facétie, impéritie, inertie, minutie, suprématie, théocratie;* on dit aussi *pétiole. T* est dur dans tous les autres cas, comme *épizootie, eucharistie, sacristie*, etc.

T est muet dans *Retz* (cardinal); *Metz* se prononce Mèss.

635. *U* est muet dans *aiguière, Guyane, Guyenne, guise* (vivre à sa), c'est-à-dire que *gui* ou *guy* se prononce comme *gui* dans *guide, guitare.*

Comme on le voit par le détour que nous sommes obligé de prendre pour indiquer la prononciation de *gui*, la traduction graphique des sons de notre langue laisse singulièrement à désirer, puisqu'il nous est impossible à nous-même de rendre par des lettres la forme sous laquelle doit être représenté le son *gui* que l'on fait entendre dans *guitare.*

U se prononce et forme diphthongue dans *a quia, questure, équestre, équiangle, équitation, équilatéral, quinquagénaire, quinquagésime, quintuple, quintette, quiétisme, Quintilien, Quinte-Curce*, etc.

Gua se prononce *goua* dans *Guadeloupe, Guadiana, Guarini, alguazil, Guatémala, Guadalquivir, lingual.*

Gui se prononce en faisant sentir l'*u* dans *aiguille, aiguiser*, et les noms propres *Aiguillon, Guise, Guide* (le), *Guizot.*

Un et *um* se prononcent *on* dans *unguiculé, infundibuliforme, rumb.*

636. *W*. Cette lettre ne se trouve que dans les mots allemands et anglais. Dans les mots allemands ou d'origine allemande, elle

a le son du simple *v* : *Wagram*, *Weimar*, *Weser*, *Westphalie*, *Wittenberg*, *Wurtemberg*, *Wallenstein*, *Weber*, *Wiéland*, *Brunswick*, *Worms*; prononcez *Vagram*, *Veimar*, etc. Il a le son *ou* dans les mots anglais : *Whist*, *wiskey* ou *wisky*, *Windsor*, *Westminster*, *Wakefield*, *whig*, *Washington*, *Wellington*, *Walter*, *Scott*; prononcez *ouist*, *ouiski*, *ouindsor*, *ouestminster*, etc. ,

En France, nous donnons au *w* anglais terminant une syllabe le son de *u*, comme dans *Newton*, *Newcastle*, *New-York*; prononcez *Neuton*, *Neu-castle*, *Neu-York*.

Law, que beaucoup prononcent *Lâss* et *Lâve*, se prononce *Lôo*, prononciation anglaise qu'un Français ne fait entendre que très-imparfaitement. Quelques-uns veulent qu'en Angleterre on prononce *Lâ*, en appuyant fortement sur la voyelle.

W est nul dans *Greenwich*, *Norwich*, et dans la dernière syllabe de *Warwick* : *Grinitch*, *Noritch*, *Ouarick*.

637. *X* a le son doux de *c* dans *Auxerre*, *Auxonne*, *Bruxelles*, *Xerxès*; mais, dans les dérivés de ces mots (ceux qui en ont), *x* reprend sa prononciation de *ks* : *Auxerrois*, *Auxonnois*, *Bruxellois*; prononcez *Aukserrois*, etc.

On n'est pas d'accord sur la prononciation de *x* dans *Aix*. Dans le Midi, on prononce *Aisse*; à Paris, on dit plutôt *Aiks*. Il en est ainsi de *Aix-la-Chapelle*, *Tixeranderie* (rue de la), où *x* a, selon les uns, la valeur de *ss*, selon les autres, celle de *ks*.

638. *Y*, en général, a la valeur de *i* : *hymne*, *pyramide*, *pythie*, *type*; mais quand il est placé entre deux voyelles, ou seulement après une voyelle, il vaut deux *i* : *moyen*, *pays*, *joyeux*. Il faut en excepter *Bayard*, *Bayonne*, *Blaye*, *Biscaye*, *Mayence*, *Andaye*, *bayadère*, *La Fayette*, *cipaye*, où *y* a le son de *i* simple.

Dans les mots terminés par *ayer*, *y* doit toujours se prononcer comme deux *i*, malgré le sentiment indécis de l'Académie. Ainsi il faut prononcer je *paye*, je *payerai*, il *bégaye*, *bégayement*, comme s'il y avait *pai-ie*, je *pai-ierai*, il *bégai-ie*, *bégai-iement*.

Voici, par exemple, des vers où il serait impossible de prononcer autrement :

> L'innocent à ses yeux paye-t-il pour l'impie ?

> . . . . Tous ses trésors
> Payeront-ils le sang que vous allez verser?

Toute autre prononciation est illogique et pourrait aboutir à des contre-sens, comme dans les phrases suivantes : *Je vais faire la paye. — Vos fils et les miens frayent une mauvaise compagnie.*

On pourrait comprendre : *Je vais faire la* PAIX. —*Vos fils et les miens* FERAIENT *une mauvaise compagnie.*

LISTE DES MOTS QUI NE SONT, À PROPREMENT DIRE,
ASSUJETTIS À AUCUNE RÈGLE,
ET SUR LA PRONONCIATION DESQUELS ON PEUT SE TROMPER.

	PRONONCEZ :		PRONONCEZ :
Aberdeen	Aberdinn	Narghilé	Narguilé (gui
Andante	Ann-dann-té		comme dans
Arguer	Ar-gu-é		quitare)
Cheptel	Chetel	Peel	Pile
Cicerone	Tchitchéroné	Pouzzolane	Pouzolané ou
Ciceroni	Tchitchéroni		Poudzolané
Cutter	Cotre ou Keu-	Railway	Rellouai
	tre	Rout	Raoutt
Enghien	Eugain	Schérif	Chérif
Imbroglio	Imbro-io	Shakspeare	Chekspire
Lady	Lédi	Shall	Châle
Lazzarone	Ladzaroné	Shooner	Chouneur
Lazzaroni	Ladzaroni	Sloop	Sloup
Lazzi	Ladzi	Speech	Spitch
Liverpool	Liverpoul	Spleen	Splinn
Mezzo	Medzo	Square	Scouère ou
Mezzo termine	Medzo terminé		Scouare
Mezzo tinto	Medzo tinn-to	Staël (Mme de)	Stal (Mme de)
Miniature	Migniature	Steamer	Stimeur
		Yacht	Iak

DES LIAISONS ENTRE LES MOTS.

639. L'euphonie exige qu'en général on lie la consonne finale
d'un mot avec la voyelle ou le *h* muet qui commence le mot suivant. « Cette liaison, dit M. Antoine Roche, donne ordinairement
au discours une harmonie, une variété fort agréable à l'oreille. »

Il est à peu près impossible de donner des règles absolues sur
cette partie importante de la prononciation. Avant tout, il faut
consulter le sens, l'oreille et le bon goût. En général, on lie entre
eux les mots qui sont unis par le sens : quand le premier mot se
termine par un *e* muet, par un *s*, par un *x*, par un *z*, par un *n*,
par un *t*, comme *table ouverte* (ta-blouverte), *fils aimé* (fi-saimé),
vis en bois (vi-sen), *deux et deux font quatre* (deu-zet), *lisez un
bon livre* (zun), *un bon enfant* (bo-nenfant), *un ancien ami* (nami),
ouvrage parfaitement écrit (técrit), *avant-hier* (tièr), *droit acquis*
(tacquis). Mais la liaison devrait être évitée avec soin, s'il en ré-
sultait un son dur et désagréable. Nous allons en donner quelques exemples : *plomb argentifère, gond en fer, nid artistement
fait, orang-outang, drap avarié, champ inondé, contrat à vie,
allez aux eaux, parfum exquis, nation en décadence, donnez-
m'en un peu, que veut-on aujourd'hui ? les onze premiers nombres,
prononcer le grand oui, cent un,* etc., etc. (Il serait trop dur de
dire : plom-bargentifère ; gon-ten-fer, etc.)

DE LA VERSIFICATION.

640. La versification est l'art de faire des vers en se conformant aux procédés propres à chaque langue.

Les principales règles de la versification française peuvent se réduire à huit. Elles concernent : la mesure, la césure, la rime, l'inversion, l'hiatus, l'enjambement, les licences poétiques et les mots poétiques.

DE LA MESURE DES VERS.

641. Les vers français diffèrent de la prose en deux points principaux : la mesure et la rime.

Dans les vers français, chaque syllabe se nomme pied; ainsi, au lieu de dire un vers de six, de dix, de douze syllabes, on dit plus généralement un vers de six, de dix, de douze pieds.

Il y a des vers de douze, de dix, de huit, de sept, de six, de cinq, de quatre, de trois, de deux et même d'un pied. Les vers de neuf et surtout ceux de onze sont inusités.

SYLLABES MUETTES À LA FIN ET DANS LE CORPS D'UN VERS.

642. Quand un vers se termine par une syllabe muette, cette syllabe ne compte jamais dans la mesure du vers :

Il faut, autant qu'on peut, obliger tout le mon*de*.
LA FONTAINE.

Elle ne compte pas non plus dans le corps du vers quand elle est suivie d'un mot qui commence par une voyelle ou un *h* muet

Ma fil*le*, il faut céder : *votre* heure est arrivée.
RACINE.

Ces syllabes comptent devant une consonne ou un *h* aspiré :

Le mas*que* tom*be*, l'hom*me* res*te*,
Et *le* héros s'évanouit.
J.-B. ROUSSEAU.

Si l'*e* muet est suivi des lettres *s*, *nt*, il ne compte pas pour une syllabe à la fin du vers :

Le sage est ménager du temps et des paro*les*.
LA FONTAINE.

Mais sur le front des camps déjà les bronzes gron*dent*.
LAMARTINE.

Mais il compte toujours pour une syllabe dans le corps du vers, même quand il est suivi d'une voyelle ou d'un *h* muet :

Craignez d'un vain plaisirs les trompeu*ses* amorces.
BOILEAU.

Ni l'or ni la grandeur ne nous ren*dent* heureux.
LA FONTAINE.

REMARQUE. Dans les troisièmes personnes des verbes en *aient*, l'*e* est considéré comme nul, et ces mots peuvent entrer dans le corps d'un vers, même devant une consonne :

> Mes larmes *t'imploraient* pour mes tristes enfants.
>
> VOLTAIRE.

Il n'en est pas ainsi pour les verbes en *oient*, qui, à l'exception de *soient*, ne peuvent précéder une consonne. Ainsi, ce vers est régulier :

> Qu'ils *soient* de vos écrits les compagnons fidèles.

Celui-ci serait faux :

> Les hommes *croient* toujours les choses qu'ils désirent.

Ces distinctions pourront paraître un peu subtiles ; néanmoins, nos meilleurs poètes les ont observées.

Quand plusieurs voyelles se suivent dans un mot, comme *ia*, *iai*, *ian*, *iau*, *ié*, *iè*, *iel*, *ière*, *ieu*, *io*, *ion*, etc., il est essentiel de savoir si elles forment deux syllabes ou une seule, c'est-à-dire si elles se prononcent en deux ou en une seule émission de voix ; si l'on doit dire *i-a* ou *ia*, *i-ai* ou *iai*, *i-au* ou *iau*, *i-an* ou *ian*, etc. Cette règle, qui n'a qu'une importance secondaire en grammaire, doit être rigoureusement observée dans la versification ; car la régularité du vers en dépend.

Ia forme généralement deux syllabes, comme dans *di-amant*, *di-adème*, *étudi-a*, *confi-a*, *vi-ager*, etc.; excepté dans *diable*, *diacre*, *fiacre*, *liard*.

Iai forme deux syllabes, comme dans je *ni-ai*, je *dévi-ai*, je *mari-ai*, *ni-ais*, etc.; excepté dans *bréviaire*.

Biais est à volonté d'une ou de deux syllabes.

Ian et *ien* (se prononçant *ian*) forment deux syllabes : *étudi-ant*, *oubli-ant*, *li-ant* ; *pati-ent*, *expéri-ence*, *expédi-ent*. Il faut excepter *viande*.

Iau forme deux syllabes : *mi-auler*, *besti-aux*, *impéri-aux*, etc.

Ien (se prononçant *iin*) ne forme en général qu'une syllabe dans les petits mots, tels que *bien*, *chien*, *rien*, *mien*, *tien*, *sien*, je *viens*, je *tiens* ; excepté *li-en*, qui en forme deux. Il est de deux syllabes dans les mots plus longs, et, en général, dans les adjectifs d'état, de profession ou de pays, comme *grammairi-en*, *comédi-en*, *musici-en*, *histori-en*, *magici-en*, et dans les noms propres, comme *Phrygi-en*, *Quintili-en*, etc. Cependant il est d'une seule syllabe dans *chrétien*, *maintien*, *obtienne*, *appartienne*. Les poètes font *ancien* et *gardien* tantôt de deux, tantôt de trois syllabes.

Ié n'est ordinairement que d'une syllabe, comme dans *amitié*, *moitié*, *pitié*, *siège*, *liége*, etc.; excepté dans *pi-été*, *sati-été*, et dans les participes des verbes en *ier*, comme *humili-é*, *mari-é*, *appréci-é*.

Iè est toujours monosyllabique, comme *diète*, *lièvre*, *chaumière* ; excepté *quatri-ème*, *inqui-ète*.

Iel est d'une seule syllabe dans *ciel, miel, fiel,* et de deux dans la plupart des autres cas : *essenti-el, artifici-el, matéri-el, véni-el,* etc.

Ier est de deux syllabes dans les verbes, comme *humili-er, justifi-er, appréci-er,* etc.

Dans les autres mots, substantifs ou adjectifs, *ier* est de deux syllabes s'il est précédé d'une consonne double, comme *br, dr, tr, bl, cl,* etc. : *marbri-er, madri-er, meurtri-er, tabli-er, boucli-er.*

Il est d'une seule syllabe après une consonne simple, comme *papier, mûrier, meunier, premier, dernier,* etc.

Hier est, à volonté, de deux syllabes ou d'une seule :

> Mais *hi-er* il m'aborde, et, me prenant la main :
> « Ah ! monsieur, m'a-t-il dit, je vous attends demain. »
> BOILEAU.

> Le bruit court qu'avant-*hier* on vous assassina.
> BOILEAU.

Ierre est toujours monosyllabique, comme dans *lierre, pierre,* etc.

Ieu est monosyllabique dans les substantifs, comme *épieu, milieu, Dieu.*

Il est dissyllabique dans les adjectifs, tels que *audaci-eux, ambiti-eux, séri-eux;* excepté *vieux,* et l'adverbe *mieux.*

Io est de deux syllabes, comme dans *vi-olence, vi-olon, di-ocèse;* excepté dans *babiole, fiole* et *pioche.*

Ion est de deux syllabes dans tous les substantifs, comme *religi-on, nati-on, créati-on,* et dans les verbes en *ier* : nous *étudi-ons,* nous *fortifi-ons,* etc.

Il est monosyllabique dans les autres cas : nous *étions,* que nous *aimassions.*

Ui est monosyllabique : *construire, fuir, déduire;* excepté *ru-ine, bru-ine, pitu-ite, flu-ide, su-icide.*

Oui est de deux syllabes; comme *jou-ir, éblou-ir;* excepté dans l'affirmatif *oui.*

Oe est dissyllabique, comme dans *po-ème, po-ète;* excepté dans *poêle* et *moelle.*

Oin est monosyllabique : *coin, soin, besoin.*

Ieur est dissyllabique : *antéri-eur, ingéni-eur, supéri-eur.*

Oue est dissyllabique : *jou-et, lou-er, avou-er;* excepté *fouet* et *fouetter.*

Ue et *ua* sont dissyllabiques : *attribu-er, du-el, su-er, tu-er, ru-ade;* excepté *écuelle.*

DE LA CÉSURE.

643. Dans les vers de douze pieds, on doit observer un repos entre la sixième et la septième syllabe, c'est-à-dire au milieu du vers. Ce point de repos se nomme *césure ;* chaque moitié de vers s'appelle *hémistiche :*

> Aux petits des oiseaux — Dieu donne leur pâture.

La césure s'observe aussi dans les vers de dix pieds ; alors le repos a lieu entre la quatrième et la cinquième syllabe, ce qui donne quatre pieds pour le premier hémistiche et six pour le second :

> Coulez, mes vers, — enfants de la nature.

La césure est défectueuse :

1º Si elle coupe un mot en deux :

> Que peuvent tous les fai—bles humains devant Dieu ?

2º Si elle tombe sur une syllabe muette qui ne s'élide pas :

> La bonne fortune — rend le cœur orgueilleux.

Mais si l'élision est possible, c'est-à-dire si le second hémistiche commence par une voyelle, la césure est bonne :

> C'est en vain qu'au Parnasse — un téméraire auteur...

REMARQUE. Le repos étant la condition essentielle de la césure, celle-ci sera encore défectueuse quand elle tombera entre deux mots inséparables par le sens, comme :

1º Un déterminatif et un nom :

> Je fus témoin de la — fureur qui l'animait.

2º Un qualificatif et un nom :

> S'il pouvait de ce lieu — suprême s'approcher.
> C'est encore un plus grand — sujet de s'étonner.

Il y a exception à cette règle quand le nom est accompagné de plusieurs adjectifs :

> Morbleu ! c'est une chose — indigne, basse, infâme !

3º La préposition et ses compléments :

> Moi, vous revoir après — ce traitement indigne !

4º Le pronom sujet et le verbe :

> Je me flatte que vous — me rendrez votre estime.

5º Les deux parties d'une locution :

> Quoi ! vous fuyez tandis — que vos soldats combattent !

6º Le verbe *être* et l'attribut :

> On sait que la chair est — fragile quelquefois.

7º L'auxiliaire et le participe :

> Le maître-autel était — orné de fleurs nouvelles.

8º Les monosyllabes *plus , très, fort , bien , mal , mieux , trop,* et les adjectifs qui les suivent :

> Ce jargon n'est pas très — nécessaire, il me semble.

DE LA RIME.

644. On appelle *rime* l'uniformité de son dans la terminaison de deux mots : natu*re*, pu*re*; val*lon*, aqui*lon*.

Suivant la nature des terminaisons des mots, on distingue deux sortes de rimes : la *rime masculine* et la *rime féminine*.

Toute syllabe finale se terminant par un *e* muet, seul ou suivi des lettres *s* ou *nt*, est rime *féminine*; toute autre syllabe finale est rime *masculine* :

> Aujourd'hui même encor, mon âme irrésolue
> Me pressant de quitter ma puissance absolue....
>
> Un tas d'hommes perdus de dettes et de crimes,
> Que pressent de mes lois les ordres légitimes...
>
> En ce noble dessein nos cœurs se rencontrèrent,
> Nos esprits généreux ensemble le formèrent.
>
> Mais, ce qu'on ne pourrait jamais s'imaginer,
> Cinna, tu t'en souviens et veux m'assassiner.

EXCEPTION. Les troisièmes personnes du pluriel des imparfaits et des conditionnels en *aient* sont rimes masculines, parce que le son de l'*e* muet y est absolument nul.

DE LA RIME RICHE.

Suivant que les sons qui forment la rime ont entre eux une ressemblance plus ou moins parfaite, la rime, masculine que féminine, est *riche* ou *pauvre*. La rime féminine est riche quand il existe une exacte conformité entre les sons des deux dernières syllabes :

> Si près de voir sur moi fondre de tels o*rages*,
> L'ébranlement sied bien aux plus fermes cou*rages*.
>
> CORNEILLE.

La rime masculine est *riche* quand cette conformité existe pour la dernière syllabe seule :

> Moment fatal où le public souf*flait*
> Dans un tuyau que l'on nomme sif*flet*.
>
> LE BRUN.

DE LA RIME SUFFISANTE.

La rime est *suffisante* quand elle présente le même son, mais non la même articulation, comme soupir, plaisir; espoir, avoir; entendre, rendre; jaloux, genoux :

> Cette grandeur sans borne, et cet illustre *rang*
> Qui m'a jadis coûté tant de peine et de *sang*...
>
> CORNEILLE.

REMARQUE. — La rime étant surtout pour l'oreille et non pour les yeux, on doit en juger plutôt par le son que par l'orthographe. Ainsi les mots suivants riment ensemble :

Fréquent   — Camp.
Accord   — Encor.
Shakspeare   — Empire.

Enfant	— Triomphant.
Austère	— Salutaire.
Travaux	— Dévots.

Un mot ne peut rimer avec lui-même, à moins qu'il ne soit pris dans deux sens différents. Ces deux vers sont donc irréguliers.

> Les chefs et les soldats ne se connaissent *plus*,
> L'un ne peut commander, l'autre n'obéit *plus*.

Mais les vers suivants sont irréprochables :

> Je la vois
> Entr'ouvrir ma tombe,
> Et sa voix
> M'appelle et j'y tombe.

De même, deux mots de prononciation semblable, mais appartenant à des rimes de genre différent, ne peuvent rimer ensemble ; tels sont :

Club	— Cube.
Lait	— Laie.
Tarn	— Lucarne.
Amer	— Mère.
Corridor	— Matamore.
Nectar	— Tartare.
Cobalt	— Asphalte.

Des mots d'orthographe uniforme, mais de prononciation différente, ne peuvent également rimer ensemble :

Fier (*adj.*)	— Confier.
Brutus	— Vertus.
Jupiter	— Mériter.
Paris	— Pâris.

Ainsi, on doit blâmer les rimes suivantes de La Fontaine :

> La belle était pour les gens *fiers* ;
> Fille se coiffe volon*tiers*...

> Le renard s'en saisit et dit : Mon bon mon*sieur*,
> Apprenez que tout flat*teur*...

Un mot simple ne rime pas non plus avec son composé, *écrire* avec *souscrire*, *mettre* avec *remettre*, *faire* avec *défaire*. Il y a exception à cette règle toutes les fois que le simple et le composé ont une signification assez éloignée, comme *front* et *affront*, *battre* et *abattre*, *garde* et *regarde*.

Un vers est défectueux quand le premier hémistiche a une apparence de rime, un rapport de son avec le dernier hémistiche du même vers ou du vers précédent :

> Aux Saumaises *futurs* préparer des tortures.

> Tous perdirent leurs biens et voulurent trop *tard*
> Profiter de ces *dards* unis et mis à *part*.

Les voyelles *a, é, i, o, u*, et la terminaison *er*, ne suffisent pas pour la rime. Ainsi *aima* ne rime pas avec *donna*, *bonté* avec *trompé*, *béni* avec *dormi*, *domino* avec *indigo*, *vertu* avec *perdu*, *parler* avec *chanter*. Pour rimer, ces voyelles et cette terminaison doivent être précédées de la même consonne. Toutefois, cette règle n'est pas rigoureusement observée, et La Fontaine s'en est souvent affranchi :

> Le premier qui les vit de rire s'écla*ta* :
> Quelle farce, dit-il, vont jouer ces gens-*là* ?

> Et je sais que de moi tu médis l'ans pas*sé*.
> Comment l'aurais-je fait, si je n'étais pas *né* ?

> Quiconque a beaucoup *vu*,
> Peut avoir beaucoup rete*nu*.

DE LA SUCCESSION DES RIMES.

645. Quand les vers sont disposés de manière qu'il y ait deux rimes d'un genre, puis deux rimes d'un autre genre, par exemple deux rimes féminines suivies de deux rimes masculines, puis deux rimes féminines, etc., ces rimes sont dites *plates* ou *suivies* :

> J'ai beau vous arrêter, ma remontrance est vaine ;
> Allez, partez, mes vers, derniers fruits de ma veine ;
> C'est trop languir chez moi dans un obscur séjour ;
> La prison vous déplaît, vous cherchez le grand jour ;
> Boileau.

Les rimes suivies sont la forme ordinaire de la tragédie, de la comédie, de la poésie épique, et, en général, du genre noble.

Quand une rime féminine alterne avec une rime masculine, ou réciproquement, les rimes sont dites *croisées* :

> J'ai vu sous le soleil tomber bien d'autres choses
> Que les feuilles des bois et l'écume des eaux,
> Bien d'autres s'en aller que le parfum des roses
> Et le chant des oiseaux.
> Alfred de Musset.

Les rimes sont encore *croisées* quand deux rimes masculines sont enfermées par deux rimes féminines, et, réciproquement, deux rimes féminines par deux rimes masculines :

> Dieu parle, et nous voyons les trônes mis en poudre,
> Les chefs aveuglés par l'erreur,
> Les soldats consternés d'horreur,
> Les vaisseaux submergés ou brûlés par la foudre.

> Le vent redouble ses efforts,
> Et fait si bien qu'il déracine
> Celui de qui la tête au ciel était voisine,
> Et dont les pieds touchaient à l'empire des morts.
> La Fontaine.

Enfin les rimes sont dites *mêlées*, quand les vers masculins et les vers féminins se succèdent sans uniformité ; c'est dans ce système, c'est-à-dire en vers *libres*, que sont écrites presque toutes les fables de La Fontaine.

Toutefois, cette liberté a ses limites :

1° On ne doit pas mettre de suite deux rimes masculines ou féminines qui n'auraient pas la même consonnance.

2° Quel que soit le genre de poésie qu'on adopte, il ne faut pas placer plus de trois rimes semblables à côté les unes des autres :

> Le peuple des souris croit que c'est châtiment,
> Qu'il a fait un larcin de rôt ou de fromage,
> Égratigné quelqu'un, causé quelque dommage,
> Enfin qu'on a pendu le mauvais garnement.
>   Toutes, dis-je, unanimement,
> Se promettent de rire à son enterrement ;
> Mettent le nez à l'air, montrent un peu la tête...
>   LA FONTAINE.

DE L'HIATUS.

646. Le mot *hiatus* veut dire bâillement. On appelle hiatus, en poésie, la rencontre, le choc de deux voyelles dont l'une termine un mot et l'autre commence le mot suivant, comme *tu aimes*, il *a amassé*.

Boileau, le législateur du Parnasse, a formulé la règle relative à l'hiatus dans les deux vers qui suivent :

> Gardez qu'une voyelle, à courir trop hâtée,
> Ne soit d'une voyelle en son chemin heurtée.

L'hiatus étant une faute en poésie, on ne pourra jamais faire entrer dans un vers les mots suivants : *loi éternelle, vertu immortelle, charité évangélique*.

NOTA. — La conjonction *et*, suivie d'une voyelle, fait également hiatus, car le *t* ne se prononce pas ; ainsi on ne peut pas dire en vers, *sage et aimable*.

Si la voyelle qui termine le mot est un *e* muet, cette lettre se fondant avec la voyelle du mot suivant, il n'y a pas d'hiatus. Ainsi l'on peut dire :

> La nature et la mort ensemble ont fait un bail.

Les mots qui ont une voyelle avant l'*e* muet final, comme *vie, ravie, joie, proie, aimée*, ne peuvent entrer dans le corps du vers, à moins que le mot suivant ne commence par une voyelle, devant laquelle l'*e* est annulé. Ainsi les vers suivants seraient faux :

> Anselme, mon ami, *crie* Laurence à toute heure...
> Ma parole est à vous, ma *pensée* m'appartient.

Ils deviennent bons si l'on dit :

> Anselme, mon ami, crie Agnès à toute heure...
> Ma parole est à vous, ma pensée est à moi.

La lettre *h*, non aspirée, placée au commencement du second mot, n'empêche pas l'*hiatus* ; on ne saurait dire en vers *tu habites, le vrai honneur.*

Le *h* aspiré rentre dans la loi commune à toutes les consonnes et peut suivre une voyelle :

> Chacun s'arme *au hasard* du livre qu'il rencontre.

Les anciens poëtes ne s'assujettissaient pas à la règle de l'hiatus, mais elle est rigoureuse aujourd'hui. Toutefois elle a ses exceptions, ses licences. Ainsi certaines exclamations peuvent se placer plusieurs fois de suite, ou venir après des mots qui finissent par une voyelle :

> Ah ! ah ! c'est vous, seigneur Mercure !
> MOLIÈRE.

> Oh, là, oh ! descendez, que l'on ne vous le dise.
> LA FONTAINE.

Il en est de même de *oui* répété, et de certaines locutions proverbiales qui présentent des hiatus, comme *à tort et à travers, il y a, suer sang et eau,* etc. :

> Le juge prétendait qu'*à tort et à travers*
> On ne saurait manquer, condamnant un pervers.
> LA FONTAINE.

> *Il y a* plus d'un mois que je ne vous ai vu.
> VOLTAIRE.

> Je *suais sang et eau* pour voir si du Japon
> Il viendrait à bon port au fait de son chapon.
> RACINE.

DE L'ENJAMBEMENT.

647. On appelle enjambement le rejet au vers suivant d'un ou de plusieurs mots indispensables au sens du vers précédent :

> C'était votre nourrice. Elle vous ramena,
> Suivit exactement l'ordre que lui donna
> *Votre père.*

Ces deux derniers mots forment un enjambement. Ces sortes de soubresauts sont proscrits comme nuisibles au rhythme et à l'harmonie, principalement dans les vers de dix et de douze pieds, lorsqu'ils appartiennent à la haute poésie.

Les lois de la césure et de l'enjambement, qui étaient rigoureusement observées par nos poëtes classiques, ne le sont plus guère par les écrivains de notre époque, par les poëtes *romantiques.* Ceux-ci, ainsi que le mot l'indique, ont suivi les libres allures des poëtes du moyen âge, qui écrivaient en langue *romane.* Le morceau suivant est de M. Victor Hugo, le chef de cette nouvelle école :

> Quand l'aube luit pour moi, quand je regarde vivre
> *Toute cette forêt* dont la senteur m'enivre,
> Ces sources et ces fleurs, je n'ai pas de raison
> *De me plaindre,* je suis le fils de la maison.

Je n'ai point fait de mal. Calme, avec l'indigence
Et les haillons, je vis en bonne intelligence,
Et je fais bon ménage avec Dieu mon voisin.
Je le sens près de moi dans le nid, dans l'essaim,
Dans les arbres profonds où parle une voix douce,
Dans l'azur où la vie à chaque instant nous pousse,
Et dans cette ombre vaste et sainte où je suis né.
Je ne demande à Dieu rien de trop, car je n'ai
Pas grande ambition, et pourvu que j'atteigne
Jusqu'à la branche où pend la mûre ou la châtaigne,
Il est content de moi, je suis content de lui.

DES LICENCES POÉTIQUES.

648. Si la poésie a les entraves de la mesure et de la rime, elle a aussi certains priviléges, certaines licences qui ne sont pas permises à la prose. Ces licences portent principalement sur l'orthographe des mots.

Il est permis au poète :

1° D'écrire *encore* avec ou sans *e,* suivant les besoins de la mesure ou de la rime :

> *Encor* si vous naissiez à l'abri du feuillage
> Dont je couvre le voisinage.

2° D'écrire avec ou sans *s* les mots *jusques, jusque: certes, certe; naguères, naguère; guères, guère; grâces à, grâce à,* et certains noms propres, comme *Athènes, Athène; Thèbes, Thèbe; Londres, Londre; Charles, Charle; Démosthènes, Démosthène; Versailles, Versaille,* etc. :

> Sion, *jusques* au ciel élevée autrefois,
> *Jusqu'*aux enfers maintenant abaissée.
> RACINE.

> *Thèbes* à cet arrêt n'a point voulu se rendre,
> RACINE.

> Et l'on insulte au dieu que *Thèbe* entière adore.
> DESAINTANGE.

3° De supprimer *s* de la première personne de certains verbes, comme *j'aperçois, j'aperçoi; je crois, je croi; je dois, je doi; j'avertis, j'averti; je ris, je ri* :

> Portez à votre père un cœur où *j'entrevoi*
> Moins de respect pour lui que de haine pour moi.
> RACINE.

> Vous ne répondez pas? Perfide, je le *voi,*
> Tu comptes les moments que tu perds avec moi.
> RACINE.

DES MOTS POÉTIQUES.

649. Le style de la poésie doit être plus choisi, plus relevé, plus noble que celui de la prose. Aussi y a-t-il certains mots, certaines locutions surtout, qui, très-usitées en prose, rendraient

la poésie vulgaire. Ce sont les suivantes : *c'est pourquoi, afin que, pourvu que, parce que, de manière que, de même que, après que, à moins que, non-seulement, en effet, d'ailleurs, pour ainsi dire*, etc.

Quant aux mots qui sont par eux-mêmes bas et vulgaires, le véritable poète sait les relever et les ennoblir, et trouver dans son génie l'artifice qui fait disparaître la bassesse des choses que ces termes expriment. Racine en offre d'heureux exemples :

> Des lambeaux pleins de sang et des membres affreux,
> Que des *chiens* dévorants se disputaient entre eux.
>
> RACINE.

> Ai-je besoin du sang des *boucs* et des génisses ?
>
> RACINE.

> Ce nom de roi des rois et de chef de la Grèce
> *Chatouillait* de mon cœur l'orgueilleuse faiblesse.
>
> RACINE.

> Tu le vois tous les jours, devant toi prosterné...
> Baiser avec respect le *pavé* de tes temples.
>
> RACINE.

> Donnez : peu me suffit. Je ne suis qu'un enfant ;
> Un *petit sou* me rend la vie.
>
> ALEX. GUIRAUD.

Beaucoup d'expressions, qui seraient trop emphatiques dans la prose ordinaire, sont admises en poésie. En voici quelques-unes :

Achéron, Cocyte . . . . . pour	Enfer.
Acier . . . . —	Poignard, épée, couteau.
Airain, bronze . . . . . . —	Canon, cloche.
Amphitrite . . . . —	La mer.
Antique . . . . —	Ancien.
Aquilon . . . . —	Vent violent.
Courroux . . . . —	Colère.
Coursier . . . . —	Cheval.
Entrailles . . . . —	Boyaux.
Épouse, époux . . . . . . —	Femme, mari.
Fastes . . . . —	Histoire.
Flamme . . . . —	Amour.
Forfait . . . . —	Crime.
Glaive . . . . —	Épée.
Hymen, hyménée . . . . —	Mariage.
Labeur . . . . —	Travail.

Les vers suivants offrent des exemples de mots poétiques remplaçant des mots vulgaires :

—De leurs *chevaux* (coursiers) fougueux tous deux pressent les flancs.
—Quel fruit de ce *travail* (labeur) pensez-vous recueillir ?
—Il demandait aux dieux une *femme* (épouse) accomplie.
—Il voulait renouer les liens *du mariage* (de l'hyménée).
—J'attendais un *mari* (époux) de la main de mon père.

—O toi ! de mon repos compagne aimable et sombre,
  A des *crimes* (forfaits) si noirs prêteras-tu ton ombre ?
—Leur courage s'augmente et leurs *épées* (glaives) s'émoussent.
—Où sont, Dieu de Jacob, les *anciennes* (antiques) bontés ?
—Belle Aréthuse, ainsi ton onde fortunée
  Roule au sein furieux de la *mer* (d'Amphitrite) étonnée.

TRAITÉ ÉLÉMENTAIRE DE RHÉTORIQUE.

La grammaire est l'art de s'exprimer *correctement ;* la rhétorique est l'art de *bien* dire.

Ici, nous ne traiterons que de la partie la plus élémentaire de la rhétorique, c'est-à-dire des figures de mots et des figures de pensées.

Le *style figuré* est celui où l'on emploie les mots, non dans leur sens propre, mais dans un sens détourné. Les mots sont employés dans leur *sens propre* lorsque, ne perdant point leur signification primitive, ils signifient la chose pour laquelle ils ont été créés ; et dans un *sens figuré*, quand on les fait passer de leur signification naturelle à quelque autre signification étrangère. Le mot *chaleur*, par exemple, exprime une propriété du feu ; or, si l'on dit : *La* CHALEUR *de la flamme*, ce mot est pris dans le sens propre ; mais si l'on dit : *La* CHALEUR *du combat*, il est pris dans un sens figuré.

Les *figures* sont donc des manières de s'exprimer qui ajoutent au style de la force ou de la grâce. Ainsi, quand on dit : *Tel est fait pour le second rang qui n'est pas capable d'occuper le premier*, on parle sans figure, parce que les mots sont employés dans leur sens propre ; mais on fait une figure si l'on s'exprime ainsi :

Tel *brille* au second rang qui *s'éclipse* au premier.

VOLTAIRE.

Il y a deux sortes de figures : les *figures de mots* et les *figures de pensées*.

FIGURES DE MOTS.

650. Les *figures de mots* sont celles qui consistent uniquement dans l'emploi ou dans l'arrangement des mots, de telle sorte que si l'on change les mots ou leur disposition, la figure cesse d'exister, comme lorsqu'on dit cent *voiles* pour cent *vaisseaux ;* ou encore : *A bon entendeur demi-mot*, pour demi-mot suffit à bon entendeur. Cette phrase renferme deux figures, une *ellipse* et une *inversion*.

Il y a deux sortes de figures de mots : les *figures de construction* et les *tropes*.

FIGURES DE CONSTRUCTION.

651. Les *figures de construction* sont celles dans lesquelles les mots conservent leur signification propre ; quoique purement

grammaticales, elles ne laissent pas de faire un bel effet dans le discours. Ces figures sont : l'*ellipse*, le *pléonasme*, l'*hyperbate*, la *syllepse*, la *conversion*, la *répétition* et l'*opposition*.

1° DE L'ELLIPSE.

652. L'*ellipse* est une figure qui, pour donner plus de rapidité à l'expression, supprime des mots que la construction grammaticale exigerait : *Celui qui rend un service doit l'oublier ; celui qui le reçoit, s'en souvenir;* c'est-à-dire DOIT *s'en souvenir.*

Le crime fait la honte, et non pas l'échafaud,

c'est-à-dire *l'échafaud* NE FAIT PAS *la honte.*

Pour que l'ellipse soit bonne, il faut que l'esprit puisse y suppléer sans effort les mots sous-entendus. Toute ellipse qui rend le sens équivoque ou louche est vicieuse.

2° DU PLÉONASME.

653. Le *pléonasme* est le contraire de l'ellipse; c'est une figure par laquelle on emploie des mots qui sont inutiles pour le sens, mais qui donnent plus de force à la phrase :

Eh ! que m'a fait *à moi* cette Troie où je cours?

RACINE.

Puissé-je *de mes yeux* y voir tomber la foudre!

CORNEILLE.

Je l'ai entendu DE MES PROPRES OREILLES.

Dans ces phrases, les mots *à moi, de mes yeux, de mes propres oreilles* forment des pléonasmes; ils ne sont pas nécessaires au sens, et l'on pourrait les retrancher; mais alors l'expression y perdrait toute sa force.

Le *pléonasme* est vicieux quand il n'ajoute rien à la force du discours : *Il N'Y A SEULEMENT QUE Racine qui soutienne constamment l'épreuve de la lecture.*

Remettez en ses mains *trône, sceptre, couronne.*

CORNEILLE.

Dans la première phrase, *ne... que* a le même sens que *seulement;* ce dernier mot est donc de trop. Dans la deuxième, les mots *trône, sceptre, couronne* exprimant la même idée, un seul de ces mots suffirait.

3° DE L'HYPERBATE.

654. L'*hyperbate* ou *inversion* est une figure qui renverse l'ordre naturel des mots ou des propositions :

Aux petits des oiseaux Dieu donne leur pâture.

RACINE.

Où la défiance commence, l'amitié finit.
Pour :
Dieu donne leur pâture aux petits des oiseaux.
L'amitié finit où la défiance commence.

L'hyperbate est bonne quand elle est claire et qu'elle donne de la grâce et de l'harmonie au style, en lui ôtant la sécheresse et l'uniformité de la construction grammaticale. Mais il ne faut pas que l'inversion soit forcée; autrement elle devient un travers, une marque d'impuissance de l'esprit, comme dans ces exemples :

On doit le fruit cueillir, et non l'arbre arracher.
Mon père à manger m'apporte.

4° DE LA SYLLEPSE.

655. La *syllepse* est une figure qui consiste à faire accorder un mot, non avec celui auquel il se rapporte grammaticalement, mais avec celui que l'esprit a en vue :

> Entre *le pauvre* et vous, vous prendrez Dieu pour juge :
> Vous souvenant, mon fils, que, caché sous ce lin,
> Comme *eux* vous fûtes pauvre, et comme *eux* orphelin.
> RACINE.

Eux se rapporte, non au mot *pauvre* employé au singulier, mais à l'idée des *pauvres* que le poète a en vue.

5° DE LA CONVERSION, ou mieux RÉGRESSION.

656. La *régression* est une figure qui consiste à reproduire symétriquement les mêmes mots dans un renversement d'idées :

« *Courbe ton front, fier Sicambre;* ADORE *ce que tu* AS BRÛLÉ, BRÛLE *ce que tu* AS ADORÉ. »
Il faut MANGER POUR VIVRE, *et non* VIVRE POUR MANGER.

La poésie surtout fait usage de cette figure :

> En France jamais l'Angleterre
> N'aura vaincu pour conquérir :
> Ses *soldats* y couvrent la *terre*,
> La *terre* doit les y couvrir.
> C. DELAVIGNE.

> Qu'on parle mal ou bien du fameux cardinal,
> Ma prose ni mes vers n'en diront jamais rien :
> Il m'a fait trop de *bien* pour en dire du *mal;*
> Il m'a fait trop de *mal* pour en dire du *bien.*
> CORNEILLE.

6° DE LA RÉPÉTITION.

657. La *répétition* est une figure qu'on emploie pour insister sur quelque vérité, ou pour peindre la passion ; elle suppose un esprit fortement occupé de son objet, et répète souvent le mot qui en exprime l'idée :

> L'argent, l'argent, dit-on, sans lui tout est stérile;
> La vertu sans *argent* n'est qu'un meuble inutile;
> L'argent en honnête homme érige un scélérat;
> L'argent seul au palais peut faire un magistrat.
> BOILEAU.

7° DE L'APPOSITION.

658. L'*apposition* est une figure qui donne au nom le rôle d'un adjectif :

Multipliez les fleurs, *ornement* du parterre.

DE FONTANES.

Dans ce vers, ORNEMENT *du parterre* est joint par apposition à *fleurs ;* tour plus hardi et plus vif que si l'on eût dit : *Les fleurs qui sont l'ornement du parterre.*

DES TROPES.

659. Les *tropes* (du grec *trepô, tourner, changer*) sont des figures qui changent la signification des mots, c'est-à-dire qui présentent les mots dans une acception autre que le sens propre, comme quand on dit : *Un village de cent* FEUX, pour : *Un village de cent* MAISONS.

On distingue six tropes principaux : la *métaphore*, la *catachrèse*, l'*antonomase*, l'*allégorie*, la *métonymie* et la *synecdoque ;* mais il n'y en a, à proprement parler, que deux : la *métaphore* et la *métonymie ;* les autres dénominations ne désignent que des variétés de ces figures.

1° DE LA MÉTAPHORE.

660. La *métaphore* est une figure qui découle d'une comparaison complète dans l'intelligence, mais dont les termes sont supprimés dans le langage. Ainsi, quand on dit d'un guerrier qu'*il s'élance comme un lion*, c'est une comparaison ; mais quand on dit du même guerrier : *Ce lion s'élance*, c'est une métaphore. C'est encore par métaphore que l'on dit : *La* CHALEUR *du sentiment, un* RAYON *d'espérance, la* DURETÉ *de l'âme, une* RIANTE *campagne, la* RAPIDITÉ *de la pensée.*

La métaphore est le plus beau, le plus riche de tous les tropes ; c'est par cette figure que le style s'embellit et se colore, et qu'on prête du sentiment aux êtres qui en sont dépourvus.

Les métaphores sont défectueuses :

1° Quand elles sont tirées de sujets bas : *Le déluge universel fut la* LESSIVE *générale de la nature.*

2° Quand elles sont forcées, tirées de loin, et que le rapport n'est pas assez naturel ni la comparaison assez sensible : *La charrue* ÉCORCHE *la plaine.*

3° Quand les termes métaphoriques font naître des idées qui ne peuvent être liées, comme si l'on disait d'un orateur : *C'est un torrent qui s'*ALLUME, au lieu de : *C'est un torrent qui* ENTRAÎNE.

2° DE LA CATACHRÈSE.

661. La *catachrèse* est une espèce de métaphore à laquelle on est obligé d'avoir recours quand il n'existe pas dans la langue de mot propre pour exprimer ce qu'on veut dire. Ainsi l'on dit :

Une FEUILLE *de papier*, plutôt que d'inventer un mot qui pourrait ne pas être compris. De même : *Les* AILES *d'un moulin, les* PIEDS *d'une table, les* BRAS *d'un fauteuil,* ALLER À CHEVAL *sur un bâton, les* RÊNES *de l'État, cheval* FERRÉ *d'argent,* etc.

3° DE L'ANTONOMASE.

662. L'*antonomase* est une figure qui consiste à employer :

1° Un nom commun ou une périphrase pour un nom propre : *l'Apôtre des gentils* pour *saint Paul; l'Orateur grec* pour *Démosthène; le Père des dieux* pour *Jupiter.*

2° Un nom propre pour un nom commun : *c'est un Néron,* pour *c'est un prince cruel; un Alexandre,* pour *un grand conquérant.*

4° DE L'ALLÉGORIE.

663. L'*allégorie* n'est qu'une métaphore continuée. Quand on emprunte une idée à un certain ordre de choses, il est naturel de la suivre dans ses développements. Ainsi, dans cet exemple : *La prière est une* ROSÉE *qui* RAFRAÎCHIT *l'âme*, l'idée de *rosée*, sous laquelle la prière est désignée, appelle celle de *rafraîchir*, et la métaphore devient une allégorie. De même, quand La Fontaine dit, pour exprimer les dangers et les écueils de la cour :

> Lorsque sur cette *mer* on *vogue* à pleines *voiles*,
> Qu'on croit avoir pour soi les *vents* et les *étoiles*,
> Il est bien malaisé de régler ses désirs :
> Le plus sage s'endort sur la foi des *zéphyrs*,

l'idée de mer, sous laquelle il désigne la cour, amène les mots *voguer*, *voiles*, *vents*, *étoiles*, *zéphyrs*.

5° DE LA MÉTONYMIE.

664. La *métonymie* (*substitution de nom*) est une figure qui met le nom d'une chose pour celui d'une autre. Elle emploie :

1° La *cause* pour l'*effet* : *Il vit de son* TRAVAIL, c'est-à-dire *de ce qu'il gagne en travaillant.*

2° L'*effet* pour la *cause* :

> . . . . Sa main désespérée
> Me fait boire la *mort* dans la coupe sacrée.

MARMONTEL.

La *mort*, c'est-à-dire *le poison qui cause la mort.*

3° Le *contenant* pour le *contenu* : *A ces cris,* JÉRUSALEM *redoubla ses pleurs.* (Fléchier.) *Jérusalem,* c'est-à-dire *les habitants de Jérusalem.*

4° Le *signe* pour la *chose signifiée* : *A la fin j'ai quitté la* ROBE *pour l'*ÉPÉE, c'est-à-dire la *magistrature* pour la *carrière militaire.* C'est ainsi que Cicéron a dit : *Que les* ARMES *le cèdent à la* TOGE, c'est-à-dire que le *civil*, que le *citoyen* ait le pas sur le *militaire*.

8

5° Le *possesseur* pour la *chose possédée* : Cet HOMME *a été* INCENDIÉ, c'est-à-dire la *maison de cet homme.*

6° Le *nom abstrait* pour le *nom concret* : *La* JEUNESSE *est vaine, présomptueuse, et ne doute de rien,* pour : *Les jeunes gens...*

7° Le *nom du lieu où une chose se fait* pour la *chose elle-même* :

> Pradon a mis au jour un livre contre vous,
> Et chez le chapelier du coin de notre place,
> Autour d'un *caudebec* j'en ai lu la préface.
>
> BOILEAU.

Autour d'un *caudebec,* c'est-à-dire d'un chapeau fabriqué à *Caudebec,* ville de Normandie, où l'on fabriquait des chapeaux renommés.

6° DE LA SYNECDOQUE.

665. La *synecdoque* ou *synecdoche* est une espèce de métonymie qui fait entendre le plus pour le moins ou le moins pour le plus.

Elle emploie :

1° La *partie* pour le *tout : Paris compte près de deux millions d'*ÂMES. Ames* est ici pour *hommes, habitants.*

2° Le *tout* pour la *partie : Servez-moi un* BOEUF *au naturel.* Un *bœuf,* c'est-à-dire un *morceau de bœuf.*

3° Le *genre* pour l'*espèce : Quel* MORTEL *peut se vanter d'être à l'abri des coups du sort?* Quel *mortel,* c'est-à-dire quel *homme; mortel* est le genre, *homme* est l'espèce.

4° L'*espèce* pour le *genre : J'habite une délicieuse* TEMPÉ. *Une Tempé,* c'est-à-dire une *vallée.*

5° Le *singulier* pour le *pluriel,* et réciproquement : *Le ridicule est l'arme favorite* DU FRANÇAIS. (Raynal.) *Du Français,* c'est-à-dire *des Français.*

LES CORNEILLE *et* LES RACINE *ont illustré la scène française.* Les *Corneille* et *les Racine,* c'est-à-dire *Corneille* et *Racine.*

6° Un *nombre déterminé* pour un *nombre indéterminé* :

> Mais si seul en mon lit je peste avec raison,
> C'est encor pis *vingt fois* en quittant la maison.
>
> BOILEAU.

Vingt fois, c'est-à-dire *un grand nombre de fois.*

7° Le nom de la *matière* dont une chose est faite pour la *chose elle-même : Les médecins déclarèrent qu'Epaminondas expirerait dès qu'on retirerait le* FER *de la plaie.* Le *fer,* c'est-à-dire le *trait,* le *javelot.*

FIGURES DE PENSÉES.

666. Les *figures de pensées* sont celles qui consistent uniquement dans la tournure que l'on donne à l'expression de la pensée; elles subsistent même lorsqu'on change les mots

Les figures de pensées servent à plaire, à convaincre ou à toucher. Nous pourrions donc les partager en figures d'ornement, de raisonnement et de sentiment. Mais, pour plus de simplicité, nous aimons mieux nous en tenir à une classification unique et claire : Les principales figures de pensées sont l'*antithèse*, l'*allusion*, la *périphrase*, la *comparaison*, l'*hypotypose*, la *gradation*, la *prétérition*, la *suspension*, la *réticence*, l'*interrogation*, l'*exclamation*, l'*imprécation*, l'*épiphonème*, l'*hyperbole*, la *litote*, l'*ironie*, l'*apostrophe*, et la *prosopopée*.

Nous allons consacrer un article particulier à chacune de ces figures.

1º DE L'ANTITHÈSE.

667. L'*antithèse* est une figure qui oppose les idées aux idées :
Si je dis oui, *elle dit* non; soir *et* matin, nuit *et* jour *elle gronde.* (Marmontel.)

L'antithèse doit naître du contraste des idées, et non du rapprochement des mots; sagement employée, elle répand beaucoup l'agrément dans le discours; mais, si on la prodigue, elle éblouit par la confusion des étincelles qu'elle fait jaillir, et donne à la composition un air d'affectation puérile.

2º DE L'ALLUSION.

668. L'*allusion* est une figure qui consiste à dire une chose de manière à éveiller le souvenir d'une autre. Ainsi, quand Boileau dit, en parlant d'Homère :

Son livre est d'agréments un fertile trésor,
Tout ce qu'il a touché se convertit en or,

il fait allusion à ce roi de Phrygie qui avait obtenu de Bacchus le pouvoir de convertir en or tout ce qu'il touchait.

3º DE LA PÉRIPHRASE.

669. La *périphrase* exprime, par un circuit de paroles, ce qu'on ne veut pas dire en termes propres. On s'en sert :

1º Pour orner le discours. Voltaire, dans sa *Henriade*, exprime ainsi le commencement du jour :

L'Aurore cependant, au visage vermeil,
Ouvrait dans l'Orient les portes du Soleil.

2º Pour relever des idées basses que le terme propre rappellerait. Delille, afin d'éviter le mot *porc*, emploie cette périphrase :

Et d'une horrible toux les accès violents
Étouffent l'animal *qui se nourrit de glands.*

Casimir Delavigne, voulant parler d'un fiacre, s'exprime ainsi :

. . . . Durement cahoté
Sur les nobles coussins d'un char numéroté.

4° DE LA COMPARAISON.

670. La *comparaison* rapproche deux choses qui se ressemblent par plusieurs côtés ou par un seul :

> De même que le *temps*, le bonheur a des ailes.

La chose que l'on compare s'appelle le *sujet* de la comparaison; celle à laquelle on compare se nomme *terme*. Ainsi, dans l'exemple précédent, *bonheur* est le sujet de la comparaison, *temps* en est le *terme*.

L'effet de la comparaison est de donner au discours tantôt de la grâce, tantôt de la force, toujours de la clarté.

5° DE L'HYPOTYPOSE.

671. L'*hypotypose* est une figure qui met la chose elle-même sous les yeux du lecteur. Les tableaux bien tracés, les descriptions, les récits, les portraits dont la vérité saisit l'imagination, sont des hypotyposes.

Voici un exemple d'hypotypose digne du pinceau d'un peintre :

UN NID DE BOUVREUIL DANS UN ROSIER.

« Nous nous rappelons avoir trouvé une fois un nid de bouvreuil dans un rosier; il ressemblait à une conque de nacre, contenant quatre perles bleues; une rose pendait au-dessus tout humide; le bouvreuil mâle se tenait immobile sur un arbuste voisin, comme une fleur de pourpre et d'azur. Ces objets étaient répétés dans l'eau d'un étang avec l'ombrage d'un noyer qui servait de fond à la scène, et derrière lequel on voyait se lever l'aurore. Dieu nous donnait dans ce petit tableau une idée des grâces dont il a paré la nature. » (Chateaubriand.)

8° DE LA GRADATION.

672. La *gradation* est une figure qui consiste à présenter le développement de la pensée dans une série d'idées ascendantes ou descendantes. Il y a par conséquent deux sortes de gradations : la gradation *ascendante* et la gradation *descendante*. La gradation est *ascendante* quand les idées enchérissent les unes sur les autres :

> Il *part*, il *court*, il *vole*.
> DELILLE.

La gradation est *descendante* quand la teinte va en s'affaiblissant :

> Un *souffle*, une *ombre*, un *rien*,
> Tout lui donnait la fièvre.
> LA FONTAINE.

Pour que la gradation produise son effet, il faut que les degrés en soient marqués avec une grande justesse, et qu'on saisisse aisément la différence des teintes entre elles.

9° DE LA PRÉTÉRITION.

673. La *prétérition* ou *prétermission* est une figure qui consiste à dire une chose tout en assurant qu'on se gardera bien de la dire. Il y a prétérition dans ces vers de Voltaire :

> Je ne vous peindrai point le tumulte et les cris,
> Le sang de tous côtés ruisselant dans Paris,
> Le fils assassiné sur le corps de son père,
> Le frère avec la sœur, la fille avec la mère,
> Les époux expirant sous les toits embrasés,
> Les enfants au berceau sur la pierre écrasés.
>
> (Henriade.)

12° DE LA SUSPENSION.

674. La *suspension* est une figure qui consiste à piquer la curiosité de l'auditeur, à tromper son attente pour la mieux remplir et à faire de la phrase une sorte d'énigme dont le mot est à la fin. Bossuet emploie cette figure dans l'oraison funèbre d'Henriette, reine d'Angleterre :

« Combien de fois a-t-elle en ce lieu remercié Dieu humblement de deux grandes grâces, l'une de l'avoir faite chrétienne; l'autre..... Messieurs, qu'attendez-vous; peut-être d'avoir rétabli les affaires du roi, son fils? Non, c'est de l'avoir faite reine malheureuse. »

Corneille, dans la scène où Auguste énumère tous les bienfaits dont il a comblé Cinna, poursuit ainsi :

> Tu t'en souviens, Cinna, tant d'heur et tant de gloire
> Ne peuvent pas sitôt sortir de ta mémoire,
> Mais ce qu'on ne pourrait jamais imaginer,
> Cinna, tu t'en souviens.... et veux m'assassiner.

13° DE LA RÉTICENCE.

675. La *réticence* est une figure qui consiste à s'interrompre brusquement pour laisser deviner ce qu'on ne dit pas. Cette interruption soudaine, ce silence mystérieux en fait plus entendre que les paroles les plus positives.

La réticence se trouve dans ces vers, où Athalie apostrophe ainsi Joad :

> . . . . Te voilà, séducteur;
> De ligues, de complots, pernicieux auteur!
>
> . . . .
> Je devrais sur l'autel où ta main sacrifie,
> Te..... mais du prix qu'on m'offre il faut me contenter.
>
> RACINE

Racine se sert encore de cette figure quand il fait dire à Agrippine :

> J'appelai de l'exil, je tirai de l'armée
> Et ce même Sénèque et ce même Burrhus,
> Qui depuis... Rome alors estimait leurs vertus.

14° DE L'INTERROGATION.

676. L'*interrogation* adresse une question, non pour obtenir une réponse, mais pour contraindre l'auditeur, qu'elle prend à partie, à écouter avec attention. Joad, surpris de voir Josabeth, sa femme, s'entretenir avec Mathan, grand prêtre des faux dieux, s'exprime ainsi avec indignation :

> Où suis-je ? de Baal ne vois-je pas le prêtre ?
> Quoi ! fille de David, vous parlez à ce traître !
> Vous souffrez qu'il vous parle !.....
> Que veut-il ? de quel front cet ennemi de Dieu
> Vient-il infecter l'air qu'on respire en ce lieu ?
>
> RACINE.

15° DE L'EXCLAMATION.

677. L'*exclamation* est le cri de l'âme qui, ne pouvant se contenir, éclate le plus souvent en interjections. Telle est cette exclamation fameuse de Bossuet dans l'oraison funèbre d'Henriette d'Angleterre :

« O nuit désastreuse ! ô nuit effroyable ! où retentit tout à coup comme un éclat de tonnerre cette étonnante nouvelle : Madame se meurt ! Madame est morte ! »

L'auditoire s'émut à ce cri, et la voix de l'auteur fut interrompue par les pleurs et les sanglots.

16° DE L'IMPRÉCATION.

678. L'*imprécation* est une figure par laquelle on souhaite des malheurs à celui dont on parle ou à qui l'on parle. En voici un exemple tiré de Casimir Delavigne :

> Je dévoue à l'exil ta tête criminelle :
> Va, fuis, l'humanité te rejette loin d'elle :
> Fuis, j'attache à tes pas l'abandon et l'effroi ;
> Le foyer paternel n'a plus de feu pour toi,
> L'autel, plus de refuge ; abominable, immonde,
> Va, sois maudit..., sois proscrit dans le monde,
> Jusqu'au jour où de Dieu l'ange exterminateur
> T'amènera tremblant devant ton Créateur,
> Pour te précipiter, de ses mains redoutables,
> Dans les gouffres ardents qu'il réserve aux coupables ?
>
> (Le *Paria*.)

17° DE L'ÉPIPHONÈME.

679. L'*épiphonème* est une sorte d'exclamation jetée, sous forme de sentence, à la fin d'un raisonnement ou d'un récit :

Volney vient de tracer un tableau éloquent des splendeurs de l'ancienne Palmyre, qu'il compare aux ruines qu'offre aujourd'hui cette antique cité : « Aujourd'hui, au concours bruyant qui se pressait sous ces portiques, a succédé une solitude de mort ; le silence des tombeaux s'est substitué au murmure des places publiques; l'opulence d'une cité de commerce s'est changée en une pauvreté hideuse; les palais des rois sont devenus le repaire des bêtes fauves; les troupeaux parquent au seuil des temples, et les reptiles immondes habitent le sanctuaire des dieux... *Ainsi donc périssent les ouvrages des hommes! Ainsi s'écroulent les empires et les nations!* »

18° DE L'HYPERBOLE.

680. L'*hyperbole* exagère les choses en employant des expressions qui, prises à la lettre, iraient au delà de la vérité, mais que l'esprit réduit aisément à leur juste valeur.

Ainsi, pour faire entendre qu'une personne va très-vite, nous disons qu'*elle va plus vite que le vent*. Si nous voulons, au contraire, faire entendre qu'elle marche avec une extrême lenteur, nous disons qu'*elle marche plus lentement qu'une tortue.* »

Les vers suivants offrent un charmant exemple d'hyperbole. Le fils du grand Condé ayant promis mille écus au poète qui composerait le meilleur quatrain destiné à être gravé sur le socle d'une statue qu'il faisait élever à la mémoire de son père, à Chantilly, un Gascon (on sait que ce n'est pas l'esprit qui leur manque) envoya celui-ci :

> Pour célébrer tant dé vertus,
> Tant dé hauts faits et tant dé gloire,
> Mille écus, sandis! mille écus!
> Cé n'est pas un sou par victoire.

19° DE LA LITOTE.

681. La *litote* est une figure qui consiste à dire moins pour faire entendre plus. Elle affaiblit l'expression pour donner plus de force à la pensée.

Chimène trahit la violence de sa passion lorsqu'elle dit à Rodrigue : *Va, je ne te hais point.*

Dans l'*Iphigénie* de Racine, Ulysse dit à Agamemnon, pour le décider au sacrifice de sa fille :

> Vous seul, nous arrachant à dé nouvelles flammes,
> Nous avez fait laisser nos enfants et nos femmes,
> Et quand, de toutes parts assemblés en ces lieux,
> L'honneur de vous venger brille seul à nos yeux;
> Quand la Grèce, déjà vous donnant son suffrage,
> Vous reconnaît l'auteur de ce fameux ouvrage;
> Que ces rois, qui pouvaient vous disputer ce rang,
> Sont prêts, pour vous servir, de verser tout leur sang;
> Le seul Agamemnon, refusant la victoire,
> *N'ose d'un peu de sang acheter tant de gloire;*
> Et, dès le premier pas se laissant effrayer,
> Ne commande les Grecs que pour les renvoyer.

Un peu de sang! c'est le sang de sa fille.

20° DE L'IRONIE.

682. L'*ironie*, ou *contre-vérité*, est une figure qui dit précisément le contraire de ce qu'on pense ou de ce qu'on veut faire entendre :

> Qu'il est *beau* d'insulter au bras chargé d'entraves!
> La voyant sans défense, ils s'écriaient, ces braves ....
> C. DELAVIGNE.

Beau veut dire *honteux*.
Braves est mis pour *lâches*.

21° DE L'APOSTROPHE.

683. L'*apostrophe* (du grec *apostrephô*, détourner) est une figure par laquelle l'orateur, au milieu de son discours, *se détourne de ceux à qui il parle*, pour s'adresser tout à coup à quelque autre. L'apostrophe peut prendre pour objet les êtres présents ou absents, vivants ou morts, animés ou insensibles. C'est ainsi qu'Andromaque répondant à Pyrrhus qui, pour prix de sa main, lui promet de relever les ruines de Troie, s'écrie tout à coup :

> Non, vous n'espérez plus de nous revoir encor,
> Sacrés murs que n'a pu conserver mon Hector!

Chénier met dans la bouche de sa *Jeune captive* cette touchante apostrophe :

> O mort! tu peux attendre; éloigne, éloigne-toi;
> Va consoler les cœurs que la honte, l'effroi,
> Le pâle désespoir dévore.
> Pour moi Palès encore a des asiles verts,
> Les amours des baisers, les Muses des concerts:
> Je ne veux point mourir encore!

22° DE LA PROSOPOPÉE.

684. La *prosopopée*, ou *personnification*, va plus loin encore que l'apostrophe ; elle fait agir et parler les absents, évoque les morts, anime les objets insensibles. Fléchier, dans l'exorde de l'oraison funèbre du duc de Montausier, si connu par sa noble franchise, fournit un bel exemple de la prosopopée: « Oserais-je, dit-il, employer pour le louer la fiction et le mensonge? Ce tombeau s'ouvrirait, ses ossements se rejoindraient pour me dire : « Pourquoi » viens-tu mentir pour moi, qui ne mentis jamais pour per- » sonne? Ne me rends pas un honneur que je n'ai pas mérité, à » moi qui n'en voulus jamais rendre qu'au vrai mérite. Laisse- » moi reposer dans le sein de la vérité, et ne viens pas troubler » ma paix par la flatterie, que je hais. »

Tout le monde connaît la magnifique prosopopée dans laquelle Fabricius, rappelé à la vie par J.-J. Rousseau, reproche aux Romains leur luxe et leur mollesse : « O Fabricius! qu'eût dit votre grande âme... »

TROISIÈME PARTIE

SYNTAXE

CHAPITRE PREMIER

DU NOM

DU GENRE.

685. Nous avons des noms qui, en français, ont deux genres sans changer notablement de signification ; voici les principaux : AIGLE, AMOUR, AUTOMNE, COULEUR, COUPLE, DÉLICE, ENFANT, FOUDRE, GENS, HYMNE, ŒUVRE, ORGE, PÂQUE, PÉRIODE, PERSONNE et CHOSE dans QUELQUE CHOSE.

686. AIGLE est du masculin :

1° Quand il désigne en général l'oiseau qui porte ce nom : L'AIGLE *est* FIER *et* COURAGEUX.

> *Un aigle* sur un champ prétendant droit d'aubaine
> Ne fait point appeler *un aigle* à la huitaine.
> BOILEAU.

2° Quand on parle d'un homme de génie, d'un homme qui a un esprit, un talent supérieur :

Cet homme-là est UN AIGLE *auprès de ceux dont vous parlez.* (ACAD.)

Dans ce sens, le mot *aigle* est souvent pris ironiquement :

Quand on sait bien les quatre règles, et qu'on peut conjuguer le verbe avoir, *on est* UN AIGLE *en finances.* (MIRABEAU.)

3° Quand il signifie pupitre en forme d'*aigle* aux ailes étendues, pour soutenir les livres de plain-chant : *Il chante tous les dimanches à l'*AIGLE MÉTROPOLITAIN.

4° Quand il désigne le papier du plus grand format : DU GRAND AIGLE.

8.

Il est du féminin :

1° En termes d'armoiries et de devises :

Les armes de l'empire français étaient UNE AIGLE *tenant un foudre dans ses serres.*

Cependant on dit : LE GRAND AIGLE *de la Légion d'honneur*, et aussi : *l'*AIGLE BLANC *de Pologne*, *l'*AIGLE NOIR *de Prusse.*

2° Dans le sens d'étendard, d'enseigne militaire : *Plusieurs* AIGLES *furent* PRISES *par les Germains après la défaite de Varus, sous le règne d'Auguste.* (ACAD.) *L'*AIGLE IMPÉRIALE *de Napoléon a fait trembler l'Europe entière.*

687. AMOUR est du masculin aux deux nombres :

L'amour du jeu réunit TOUS *les autres* AMOURS. (BOISTE.)
Je voudrais vous embraser de TOUS *les* AMOURS *honnêtes.*
LE DIVIN AMOUR *n'est* FAIT *que pour les belles âmes.*

Cependant *amour*, signifiant la passion d'un sexe pour l'autre, est féminin au pluriel et reste masculin au singulier : *Les* PREMIÈRES AMOURS. (ACAD.) *Il n'y a point de belles prisons ni de* LAIDES AMOURS. (ACAD.) *C'est un paradoxe qu'*UN VIOLENT AMOUR *sans délicatesse.* (LA BRUYÈRE.)

Le pluriel *amours* est surtout féminin quand il exprime des sentiments peu profonds, des liaisons légères qui se rompent facilement et que remplacent bientôt de NOUVELLES AMOURS.

AMOUR, désignant une divinité de la Fable ou une image de cette divinité, est toujours du masculin : *Peindre* UN AMOUR. *Sculpter de* PETITS AMOURS. *Les* AMOURS *sont* FRÈRES *des Ris.* (V. HUGO.)

Les écrivains, et surtout les poètes, s'affranchissent souvent de ces règles en faisant le mot *amour* féminin au singulier, et masculin au pluriel :

Renferme cette amour et si sainte et si pure.

VOLTAIRE.

Les AMOURS *d'Astarbé n'étaient* IGNORÉS *que de Pygmalion.* (FÉNELON.)

688. Automne est des deux genres, mais le masculin est préférable : Un bel automne. Un automne froid *et* pluvieux.

> Et toi, *riant Automne*, accorde à nos désirs,
> Ce qu'on attend de toi, des biens et des plaisirs.
>
> Saint-Lambert.

Dans notre langue, le mot *automne* a commencé par être féminin ; la raison qui a déterminé le changement de genre, c'est que le nom des trois autres saisons est du masculin.

689. Couleur. Dans son acception générale, *couleur* est du genre féminin :

> *Loin d'absorber les formes*, la couleur *les fait resplendir et valoir.* (Th. Gautier.)

Avec le mot *couleur*, on forme divers substantifs composés pour lesquels la langue n'a pas admis un nom particulier, ainsi qu'elle l'a fait pour les mots *le rouge, le vert, le jaune, le violet*, etc. Alors le mot *couleur* s'emploie accidentellement au masculin. C'est ainsi que l'on dit : Un beau couleur *de feu ;* le couleur *de rose, d'eau, de chair, de citron*, etc.

Il importe ici de remarquer que ce n'est pas le mot *couleur*, pris en lui-même, qui devient masculin, mais bien le nom composé dans lequel entre le complément de *couleur*, et que l'esprit conçoit comme un tout indivisible, ainsi que dans : *Un beau feuille-morte.*

690. Couple est du masculin :

1° Quand il désigne deux êtres animés unis par une volonté, par un sentiment ou toute autre cause qui les rend propres à agir de concert : Un couple *d'amis.* Un couple *de fripons.*

> Pauvres gens, idiots, *couple ignorant* et rustre ;
> Le premier qui les vit de rire s'éclata.
>
> La Fontaine.

2° Quand il sert à désigner des personnes unies ensemble par mariage, ou, en parlant des animaux, le mâle et la femelle (1) : Heureux couple. *Ce serait dommage de séparer* un *si* beau couple. (Acad.) Un couple *de pigeons suffit pour peupler une volière.*

Il est du féminin :

Quand il signifie simplement le nombre deux : Une couple *d'œufs.* Une couple *de serviettes.* Une couple *de pigeons suffit pour notre déjeuner.*

691. Délice et orgue sont du masculin au singulier et du féminin au pluriel : *C'est* un grand délice *de faire des heureux. Il fait* toutes ses délices *de l'étude.* L'orgue *de cette église est* excellent. *Il y a de* bonnes orgues *en tel endroit.*

Si pourtant le pluriel *orgues* devait représenter plusieurs instruments distincts, nous pensons qu'il devrait être masculin : *Les deux* orgues *de la nouvelle cathédrale ont été* construits *par cet habile facteur.*

Remarque. *Délice* et *orgue* sont masculins au pluriel lorsque le nombre singulier et le nombre pluriel se trouvent à la fois dans une même phrase, ce qui se produit après l'expression *un de :* Un *de mes plus* grands délices *était de laisser mes livres entassés et de n'avoir point d'écritoire.* (J.-J. Rouss.) *Cet orgue est* un *des plus* beaux *qu'on puisse voir.* (Gramm. des gramm.)

692. Enfant, employé dans un sens général, ou comme terme générique, pour désigner les garçons et les filles jusqu'à l'âge de dix ans environ, est du masculin : Un bel enfant. Un joli enfant. *Tenir* un enfant *sur les fonts baptismaux.* Tous *les* enfants *ne sont pas également* intelligents. *Il faut renvoyer cette question aux* petits enfants.

Mais il devient féminin lorsqu'il se dit particulièrement d'une jeune fille dont on ne veut pas seulement faire ressortir le jeune âge, mais encore le sexe : Ma belle enfant, *ne craignez rien.*

> Une chambre où le jour n'entre que rarement
> Est de *la* pauvre *enfant* l'unique appartement.
> La Fontaine.

---

(1) *Couple,* dans ce cas, est du masculin, et cela doit être puisqu'il y a réunion des deux sexes, et qu'en grammaire le masculin a la priorité sur le féminin.

L'humble *enfant* que Dieu m'a *ravie*
Rien qu'en m'aimant savait m'aider :
C'était le bonheur de ma vie
De voir ses yeux me regarder.

V. HUGO.

693. FOUDRE, feu du ciel, est du féminin : LA FOUDRE *sillonne les nues. Quel cœur as-tu donc, toi qui n'as pas craint d'être frappé de* LA FOUDRE? (CHATEAUBRIAND.)

Au figuré, *foudre*, servant à désigner un guerrier à qui rien ne résiste, un orateur véhément, etc., est du masculin : UN FOUDRE *de guerre.* UN FOUDRE *d'éloquence.*

> Un bruit court que le roi va tout réduire en poudre
> Et dans Valencienne est entré comme *un foudre.*
>
> BOILEAU.
>
> Comment! des animaux qui tremblent devant moi !
> Je suis donc *un foudre* de guerre ?
>
> LA FONTAINE.

Quelquefois, et dans le style élevé, les poètes emploient le mot *foudre* au masculin : *Expirer sous les* FOUDRES VENGEURS. *Ces* FOUDRES *de bronze que l'enfer a* INVENTÉS *pour la destruction des hommes.* (FLÉCHIER.)

> Daigne le juste ciel . . . .
> Ne lancer que sur moi ses *foudres mérités.*
>
> CORNEILLE.

Mais alors le mot *foudre* rappelle à l'esprit l'image matérielle de ces traits ou carreaux forgés par Vulcain, et que Jupiter était censé lancer sur la terre quand il voulait foudroyer ou effrayer les mortels.

694. GENS (1) veut au féminin les adjectifs ou les participes qui le précèdent, et au masculin ceux qui le suivent : QUELLES MÉCHANTES GENS! *De* TELLES GENS *sont à plaindre.* TOUTES *les* VIEILLES GENS *sont* SOUPÇONNEUX. *Ce sont les* MEILLEURES GENS *que j'aie jamais* VUS. (ACAD.) CERTAINES GENS *étudient toute leur vie; à la mort,* ILS *ont tout appris, excepté à penser.* (DOMERGUE.)

---

(1) *Gens* est féminin de sa nature; c'est le pluriel de *gent*, race, famille, nation. Il ne s'emploie au singulier que dans la poésie familière : *La* GENT *qui porte le turban.* (ACAD.) *La* GENT *trotte-menu.* (LA FONTAINE.)

Cependant, lorsque *gens* est précédé d'un adjectif ou d'un déterminatif qui n'a qu'une forme pour les deux genres, on met *tous* au lieu de *toutes* : TOUS *les honnêtes* GENS. TOUS *les habiles* GENS.

On met aussi *tous*, lorsque *gens* est suivi d'une épithète ou de quelque autre mot déterminatif : TOUS *les* GENS SENSÉS. TOUS *les* GENS QUI RAISONNENT. TOUS *les* GENS DE BIEN.

Les adjectifs ou les participes qui précèdent *gens* et qui n'appartiennent pas à la même proposition ou à la même partie de proposition doivent aussi être mis au masculin : DEVENUS VIEUX *et infirmes*, *ces* BONNES GENS *ne pouvaient plus gagner leur vie* (c'est-à-dire *comme ils étaient devenus...*). HEUREUX *les* VIEILLES GENS *qui conservent l'usage de leurs facultés intellectuelles* (*heureux* est attribut, tandis que *gens* est sujet.)

Enfin, *gens* veut tous ses correspondants au masculin pluriel, lorsqu'il est suivi de la préposition *de* et d'un nom qui le rend propre à désigner une profession, un état quelconque, comme *gens de robe*, *gens d'épée*, *gens de guerre*, *gens de loi*, *gens de lettres* : CERTAINS GENS *d'affaires*.

Ou bien encore lorsqu'il se dit de personnes qui sont d'une même partie de promenade, de jeu, de festin, etc. : TOUS NOS GENS *sont arrivés*, *faites servir le dîner*.

695. HYMNE, chant d'église en latin ou en grec, est du féminin : *Santeuil a composé les plus* BELLES HYMNES *du bréviaire de Paris*.

Les ANCIENNES HYMNES *de l'Église ont le mérite de la simplicité*. (MARMONTEL.)

Mais quand il désigne tout autre chant, il est du masculin : *Seigneur,* QUELS HYMNES *sont dignes de vous?* (ACAD.) *Callimaque a composé de* LONGS HYMNES *en l'honneur de plusieurs dieux. Chaque peuple a son* HYMNE NATIONAL. *La vie de Turenne est* UN HYMNE *à la louange de l'humanité.* (MONTESQUIEU.)

696. ŒUVRE est du féminin : *Les* ŒUVRES COMPLÈTES *de Corneille. L'*ŒUVRE *de la rédemption fut* ACCOMPLIE *sur la croix.* (ACAD.)

Cependant, dans le style soutenu, il est quelquefois du masculin au singulier : UN *si* GRAND ŒUVRE. CE SAINT ŒUVRE.

Il est encore masculin quand il sert à désigner *le grand œuvre*, la recherche de la pierre philosophale : *Travailler* AU GRAND ŒUVRE; le recueil de toutes les estampes d'un même graveur : *Avoir* TOUT *l'*ŒUVRE *de Callot;* ou bien encore les différents ouvrages d'un compositeur de musique : LE PREMIER, LE SECOND ŒUVRE *de Mozart*. Dans ces cas, le mot *œuvre* est toujours au singulier.

697. ORGE est du féminin : *De l'*ORGE *bien* LEVÉE. *Voilà de* BELLES ORGES.

Ce nom n'est masculin que dans les deux expressions suivantes : ORGE MONDÉ, grains d'orge qu'on a bien nettoyés et bien préparés; ORGE PERLÉ, orge réduite en petits grains dépouillés de leur son : *Une tisane d'*ORGE MONDÉ, *d'*ORGE PERLÉ.

698. PÂQUE, fête solennelle que les Juifs célèbrent en mémoire de leur sortie d'Égypte, est du féminin et ne prend jamais *s :* LA PÂQUE *des Juifs. Notre-Seigneur célébra* LA PÂQUE *avec ses disciples.*

PÂQUE, et plus ordinairement PÂQUES, fête que les chrétiens solennisent en mémoire de la résurrection de Notre-Seigneur, est du masculin : *Je vous payerai à* PÂQUES PROCHAIN. PÂQUES ou PÂQUE *est* TARDIF *cette année.*

Dans les expressions : PÂQUES FLEURIES, le dimanche des Rameaux; PÂQUES CLOSES, le dimanche de Quasimodo; *Faire de* BONNES PÂQUES, une bonne communion pascale, il est du féminin et ne s'emploie qu'au pluriel (1).

_____

(1) Remarquez que, dans ce dernier sens, *pâques* est un véritable nom commun et ne prend pas de majuscule. Même observation relativement à *pâque*, fête des Juifs.

699. PÉRIODE, signifiant un espace de temps déterminé, est du féminin : LA PÉRIODE *des temps modernes. Fermer* LA PÉRIODE *des révolutions.*

Il est aussi du féminin en termes d'astronomie, de grammaire, de médecine, de musique : *La lune accomplit* SA PÉRIODE *en vingt-neuf jours et demi.* UNE PÉRIODE *à quatre membres se nomme* PÉRIODE CARRÉE. *Toutes les fièvres intermittentes ont leurs* PÉRIODES RÉGLÉES. *Ce compositeur sait lier et arrondir* TOUTES *ses* PÉRIODES. (ACAD.)

PÉRIODE est du masculin lorsqu'il signifie un espace de temps indéterminé, ou bien encore le plus haut point où une personne, une chose puisse arriver : *Le génie s'affaiblit dans* LE DERNIER PÉRIODE *de la vie. Démosthène et Cicéron ont porté l'éloquence à* SON *plus* HAUT PÉRIODE.

700. Le mot PERSONNE est tantôt nom, tantôt pronom indéfini.

Il est *nom*, et du genre féminin, quand il a un sens précis ; dans ce cas, il est ou peut être accompagné de l'article ou d'un adjectif déterminatif : *C'est* LA PERSONNE *du monde qui reçoit le mieux ses amis. Je sais cette nouvelle d'*UNE PERSONNE *bien* INSTRUITE.

Il est *pronom indéfini*, et du genre masculin, quand il est pris dans un sens vague, indéterminé ; alors il s'emploie avec ou sans négation, et signifie *nul homme, nul individu* ou *quelqu'un, un individu quelconque* : PERSONNE *ne sera assez* HARDI. PERSONNE *n'est* CONTENT *de son sort. Y a-t-*IL PERSONNE *d'assez* HARDI? (ACAD.) PERSONNE *a-t-*IL *jamais raconté plus naïvement que La Fontaine?* (RESTAUT.)

Si pourtant *personne*, employé comme pronom, ne pouvait évidemment s'appliquer qu'à des femmes, on lui donnerait le genre féminin : PERSONNE *ne fut jamais plus* SOUMISE *à son mari que ma marraine.*

701. QUICONQUE est dans le même cas : QUICONQUE *est vraiment mère n'est plus* COQUETTE.

702. Quelque chose, signifiant *un je ne sais quoi, un certain quantum*, est une sorte de locution pronominale du genre masculin : *Il y a dans l'homme* quelque chose *d'*incomplet *qui lui annonce une autre et plus parfaite destinée.*

Employé en ce sens, *quelque chose* forme un tout inséparable dans l'analyse.

Quelque chose, signifiant *quelle que soit la chose* et suivi d'un verbe au subjonctif, est du genre féminin : Quelque chose *que vous ait* dite *un homme en colère, ne lui répondez pas.*

Dans ce dernier cas, les mots *quelque* et *chose* doivent être analysés séparément : *chose* est un nom commun du genre féminin, et *quelque* est un adjectif qui le détermine.

Nota. — *Autre chose* et *grand'chose* peuvent aussi être du genre masculin dans des circonstances analogues à celles qui font donner ce genre à *quelque chose* : *Avez-vous* autre chose *de* curieux *à nous montrer ? Il n'a pas fait* grand'chose *de* bon.

GENRE DES NOMS DE VILLES.

703. Plusieurs grammairiens ont posé cette règle : « Tout nom de ville terminé par une syllabe muette est féminin ; il est masculin dans tous les autres cas. » Ce principe est trop absolu, car si on l'appliquait rigoureusement, il en résulterait pour l'oreille de nombreuses dissonances.

Disons qu'en général les noms de villes sont du masculin, quelle que soit la terminaison. Ajoutons, pour compléter et restreindre cette règle, que les noms de villes qui dérivent d'un féminin latin et dont les historiens ont consacré le genre, sont du féminin : *Rome, Carthage, Athènes, Jérusalem, Lacédémone, Sparte, Byzance, Syracuse, Florence, Venise, Lutèce, Capoue, Alise, Veïes, Pompéi, Thèbes, Grenade*, etc.

Ordinairement on met au féminin les noms de villes employés par apostrophe :

MALHEUREUSE *Tyr! dans quelles mains es-tu tombée?*
(FÉNELON.)

> Chante, *heureuse* Orléans, les vengeurs de la France.
> C. DELAVIGNE.

Quand le mot *tout* précède immédiatement un nom
de ville, il se met toujours au masculin ainsi que ses
corrélatifs : TOUT *Florence assistait à ce spectacle.* TOUT
Lisbonne fut DÉTRUIT. TOUT *Lacédémone acclama le vainqueur.* Alors la phrase est elliptique, et un substantif
masculin est sous-entendu après le mot *tout.*

Quand le cas est douteux, la prudence commande de
faire précéder le nom propre du mot *ville :*

La VILLE *de La Rochelle fut prise par Richelieu.*

La VILLE *de Constantinople fut emportée d'assaut par
Mahomet II.*

DU NOMBRE.

PLURIEL DANS LES NOMS EMPRUNTÉS AUX LANGUES ÉTRANGÈRES.

704. Les noms empruntés aux langues étrangères
doivent prendre le signe ordinaire du pluriel, lorsqu'ils
sont naturalisés français par un long et fréquent usage,
et surtout lorsque cet usage leur a fait prendre une
forme et une prononciation toutes françaises (1):

D'après cela, on écrira :

SINGULIER.	PLURIEL.	SINGULIER.	PLURIEL.
Un *accessit,*	des *accessits.*	Un *concerto,*	des *concertos.*
Un *agenda,*	des *agendas.*	Un *concetti,*	des *concettis.*
Un *album,*	des *albums.*	Un *débet,*	des *débets.*
Un *alguazil,*	des *alguazils.*	Un *déficit,*	des *déficits.*
Un *alinéa,*	des *alinéas.*	Un *diorama,*	des *dioramas.*
Un *alto,*	des *altos.*	Un *domino,*	des *dominos.*
Un *aparté,*	des *apartés.*	Un *duo,*	des *duos.*
Un *aviso,*	des *avisos.*	Un *duplicata,*	des *duplicatas.*
Un *bey,*	des *beys.*	Un *écho,*	des *échos.*
Un *bifteck*	des *biftecks.*	Un *embargo,*	des *embargos.*
Un *bravo,*	des *bravos.*	Un *errata,*	des *erratas* (2).

---

(1) Il est impossible de prendre ici l'Académie pour guide : elle se
contredit à chaque page.

(2) Le pluriel de ce mot est contesté : c'est un mot latin qui se dé-
cline comme tous ceux de la même origine, et qui fait au singulier *erratum* (une faute), au pluriel *errata* (des fautes). Partant de là, quelques-

SINGULIER.	PLURIEL.	SINGULIER.	PLURIEL.
Un *examen*,	des *examens*.	Un *pensum*,	des *pensums*.
Un *exéat*,	des *exéats*.	Un *piano*,	des *pianos*.
Un *fandango*,	des *fandangos*.	Un *placet*,	des *placets*.
Un *folio*,	des *folios*.	Un *quatuor*,	des *quatuors*.
Un *forum*,	des *forums*.	Un *quidam*,	des *quidams*.
Un *frater*,	des *fraters*.	Un *quiproquo*,	des *quiproquos*.
Un *hidalgo*,	des *hidalgos*.	Un *quolibet*,	des *quolibets*.
Un *imbroglio*,	des *imbroglios*.	Un *récépissé*,	des *récépissés*.
Un *impromptu*,	des *impromptus*.	Un *recto*,	des *rectos*.
Une *lady*,	des *ladys*.	Un *reliquat*,	des *reliquats*,
Un *lavabo*,	des *lavabos*.	Un *satisfécit*,	des *satisfécits*.
Un *lazzi*,	des *lazzis*.	Un *solo*,	des *solos*.
Un *lord*,	des *lords*.	Un *spécimen*,	des *spécimens*.
Un *lumbago*,	des *lumbagos*.	Un *tibia*,	des *tibias*.
Un *macaroni*,	des *macaronis*.	Un *tilbury*,	des *tilburys*.
Un *magister*,	des *magisters*.	Un *tory*,	des *torys*.
Un *maximum*,	des *maximums*.	Un *trio*,	des *trios*.
Un *mémento*,	des *mémentos*.	Un *ultimatum*,	des *ultimatums*.
Un *mémorandum*,	des *mémorandums*.	Un *verso*,	des *versos*.
Un *muséum*,	des *muséums*.	Un *vertigo*,	des *vertigos*.
Un *numéro*,	des *numéros*.	Une *villa*,	des *villas*.
Un *opéra*,	des *opéras*.	Une *virago*,	des *viragos*.
Un *oratorio*,	des *oratorios*.	Un *visa*,	des *visas*.
Un *palladium*,	des *palladiums*.	Un *vivat*,	des *vivats*.
Un *panorama*,	des *panoramas*.	Un *zéro*,	des *zéros*.

705. Mais on écrira sans *s* :

1° Des *exequatur*, des *veto*, des *criterium*, etc., parce que ces mots ont conservé leur physionomie étrangère, et qu'ils ne sont d'ailleurs que d'un usage assez restreint.

2° Des *carbonari*, des *ciceroni*, des *dilettanti*, des *libretti*, des *lazzaroni*, des *quintetti*, des *soprani*, parce que nous avons conservé cette forme plurielle, qui est celle des Italiens, de même que nous disons au singulier, à leur exemple : un *carbonaro*, un *cicerone*, un *dilettante*, un *libretto*, un *lazzarone*, un *quintetto*, un *soprano*.

3° Les mots latins qui indiquent une prière ou un

uns écrivent *erratum* quand il n'y a qu'une seule faute, *errata* quand il y a plusieurs fautes. Ce mot étant tout à fait francisé, nous écrivons : un *errata*, des *erratas*, comme nous aurions écrit, pour la même raison, un *erratum*, des *erratums*, si cette forme avait prévalu. Ne dit-on pas un *factum*, des *factums* ; un *pensum*, des *pensums* ; le *maximum*, les *maximums* ; le *minimum*, les *minimums*, etc.? Pour ces deux derniers mots on dit aussi, surtout dans les sciences mathématiques : le *maximum*, les *maxima* ; le *minimum*, les *minima*.

chant de l'Église par son premier mot : Des *Alleluia*, des *Amen*, des *Ave*, des *Benedicite*, des *Confiteor*, des *Credo*, des *Kyrie*, des *Magnificat*, des *Pater*, des *Requiem*, des *Stabat*, etc.

4° Les mots formés de plusieurs mots, liés ou non par un trait d'union : Des *auto-da-fé*, des *ecce-homo*, des *et cætera*, des *ex-voto*, des *fac-simile*, des *in-folio*, des *in-octavo*, des *in-pace*, des *in-quarto*, des *post-scriptum*, des *mezzo-termine*, des *forte-piano*, des *nota bene*, des *Te Deum*, des *Kyrie eleison*, etc.

5° Les adverbes latins employés accidentellement comme noms : Des *ibidem*, des *idem*, des *item*, des *interim*, des *alibi*, etc. : *Les* ALIBI *sont fréquents en matière criminelle*. (ACAD.) *Voilà bien de petits* ITEM. (ACAD.)

6° Les termes italiens employés dans la musique pour en indiquer la marche, le ton, les nuances : Des *andante*, des *crescendo*, des *dolce*, des *largo*, des *adagio*, des *allegro*, etc.

PLURIEL DANS LES NOMS PROPRES.

706. Le nom propre ne prend pas la marque du pluriel, bien qu'il soit employé à ce nombre :

1° Quand il désigne la personne même qui est connue comme portant ou ayant porté ce nom :

Les CORNEILLE *et les* RACINE *ont illustré la scène française.*

Il s'agit ici de *Corneille* et de *Racine* eux-mêmes; la preuve, c'est qu'on pourrait, sans altérer le sens, supprimer l'article *les*, et dire simplement : CORNEILLE *et* RACINE *ont illustré la scène française.* L'emploi de l'article n'est, dans ces sortes de phrases, qu'un artifice oratoire pour appeler davantage l'attention.

Cependant les poëtes, pour le besoin de la mesure ou de la rime, s'affranchissent quelquefois de cette règle :

> Clio vint l'autre jour se plaindre au dieu des vers
> Qu'en certain lieu de l'univers
> On traitait d'auteurs froids, de poètes stériles,
> Les *Homères* et les *Virgiles*.
>
> BOILEAU.

Je sais ce qu'il coûta de périls et de peines
Aux *Condés*, aux *Sullys*, aux *Colberts*, aux *Turennes*,
Pour avoir une place au haut de l'Hélicon.
VOLTAIRE.

Tu parles comme au temps des *Dèces*, des *Émiles*.
VOLTAIRE.

2° Quand il désigne plusieurs personnes d'une même famille, sans que rien de particulier distingue cette famille de toutes les autres :

Les deux CORNEILLE *sont nés à Rouen.*

3° Quand il désigne un ouvrage auquel il sert de titre : *Envoyez-moi deux* TÉLÉMAQUE.

C'est-à-dire deux exemplaires de *Télémaque.*

707. Les noms propres prennent la marque du pluriel :

1° Quand ils sont employés par extension, ou mieux par antonomase, comme noms communs, pour désigner des personnes offrant de la ressemblance par leurs qualités, leurs talents, etc., avec celles dont on cite le nom :

Les CORNEILLES *et les* RACINES *sont rares.*

C'est-à-dire les poètes semblables à *Corneille* et à *Racine.*

Donnez-moi des DAVIDS *et des* PHARAONS, *amis du peuple de Dieu, et ils pourront avoir des* NATHANS *et des* JOSEPHS *pour leurs ministres.* (MASSILLON.)

Ceux qui ont écrit l'histoire en France et en Espagne n'étaient pas des TACITES. (VOLTAIRE.)

L'exemple des *Catons* est trop facile à suivre ;
Lâche qui veut mourir, courageux qui peut vivre.
L. RACINE.

Au siècle des Midas on ne voit point d'*Orphées.*
VOLTAIRE.

Un coup d'œil de Louis enfantait des *Corneilles.*
DELILLE.

Qu'un Molière s'élève, il naîtra des *Barons.*
DORAT.

2° Quand ils désignent certaines grandes familles, comme les *Gracques*, les *Horaces*, les *Scipions*, les *Guises*, les *Condés*, les *Stuarts*, les *Capets*, etc. :

Les deux GRACQUES, *en flattant le peuple, commence-rent les divisions qui ne finirent qu'avec la République.* (BOSSUET).

Tout le monde sait que les trois CURIACES *et deux des* HORACES *périrent dans ce fameux duel.* (VERTOT).

La Seine a des *Bourbons*, le Tibre a des *Césars*.

BOILEAU.

3° Quand ils servent à désigner des ouvrages célè-bres, des œuvres d'art par le nom de ceux qui en sont les auteurs : Des *Elzévirs* pour des *éditions d'Elzévir*, des *Raphaëls* pour des *peintures de Raphaël*, etc. (1)

Il arrive même quelquefois que certains noms pro-pres employés de cette manière finissent par se confon-dre tellement avec les noms communs qu'ils s'écrivent sans la majuscule initiale : Des *calepins*, des *barêmes*, des *quinquets*, des *carcels*, etc.

NOMS COMPOSÉS.

708. On appelle *noms composés* des expressions formées de plusieurs mots, mais répondant à un objet unique dans la pensée ; souvent ces mots sont joints par le trait d'union, comme *hôtel-Dieu*, *chou-fleur*, *beau-frère*, *prête-nom*, *nouveau-né*, etc.

Quand il s'agit d'appliquer à ces noms, qui sont encore très-nombreux dans notre langue, le signe du pluriel, on est souvent embarrassé ; car l'Académie, qui aurait dû résoudre cette diffi-culté en s'appuyant sur des principes rationnels, l'a souvent laissée indécise, et, dans le cas contraire, n'a guère donné que des solutions qui se contredisent. Nous allons essayer de traiter cette question d'après les règles d'une logique rigoureuse.

709. Les noms composés d'un nom et d'un adjectif, ou de deux noms qui se qualifient l'un l'autre, prennent le signe du pluriel à chacun de ces mots : Un *chef-lieu*, des *chefs-lieux ;* une *basse-cour*, des *basses-cours ;* un *loup-garou*, des *loups-garous ;* un *blanc-bec*, des *blancs-becs*, etc.

---

(1) Dans ce cas, il y a *métonymie ;* la cause est employée pour l'effet, et le *nom propre* pour le *nom commun*.

710. Les noms composés de deux noms unis par une préposition ne prennent généralement la marque du pluriel qu'au premier de ces deux noms : Un *chef-d'œuvre*, des *chefs-d'œuvre;* un *arc-en-ciel*, des *arcs-en-ciel;* un *pot-de-vin*, des *pots-de-vin*, etc. Cependant on écrit des *crocs-en-jambes*, des *crocs* dans les *jambes;* des *coq-à-l'âne*, des discours où l'on passe brusquement du *coq* à l'*âne*.

711. Les mots invariables de leur nature qui entrent dans un nom composé n'y prennent jamais le signe du pluriel ; les verbes y sont également invariables et restent toujours à la troisième personne du singulier, à moins que le sens n'exige l'impératif, ce qui est assez rare ; enfin, si, outre des mots essentiellement invariables, le nom composé contient un mot variable, adjectif ou nom, celui-ci prend ou ne prend pas le signe de la pluralité, selon que le sens l'exige : Une *arrière-saison*, des *arrière-saisons;* un *bouche-trou*, des *bouche-trous;* une *contre-partie*, des *contre-parties*. Dans ces exemples, *saison*, *trou* et *partie* varient, parce que des *arrière-saisons* sont des *saisons* qui viennent en arrière, des *bouche-trous* sont des choses servant à boucher des *trous*, des *contre-parties* sont des *parties* qui sont *contre* d'autres ou en opposition avec d'autres. Mais on dit des *abat-jour*, des *brise-vent*, parce que cela signifie des choses servant à abattre le *jour*, à briser le *vent*. Enfin on écrit, sans mettre aucun signe de pluralité, des *pince-sans-rire*, des *on-dit*, des *qu'en-dira-t-on*, parce que tous les mots qui entrent dans ces noms composés sont invariables de leur nature.

712. Quand les deux mots variables de leur nature qui forment un nom composé ne se qualifient pas l'un l'autre, on ne met la marque du pluriel qu'à celui qui correspond réellement à un pluriel dans l'idée : Un *hôtel-Dieu*, des *hôtels-Dieu*, c'est-à-dire des *hôtels* fondés au nom de *Dieu;* un *terre-plein*, des *terre-pleins*, c'est-à-dire des lieux *pleins* de *terre;* des *chevau-légers*, des soldats *légers* (armés légèrement) à *cheval*.

713. Il arrive aussi quelquefois que certains mots qui entrent dans les noms composés doivent être au pluriel, même lorsque ces noms sont au singulier; cela ne peut être reconnu que par une analyse exacte rendant compte de la valeur particulière de chaque partie composante. Ainsi, on doit écrire un *porte-clefs*, un *mille-pieds*, un *serre-papiers*, parce que ces mots signifient : un homme qui porte les *clefs*, un insecte qui a mille *pieds*, un meuble où l'on serre des *papiers*, ou un objet de marbre ou de métal que l'on place sur les *papiers*.

Il est évident que le mot auquel on donne ainsi la forme plurielle, même quand le nom composé est au singulier, conserve cette forme quand le nom composé est lui-même au pluriel.

714. Les règles que nous venons de poser peuvent résoudre toutes les difficultés relatives aux noms formés de diverses parties réunies par des traits d'union; mais elles supposent que le sens des mots auxquels elles s'appliquent est parfaitement défini ce qui n'arrive pas toujours; et si l'on peut donner plusieurs sens à ces mots, il est évident qu'il y aura souvent désaccord sur la manière de les écrire. Ainsi l'Académie donne *gobe-mouches* et *attrape-mouche*, sans qu'il soit possible de comprendre cette différence d'orthographe. De même encore, l'Académie écrit un *cure-dent*, des *cure-dents*, et ce n'est pas évidemment la décomposition logique de ce mot qui a pu l'amener à supprimer *s* au singulier et à le maintenir au pluriel. Toutes ces difficultés n'ont au fond qu'une importance bien secondaire, et elles s'évanouiraient toutes à la fois, si l'on convenait de réunir en un seul mot les parties qu'on ne sépare que pour obéir à un usage tyrannique et souvent aveugle. Il est juste d'ailleurs de remarquer que la tendance à opérer cette réunion existe, et qu'aujourd'hui l'Académie elle-même écrit d'un seul jet : *becfigue, chèvrefeuille, contredanse, contrefaçon, contrevent, gendarme, justaucorps, porteballe, portecrayon, portechape, portefeuille, portemanteau, pourboire, pourparler, tirelire, tournebroche,* etc. Le peuple et les écrivains vont souvent plus vite que l'Académie, et, pour n'en citer qu'un exemple, tout le monde écrit *passeport* en un seul mot, quoique l'Académie persiste encore à écrire *passe-port*. On conçoit que la réunion simplifierait singulièrement cette difficulté orthographique, puisque, dès qu'une expression est passée à l'état de mot simple, elle rentre nécessairement dans la règle générale

et marque son pluriel par l'addition d'un *s* ou d'un *x* final : des *becfigues*, des *chèvrefeuilles*, des *passeports*, etc.

Et cette simplification paraît être dans le génie de notre langue ; seulement elle s'y prend à plusieurs fois pour arriver au but. Par exemple, beaucoup de personnes écrivent aujourd'hui un *cure-dent*, des *cure-dents ;* un *gobe-mouche*, des *gobe-mouches ;* un *contre-poison*, des *contre-poisons*, etc., etc., sans avoir égard à l'analyse de la pensée, et c'est un premier acheminement à la réunion de ces divers éléments en un seul mot. Le système d'agglutination prévaudra certainement un jour, et l'on écrira tous ces substantifs comme on écrit depuis longtemps *dorénavant, désormais, maintenant, aujourd'hui, gendarme*, etc.

715. Enfin, une dernière difficulté, et ce n'est pas la moindre, consiste à distinguer les expressions dont les diverses parties doivent être réunies par des traits d'union de celles où ces parties doivent rester complétement séparées. L'usage, ici encore, est le maître souverain, et il faut reconnaître que souvent il est loin de se trouver d'accord avec l'Académie. Nous ne cherchons point à décider qui a tort ou raison de l'usage ou de l'Académie ; nous allons seulement donner la liste des expressions où celle-ci n'admet point le trait d'union, quoique certaines personnes, guidées par une sorte d'instinct, puissent croire nécessaire de l'admettre :

Agent voyer, aide de camp, arc de triomphe, ayant cause, ayant droit, bachelier ès lettres ou *ès sciences, bas bleu, bas breton, basses œuvres, bel esprit, bien dire, blanc seing, blanc signé, bœuf gras, champ clos, Champs Élysées, chapeau tromblon, char à bancs, chassé croisé, château d'eau, château fort, cire vierge, clin d'œil, colle forte, collet monté, comédie française, commis greffier, commis marchand, commis voyageur, compte courant, compte rendu, coq en pâte, cordon bleu, corps de garde, corps franc, coup d'œil, côte d'Or* (contrée d'Afrique), *courtier marron, cousin germain, diable à quatre, directeur gérant, dix cors* (cerf), *eau mère, enfant trouvé, esprit fort, expert juré, fausse clef, fer à cheval, ferme modèle, flic flac, folle enchère, franc parler, garde des sceaux, garde des monnaies, garde du corps, garde champêtre, garde général* (beaucoup d'autres mots commençant par *garde* prennent le trait d'union), *grand aumônier, grand maître, Grand Mogol, grand Seigneur, Grand Turc, grand vizir, haute lisse, haute paye, hautes œuvres, hors d'œuvre, huis clos, huissier audiencier, juge auditeur, juge rapporteur, juge suppléant, laisser aller, langue mère, loup marin, main basse, main chaude, maître d'hôtel, maître ès sciences, maître maçon, maîtresse branche, maîtresse femme, major général, mardi gras, maréchal des logis, maréchal ferrant, milon milaine* (onguent), *mont Blanc, mont Parnasse*, etc., *mort aux rats, nouveau marié, nouveau venu, nu propriétaire, nue propriété, officier rapporteur, on dit* (des), *petite vérole, pis aller,*

9

plein cintre, Porte Ottomane, pot de chambre, pot à beurre, pot de fleurs, pot pourri, prince régent, prix courant, prix fixe, procureur général, professeur adjoint, quart de cercle, quart d'heure, quart de vent, rat de cave, rédacteur gérant, reine mère, ronde bosse, rose pompon, rose pivoine, rose trémière, rubis balais, saint chrême, saint des saints, saint sacrement, saint sépulcre, sans façon, sans gêne, saut de loup, sauve qui peut, secrétaire adjoint, sens dessus dessous, serpent à sonnettes, serre chaude, Sublime Porte, subrogé tuteur, terre à terre, tic tac, tierce majeure, tiers état, titre courant, tout à fait, veine cave, veine porte, vendredi saint, ver luisant, vigne vierge.

NOMBRE DANS LES NOMS EMPLOYÉS APRÈS UNE PRÉPOSITION.

Le moyen le plus sûr pour déterminer le nombre d'un nom placé après une des prépositions *de, à, par, en, sur, sans,* quand ce nombre n'est pas indiqué par un article ou par un déterminatif, c'est de se rendre un compte exact de la pensée qu'il s'agit d'exprimer, c'est-à-dire de voir s'il y a *unité* ou *pluralité* dans l'idée. Dans le premier cas, on met le singulier; dans le second, on met le pluriel. Ainsi, il faut dire *un sac de blé* (un sac rempli avec du *blé*), *un litre de haricots* (des *haricots* en quantité suffisante pour remplir un litre), *un moule à balles* (servant à fondre des *balles*), *des manchettes à dentelle* (bordées avec de la *dentelle*), *une société par actions* (formée en créant des *actions*), etc.

Mais, pour faciliter l'application de ce principe général, on peut poser les règles suivantes :

716. On met au singulier le nom joint à un nom précédent par la préposition *de* quand il s'agit d'exprimer d'une manière très-générale la qualité ou la nature de l'objet représenté par le premier de ces noms : *Un homme de* TALENT, *de* GÉNIE, *de* BIEN ; *un trait de* BRAVOURE ; *une maxime de* VERTU ; *un caprice de* FEMME ; *une œuvre d'*ART, etc.

717. Après la préposition *de,* on met encore au singulier le nom qui exprime d'une manière très-générale la matière dont la chose est faite, ou la nature de la chose dont le nom précédent exprime une certaine quantité, une mesure : *Des palais de* MARBRE, *des gants de* PEAU, *un toit d'*ARDOISE, *des ragoûts de* MOUTON, *deux bouteilles de* VIN, *plusieurs mains de* PAPIER, *du sucre de* POMME, etc.

Cependant, si la matière composante conservait sa forme primitive et se présentait aux yeux comme une agrégation d'unités distinctes, il faudrait employer le pluriel : *Un ragoût de* POMMES *de terre* (les pommes ou les morceaux de pommes restant distincts), *un baril d'o-* LIVES, *une compote de* POMMES, etc. Si même l'idée de pluralité dominait dans l'esprit, quoique les objets fussent réduits à une matière unique pour les yeux, on pourrait encore employer le pluriel. Ainsi l'Académie donne *sirop de* GROSEILLES, *de* MÛRES, *de* LIMONS, parce que cela signifie que le sirop a été fait avec des *gro-seilles*, des *mûres*, des *limons*. Il est vrai qu'ailleurs elle donne *gelée de* GROSEILLE, *gelée de* POMME, et qu'on ne voit pas clairement la raison de cette différence.

Contentons-nous de donner un certain nombre d'exemples, où la distinction entre le singulier et le pluriel sera assez bien marquée pour que les élèves établissent eux-mêmes cette différence.

NOMS PLACÉS APRÈS LA PRÉPOSITION *à* :

SINGULIER.	PLURIEL.
Instrument à *anche*.	Souliers à *boucles*.
Des manches à *balai*.	Lunettes à *branches*.
Oiseau à gros *bec*.	Boîte à *charnières*.
Un pays à *blé*.	Instrument à *cordes*.
Des cordes à *boyau*.	Halle aux *cuirs*.
Cartons à *chapeau*.	Diamant à *facettes*.
Cannes à *épée*.	Couler à *flots*.
Mettre à *flot*.	Suer à grosses *gouttes*.
Manches à *gigot*.	Serviette à *liteaux*.
Aller à *pied*.	Vêtement à *manches*.
Au *pied* d'un arbre.	Aux *pieds* de quelqu'un.
Prendre à *témoin*.	Une montre à *secondes*.
Tourner à tout *vent*.	Serpent à *sonnettes*.

NOMS PLACÉS APRÈS LA PRÉPOSITION *de* :

SINGULIER.	PLURIEL.
Des toiles d'*araignée*.	Huile d'*amandes* douces.
Des chefs d'*atelier*.	Pâté d'*anguilles*.
Des corps de *bâtiment*.	Ponts de *bateaux*.
Des jeux de *boule*.	Un coupeur de *bourses*.
Des filets de *chevreuil*.	Des bouts de *chandelles*.

SINGULIER.	PLURIEL.
Des échelles de *corde*.	Mal de *dents*.
Des marchands de *drap*.	Buisson d'*écrevisses*.
Des bonnes d'*enfant*.	Un peintre d'*enseignes*.
Des cochers de *fiacre*.	Un pot de *fleurs*.
Des coups de *griffe*.	Voleur de *grands chemins*.
Des touffes d'*herbe*.	Couronne d'*immortelles*.
Des peaux de *lapin*.	Cotte de *mailles*.
Des poignées de *main*.	Marchand de *nouveautés*.
Des bourdonnements d'*oreille*.	Des pendants d'*oreilles*.
Des têtes de *pavot*.	Livre de *prières*.
A tous les coins de *rue*.	Jeu de *quilles*.
Des billets de *spectacle*.	Bouquet de *roses*.
Des roulements de *tambour*.	Flacon de *sels*.
Des pieds de *veau*.	L'Esprit de *ténèbres*.
Des cartes de *visite*.	Panneau de *vitres*.

On pourrait donner également une liste des noms précédés des prépositions *par, en, sur, sans*, lesquels sont assujettis aux mêmes règles.

Comme on le voit, la règle du nombre dans les substantifs après une préposition est vague ; les cas où le nombre est clairement déterminé sont assez rares ; en voici quelques exemples :

AU SINGULIER.	AU PLURIEL.
Lit de *plume*.	Paquet de *plumes*.
Touffe d'*herbe*.	Tisane d'*herbes*.
Contes de *bonne femme*.	Contes de *fées*.
Maître de *musique*.	Maître de *langues*.
Marchande de *poisson*.	Marchande de *harengs*.
Homme à *imagination*.	Homme à *préjugés*.
Fruit à *noyau*.	Fruit à *pepins*.
Natte de *jonc*.	Touffe de *roseaux*.
Champ d'*avoine*.	Champ de *fèves*.

NOMS COLLECTIFS.

Les mots qui sont en rapport avec les noms collectifs sont tantôt des adjectifs, comme dans ces phrases : *Une* DOUZAINE *de* LIVRES ÉPARS *sur son bureau. On remarquait une* FOULE *de jeunes* FILLES VÊTUES *de blanc ;* tantôt des verbes : *La* PLUPART DES HOMMES PENSENT *que le bonheur est dans les richesses. Une* NUÉE *de* SAUTERELLES DÉSOLA *l'Égypte.* Mais comme ce dernier cas est plus fréquent, c'est au chapitre du verbe que nous donnerons les règles d'accord concernant le collectif.

CHAPITRE II

DE L'ARTICLE

RÉPÉTITION DE L'ARTICLE.

718. L'article se répète avant chaque nom déterminé employé comme sujet ou comme complément :

LE *cœur,* L'*esprit,* LES *mœurs, tout gagne à la culture.*
Il en avait LES *traits,* LES *regards et* LA *démarche.* (FÉNELON.)

719. Cependant l'article ne se répète pas quand les substantifs forment pour ainsi dire une expression indivisible, dans certaines locutions appartenant au style administratif ou judiciaire, quand on parle de personnes ou de choses analogues : *Conservatoire des* ARTS *et* MÉTIERS ; *École des* PONTS *et* CHAUSSÉES ; *les* LETTRES *et* PAQUETS ; *les* TENANTS *et* ABOUTISSANTS ; *les* MAIRES *et* ADJOINTS *du département ; les* CURÉS *et* VICAIRES *du diocèse ; les* FRÈRES *et* SŒURS ; *les* PARENTS *et* AMIS ; *les* OFFICIERS, SOUS-OFFICIERS *et* SOLDATS ; *journal paraissant les* MARDI, JEUDI *et* SAMEDI *de chaque semaine ; les* ENFANTS, PETITS-ENFANTS *et* ARRIÈRE-PETITS-ENFANTS *de ce vieillard.*

NOTA. — Dans certains de ces cas, les substantifs qui suivent le déterminatif pluriel restent au singulier quand l'unité réelle se cache sous une pluralité apparente : *Ce jeune homme manque de respect à ses* PÈRE *et* MÈRE.

L'article se supprime également après la conjonction *ou*, devant un second substantif qui n'est que le synonyme ou l'explication du premier : *Le Bosphore ou* CANAL DE CONSTANTINOPLE ; *les Bisontins ou* HABITANTS DE BESANÇON ; *l'acide nitrique ou* VITRIOL ; *les collines ou* PETITES MONTAGNES *y sont couvertes d'arbres toujours verts.* (BERNARDIN DE SAINT-PIERRE.) *Les joues ou* CÔTÉS DE LA TÊTE *du condor sont couverts d'un duvet noir.* (BUFFON.)

720. L'article doit encore se répéter devant chaque

adjectif lorsque les adjectifs, unis par la conjonction *et*, marquent des qualités incompatibles, c'est-à-dire qui ne peuvent pas appartenir ensemble au même objet :

Les JEUNES *et les* VIEUX *soldats ont fait leur devoir.*

Le PREMIER *et le* SECOND *étage furent entièrement consumés.*

721. L'article ne se répète pas si les deux qualificatifs se rapportent à une seule et même personne, à une seule et même chose :

Le SIMPLE *et* BON *La Fontaine est une de nos gloires littéraires.*

REMARQUE. On lit, dans la préface du *Dictionnaire de l'Académie : Les langues* GRECQUE *et* LATINE; dans Montesquieu : *Les historiens* ANCIENS *et* MODERNES; dans Buffon : *Les oiseaux* DOMESTIQUES *et* SAUVAGES. Ces différentes manières de s'exprimer abondent dans nos meilleurs écrivains, et nous n'oserions les condamner, quoiqu'elles soient contraires à la règle que nous venons d'établir, et à laquelle il est plus sûr de se conformer.

Il est même certains cas où cette répétition de l'article et du substantif exigée par la règle nuirait à l'harmonie de la phrase et à la rapidité de la pensée, sans donner plus de clarté à l'expression; en voici un exemple : *Les historiens assurent que Cléopâtre parlait avec facilité les langues* GRECQUE, LATINE, HÉBRAÏQUE, ARABE, ÉTHIOPIENNE *et* SYRIENNE.

Il y a deux cas qui font exception à cette règle :

1º Lorsque les deux adjectifs exprimant des qualités incompatibles sont unis par la conjonction *ou*, on peut répéter ou ne pas répéter l'article; cette conjonction étant disjonctive, ou alternative, suffit à indiquer que les adjectifs ne qualifient pas le même objet; voici des exemples avec et sans la répétition de l'article devant des adjectifs unis par *ou*.

Avec répétition de l'article :

Dieu s'est choisi un peuple dont LA *bonne ou* LA *mauvaise fortune dépendît de sa piété.* (BOSSUET.)

On ne doit pas juger DU *bon ou* DU *mauvais naturel d'une personne par les traits de son visage.* (J.-J. ROUSSEAU.)

Sans répétition de l'article :

Il ne régla jamais sur la faveur ou la disgrâce des personnes LE *bon ou mauvais accueil qu'il pouvait leur faire.* (FLÉCHIER.)

L'Égypte se vantait de régler par son fleuve LA *bonne ou mauvaise destinée des vainqueurs.* (ROLLIN.)

2º Lorsque le mot *tous, toutes,* précède le substantif accompagné d'adjectifs marquant des qualités opposées, ou que ce substantif, exprimant une idée d'universalité, peut être précédé de *tous, toutes,* on peut se dispenser de répéter l'article :

> Il était là maintes filles savantes
> Qui mot pour mot portaient dans leurs cerveaux
> *Tous les* noëls anciens et nouveaux.
>
> GRESSET.

LES *haines (toutes* les haines) *publiques et particulières furent assoupies.* (FLÉCHIER.)

Pendant le séjour que je fais en Europe, je lis LES *historiens (tous* les historiens) *anciens et modernes.* (MONTESQUIEU.)

ELLIPSE DE L'ARTICLE.

722. On peut supprimer l'article, pour donner plus de rapidité au discours :

1° Dans les phrases proverbiales et sentencieuses :

Méfiance est mère de sûreté.

Contentement passe richesse.

Plus fait douceur que violence.

2° Dans les énumérations :

Prières, offres, menaces, rien ne l'a ébranlé.

Grands et petits, riches et pauvres, tout pénétrait jusqu'à saint Louis. (FLÉCHIER.)

ARTICLE AVANT LES NOMS PRIS DANS UN SENS PARTITIF.

723. DU, DE LA, DES, s'emploient avant les noms pris dans un sens partitif, c'est-à-dire ne désignant qu'une partie d'un tout :

J'ai passé DES *jours heureux à la campagne ;*

C'est-à-dire QUELQUES *jours.*

Voilà DE LA *viande qui me paraît excellente ;*

C'est-à-dire UNE CERTAINE QUANTITÉ *de viande.*

724. Quand le nom est précédé d'un adjectif, on emploie seulement la préposition DE :

DE *cuisants remords tourmentent le coupable.*

DE *riantes prairies s'offraient à nos regards charmés.*

La science doit avoir DE *grands ménagements avec l'ignorance, qui est sa sœur aînée.* (FONTENELLE.)

Proposons-nous DE *grands exemples à imiter plutôt que* DE *vains systèmes à suivre.* (J.-J. ROUSSEAU.)

On dit également bien :

Donnez-moi DE *bon pain.*

Donnez-moi DU *bon pain.*

La première phrase signifie simplement *du pain qui soit bon;* mais, dans la seconde, l'emploi de l'article éveille une idée d'opposition, de distinction : *Vous avez deux sortes de pain, du bon et du mauvais : donnez-moi de votre bon pain.*

725. Si l'adjectif et le nom sont tellement liés par le sens qu'ils ne forment, pour ainsi dire, qu'un seul mot, comme *bon mot, grand homme, jeunes gens, honnêtes gens, beau monde, bon temps, petits pâtés,* etc., on emploie DU, DE LA, DES et non DE :

Il y a DES *honnêtes gens dans tous les pays.*

Napoléon et César étaient DES *grands hommes.*

Je mettais le matin sur mon agenda DES *bons mots que je donnais l'après-midi pour des impromptus.* (LE SAGE.)

Voilà DES *jeunes gens et* DES *jeunes personnes passionnés pour l'étude.*

J'ai pris DU *bon temps à la campagne.*

L'article s'emploie à plus forte raison quand l'adjectif et le nom forment un mot composé comme *petit-maître, petit-lait, bas-relief, belle-mère, grand-père, petits-pois, beaux-arts, belles-lettres,* etc. :

Manger DES *petits-pois en primeur.*

Il y a DES *belles-mères qui valent de véritables mères.*

Au VIe *siècle, Gontran et plusieurs membres de sa famille firent exécuter* DES *bas-reliefs en vermeil.*

DES *petits-maîtres sont l'espèce la plus ridicule qui rampe avec orgueil sur la surface de la terre.* (VOLTAIRE.)

> Heureux si de son temps, pour de bonnes raisons,
> La Macédoine eût eu *des* Petites-Maisons.
> BOILEAU.

ARTICLE DANS LES PROPOSITIONS NÉGATIVES.

726. Dans les propositions négatives, on emploie DE avant le nom complément direct pris dans le sens par-

titif : *Je ne vous ferai point* DE *reproches. Je n'ai pas*
D'*argent. Je ne fais pas* DE *vers.*

Mais si le nom employé comme complément direct
est suivi d'un adjectif qualificatif ou de quelque chose
qui en tient lieu, proposition ou complément, on fait
usage de l'article :

Je ne vous ferai point DES REPROCHES FRIVOLES. (RA-
CINE.)

Je n'ai pas DE L'ARGENT *pour* LE DÉPENSER FOLLEMENT.

Je ne fais pas DES VERS QUAND JE VEUX.

C'est-à-dire :

Les reproches que je vous ferai sont sérieux.

L'argent que j'ai ne doit pas être dépensé follement.

Je fais des vers, mais seulement quand l'inspiration me
vient.

ARTICLE DANS LES PHRASES INTERROGATIVES.

727. Dans les propositions interrogatives en même
temps que négatives, l'article s'emploie avec la préposition DE, pour faire entendre qu'on croit au sens positif : *N'avez-vous pas* DES *amis?* C'est-à-dire *Je crois que*
vous avez des amis.

728. On supprime l'article, pour exprimer un sens
dubitatif : *N'avez-vous pas* D'*amis?* C'est-à-dire *Je ne sais*
pas si vous avez des amis.

ARTICLE AVANT *PLUS, MIEUX, MOINS.*

729. L'article varie avant les adjectifs précédés de
plus, mieux, moins, pour exprimer une comparaison
entre plusieurs personnes ou plusieurs choses :

De toutes les mères, la vôtre est LA PLUS *heureuse.*

On compare le bonheur d'une mère avec celui des
autres mères.

730. Mais si l'on veut seulement exprimer une qualité portée au plus haut degré dans la même personne
ou dans la même chose, sans aucune idée de comparaison
avec d'autres, l'article *le* ne varie pas.

C'est auprès de ses enfants que cette bonne mère est LE
PLUS *heureuse ;*

P.

C'est-à-dire *heureuse au plus haut degré*, sans comparaison avec le bonheur des autres mères.

Voici d'autres exemples où l'article est invariable :

C'est le matin que cette fleur est LE PLUS *belle.*

Il y a un tour à donner à tout, même aux choses qui en paraissent LE MOINS *susceptibles.* (MONTESQUIEU.)

On ne sait à quoi elle était LE PLUS *propre, à commander ou à obéir.* (BOSSUET.)

Je ne vois dans toute sa conduite que de ces inégalités auxquelles les femmes les mieux douées sont LE PLUS SUJETTES. (DIDEROT.)

C'est en Hollande et en Angleterre que la terre est LE MIEUX *cultivée.* (J.-J. ROUSSEAU.)

> Mais qu'on me nomme enfin dans l'histoire sacrée
> Le roi dont la mémoire est *le plus* vénérée.
>
> VOLTAIRE.

NOTA. — Cette règle est une des plus indécises de la syntaxe.

Résumons-nous donc : les locutions *le plus, le mieux, le moins,* qui sont adverbiales, modifient tantôt un verbe, tantôt un adverbe, tantôt un adjectif. Dans le premier de ces cas, la locution est toujours invariable :

Ce sont la finesse et la délicatesse d'une langue qui coûtent LE PLUS *à apprendre.* (VOLTAIRE.)

Les jeux que les enfants aiment LE MIEUX *sont ceux où le corps est en mouvement.* (FÉNELON.)

On écrit aujourd'hui sur les choses qu'on entend LE MOINS. (P.-L. COURIER.)

Les hommes qui ont LE PLUS *vécu ne sont pas ceux qui ont compté* LE PLUS *d'années, mais ceux qui ont senti* LE PLUS *la vie.* (J.-J. ROUSSEAU.)

> Nous nous voyons sans cesse assiégés de témoins,
> Et les plus malheureux osent pleurer *le moins.*
>
> RACINE.

Voilà donc déjà une règle positive.

Quand la modification se porte sur un adjectif ou sur un adverbe suivi d'un qualificatif, les locutions *le plus, le mieux, le moins,* sont variables ou invariables suivant que l'idée est *relative* ou *absolue* :

Nous nous croyons bientôt LES PLUS *habiles quand nous sommes* LES PLUS *heureux* (adj. — var. — idée relat.).

Cet enfant sait toujours bien sa leçon, même quand elle est LE MOINS *facile* (adj. — inv. — idée absol.).

Les Indiens et les Chinois me paraissent être les nations LES PLUS *anciennement policées* (adv. — var. — idée relat.).

Après la bataille, on récompense les soldats qui se sont LE PLUS *bravement comportés* (adv. — inv. — idée absol.).

EMPLOI OU SUPPRESSION DE L'ARTICLE DEVANT LES NOMS PROPRES.

731. On dit indifféremment : *Les peuples* DE L'*Europe, les villes* DE L'*Asie, une carte* DE LA *France, les vins* DU *Roussillon,* et *les peuples* D'*Europe, les villes* D'*Asie, une carte* DE *France, les vins* DE *Roussillon;* mais l'emploi de l'article devient obligatoire si le substantif est déterminé par un adjectif ou un complément : *Les lacs* DE L'*Amérique* DU SUD. *Les colonies grecques* DE L'*Asie* MINEURE. *Une carte* DE LA *France* CENTRALE.

Quand on indique le lieu d'extraction ou de provenance d'une chose, l'article est généralement employé : *Les chèvres* DU *Thibet. La porcelaine* DU *Japon. Les truffes* DU *Périgord. Les vins* DE LA *Bourgogne.* Si l'on veut marquer une distinction, indiquer une préférence, on emploie simplement *de : Donnez-moi du vin* DE *Bourgogne et non du vin* DE *Bordeaux. On préfère le beurre* DE *Bretagne à tout autre.* On dit toujours : *Encre* DE *Chine* et *bois* DU *Brésil.*

L'emploi de l'article devant certains noms propres qui désignent des écrivains ou des artistes italiens est usité; ainsi l'on dit : *Le Corrége, le Dante, le Titien, le Tasse, le Dominiquin,* etc.; et, par imitation de l'usage italien, pour quelques artistes de notre pays : *Le Poussin, le Puget,* etc.; mais, dans tous ces cas, l'emploi de l'article n'est pas obligatoire, et beaucoup disent : *Les toiles* DE *Corrége. Un tableau* DE *Titien. Le poème* DE *Dante,* DE *Tasse. Une statue* DE *Puget.*

Autrefois, on employait aussi l'article devant le nom de certaines grandes actrices : *La Champmeslé, la Gaussin, la Guimard, la Clairon, la Malibran.* Aujourd'hui même, on dit encore *la Patti,* sans doute à cause de la terminaison italienne de ce nom. Dans les exemples suivants : LA *Pompadour,* LA *Dubarry,* l'article indique une intention de dénigrement.

CHAPITRE III

DE L'ADJECTIF

ADJECTIFS QUALIFICATIFS

EMPLOI DES ADJECTIFS QUALIFICATIFS.

732. Tout adjectif qualificatif doit se rapporter clairement à un mot exprimé dans la phrase. Par conséquent, on ne dira pas : ENCLIN *à la paresse, il est difficile de s'en corriger*, parce que l'adjectif *enclin* ne se rapporte à aucun mot exprimé. Il faut dire : *Quand on est* ENCLIN *à la paresse, il est difficile de s'en corriger*. De cette manière, *enclin* se rapporte à *on*, et la phrase est régulière.

La phrase suivante est dans le même cas :

HABITUÉ *à se livrer sans réserve à ses passions, il est difficile de les régler ou de les vaincre.*

Cependant, on ne peut guère condamner certaines phrases où l'on trouve des qualificatifs qui ne se rapportent à aucun mot exprimé, mais où l'esprit saisit facilement qu'ils ont trait à un être que suppose un adjectif possessif, un nom ou un pronom exprimé dans le membre de phrase suivant :

Depuis longtemps OCCUPÉ *de grands travaux,* SA *fortune s'est accrue considérablement.*

Il est évident que *occupé* se rapporte à l'objet possesseur de la fortune.

VAIN *et* ORGUEILLEUX, *il est rare qu'*ON *accepte les conseils d'autrui.*

On représente évidemment celui qui est vain et orgueilleux et l'ellipse est facile à suppléer : *Si l'on est vain et orgueilleux, il est rare, etc. Comme il est depuis longtemps occupé de grands travaux, sa fortune, etc.*

733. Certains adjectifs ne conviennent qu'à des personnes, d'autres ne conviennent qu'à des choses. Comme beaucoup d'adjectifs en *able* sont dérivés d'un verbe, on peut dire, d'une manière générale, que si le verbe prend ordinairement pour complément direct un nom de personne, l'adjectif en *able* ne doit s'appliquer qu'aux personnes, et qu'au contraire, si le verbe appelle une chose pour complément direct, l'adjectif ne doit s'appliquer qu'aux choses. Ainsi, parce qu'on dit *consoler quelqu'un*, on dira bien *une veuve inconsolable, un père inconsolable*, mais non pas *un malheur inconsolable;* et parce qu'on peut *pardonner quelque chose, déplorer quelque chose*, on pourra parler *d'une faute pardonnable* ou *impardonnable*, d'un accident *déplorable*, mais il ne faudrait pas dire un *enfant pardonnable*, un *homme déplorable*. Cependant l'Académie fait une exception pour ce dernier adjectif « en poésie et dans le style soutenu. » Elle cite ces phrases dans son dictionnaire : *Famille* DÉPLORABLE. — DÉPLORABLE *victime de la tyrannie*.

PLACE DES ADJECTIFS QUALIFICATIFS.

734. En général, les adjectifs qualificatifs se placent indifféremment avant ou après le substantif qu'ils qualifient; ainsi, on dit également : *Cette dame avait une* SUPERBE *robe, un* CHARMANT *chapeau et un* MAGNIFIQUE *cachemire*, ou *une robe* SUPERBE, *un chapeau* CHARMANT, *un cachemire* MAGNIFIQUE.

C'est le goût et surtout l'oreille qui déterminent la place que doivent occuper les adjectifs. Par exemple, l'oreille ne permet pas de dire autrement que *robe* BLANCHE, *veste* BLEUE, *vin* AIGRE, *table* RONDE, *habit* NEUF, *sol* FRANÇAIS, *accent* GASCON, *enfant* INSTRUIT, *tâche* FINIE — BLANCHE *robe*, BLEUE *veste*, etc., seraient intolérables. C'est encore en obéissant à cette loi que l'on met l'adjectif avant le substantif lorsque celui-ci se compose d'un plus grand nombre de syllabes : HAUTE *montagne*, BEAU *paysage*, et que cet adjectif se met après

dans le cas contraire : *Des lois* SÉVÈRES, *un ton* BRUS-
QUE, etc.

ADJECTIFS QUALIFICATIFS QUI CHANGENT DE SENS SELON LA PLACE QU'ILS OCCUPENT.

733. Nous avons, en français, des adjectifs qualificatifs qui changent de sens, selon qu'ils précèdent ou
qu'ils suivent le nom. Ainsi :

Un BON *homme* est un homme simple, crédule.

Un homme BON a de la bonté, est obligeant, charitable.

Un BRAVE *homme* est un homme honnête et bon.

Un homme BRAVE est un homme courageux, qui a de la bravoure.

Un GRAND *homme* est un homme d'un grand génie.

Un homme GRAND est un homme d'une haute taille.

De NOUVEAU *vin*, c'est du vin que l'on a depuis peu.

Du vin NOUVEAU, c'est du vin de la dernière récolte.

Un PAUVRE *homme* est un homme sans capacité.

Un homme PAUVRE est un homme sans fortune.

Une MÉCHANTE *épigramme* est une épigramme sans sel.

Une épigramme MÉCHANTE est une épigramme piquante.

Un PLAISANT *personnage* est un impertinent digne de mépris.

Un personnage PLAISANT est celui dont le rôle est divertissant.

Un GALANT *homme* est un homme d'un commerce sûr et agréa-ble, un homme bien élevé.

Un homme GALANT a de la ga-lanterie, cherche à plaire aux femmes.

Une GROSSE *femme* est une femme obèse.

Une femme GROSSE est une femme enceinte.

Un HONNÊTE *homme* signifie toujours celui qui a de l'hon-nêteté, de la probité.

Un homme HONNÊTE peut se dire dans le même sens ; mais il se dit aussi d'un homme poli.

Un CRUEL *homme* est un homme ennuyeux, importun.

Un homme CRUEL est un homme insensible, inhumain.

Un MAUVAIS *air*, en parlant des personnes, est un air de mau-vaise compagnie.

Un air MAUVAIS est un air mé-chant, redoutable.

Dans l'épigramme suivante, le comte de Choiseul a
réuni ces deux sens :

> Cléon, lorsque vous nous bravez,
> En démontant votre figure,
> Vous n'avez pas l'air *mauvais*, je vous juré ;
> C'est *mauvais air* que vous avez.

ACCORD DE L'ADJECTIF.

736. L'adjectif s'accorde en genre et en nombre avec le nom auquel il se rapporte : *Le* BON *père, la* BONNE *mère. Les* BEAUX *fruits, les* BELLES *oranges.*

737. Quand un adjectif se rapporte à deux noms du singulier, il se met au pluriel, parce que *deux singuliers valent un pluriel : Le* ROI *et le* BERGER *sont* ÉGAUX *après la mort.*

738. Si les noms ne sont pas du même genre, l'adjectif se met au masculin pluriel : *Mon* PÈRE *et ma* MÈRE *seront* CONTENTS.

739. Lorsque l'adjectif qui se rapporte à deux noms de genres différents a une terminaison particulière pour chaque genre, l'euphonie exige qu'on rapproche le nom masculin de l'adjectif; ainsi on ne dirait pas : *Cet acteur joue avec un* GOÛT *et une noblesse* PARFAITS, parce que, dans cette construction, la rencontre de l'adjectif masculin *parfaits* et du nom féminin *noblesse* est dure et désagréable. Il faut dire : *Cet acteur joue avec une* NOBLESSE *et un* GOÛT PARFAITS. Mais on dirait indifféremment *avec un* GOÛT *et une* NOBLESSE REMARQUABLES, ou *avec une* NOBLESSE *et un* GOÛT REMARQUABLES, parce qu'ici l'adjectif n'a qu'une seule terminaison pour les deux genres.

740. Quelquefois l'adjectif ne qualifie que le dernier des noms joints ensemble par la conjonction *et;* alors l'accord n'a lieu qu'avec ce nom :

Voici des êtres dont la TAILLE *et l'*AIR SINISTRE *inspirent la terreur.* (BARTHÉLEMY.)

Évidemment, *sinistre* ne saurait qualifier le substantif *taille.*

741. L'adjectif placé après plusieurs noms s'accorde avec le dernier seulement, comme exprimant le mieux ce qu'on veut rendre :

1° Lorsque ces noms sont synonymes :

L'aigle fend les airs avec une VIGUEUR, *une* VITESSE, *une* RAPIDITÉ PRODIGIEUSE.

Toute sa vie n'a été qu'un TRAVAIL, *une* OCCUPATION CONTINUELLE. (MASSILLON.)

Elle trouvait une NOBLESSE, *une* GRANDEUR D'ÂME ÉTONNANTE *dans ce jeune homme qui s'accusait lui-même.* (FÉNELON.)

Auguste gouverna Rome avec un TEMPÉRAMENT, *une* DOUCEUR SOUTENUE. (DOMERGUE.)

NOTA. — Quelquefois, malgré la synonymie, les deux derniers noms sont joints semble par la conjonction *et*; dans ce cas, l'accord n'a lieu également qu'avec le dernier nom :

Élevez-vous au-dessus de l'insolence des hommes; mais baissez la tête sous la MAJESTÉ *et sous la* PUISSANCE DIVINE. (P. BOUHOURS.)

Mentor me faisait remarquer la JOIE *et l'*ABONDANCE RÉPANDUE *dans toute la campagne d'Égypte.* (FÉNELON.)

Vous vous amassez un trésor de HAINE *et de* COLÈRE ÉTERNELLE *au jugement de Dieu.* (BOSSUET.)

Mais on doit éviter autant que possible de joindre par la conjonction *et* deux substantifs qui sont synonymes : *et* est toujours une conjonction additive; or, ici, il ne s'agit pas d'exprimer une addition, mais la même idée avec une nuance un peu différente.

2° Lorsque les noms sont placés par gradation ou que le dernier d'entre eux résume les précédents :

César avait un COURAGE, *une* INTRÉPIDITÉ EXTRAORDINAIRE. *Intrépidité* dit plus que *courage* et commande l'accord.

　　Mais le *fer*, le *bandeau*, la *flamme* est toute *prête*.
　　　　　　　　　　　　　　　　　　　RACINE.

Flamme exprime évidemment l'idée dominante

　　J'ai pour aïeul le père et le maître des dieux ;
　　Le *ciel*, tout l'*univers* est *plein* de mes aïeux.
　　　　　　　　　　　　　　　　　　　RACINE.

Univers comprend *ciel* dans sa signification.

742. L'adjectif placé après deux noms entre lesquels se trouve la conjonction *ou* s'accorde avec le dernier :

1° S'il ne qualifie que le dernier nom : *Donnez-lui des* NOIX *ou une* POMME CUITE. *Les colonnes des maisons se construisent en* FER *ou en* PIERRE *très-*DURE.

2° Si le dernier nom n'est que le synonyme ou l'explication du premier : *Il voulait donner à son fils un* MÉTIER *ou une* PROFESSION LUCRATIVE. *La* SYNTAXE *ou*

ÉTUDE RAISONNÉE *de la langue est la partie la plus impor-*
tante de la grammaire.

743. Mais si la qualité exprimée par l'adjectif convient à chacun des noms, les circonstances seulement
devant être différentes, la raison veut que l'adjectif
s'accorde avec les deux noms : *Les Samoïèdes se nour-*
rissent de CHAIR *ou de* POISSON CRUS.

Il se présente même des cas où, si l'adjectif s'accordait
seulement avec le dernier nom, il en résulterait un sens
complétement différent :

On demande un HOMME *ou une* FEMME AGÉE.

Cela signifierait que l'on demande que la femme seule
soit âgée, tandis que l'on peut vouloir que l'homme et
la femme soient l'un et l'autre *âgés.*

744. L'adjectif précédé de deux noms joints ensemble
par *comme, de même que, ainsi que, aussi bien que, non*
plus que, etc., ne s'accorde qu'avec le premier nom : *Le*
LION *comme la panthère est* CARNASSIER, c'est-à-dire *le*
lion est CARNASSIER, *comme la* PANTHÈRE *est* CARNASSIÈRE;
le second nom est qualifié par un adjectif sous-entendu.
Quelques auteurs se sont écartés de cette règle quand
l'idée dominante était plutôt celle d'une addition que
celle d'une comparaison, mais ils ne doivent pas être
imités.

ACCORD APRÈS UN COLLECTIF.

745. L'adjectif placé après le complément d'un collectif s'accorde tantôt avec le collectif, tantôt avec le
complément. Mais comme, en ce cas, il y a presque
toujours un verbe entre l'adjectif et le mot avec lequel
celui-ci s'accorde, nous ferons connaître les règles qui
déterminent cet accord quand nous parlerons de l'accord
du verbe avec le sujet, règles qui sont également applicables quand l'adjectif suit immédiatement le complément du collectif, comme dans :

L'ignorance est préférable à une MULTITUDE *de* CONNAIS-
SANCES ENTASSÉES *dans l'esprit.* (BARTHÉLEMY.)

Le NOMBRE *des* MALADES, *déjà si* GRAND, *s'accroîtra peut-être encore.*

ACCORD APRÈS *AVOIR L'AIR.*

746. AVOIR L'AIR s'emploie dans une double acception :

1° Désignant la physionomie, l'expression de la figure, la mine, l'apparence, l'extérieur, le mot *air* forme une expression distincte de *avoir*, et alors l'adjectif qui suit, étant propre à qualifier AIR, s'accorde avec ce mot :

Elle A L'AIR BON, *et elle est méchante. Cette femme* A L'AIR HARDI. *Les habitants de la presqu'île de Malacca et de l'île de Sumatra* ONT L'AIR FIN. *Les femmes de Java* ONT L'AIR DOUX. (BUFFON.) *Je ne suis point d'avis que l'on vous peigne en amazone, vous* AVEZ L'AIR *trop* DOUX. (FONTENELLE.)

2° Lorsque le mot *air* n'est pas de nature à être qualifié par l'adjectif, ou qu'il ne signifie pas *physionomie, extérieur, apparence,* les deux mots *avoir l'air* forment une expression composée, équivalente à *sembler, paraître,* et l'adjectif qui suit s'accorde avec le sujet; ainsi l'on ne pourrait pas dire : *Elle* A L'AIR BOSSU; *ces fruits* ONT L'AIR GÂTÉ, L'AIR POURRI, etc.

ACCORD APRÈS DEUX NOMS JOINTS PAR *DE.*

747. On dit : *Des* BAS *de* COTON CHINÉS *et des* BAS *de* COTON ÉCRU; *des* ROBES *de* SOIE TRAÎNANTES *et des* ROBES *de* SOIE LÉGÈRE; *des* CHAPEAUX *de* PAILLE ANCIENS *et des* CHAPEAUX *de* PAILLE *très-*FINE.

Il résulte de ces exemples qu'après deux noms joints par *de,* on fait accorder l'adjectif soit avec le premier nom, soit avec le second, suivant que le sens permet de placer l'adjectif immédiatement après l'un ou l'autre de ces mots pris tout seul; ainsi, dans les exemples précédents, on parle de *bas chinés* et de *coton écru,* de *robes traînantes* et de *soie légère,* de *chapeaux anciens* et de *paille très-fine.*

Mais on dira bien : *Une* LIASSE *de* PAPIERS IMPORTANTE OU IMPORTANTS; *une* CORBEILLE *de* FRUITS MAGNIFIQUE OU MAGNIFIQUES; *un* JEU *de* CARTES NOUVEAU OU NOU-

VELLES, parce qu'ici les adjectifs peuvent être placés après l'un ou l'autre nom pris tout seul, selon l'idée qu'on a en vue d'exprimer.

NU, DEMI, FEU.

748. L'adjectif NU, placé avant le nom, est invariable et se joint au nom par un trait d'union : *Les mendiants vont* NU-*pieds et les courtisans* NU-*tête.*

Ces expressions *nu-pieds, nu-tête,* sont des locutions d'une nature particulière ; c'est comme s'il y avait les pieds *à nu,* la tête *à nu.*

Le mot NU, placé après le nom, suit la règle générale d'accord : *Diogène marchait pieds* NUS, *et couchait dans un tonneau.*

Nu est variable dans cette expression : *La* NUE *propriété,* c'est-à-dire la propriété sans les revenus.

749. DEMI, placé avant le nom, auquel il se joint par un trait d'union, est toujours invariable, parce qu'il concourt à former un nom composé où il joue le rôle d'adverbe : *On ne gouverne pas une nation avec des* DEMI-*mesures* (avec des mesures prises *à demi*). *Une* DEMI-*science* (une science acquise *à demi*) *est, la plupart du temps, pire que l'ignorance. Il y a des* DEMI-*amitiés* (des amitiés formées *à demi*) *qu'on nomme d'agréables connaissances. Demi* s'emploie aussi de la même manière et comme mot invariable devant certains adjectifs : *Des nations* DEMI-*barbares.*

Placé après le nom, *demi* est adjectif et s'accorde en genre et en nombre avec un nom sous-entendu, qui est toujours au singulier : *Cette séance a duré deux heures et* DEMIE (deux heures et *une heure demie*). *Le soleil tourne sur son axe en vingt-cinq jours et* DEMI (en vingt-cinq jours et *un jour demi*).

REMARQUE. DEMI, employé comme nom, est du masculin en termes d'arithmétique et prend le signe du pluriel : *Deux* DEMIS *font un entier ;* mais, en parlant des heures, il est du féminin : *La* DEMIE *est sonnée ; cette pendule sonne les* DEMIES.

750. FEU (défunt) s'accorde lorsqu'il précède immédiatement le nom : *Votre* FEUE *mère était aimée et estimée de tous ceux qui la connaissaient.*

Il est invariable devant un nom propre, ou s'il est séparé d'un nom commun par un déterminatif : FEU *Marie Dutheil.* FEU VOTRE *tante et moi naquîmes le même jour.*

751. Les adjectifs ou participes *excepté, supposé, attendu, vu, approuvé, ouï, passé, compris, y compris, non compris,* sont employés comme prépositions, et, par conséquent, sont invariables, quand ils sont placés devant un nom : PASSÉ *dix heures ;* SUPPOSÉ *ces faits ;* VU *et* APPROUVÉ *l'écriture ;* ATTENDU *les difficultés ;* Y COMPRIS, NON COMPRIS *la nourriture ;* EXCEPTÉ *cinq ou six amis ;* OUÏ *vos raisons.*

Ils sont adjectifs et variables s'ils suivent le substantif : *La gravitation universelle* SUPPOSÉE, *tout s'explique. La belle saison* PASSÉE, *la campagne devient triste,* etc.

CI-INCLUS, CI-JOINT, FRANC DE PORT, POSSIBLE, PROCHE.

752. Les adjectifs *inclus* et *joint,* dans *ci-joint, ci-inclus,* sont employés adverbialement, et, par conséquent, restent invariables :

1º Quand le nom qui suit n'est précédé ni de l'article ni d'un adjectif déterminatif : *Vous trouverez* CI-JOINT *copie de sa lettre.* CI-JOINT *quittance.* CI-INCLUS *copie du contrat.*

2º Lorsque, placés avant un nom précédé de l'article ou d'un adjectif déterminatif, ils commencent la phrase : CI-JOINT *l'expédition du jugement.* CI-INCLUS *la copie du contrat.*

Dans tout autre cas, c'est-à-dire quand ils se rapportent à un substantif déterminé qui les précède ou qui est appelé par des mots antérieurs, ils sont adjectifs et s'accordent : *Les papiers* CI-JOINTS. *Les pièces* CI-JOINTES. *Vous trouverez* CI-INCLUSE *la copie du traité.*

753. L'adjectif *franc,* dans *franc de port,* est employé adverbialement, et, par conséquent, reste invariable lorsqu'il précède le nom : *Vous recevrez* FRANC *de port toutes les lettres que je vous adresserai.*

Placé après le nom, *franc* est adjectif et prend l'accord : *Tes lettres sont* FRANCHES *de port.*

Au lieu de *franc de port*, on dit quelquefois *franco*, mot italien qui a le même sens et qui reste toujours invariable.

754. *Possible* est généralement adjectif et s'accorde : *Je vous payerai par tous les moyens* POSSIBLES, *c'est-à-dire qui seront possibles.* Mais s'il fait partie d'une proposition elliptique dans laquelle l'esprit conçoit un verbe impersonnel placé devant cet adjectif, celui-ci reste au masculin singulier pour s'accorder avec le pronom indéfini *il*, sujet de la proposition : *Un conquérant met sa gloire à exterminer le plus d'hommes* POSSIBLE, *c'est-à-dire le plus d'hommes* QU'IL SOIT POSSIBLE D'EXTERMINER.

Pour appuyer sur cette règle, qui est d'une observation assez difficile, disons que *possible* ne peut être adverbe et invariable que lorsqu'il est précédé de *le plus, le mieux, le moins, le meilleur, le pire* : *Tout est pour le mieux dans* LE MEILLEUR *des mondes* POSSIBLE. (LEIBNITZ.) *Je vous payerai aux échéances* LES PLUS *courtes* POSSIBLE. *Tâchons qu'il y ait ici-bas* LE MOINS *de malheureux* POSSIBLE. *Les peuples ne songent qu'à payer* LE MOINS *d'impôts* POSSIBLE.

Dans tous les autres cas, *possible* est adjectif et varie : *On lui fait tous les avantages* POSSIBLES. *Il a éprouvé tous les malheurs* POSSIBLES. *Tous les biens* POSSIBLES *pourraient-ils me donner autant de joie que votre amitié?* (Mᵐᵉ DE SÉVIGNÉ.)

755. *Proche* est adverbe, et reste, par conséquent, invariable quand il modifie un verbe : *Ils demeurent tout* PROCHE *l'un de l'autre. Les maisons qu'on a construites* PROCHE DE *la fontaine.*

Quand *proche* est placé après le verbe *être*, exprimé ou sous-entendu, il est à volonté variable ou invariable, c'est-à-dire adjectif ou préposition : *Les maisons qui sont* PROCHES *ou* PROCHE *de la ville.* Quand on veut faire varier *proche*, on ne sous-entend rien, et il est attribut ; quand on laisse ce mot invariable, on veut dire *les maisons qui sont situées* PROCHE *de la ville*, le véritable attribut *situées* est sous-entendu, et *proche* ne forme qu'un complément circonstanciel de lieu.

ADJECTIFS EMPLOYÉS ACCIDENTELLEMENT COMME ADVERBES.

756. Tout adjectif employé accidentellement pour modifier un verbe est un adverbe, et, par conséquent, doit rester invariable :

Sa protection me coûte CHER (*chèrement*).
Ces dames chantent JUSTE (*avec justesse*).

On écrira de même :

Oh! que ces violettes sentent BON !
Vous m'avez coupé les cheveux trop COURT.
Les enfants crient bien HAUT *quand ils ont peur*.

NOMS EMPLOYÉS ACCIDENTELLEMENT COMME ADJECTIFS POUR DÉSIGNER LA COULEUR.

757. Un certain nombre de noms, comme *aurore, jonquille, marron, orange, ponceau, pourpre*, etc., sont souvent employés pour désigner la couleur des objets ; dans ce cas, ils s'écrivent toujours au masculin singulier : *Des rubans* PAILLE, c'est-à-dire de couleur *paille*.

On écrira donc :

Des écharpes AURORE.   *Des gazes* JONQUILLE.
Des habits MARRON.   *Des couleurs* ORANGE.
Des robes NOISETTE.   *Des châles* PONCEAU.
Des manteaux OLIVE.   *Des fichus* SERIN.

Il faut excepter les mots *amarante, cramoisi, écarlate, garance, mordoré* et *rose*, qui s'accordent avec le substantif quand ils sont employés adjectivement : *Des chapeaux* ROSES ; *de la soie* MORDORÉE ; *des pantalons* GARANCES ; *des carrosses* AMARANTES ; *une étoffe* CRAMOISIE.

ADJECTIFS RÉUNIS POUR EXPRIMER LA COULEUR.

758. Lorsque deux adjectifs sont réunis pour exprimer une couleur, ils restent tous deux au masculin

singulier, parce le premier est alors employé comme nom et qualifié par le second : *Néron avait les cheveux* CHÂTAIN CLAIR, *les yeux* BLEU FONCÉ *et la vue basse,* c'est-à-dire d'un *châtain clair,* d'un *bleu foncé.*

Cependant l'Académie dit : *Une femme* BRUNE CLAIRE.

ADJECTIFS COMPOSÉS.

759. Les mots partiels qui entrent dans la formation des adjectifs composés s'écrivent comme le sens et la nature des mots l'indiquent :

SINGULIER.	PLURIEL.
Il est IVRE-MORT, MORT-IVRE.	*Ils sont* IVRES-MORTS, MORTS-IVRES, c'est-à-dire *ivres* au point d'être comme *morts.*
Un enfant NOUVEAU-NÉ.	*Des enfants* NOUVEAU-NÉS, c'est-à-dire *nouvellement nés.*
Un enfant PREMIER-NÉ.	*Des enfants* PREMIERS-NÉS, qui sont *nés* les *premiers.*
Un dieu CHÈVRE-PIEDS.	*Des dieux* CHÈVRE-PIEDS, c'est-à-dire des dieux qui ont des *pieds* de *chèvre.*
Un enfant BIEN-AIMÉ.	*Des enfants* BIEN-AIMÉS (*Bien* étant adverbe ne saurait varier).
*L'*AVANT-DERNIER *événement.*	*Les* AVANT-DERNIERS *événements* (*Avant* est une préposition, et par conséquent invariable de sa nature).

Dans MORT-NÉ, l'Académie ne fait pas varier *mort :* *Deux enfants* MORT-NÉS, *une brebis* MORT-NÉE.

REMARQUE. Lorsque ces expressions sont substantives au lieu d'être adjectives, les deux mots varient : *de nouveaux venus, de nouveaux débarqués, de nouveaux mariés, de nouveaux convertis, des aveugles-nés, des sourds-muets, des premiers-nés;* alors les mots *venus, débarqués, mariés, convertis, nés, muets,* sont employés accidentellement comme noms, et les mots *nouveaux, aveugles, sourds, premiers,* qui les qualifient, ne sauraient être qu'adjectifs.

COMPLÉMENT DES ADJECTIFS QUALIFICATIFS.

760. Deux adjectifs peuvent avoir un complément commun, pourvu qu'ils prennent l'un et l'autre la même préposition. Ainsi on dira bien : *Ce père est* UTILE *et* CHER *à sa* FAMILLE, par ce qu'on dit *utile à, cher à.*

761. Mais si les deux adjectifs ne veulent pas la même préposition, il faut donner à chaque adjectif le complément qui lui convient. On ne dira donc pas : *Ce père est* UTILE *et* CHÉRI *de sa* FAMILLE, parce que *utile* veut la préposition *à*, et *chéri* la préposition *de*, et qu'ainsi cette construction serait des plus vicieuses. On dira : *Ce père est* UTILE *à sa* FAMILLE *et* EN *est* CHÉRI, ou mieux : *Ce père est* UTILE *et* CHER *à sa* FAMILLE.

762. Cette règle de l'emploi du complément s'applique aussi au verbe. Par exemple, on ne dira pas : *Tous les élèves de ce professeur* AIMENT *et* SONT ENCHANTÉS *de ses leçons. Ce général* ASSIÉGEA *et* S'EMPARA *de la ville: On le voit tous les jours* ALLER *et* REVENIR *de la campagne.* Ce cas similaire sera expliqué à la syntaxe du verbe.

ADJECTIFS DÉTERMINATIFS.

763. Les adjectifs déterminatifs doivent être répétés dans les mêmes circonstances où l'article l'est lui-même. Nous n'avons donc ici qu'à reproduire, sous une forme un peu modifiée, les règles que nous avons déjà données pour l'article.

Les adjectifs déterminatifs se répètent :

1° Avant chacun des substantifs qui les suivent : *Il faut honorer* SON *père et* SA *mère. Voyez* CE *cheval et* CE *bœuf qui paissent dans la prairie. Vous aurez à supporter* QUELQUES *ennuis et* QUELQUES *fatigues.*

Cependant le déterminatif ne se répète pas dans les deux cas suivants :

Si les noms sont considérés comme exprimant une pensée unique : *La fortune a* SON *flux et reflux*, c'est-à-dire sa versatilité. *J'admire* SES *faits et gestes.*

Si les substantifs sont synonymes et joints par la conjonction *ou :* CES *villas ou maisons de campagnes.* Nos *mandataires ou représentants. Les Indiens sont attachés à* LEURS *castes ou tribus.*

2° Avant chacun des adjectifs qui précèdent un nom, lorsque ces adjectifs expriment des qualités opposées : *Nous jugeons* NOS *bonnes et* NOS *mauvaises actions. On croit généralement que chacun de nous a* SON *bon et* SON *mauvais génie.*

ADJECTIFS POSSESSIFS.

764. En général, au lieu de l'adjectif possessif, on fait usage de l'article quand l'idée de possession est clairement indiquée par la phrase : *J'ai mal à* LA *tête. Il s'est coupé* LES *ongles. Le lion a* LA *figure imposante,* LE *regard assuré,* LA *démarche fière.*

Mais si l'on veut marquer plus clairement le rapport de possession et donner plus de force à l'expression, on emploie l'adjectif possessif :

Le commandant phénicien, arrêtant SES *yeux sur Télémaque, croyait se souvenir de l'avoir déjà vu.* (FÉNELON.)

Baissez VOS *yeux vers la terre, chétifs vers que vous êtes.* (PASCAL.)

La Fortune est lasse de porter toujours le même homme sur SON *dos.*

Quand MES *bras me manqueront, que deviendrai-je?*

Au *Cid* persécuté *Cinna* doit *sa* naissance.
                              BOILEAU.

REMARQUE. Quoique le sens de la phrase suffise pour indiquer l'objet possesseur, on emploie l'adjectif possessif au lieu de l'article si l'on parle d'un mal périodique ou habituel : *Ma sœur a* SA *migraine. Voilà* MON *mal de dents qui me reprend. Est-ce* SA *goutte qui le retient chez lui?*

EMPLOI DE *SON, SA, SES, LEUR, LEURS, EN.*

765. Quand l'objet possesseur et l'objet possédé appartiennent à la même proposition, on emploie toujours *son, sa, ses, leur, leurs : La campagne a* SES *agréments. La Saône est sortie de* SON *lit.*

10

On se sert encore de l'adjectif possessif quand le possesseur n'étant pas dans la même proposition que l'objet
possédé, celui-ci est le complément d'une préposition :
*Paris est une ville magnifique ; tous les voyageurs admi-
rent la beauté de* SES *monuments.*

776. Dans les autres cas, et surtout quand on veut
exprimer l'idée de rapport plutôt que l'idée de possession, on emploie le relatif *en : J'ai vu le Rhône ; le cours*
EN *est souvent impétueux. Si les plaisirs sont doux, les
suites* EN *sont cruelles. Quand on est dans un pays, il faut*
EN *suivre les usages. Le temps fuit, la perte* EN *est irré-
parable.*

Ce serait une faute de dire : *J'ai vu le Rhône ;* SON
cours est... Si les plaisirs sont doux, LEURS *suites sont...
Quand on est dans un pays, il faut suivre* SES *usages. Le
temps fuit,* SA *perte est...*

Remarquons ici que les mots possesseurs : *Rhône,
plaisirs, pays, temps,* et les mots possédés : *cours, suites,
usages, perte,* sont tous des noms de choses.

Si, au contraire, ces mots sont des noms de personnes
ou d'objets personnifiés, on emploiera de préférence *son,
sa, ses, leur, leurs,* surtout si c'est l'idée de possession
qui domine, et qu'on veuille appuyer sur l'expression :

Rien n'épuise la terre : plus on déchire SES *entrailles,
plus elle est libérale.* (FÉNELON.)

*La science doit avoir de grands ménagements avec
l'ignorance, qui est* SA *sœur aînée* (FONTENELLE.)

*Combien ceux qui ont cru anéantir le christianisme en
allumant des bûchers ont méconnu* SON *esprit !* (CHATEAU-
BRIAND.)

*En épousant les intérêts des autres, il ne faut pas épou-
ser* LEURS *passions.*

767. On est souvent embarrassé au sujet du nombre
à donner à l'adjectif possessif.

On met au singulier *notre, votre, leur* et les noms

qu'ils déterminent quand il n'y a qu'un seul objet possédé en commun par tous les possesseurs. Ainsi, en parlant de plusieurs enfants qui sont frères et sœurs, on dira : *Ils perdirent* LEUR *mère lorsqu'ils étaient encore très-jeunes. Pierre et sa femme se sont retirés dans* LEUR *maison.*

Au contraire, on met ces mots au pluriel quand chaque possesseur a ou peut avoir plusieurs des objets possédés : *Les mères chrétiennes élèvent* LEURS *enfants dans la crainte de Dieu.* — Chaque mère peut avoir plusieurs enfants.

768. Mais lorsque chaque possesseur possède un objet différent, *notre, votre, leur* se mettent au singulier :

1° S'il n'y a ni réciprocité, ni comparaison, ni vue d'ensemble entre les possesseurs : *Tous les soldats auraient donné* LEUR *vie pour sauver celle du général.*

2° Si tous les objets possédés n'offrent à l'esprit qu'une seule image : *Les fourmis portent de lourdes charges malgré la petitesse de* LEUR *corps.*

Remarquez que l'on dirait :

Ils s'entretinrent de LEURS *épouses,*
A cause de la réciprocité.

Voici en quoi différaient LEURS *caractères,*
A cause de la comparaison.

Tous les soldats mirent LEURS *fusils en faisceaux,*
Parce qu'on représente les soldats comme agissant ensemble et qu'en même temps l'esprit aperçoit une multiplicité de fusils.

De même on dirait :

Tous les habitants du village sortirent de LEURS *maisons.*

ADJECTIFS NUMÉRAUX.

769. Les adjectifs numéraux sont généralement invariables : *Les* SEPT *enfants que cette mère a eus sont tous morts;* et l'invariabilité a lieu même quand ils sont pris substantivement : *Les* QUARANTE *de l'Académie. La*

commission des NEUF *n'en continuait pas moins ses tra-*
vaux. (THIERS.) *A Carthage, le sénat des* CENT *était com-*
posé de juges qui l'étaient pour la vie. (MONTESQUIEU.)
Bon! voici le chef des ONZE. (VOLTAIRE.) *La retraite des*
DIX-MILLE.

VINGT, CENT.

770. *Vingt* et *cent* prennent un s au pluriel, lorsqu'il
y a plusieurs fois *vingt* ou plusieurs fois *cent*, et que ces
adjectifs ne sont suivis d'aucun autre nombre; mais si
vingt, *cent* sont suivis d'un autre nombre ou s'il n'y a
qu'une fois *vingt* ou une fois *cent*, ces mots s'écrivent
sans *s*. Ainsi, on écrira

AVEC S :	SANS S :
*Aujourd'hui, l'homme ne vit guère au delà de quatre-*VINGTS *ans.*	*Sur* CENT *personnes, il y en a quatre-*VINGT-*dix qui sacrifient l'avenir au présent.*
Les trois CENTS *Spartiates ont légué à la postérité un souvenir impérissable.*	*L'année commune se compose de trois* CENT *soixante-cinq jours.*

771. *Vingt* et *cent*, employés par abréviation pour
vingtième, *centième*, ne prennent jamais le signe du pluriel, parce qu'ils se rapportent alors à un nom singulier, exprimé ou sous-entendu : *Sylla se fit proclamer*
*dictateur vers l'an quatre-*VINGT (*quatre-vingtième*) *avant*
J.-C. Charlemagne fut couronné empereur d'Occident en
l'an huit CENT (*en l'an huit-centième*).

772. *Cent*, employé pour *centaine*, et servant, comme
nom de mesure, à déterminer la quantité d'une marchandise, prend le signe du pluriel, comme *million, mil-*
liard, billion, trillion, qui sont aussi des noms et non
des adjectifs : *Deux* CENTS *d'épingles. On compte en*
France trente-six MILLIONS *d'habitants.*

MILLE, MIL.

773. *Mille*, adjectif de nombre, est toujours invariable :

Sur toute la surface de la terre, il naît et meurt trois
MILLE *personnes par heure.* (CHATEAUBRIAND.)

Une femme ne peut être belle que d'une façon, mais elle peut être aimable de MILLE *manières.*

774. L'orthographe du mot *mille*, dans l'énonciation d'une date, offre une difficulté de syntaxe qui n'a pas été complétement résolue par l'Académie. On écrit tantôt *mille*, tantôt *mil : mil*, quand on désigne une date de l'ère chrétienne et que le mot *cent* vient après :

L'Algérie nous appartient depuis MIL *huit cent trente.*

Colomb découvrit l'Amérique l'an MIL *quatre cent quatre-vingt-douze.*

On écrit *mille* lorsque ce mot n'est pas suivi d'un autre nombre : *Les médailles frappées avant l'an* MILLE, et quand on parle des années qui ont précédé l'ère chrétienne : *La première irruption des Gaulois en Italie eut lieu environ l'an du monde trois* MILLE *quatre cent seize.* (VERTOT.)

NOTA. — Cette anomalie de l'orthographe du mot *mille* résulte d'explications et d'exemples très-vagues qui figurent au *Dictionnaire de l'Académie*, et il est assez difficile de comprendre qu'une nuance aussi imperceptible ait donné lieu à cette différence d'orthographe. Voilà pourquoi un grand nombre de personnes écrivent *mille* dans tous les cas.

775. *Mille* est nom commun et, par conséquent, prend le signe du pluriel, quand il est employé comme mesure itinéraire en usage dans certains pays : *Un bon cheval fait aisément six* MILLES *par heure.*

776. La conjonction *et* s'emploie dans *vingt* ET *un, trente* ET *un, quarante* ET *un, cinquante* ET *un, soixante* ET *un;* mais elle ne s'emploie pas dans *quatre-vingt-un.*

L'Académie donne *soixante* ET *dix*, et elle ne dit pas s'il faut préférer *soixante-onze* à *soixante* ET *onze*. Nous pensons que *soixante-dix, soixante* ET *onze* sont consacrés par l'usage le plus général. On dit ordinairement *cent un, mille un;* cependant, il existe un ouvrage intitulé *le Livre des cent et un*, et tout le monde en connaît un autre intitulé *les Mille et une nuits.*

ADJECTIFS INDÉFINIS.

AUCUN.

777. Aucun signifiant *pas un* exclut toute idée de pluralité : *Il est sans* AUCUNE *ressource dans son malheur.*

Mais comme tout adjectif subit la loi du nom, *aucun* se met au pluriel :

1° Lorsque le nom auquel il se rapporte n'a pas de singulier, comme *annales, besicles, catacombes, entrailles,* etc. : AUCUNES *funérailles ne furent plus brillantes que celles de Sylla.*

2° Lorsque ce nom aurait au singulier une signification autre que celle qu'on veut lui donner, comme cela peut arriver pour les mots *devoir, gage, moyen, troupe, relation,* etc. : AUCUNES *troupes ne furent mieux disciplinées que celles de Napoléon.*

3° Lorsque ce nom s'emploie plus habituellement au pluriel qu'au singulier, dans le sens qu'on veut lui donner, quoique l'emploi du singulier ne soit pas une faute : *Elle ne m'a rendu* AUCUNS *soins. Il n'a fait* AUCUNES *dispositions,* AUCUNS *préparatifs. Je n'entretiens* AUCUNS *rapports avec lui.*

Les mots *soin, disposition,* etc., ne s'emploient guère, dans ce sens, au singulier; ajoutons même que *aucun rapport* signifierait *aucune ressemblance,* tandis que, dans *aucuns rapports,* le mot *rapports* signifie *relations.*

NUL.

778. *Nul* est à peu près synonyme de *aucun* et suit la même règle : NULLE *peine ne lui coûte.* NULLES *funérailles ne lui furent faites.*

CHAQUE.

779. Chaque ne peut s'employer sans être suivi d'un nom; par conséquent, ne dites pas : *Ces livres me coûtent cinq francs* CHAQUE; mais dites : *Ces livres me coûtent cinq francs* CHACUN, ou bien CHAQUE *livre,* CHACUN *de ces livres me coûte cinq francs.*

MÊME.

780. *Même* est adjectif et variable :

1° Quand il exprime une idée d'identité ou de parité; alors il précède le nom, ou bien il est employé comme attribut :

On ne trouve pas deux hommes ayant MÊME *visage,* MÊMES *traits.*

Les MÊMES *vertus qui servent à fonder un empire servent aussi à le conserver.* (MONTESQUIEU.)

À la ville, à la cour, MÊMES *passions,* MÊMES *brouilleries.* (LA BRUYÈRE.)

Vos droits et les miens sont les MÊMES.

2° Quand il est placé après un pronom personnel : *Eux*-MÊMES, *elles*-MÊMES, *nous*-MÊMES.

781. Remarquez pourtant qu'on écrit *nous*-MÊME, *vous*-MÊME, lorsque *nous, vous,* pluriels par la forme, se rapportent à une seule personne :

> De quel droit sur *vous-même* osez-vous attenter ?
>
> RACINE.

> Va, mais *nous-même* allons, précipitons nos pas,
> Qu'il me voie attentive aux soins de son trépas.
>
> RACINE.

782. *Même* est adverbe et invariable quant il modifie un verbe, un adjectif ou un participe :

Tout citoyen doit obéir aux lois, MÊME *injustes.*

Ici, *même* modifie *obéir* sous-entendu : *Il doit obéir* MÊME *quand...*

Les martyrs ne se plaignaient pas, souvent MÊME *ils chantaient au milieu des plus affreux tourments.*

Ici, *même* modifie indistinctement *chantaient* ou *souvent.*

Les planètes et MÊME *les comètes ont un mouvement régulier autour du soleil.*

Ici, *même* modifie *ont : Les planètes ont... les comètes ont* MÊME...

Des méthodes savantes nous cachent des vérités connues MÊME *des simples bergers.*

Ici, *même* modifie *connues.*

Les animaux les plus sauvages MÊME *nous offrent des exemples de reconnaissance.*

Ici, *même* modifie *sauvages.*

783. Les règles que nous venons d'exposer sont très-simples, car elles s'appuient sur des principes d'une application en quelque sorte mécanique.

Mais il se présente un cas qui offre de réelles difficultés.

Il s'agit du mot *même* placé après plusieurs substantifs qui se suivent et dont le dernier au moins est au pluriel, ou après un seul substantif pluriel.

Voici la règle que donnent la plupart des grammairiens.

Même venant après plusieurs substantifs est adverbe et reste invariable :

J'ai tout à craindre de leurs soupirs, de leurs larmes, de leurs plaisirs MÊME. (MONTESQUIEU.)

D'autres femmes, des bêtes MÊME *pourront lui donner le lait qu'elle lui refuse.* (J.-J. ROUSSEAU.)

NOTA. — Cependant, si les substantifs sont synonymes ou se rapportent à un sens équivalent, *même* est considéré comme placé après un seul substantif et reprend sa nature d'adjectif : *J'ai conservé dans ma vieillesse les goûts, les inclinations, les habitudes* MÊMES *de mon enfance.*

Même, placé après un seul substantif pluriel, est généralement adjectif, et, par conséquent, variable :

Hippocrate voulut que ses erreurs MÊMES *fussent des leçons.* (BARTHÉLEMY.)

Tel est le charme de la vertu, les barbares MÊMES *l'adorent.* (FLORIAN.)

> Ces murs *mêmes*, seigneur, peuvent avoir des yeux.
>
> RACINE.

Toutefois, cette dernière règle n'est pas absolue.

Même, placé après un seul substantif pluriel, peut rester invariable; c'est lorsque ce substantif en suppose d'autres sous-entendus, qui sont avant lui et qui n'existent que dans la pensée. Alors *même* rentre logiquement dans le cas du numéro 782, et, par conséquent, reste invariable : *Ses ennemis* MÊME *l'estiment. Les plus braves* MÊME *tremblent au premier coup de canon. Il faut être en garde contre les écrivains* MÊME *les plus accrédités. Les enfants* MÊME *furent passés au fil de l'épée.*

Ces phrases signifient évidemment : *Tous ceux qui le connaissent, ses ennemis* MÊME *l'estiment. Les poltrons, les timides, les plus braves* MÊME, *etc. Il faut être en garde contre les écrivains en général, contre les écrivains* MÊME *les plus accrédités. Les vieillards, les femmes, les enfants* MÊME *furent passés au fil de l'épée.*

784. Ces préliminaires nous amènent naturellement à résoudre une autre difficulté; nous voulons parler du mot *même* après le pronom *ceux*. Ici les écrivains considèrent ce mot tantôt comme adjectif, tantôt comme adverbe, en s'appuyant sur la règle que nous venons de poser, c'est-à-dire que si le mot *ceux* est complétement isolé dans la pensée, *même* est adjectif, mais qu'il devient adverbe s'il laisse supposer avant lui des substantifs ou des pronoms sous-entendus et qui se présentent à la pensée.

Voici des exemples de l'un et de l'autre cas.

MÊME VARIABLE :	MÊME INVARIABLE :
Ceux MÊMES *qui n'ont pas de bien veulent paraître en avoir.*	*Ceux* MÊME *auxquels j'ai fait le plus de bien me trahissent.*
Le Sénat se trouvait composé de ceux MÊMES *qui avaient le plus d'intérêt à s'opposer à la loi.*	*Où est cette pure et douce lumière qui se fait aimer par ceux* MÊME *qui craignent de la voir?*

On voit que, dans les exemples de la première colonne, il est impossible de découvrir une gradation, tandis que cette gradation, et partant l'ellipse, est évidente dans l'autre série : *Ceux* MÊMES *qui n'ont pas de bien...* Il est impossible de rien supposer au-dessous; tandis que cette expression : *Ceux* MÊME *auxquels j'ai fait le plus de bien*, fait naturellement penser à ceux auxquels on en a fait moins.

TOUT.

785. TOUT est adjectif ou adverbe.

10.

Tout est adjectif, et, par conséquent, variable quand il exprime la totalité des personnes ou des choses : Tòus *les hòmmes sont mortels. La coquetterie détruit et étouffe* TOUTES *les vertus.* Tous *ceux qui paraissent heureux ne le sont pas pour cela.*

> *Tout* animal n'a pas toutes propriétés.
>
> La Fontaine.

> *Toute* puissance est faible à moins que d'être unie.
>
> La Fontaine.

Nota. — Dans ces deux derniers exemples, *tout* signifie *chaque.*

Tout est adverbe quand il modifie un adjectif, un participe ou un adverbe; alors il signifie *tout à fait, entièrement :*

Dans les pays du Nord, on trouve des loups TOUT *blancs ou* TOUT *noirs.* (Buffon.)

La valeur, TOUT *héroïque qu'elle est, ne suffit pas pour faire des héros.* (Massillon.)

Cette dame, TOUT *élégamment parée qu'elle est, n'a pas des manières distinguées.*

Elle était TOUT *en eau,* TOUT *en sueur.* (Th. Corneille.)

Cette femme est TOUT *yeux et* TOUT *oreilles.* (Acad.)

Cependant il peut arriver que, dans certaines phrases différant fort peu des précédentes, le mot *tout* cesse de signifier *tout à fait* et désigne l'ensemble, la totalité des parties d'une chose; alors il devient adjectif et varie : *Au langage près, la comédie chez les Romains fut* TOUTE *athénienne. Cette charpente est* TOUTE *en fer. Ces pauvres femmes étaient* TOUTES *en pleurs. Les nouvelles sont* TOUTES *à la guerre.*

Ces phrases signifient que *toute* la comédie chez les Romains était empruntée aux Grecs... que *toute* cette charpente est en fer... que *toutes* les femmes étaient en pleurs... que *toutes* les nouvelles sont à la guerre.

Voici une phrase où l'on écrira *tout* ou *toutes,* suivant que le mot *tout* exprimera l'intensité ou la totalité :

Ces fleurs sont TOUT *aussi fraîches qu'hier.*

Tout signifie tout à fait.

Ces fleurs sont TOUTES *aussi fraîches qu'hier.*

Toutes ces fleurs sans exception.

Il en est de même dans la phrase suivante : *Ces arbres sont* TOUT (tout à fait) *en fleur.*

Ces arbres sont TOUS *en fleur* (ils le sont tous).

PREMIÈRE REMARQUE. Tout, adverbe, varie, pour cause d'euphonie, s'il est placé devant un adjectif féminin commençant par une consonne ou un *h* aspiré : *Elles furent* TOUTES *saisies,* TOUTES *honteuses d'avoir été surprises. De l'eau* TOUTE *pure étanche ma soif. Certaines plaisanteries ne sont bonnes que quand elles sont servies* TOUTES *chaudes.* (VOLTAIRE.)

> Un tout petit enfant demande qu'on l'assiste,
> En soufflant dans ses mains *toutes* rouges de froid.
> GUIRAUD.

DEUXIÈME REMARQUE. Tout, adverbe, est quelquefois suivi d'un substantif qui remplit la fonction de qualificatif ; alors il varie comme dans le cas précédent : *La religion est* TOUTE *charité et* TOUTE *compassion pour les malheureux. Dieu est* TOUTE *justice.*

Cependant on écrit : *Des étoffes* TOUT *laine,* TOUT *soie.*

TOUT AUTRE, TOUTE AUTRE.

786. TOUT, immédiatement suivi de l'adjectif *autre*, est adverbe s'il modifie cet adjectif : *Donnez-moi une* TOUT *autre occupation*, c'est-à-dire une occupation tout à fait autre, entièrement différente.

Dans ce cas, le sens ne permet pas de placer le nom entre *tout* et *autre ;* on ne pourrait pas dire *une toute occupation autre.*

Tout est variable lorsqu'il détermine le nom qui suit l'adjectif *autre : Donnez-moi* TOUTE *autre occupation que celle-là et je l'accepterai.*

Ici, il est toujours possible de placer le nom entre *tout* et *autre : Toute occupation autre que celle-là.*

En résumé, quand *tout autre* peut être remplacé par *autre quelconque, tout* est variable. Dans le cas contraire, *tout* est adverbe et reste invariable.

Quand l'expression *tout autre* est placée après le substantif, ou devant un substantif remplissant le rôle d'attribut, ou bien encore dans cette expression *tout un autre*, le mot *tout* reste toujours invariable : *Sa position*

est TOUT *autre qu'elle n'était. Après une ou deux cam-*
pagnes, ils seront de TOUT *autres soldats.*

RÈGLES PARTICULIÈRES. Lorsque *tout* précède immédiatement un nom de ville, il s'écrit au masculin, ainsi
que ses corrélatifs, même quand le nom de ville est féminin, quand il s'accorde sylleptiquement avec le mot
peuple, qui est dans la pensée : TOUT *Rome courut au-*
devant du vainqueur. TOUT *Sparte était* CONSTERNÉ,
c'est-à-dire *tout le peuple de Rome, de Sparte.*

Mais on dira :

TOUTE *Rome est* COUVERTE *de monuments*, parce qu'ici
ce n'est plus l'idée d'un peuple, mais de la ville elle-
même, qui est exprimée.

Il en est encore ainsi lorsque, entre *tout* et le nom
propre de ville, se trouve un article ou un adjectif :
TOUTE *l'*ANCIENNE *Babylone a disparu. De* TOUTE LA
Venise des doges, il ne reste plus qu'un fantôme.

La présence du déterminatif rend à la ville toute sa
personnalité, et, par conséquent, son genre féminin.

TOUT ENTIÈRE.

787. Dans cette locution, *tout* invariable est une orthographe conforme à la règle, puisqu'il modifie l'adjectif *entière.* Cependant on trouve des exemples de *tout*
variable dans J.-J. Rousseau, Laromiguière, Voltaire,
Casimir Delavigne, et probablement encore chez beaucoup d'autres. Quelques grammairiens ont essayé de
justifier cette orthographe, en disant qu'elle donne plus
de force à l'expression : *Je vous ai consacré ma vie* TOUTE
entière. Voilà ma profession de foi TOUTE *entière. Je suis*
TOUTE *entière attachée à mon devoir.* (VOLTAIRE.)

..... La France jamais ne périt *toute* entière.
C. DELAVIGNE.

TOUT À VOUS, TOUTE À VOUS.

788. *Je suis* TOUT *à vous,* TOUTE *à vous*, formule de
politesse par laquelle une dame termine une lettre.
L'Académie établit une nuance entre ces deux orthographes. *Je suis* TOUT *à vous* est une simple expression

de politesse, qui signifie : *Je suis toute disposée à vous rendre service;* tandis que *Je suis* TOUTE *à vous* est une expression de tendresse qui veut dire : *Je suis prête à vous consacrer ma vie, ma personne, mon existence entière.* Cette remarque nous paraît aussi fine que juste; toutefois il serait téméraire d'en faire une règle absolue.

QUELQUE... QUEL QUE.

789. QUELQUE est adjectif ou adverbe.

Il est adjectif quand il détermine un nom : *Pouvez-vous me prêter* QUELQUES *bons livres?* QUELQUES *amis vertueux suffisaient au bonheur de Socrate.*

> *Quelques* crimes toujours précèdent les grands crimes.
> RACINE.

790. QUELQUE est adverbe quand il modifie un adjectif :
QUELQUE *savants qu'ils soient, ils ignorent encore bien des choses.*

QUELQUE *méchants que soient les hommes, ils n'oseraient paraître ennemis de la vertu.* (LA ROCHEFOUCAULD.)

QUELQUE *étroites que soient les bornes du cœur, on n'est pas malheureux tant qu'on s'y renferme.* (J.-J. ROUSSEAU.)

QUELQUE *corrompues que soient les mœurs, le vice n'a pas encore perdu toute sa honte.* (MASSILLON.)

> Justes, ne craignez point le vain pouvoir des hommes.
> *Quelque* élevés qu'ils soient, ils sont ce que nous sommes.
> J.-B. ROUSSEAU.

Dans ces exemples, *quelque* est mis pour *si :* SI *savants qu'ils soient...* SI *méchants que soient les hommes... .*

QUELQUE est encore adverbe quand il modifie un adverbe ou un verbe : QUELQUE *prudemment qu'ils agissent, ils échoueront. Il y a* QUELQUE *cinq cents ans que la boussole a été découverte. Alexandre perdit* QUELQUE *trois cents hommes lorsqu'il défit Porus.* (ABLANCOURT.)

Dans ces deux derniers exemples, *quelque* signifie *environ : Il y a* ENVIRON *cinq cents ans... Alexandre perdit* ENVIRON *trois cents hommes.*

791. QUEL QUE s'écrit en deux mots quand il est placé devant un verbe; alors *quel* est adjectif et s'accorde avec le sujet du verbe : QUELS QUE *soient vos besoins,* QUELLE QUE *soit votre misère, songez qu'il est au monde des êtres qui envieraient encore votre destinée.*

NOTA. — Si *quel,* dans *quel que,* se rapporte à deux noms joints ensemble par la conjonction *et,* il se met au pluriel, et au masculin si les noms ne sont pas du même genre : QUELLES QUE *soient sa fortune et sa valeur personnelles...* QUELS QUE *soient son âge et son expérience...*

Si les noms sont synonymes, *quel* s'accorde avec le mot énoncé le premier : QUEL QUE *fût son courage, son intrépidité...*

Si les noms sont joints par la conjonction *ou, quel* s'accorde généralement avec le premier nom : QUELLE QUE *soit sa fortune ou son rang...* Dans ce cas, il y a ellipse après la conjonction *ou;* c'est comme si l'on disait : QUELLE *que soit sa fortune ou* QUEL QUE *soit son rang.*

REMARQUE. *Quel que* ne doit plus être remplacé par *tel que;* les exemples suivants ne sont donc pas à imiter :

Ce grand choix, *tel qu'il* soit, peut n'offenser personne.
VOLTAIRE.

Le plus fin, *tel qu'il* soit, en est toujours la dupe.
REGNARD.

Ces règles sur la syntaxe du mot *quelque* sont très-simples. Si des doutes pouvaient subsister, ce ne serait qu'à l'égard des cas où *quelque* précède un adjectif et un substantif suivis de *que* gouvernant le subjonctif. En voici quelques exemples :

QUELQUES *grands talents que vous ayez, vous ne devez en tirer aucune vanité.*

QUELQUE *bons médecins qu'ils soient, ils ne guériront pas une maladie incurable.*

QUELQUES *bons ouvriers que vous ayez, ils ne pourront pas faire ce travail sans être dirigés.*

QUELQUE *bons ouvriers qu'ils soient, ils ne gagnent que quatre francs par jour.*

Dans le premier et le troisième exemple, *quelque* est adjectif et modifie *talents* et *ouvriers;* les adjectifs pourraient être supprimés, sans que le sens de la phrase fût sensiblement modifié. Dans le second et le quatrième exemple, *quelque* modifie spécialement *bons,* et il est par conséquent adverbe. Les phrases ainsi conçues : QUELQUES *médecins,* QUELQUES *ouvriers qu'ils soient...* n'auraient aucun sens.

CHAPITRE IV

DU PRONOM

EMPLOI DES PRONOMS EN GÉNÉRAL.

792. Un pronom ne peut tenir la place que d'un nom déterminé, c'est-à-dire précédé de l'article ou d'un adjectif déterminatif.

En conséquence, on ne dira pas :

Le condamné a demandé GRÂCE *et* L'*a obtenue.*

Dans les premiers âges du monde, chaque père de FA-MILLE *gouvernait* LA SIENNE *avec un pouvoir absolu.*

Il nous a fait RÉPONSE, *et* LA *voici,*

Parce que les substantifs *grâce*, *famille* et *réponse*, dont les pronoms *l'*, *la sienne*, *la*, tiennent la place, ne sont pas pris dans un sens déterminé.

Pour rendre ces phrases correctes, il faut faire précéder les noms d'un déterminatif et dire :

Le condamné a demandé SA *grâce et* L'*a obtenue.*

Dans les premiers âges du monde, chaque père gouvernait SA *famille avec un pouvoir absolu.*

Il nous a fait parvenir SA *réponse, et* LA *voici.*

Cette règle, quoique parfaitement juste, n'est pas toujours observée, même par nos meilleurs écrivains; mais c'est une négligence qu'il ne faut pas imiter.

793. Un pronom, lorsqu'il est répété dans une phrase, doit généralement se rapporter au même nom :

Les peuples acclament trop souvent le héros QUI *a su les vaincre et* QUI *maintenant les opprime.*

Cette phrase, dans laquelle on trouve le pronom QUI répété deux fois, est régulièrement construite, parce qu'il remplace le même nom, *héros*.

Il n'est même pas rigoureux que les deux *qui* se rapportent au même substantif. Par exemple, voici une phrase où le pronom conjonctif se trouve répété avec des rapports différents et qu'on ne saurait trouver incorrecte :

C'était un de ces hommes QUI *cherchent partout à profiter des circonstances* QUI *peuvent être favorables à leurs intérêts.*

Mais trois ou quatre *qui* se rapportant à des objets différents seraient intolérables, comme dans les phrases suivantes :

J'ai lu un ouvrage QUI *a été composé par une personne* QUI *est versée dans les sciences* QUI *ont pour objet l'étude de la nature.*

Ne cherchez pas les plaisirs QUI *corrompent les cœurs* QUI *aiment la vertu,* QUI *est la chose la plus précieuse.*

Dites :

J'ai lu un ouvrage composé par une personne versée dans les sciences qui ont...

Ne cherchez pas les plaisirs capables de corrompre les cœurs où règne la vertu, qui est...

794. Le rapport d'un pronom doit toujours être établi de manière à ne donner lieu à aucune équivoque. Ainsi cette phrase citée par Condillac est défectueuse :

Samuel offrit son holocauste à Dieu, et IL *lui fut si agréable qu'*IL *lança au même moment sa foudre contre les Philistins.*

Dans cette autre phrase :

*Molière a surpassé Plaute dans tout ce qu'*IL *a fait de meilleur,* le pronom IL est équivoque; on ne sait s'il se rapporte à Molière ou à Plaute. On fait disparaître l'amphibologie en remplaçant IL par *celui-ci* :

Molière a surpassé Plaute dans tout ce que CELUI-CI *a fait de meilleur.*

795. Quand le mot *on* se trouve plusieurs fois dans une phrase, il doit toujours se rapporter à la même personne :

*ON énonce clairement ce que l'*ON *conçoit bien.*

On *ne craint pas la mort quand* on *a assez bien vécu pour n'en pas craindre les suites.*

On *tient beaucoup à ce que l'*on *a acquis péniblement.*

Quand on *sait qu'*on *a plu une première fois,* on *en devient plus hardi.*

Mais il ne serait pas exact de dire :

On *n'aime pas qu'*on *nous critique,*

Parce qu'ici le pronom on est employé en rapports divergents, le premier représentant *les personnes critiquées,* et le second *les personnes qui critiquent.*

Il faut dire :

On *n'aime pas à être critiqué,* ou *Nous n'aimons pas qu'*on *nous critique.*

Les fautes contre cette règle sont fréquentes. En voici quelques exemples tirés textuellement des auteurs :

*La civilité exige qu'*on *écoute avec attention ce qu'*on *nous dit.*

Quand on *sait qu'*on *vous aime,* on *en est plus aimable.*

On *nous assure qu'*on *a apporté la nouvelle qu'*on *s'est emparé de la ville dont* on *soutenait le siége depuis un an.*

Quand on *nous arrache tout ce que nous aimons,* on *ressent tous les jours que cette violence excite nos désirs.* (Bossuet.)

NOUS, VOUS, mis pour JE, MOI; TU, TOI.

796. Les pronoms *nous, vous,* employés pour *je, moi; tu, toi,* veulent au singulier tous leurs correspondants, excepté le verbe, qui se met au pluriel :

Soyons PRUDENT, *se dit-il.*

Vous *êtes, mademoiselle, quelque peu* DISTRAITE.

C'est un accord sylleptique.

797. Nous s'emploie quelquefois, dans le style familier, au lieu du pronom personnel *il, elle;* dans ce cas, l'adjectif qui se rapporte à *nous* se met au singulier :

On l'a fait apercevoir plusieurs fois de sa faute; mais NOUS *sommes* OPINIÂTRE, *nous ne voulons pas nous corriger.*

RÉPÉTITION DES PRONOMS PERSONNELS SUJETS.

798. Lorsque les propositions d'une phrase ne sont jointes entre elles par aucune conjonction, le pronom personnel sujet peut se répéter avant chaque verbe ou ne s'exprimer qu'avant le premier :

Il s'écoute, *il* se plaît, *il* s'adonise, *il* s'aime.

Ici, la répétition du pronom donne de l'énergie au discours.

Il prit, quitta, reprit la cuirasse et la haire.
VOLTAIRE.

Ici, la suppression lui donne de la rapidité.

799. Quand on passe du sens affirmatif au sens négatif, ou d'un temps à un autre, il dépend du goût de répéter le pronom ou de ne pas le répéter :

Je plie et ne romps pas.
LA FONTAINE.

Mais lorsqu'on passe du sens négatif au sens affirmatif, la répétition du pronom sujet est de rigueur.

On ne dirait pas : *Je ne romps pas, mais plie ;* il faut répéter le pronom après *mais : mais* JE *plie.*

PRONOMS PERSONNELS EMPLOYÉS COMME COMPLÉMENTS.

800. Un verbe à l'impératif peut avoir deux pronoms pour compléments ; dans ce cas, le pronom complément direct se place le premier :

*Vous avez mon chapeau, rendez-*LE-MOI.

*Quand vous aurez des nouvelles, faites-*LES-MOI *savoir.*

*Montrez-moi celui qui a pu arriver à trente ans sans être détrompé ; montrez-*LE-MOI, *ce mortel privilégié.* (BALLANCHE.)

*Si votre ami commet une faute, reprochez-*LA-LUI *franchement.*

Cependant, avec les pronoms NOUS et VOUS, l'usage demande qu'on dise :

*Si le dîner est prêt, servez-*NOUS-LE.

*Cueillez cet œillet et attachez-*VOUS-LE *à votre boutonnière.*

Toutefois *servez-le-nous, attachez-le-vous* ne seraient pas à proprement dire une faute.

801. Lorsque MOI, TOI, après un impératif, sont suivis de EN, Y, il y a élision de la diphthongue *oi*, et les mots EN, Y se placent toujours les derniers :

*J'ai besoin de sages conseils, donnez-*M'EN.

*Fais-*T'EN *rendre la moitié.*

*Mets-*T'Y. *Jette-*T'Y. (ACAD.)

Il ne serait pas incorrect de dire : *Mets-*Y-TOI, *jettes-*Y-TOI ; mais on évite ordinairement ces façons de parler un peu bizarres. La première construction n'est elle-même usitée qu'avec un très-petit nombre de verbes ; l'euphonie ne permettrait guère de dire : *Abstiens-*T'EN, *contente-*T'EN, etc. ; il faut prendre une autre tournure et dire : *Abstiens-toi de cela, contente-toi de cela.* De même, au lieu de dire : *Attends-t'y, applique-t'y,* dites : *Attends-toi à cela, applique-toi à cela.*

802. Quand le pronom personnel *moi* figure comme sujet dans une phrase en même temps qu'un autre pronom personnel ou un substantif, les convenances exigent que le *moi* s'efface, au moins entre égaux, et laisse la priorité aux autres mots qui l'accompagnent : *Vous et* MOI *avons les mêmes sentiments. C'est* VOUS *et* MOI *qui partirons.* La même règle de priorité s'observe en faveur de la personne à qui l'on parle sur celle de qui l'on parle : *C'est* VOUS *et votre* FRÈRE *qui hériterez.* Il en est encore ainsi quand il s'agit d'un supérieur et d'un inférieur : *Votre* GÉNÉRAL *et* VOUS *avez été blessés dans ce combat.* Enfin, c'est par le même principe qu'un père dira : MOI *et mon* FILS ; un maître : MOI *et mon* DOMESTIQUE ; et à plus forte raison : MOI *et mon* CHEVAL, *nous avons roulé en bas de la montagne.*

803. Il y a certains cas particuliers où la place du pronom complément est facultative ; cela se produit avec le pronom complément d'un infinitif qui vient après un autre verbe. En voici quelques exemples :

Nous LES *irons voir.*

Je crois que l'on SE *veut raccommoder avec moi.* (BUSSY-RABUTIN.)

Dieu est esprit, et ce n'est que par l'esprit qu'on LE *peut atteindre.* (BOSSUET.)

Dans tous ces exemples, le pronom précède le verbe; mais il pourrait tout aussi bien le suivre. La grammaire — nous ne parlons pas de la versification — n'aurait rien à y reprendre. Alors on dirait :

Nous irons LES *voir.* — *Je crois que l'on veut* SE *raccommoder.* — *... Ce n'est que par l'esprit qu'on peut* L'*atteindre.*

Pareille chose peut se produire avec deux impératifs unis par une des conjonctions *et, ou :*

Accordez-moi le pardon que je vous demande, et ME *laissez votre amitié.* (J.-J. ROUSSEAU.)

> Passez votre chemin, la fille, et *m*'en croyez.
> LA FONTAINE.

> Vingt fois sur le métier remettez votre ouvrage;
> Polissez-le sans cesse et *le* repolissez.
> BOILEAU.

Dans ces différents cas, c'est le goût qui décide; mais la transposition du pronom donne plus de vivacité, plus de relief à la pensée; elle ajoute à l'harmonie, et voilà pourquoi elle est plutôt d'usage en poésie qu'en prose.

LE, LA, LES.

804. Le pronom *le* est variable quand il tient la place d'un substantif ou d'un adjectif pris substantivement :

Je me regarde comme la mère de cet enfant, je LA *suis de cœur, je* LA *suis par ma tendresse pour lui.* (LA, c'est-à-dire *la mère.*)

Êtes-vous les prisonniers qu'on a amenés de la Crimée? — *Oui, nous* LES *sommes.* (Nous sommes *les prisonniers.*)

Êtes-vous les trois Romains qu'on a choisis pour le combat? — *Nous* LES *sommes.* (Nous sommes *les trois Romains.*)

> Miracle! criait-on : venez voir dans les nues
> Passer la reine des tortues.
> — La reine, vraiment oui, je *la* suis en effet.

(Je suis *la reine.*)

805. Le pronom *le* est toujours invariable quand il tient la place d'un adjectif, d'un substantif pris adjectivement, d'un infinitif ou d'une proposition.

LE mis pour un adjectif :

Cette femme est BELLE *et* LE *sera toujours.* (Sera toujours *cela,* c'est-à-dire *belle.*)

Je n'ai pas été ENRHUMÉ *de l'hiver, et je* LE *suis depuis les chaleurs.* (LE, c'est-à-dire *enrhumé.*)

Ils ne sont pas encore HABILES, *mais ils* LE *deviendront.* (Ils deviendront *habiles.*)

Les habitants des Moluques sont plutôt NOIRS *que basanés, et les femmes* LE *sont moins.* (Cela, *noires.*)

Le plus dangereux ridicule des vieilles personnes qui ont été JOLIES, *c'est d'oublier qu'elles ne* LE *sont plus.* (Cela, *jolies.*)

Les pauvres sont moins souvent MALADES *faute de nourriture, que les riches ne* LE *deviennent pour en prendre trop.* (Cela, *malades.*)

LE mis pour un substantif pris adjectivement :

Si j'étais MÈRE, *je* LE *serais avec toute la tendresse imaginable.* (Je serais *cela,* c'est-à-dire *mère.*)

Ceux qui sont AMIS *de tout le monde ne* LE *sont de personne.* (Cela, *amis.*)

Hélas! madame, vous me traitez de VEUVE; *il est trop vrai que je* LE *suis.* (Cela, *veuve.*)

LE mis pour un infinitif ou pour une proposition :

Jeunes ou vieilles, les femmes font bien de SE CACHER; *mais vieilles, elles* LE *doivent indispensablement.* (Mᵐᵉ NECKER.)

SI LE PUBLIC A EU QUELQUE INDULGENCE POUR MOI, *je* LE *dois à votre protection.*

806. REMARQUE. On trouve certaines phrases où le pronom *le* peut indifféremment représenter soit un substantif, soit une proposition, c'est-à-dire être à volonté variable ou invariable. En voici deux exemples :

S'il vous a accordé sa confiance, vous LE *devez à votre bonne conduite.* (Vous devez cela, qu'il vous ait accordé sa confiance.)	*S'il vous a accordé sa confiance, vous* LA *devez à votre bonne conduite.* (Vous devez sa confiance.)
J'avais promis de lui faire obtenir cette place, mais il ne LE *mérite pas.* (Il ne mérite pas cela, *que je lui fasse obtenir cette place.*)	*J'avais promis de lui faire obtenir cette place, mais il ne* LA *mérite pas* (cette place).

807. Les pronoms *le*, *la*, *les* ne doivent point être employés pour représenter le mot qui figure comme sujet dans la même proposition. Molière ne s'est pas exprimé correctement quand il a dit : *L'allégresse du cœur s'augmente à* LA *répandre;* et Gresset a également violé la règle dans cette phrase : *Les méchants nous apprennent à* L'*être.* Il faut remplacer l'infinitif par une proposition complétive : *L'allégresse du cœur s'augmente quand on la répand. L'exemple des méchants nous entraîne et fait que nous le devenons nous-mêmes,* ou corriger de toute autre manière.

808. *Le, la, les* peuvent s'employer entre le pronom *ce* et le verbe *être* quand il s'agit de choses inanimées et qu'aucune proposition commençant par un pronom conjonctif n'est ensuite exprimée ou sous-entendue :

Est-ce là votre voiture? Oui, ce L'*est.* — *Sont-ce vos livres? Oui, ce* LES *sont.*

Mais quand on parle de personnes ou quand il vient ensuite une proposition complétive, on doit préférer les pronoms *lui, eux, elle, elles :*

Sont-ce vos frères? Oui, ce sont EUX. — *Est-ce là votre plume? Oui, c'est* ELLE *que vous avez à la main.*

Remarquons pourtant que si les réponses : *oui, ce* L'*est, ce* LES *sont* doivent être regardées comme correctes, on évite cependant aujourd'hui de les employer, parce qu'elles ont quelque chose d'affecté, de bizarre; on dit plutôt simplement : *Oui,* ou *oui, c'est ma voiture; oui, ce sont mes livres.*

EMPLOI DES PRONOMS *SE, SOI*.

SE, pronom de la troisième personne, des deux genres et des deux nombres, se dit également des personnes et des choses, et se place toujours devant le verbe dont il est le complément soit direct, soit indirect : *Cette femme* SE *promène. Ces hommes* SE *querellent. Cette fleur* SE *flétrit. Ces arbres* SE *meurent.*

> Les yeux de l'amitié *se* trompent rarement.
>
> VOLTAIRE.

L'emploi de ce pronom ne soulève aucune difficulté.

809. SOI, pronom des deux genres, se dit des personnes et des choses et s'emploie généralement au singulier. Mais, appliqué aux personnes, il ne peut être employé que dans un sens indéterminé, quand les personnes ne sont pas définies; alors *soi* a rapport à un pronom indéfini, comme *on, quelqu'un, chacun, quiconque, nul, aucun, personne*, ou à un terme d'un sens vague et général, comme *tout le monde, tout homme, un homme quelconque, celui qui*, etc. :

On doit parler franchement de SOI.

Chacun travaille pour SOI.

Quiconque rapporte tout à SOI *n'a pas beaucoup d'amis.*

Il faut prendre garde à SOI.

On aime mieux mal parler de SOI *que de n'en pas parler du tout.* (LA ROCHEFOUCAULD.)

Un homme peut parler avantageusement de SOI *lorsqu'il est calomnié.* (VOLTAIRE.)

Être trop mécontent de SOI *est une faiblesse, en être trop content est une sottise.* (Mme DE SABLÉ.)

> On a souvent besoin d'un plus petit que *soi*.
>
> LA FONTAINE.

> Qui ne songe qu'à *soi* quand sa fortune est bonne,
> Dans le malheur n'a point d'amis.
>
> LA FONTAINE.

810. Appliqué aux choses, le pronom *soi* peut se rapporter à un sujet déterminé :

Un bienfait porte sa récompense avec SOI.

Les remords que le crime traîne après SOI *sont toujours cuisants.*

De SOI, *le vice est odieux.*

La vertu est aimable en SOI.

La franchise est bonne en SOI, *mais elle a ses excès.*

La poésie porte son excuse avec SOI. (BOILEAU.)

Il pense que tout est bon en SOI, *que rien n'est mauvais en* SOI.

Le pronom *soi*, au lieu de *lui*, sert aussi à éviter une équivoque :

Un fils qui travaille pour son père travaille pour SOI.

Dans cette phrase, *lui* serait équivoque; *soi* ne l'est pas, car il se rapporte toujours au sujet de la proposition.

Enfin *soi* s'emploie dans les phrases ou les pronoms *lui, elle, eux, elles*, seraient trop faibles :

L'égoïste ne pense qu'à SOI.

Le chat paraît ne sentir que pour SOI. (BUFFON.)

Si l'on remplace *soi* par *lui*, on verra que l'expression perd de sa force.

811. On trouve quelquefois le pronom *soi* mis en rapport avec un mot pluriel :

Seigneur, que tant de profanations que les armes traînent après SOI *vous fassent enfin jeter des yeux de pitié sur votre Église!* (MASSILLON.)

Mais cet emploi est toujours irrégulier, et, de nos jours, les bons écrivains s'en abstiennent.

EMPLOI DE *LUI, ELLE, EUX, ELLES, LEUR — EN, Y.*

*Quand on considère l'esprit et la laideur d'Ésope, on ne saurait dire s'il eut sujet de remercier la nature ou de s'*EN *plaindre.*	*Quand on considère l'esprit et la laideur d'Ésope, on ne saurait dire s'il eut sujet de remercier la nature ou de se plaindre* D'ELLE.
A quelque état que parvienne un homme imbu de maximes basses, il est honteux de s'allier À LUI.	*A quelque état que parvienne un homme imbu de maximes basses, il est honteux de s'*Y *allier.*

Voilà deux groupes de phrases renfermant chacun,

en regard, une phrase régulière et une autre défectueuse.

Les règles que nous allons poser ont pour objet de mettre les élèves en garde contre les fautes de ce genre qu'ils pourraient commettre.

812. Les pronoms *lui, elle, eux, elles*, précédés d'une préposition, et *lui, leur*, employés comme compléments indirects, ne se disent que des personnes et des choses personnifiées :

Les passions des HOMMES *sont autant de chemins pour aller* À EUX.

*L'*HOMME MÉDISANT *est dangereux, éloignez-vous* DE LUI.

Ici, *à eux* et *de lui* remplacent des noms de personnes.

Brûler un LIVRE DE RAISONNEMENT, *c'est dire : Nous n'avons pas assez d'esprit pour* LUI *répondre.* (VOLTAIRE.)

Livre de raisonnement et *innocence* sont des choses personnifiées.

813. Quand la relation est établie avec des noms de choses ou d'animaux, on se sert des pronoms *en, y :*

Cette AFFAIRE *est délicate, le succès* EN *est douteux.*

Ce CHEVAL *est vicieux, il faut vous* EN *défaire.*

Dès que j'aurai reçu votre LETTRE, *j'*Y *répondrai.*

> La *fortune* a son prix : l'imprudent *en* abuse,
> L'hypocrite *en* médit, et l'honnête homme *en* use.
>
> DELILLE.

814. Cependant l'emploi des pronoms *lui, elle, eux, elles*, après une préposition et des compléments indirects *lui, leur*, n'offre rien de choquant :

1° Quand la construction ne permet pas de les remplacer par *en, y :*

Votre thèse aura contre ELLE *tous les partisans de la routine.*

2° Quand ce qu'on dit des choses se dit souvent des personnes, ce qui tend à faire considérer ces choses presque comme personnifiées :

Plus la passion est forte, plus il faut se roidir contre ELLE.

11

On ne se roidit, on ne lutte ordinairement que contre les personnes.

Il ne dépend pas de nous de ne pas avoir des passions, mais il dépend de nous de régner sur ELLES. (J.-J. ROUSSEAU.)

On règne ordinairement sur des hommes réunis en nation.

NOTA. — Ce dernier cas rentre dans celui des choses personnifiées.

DES PRONOMS DÉMONSTRATIFS.

CE EMPLOYÉ, RÉPÉTÉ PAR PLÉONASME.

La règle du pronom *ce*, employé ou répété par pléonasme devant le verbe *être*, comprend trois cas bien distincts : un cas général et deux cas particuliers.

815. CAS GÉNÉRAL. Quand le verbe *être* est placé entre deux parties dont chacune peut indifféremment être attribut de l'autre, on peut employer ou supprimer *ce :*

EMPLOI DE *ce*.	SUPPRESSION DE *ce*.
La vraie noblesse, c'est la vertu.	*La vraie noblesse est la vertu.*
La vertu la plus agréable à Dieu, c'est la charité.	*La vertu la plus agréable à Dieu est la charité.*
Le malheur le plus grand, c'est de ne pas savoir souffrir.	*Le malheur le plus grand est de ne pas savoir souffrir.*
La nature de l'égoïste, c'est de se suffire à lui-même.	*La nature de l'égoïste est de se suffire à lui-même.*
Boire, manger et dormir, c'était leur seule occupation.	*Boire, manger et dormir était leur seule occupation.*
Le génie de la langue française, c'est la clarté et l'élégance.	*Le génie de la langue française est la clarté et l'élégance.*

Tout ce que l'on peut ajouter à ces exemples, c'est que le pronom *ce* donne à la phrase plus de précision, plus d'énergie :

Mon véritable, mon seul ami, c'est vous.

Ma mère, c'était ma seule amie.

Le plus grand plaisir d'un avare, c'est de contempler son trésor.

La véritable cause de ce malheur, c'est vous.

NOTA. — Il se présente certains cas où il serait, au point de vue grammatical, également indifférent d'employer ou de sup-

primer *ce*, mais où on le supprime cependant par raison d'euphonie : *La plus noble conquête que l'homme ait jamais faite est
celle de ce fier et fougueux animal....*

816. Premier cas particulier. Lorsque le verbe *être*
est placé entre deux infinitifs, l'emploi de *ce* est de rigueur avant le second :

Espérer, c'est jouir.

Laisser le crime impuni, c'est s'en rendre complice.

Le plus sûr moyen d'être habile, c'est d'être honnête.

Souffrir avec patience les maux de la vie, c'est observer
un des préceptes de la religion.

Déchoir du premier rang, c'est tomber au dernier.
La Harpe.

Vivre content de peu, c'est être vraiment riche.
Gaudin.

La vie est un dépôt confié par le ciel :
Oser en disposer, c'est être criminel.
Gresset.

Cependant on supprime *ce* s'il s'agit d'une phrase
proverbiale où le verbe est accompagné d'une négation :

Souffler n'est pas jouer.

Brûler n'est pas répondre.

Abuser n'est pas user.

Ce disparaît également si le premier infinitif n'est
pas suivi d'un second :

Entreprendre cela est facile.

Promettre et tenir sont deux.

*Bien écouter et bien répondre est une des plus grandes
qualités de la conversation.*

Deuxième cas particulier. Quand la phrase commence par le pronom *ce* accompagné d'un des relatifs
qui, que, quoi, dont, et d'un verbe, comme : *Ce* qui *me
plaît... ce* que *je préfère... ce à* quoi *je pense... ce* dont
je me défie..., etc., le verbe *être* qui suit ces commen-
cements de phrase est ou non précédé du pronom démonstratif *ce;* mais cette répétition est obligatoire quand
le verbe est suivi d'un substantif ou d'un verbe à l'infinitif :

Ce que je désire le plus, CE *sont de vrais* AMIS.

Ce qui me choque en lui, c'est son INSOLENCE.

Ce que j'aime, c'est la VÉRITÉ.

*Ce qui m'indigne le plus, c'est l'*INJUSTICE *des hommes.*

Ce qui m'afflige le plus, c'est de VOIR *les méchants op-primer les bons.*

Ce que je sais le mieux, c'est mon *commencement.*

RACINE.

817. Mais on ne répète pas *ce* quand le verbe *être* est suivi d'un adjectif ou d'un substantif remplissant la fonction d'adjectif :

Ce que vous blâmez là est BLÂMABLE.

Ce que je dis est la VÉRITÉ (pour est *vrai*).

Ce que vous soutenez est une FAUSSETÉ (pour est *faux*).

CELUI, CELLE, CEUX, CELLES.

818. *Celui, celle, ceux, celles,* ne doivent pas précéder immédiatement un adjectif ou un participe. En conséquence, on ne dira pas :

Le goût de la philosophie n'était pas CELUI *dominant.*

A chaque angle du jardin se trouvait un pavillon isolé; CELUI *réservé au maître occupait le milieu.*

Entre les vins de France, CEUX *les plus recherchés sont les vins de Bourgogne, de Bordeaux et de Champagne.*

Voici votre livre et CELUI *destiné à votre sœur.*

Les grandeurs naturelles sont CELLES *indépendantes de la fantaisie des hommes.*

Il faut dire :

Celui qui dominait... Celui qui était réservé au maître... Ceux qui sont les plus recherchés... Celui qui est destiné à votre sœur... Les grandeurs naturelles sont celles qui sont indépendantes...

CELUI-CI — CELUI-LÀ.

819. CELUI-CI, CELLE-CI, servent à désigner un objet plus proche; CELUI-LÀ, CELLE-LÀ, un objet plus éloigné.

820. Quand on a nommé deux personnes ou deux choses et qu'on emploie ensuite les pronoms CELUI-CI,

CELUI-LÀ pour les désigner, *celui-ci* se rapporte au dernier terme, comme étant plus près; et *celui-là*, au premier, comme étant plus éloigné :

Un magistrat intègre et un brave officier sont également estimables : CELUI-CI *nous protége contre les ennemis extérieurs,* CELUI-LÀ *fait la guerre aux ennemis domestiques.*

> Tel est l'avantage ordinaire
> Qu'ont sur la beauté les talents :
> *Ceux-ci* plaisent dans tous les temps,
> *Celle-là* n'a qu'un temps pour plaire.
> VOLTAIRE.

CECI — CELA.

821. Quand les pronoms CECI, CELA, sont mis en opposition, la différence de leur signification est la même que pour *celui-ci, celui-là.* Ajoutons que l'on se sert de *ceci* pour une chose qui va être expliquée, et de *cela* pour une chose qui vient de l'être :

Retenez bien CECI : *il faut être juste envers tout le monde.*

Il faut aimer son prochain comme soi-même : n'oubliez jamais CELA.

NOTA. — Il en est de même, on l'a vu dans notre chapitre des synonymes, des mots *voici* et *voilà,* dont le premier se rapporte à ce que l'on va dire, et le dernier à ce qui a été dit.

PRONOMS POSSESSIFS.

822. Un pronom possessif doit toujours se rapporter à un nom précédemment exprimé. Ainsi, ne dites pas :

En réponse à LA VÔTRE *du 1ᵉʳ juillet 1867, j'ai l'honneur de vous annoncer....,*

Parce que LA VÔTRE ne tient la place d'aucun nom exprimé.

Dites :

En réponse à VOTRE LETTRE..., *j'ai l'honneur...*

823. Lorsque certains noms, tels que *tête, épée, plume,* etc., sont employés, non pour désigner ces choses, mais la personne à laquelle elles appartiennent, au lieu de les remplacer par des pronoms possessifs, on peut les remplacer par les pronoms personnels :

Parmi tous les élèves du Conservatoire, il n'y a pas de meilleure flûte que LUI.

Il n'y a pas au palais de plus forte tête que VOUS.

PRONOMS CONJONCTIFS OU RELATIFS.

824. Le rapport du pronom conjonctif avec son antécédent doit toujours être établi de manière à ne donner lieu à aucune équivoque.

En conséquence, on ne dira pas :

Je vous envoie une petite chienne par ma servante QUI *a les oreilles coupées.*

J'apporte des joujoux pour mes enfants QUI *sont dans la poche de mon gilet.*

On peut supposer ici que c'est *la servante qui a les oreilles coupées*, que *les enfants sont dans la poche.*

Toute équivoque disparaîtra si l'on rapproche le conjonctif *qui* de son antécédent :

Je vous envoie par ma servante une petite chienne QUI *a les oreilles coupées.*

J'apporte pour mes enfants des joujoux QUI *sont dans la poche de mon gilet.*

Voici d'autres phrases de même nature :

CONSTRUCTION DÉFECTUEUSE.	CONSTRUCTION RÉGULIÈRE.
J'ai fait un voyage dans toute la Suisse QUI *m'a plu beaucoup.*	*J'ai fait dans toute la Suisse un voyage* QUI *m'a plu beaucoup.*
Il y a un acte dans cette tragédie QUI *nous a fait verser bien des larmes.*	*Il y a dans cette tragédie un acte* QUI *nous a fait verser bien des larmes.*
On demandait à un philosophe l'âge du monde : il traça un serpent sur le sable QUI *se mordait la queue.*	*On demandait à un philosophe l'âge du monde : il traça sur le sable un serpent* QUI *se mordait la queue.*
Le départ de mon fils m'a fait une plaie au cœur DONT *je ne guérirai jamais.*	*Le départ de mon fils m'a fait au cœur une plaie* DONT *je ne guérirai jamais.*
Il y a une foule d'usages dans les provinces QUI *sont ridicules.*	*Il y a dans les provinces une foule d'usages* QUI *sont ridicules.*
J'ai lu une histoire dans ce livre QUI *m'a beaucoup intéressé.*	*J'ai lu dans ce livre une histoire* QUI *m'a beaucoup intéressé.*

Cependant, pour que la construction soit régulière,

il n'est pas toujours indispensable que l'expression suive immédiatement son antécédent. En voici des exemples :

Avez-vous vu la Descente de croix de Rubens, QUI *est à la cathédrale d'Anvers?*

Avez-vous lu l'histoire du peuple de Dieu, QUI *fait le fondement de la religion?*

La déesse en entrant, *qui* voit la nappe mise...
BOILEAU.

Un loup survint à jeun, *qui* cherchait aventure.
LA FONTAINE.

Un prince nous poursuit *dont* le fatal génie...
J.-B. ROUSSEAU.

Ici, les pronoms soulignés ne sauraient se rapporter à d'autres mots qu'à *tableau, histoire, déesse, loup, prince.*

S'il y a réellement ambiguïté, et que le pronom conjonctif ne puisse être rapproché de son antécédent, on remplace QUI, QUE, DONT par *lequel, duquel, auquel,* etc. ; ces pronoms, ayant une forme particulière pour le genre et pour le nombre, indiquent quelquefois plus clairement leur rapport avec l'antécédent :

La bonté du Seigneur, DE LAQUELLE (dont, de qui) *nous ressentons les effets, devrait nous engager à pratiquer ses commandements.*

Tous les voyageurs ont parlé de la fertilité de ce pays, LAQUELLE (qui) *est véritablement extraordinaire.*

La femme de votre oncle, LAQUELLE (qui) *est très-charitable, a adopté cet orphelin.*

Dont, de qui, qui, seraient équivoques, car ils pourraient se rapporter à *Seigneur,* à *pays,* à *oncle,* tout aussi bien qu'à *bonté,* à *fertilité* et à *femme.*

825. Il faut éviter l'emploi des pronoms QUE, QUI, subordonnés les uns aux autres :

C'est une entreprise QUE *je ne peux croire* QUI *réussira.*
C'est un négociant QUE *je crois* QUI *est riche.*

Ces *que* et ces *qui* en cascade produisent un mauvais effet; il faut prendre un autre tour et dire :

C'est une entreprise à la réussite de laquelle je ne puis croire.

C'est un négociant que je crois riche.

Il en est de même de plusieurs *qui* se succédant dans une suite de propositions qui s'enchaînent les unes aux autres comme les grains d'un chapelet :

Il n'y a qu'une affliction QUI *dure,* QUI *est celle* QUI *vient de la perte des biens.* (LA BRUYÈRE.)

J'ai reçu une lettre QUI *m'a été écrite par mon frère* QUI *habite le village* QUI *a donné son nom à ma famille* QUI *l'a fait bâtir y a quelques siècles.*

Il faut dire :

Il n'y a qu'une affliction qui dure, celle qui vient de la perte des biens.

J'ai reçu une lettre de mon frère, qui habite le village auquel ma famille doit son nom, et qu'elle a fait bâtir il y a quelques siècles.

QUI, QUOI, précédés d'une préposition.

826. QUI, précédé d'une préposition, ne se dit que des personnes et des choses personnifiées :

Il y a du plaisir à rencontrer les yeux de celui à QUI *l'on vient de donner.*

Monts de Gelboé, sur QUI *est tombé le bouclier des forts, le bouclier de Saül, que jamais ni la rosée ni la pluie ne rafraîchissent vos cimes!*

O rochers escarpés, c'est à vous que je me plains; car je n'ai que vous à QUI *je puisse me plaindre.*

L'enfant à *qui* tout cède est le plus malheureux.

En parlant des choses, au lieu de se servir de *qui* après une préposition, on emploie *lequel, laquelle, auquel,* etc. :

C'est une condition DE LAQUELLE *je ne puis me départir,* A LAQUELLE *je ne puis renoncer,* SANS LAQUELLE *je ne consentirai à rien.*

827. Quelquefois on fait usage du pronom *quoi,* mais

plus particulièrement avec un antécédent d'un sens indéfini :

Les princes ont dans leur vie des périodes d'ambition, après QUOI *d'autres passions et l'oisiveté même se succèdent.* (MONTESQUIEU.)

Il n'y a rien sur QUOI *l'on ait plus écrit.* (BONIFACE.)

NOTA. — Les pronoms *lequel, laquelle,* ne pouvant être admis dans les vers, les poètes ont dû avoir la faculté de se servir de *qui* après une préposition en rapport avec des choses non personnifiées. C'est là une licence qu'on ne peut pas se permettre en prose, sauf peut-être dans le style élevé ; voici des vers où l'emploi de *qui* après une préposition n'est pas conforme à la règle grammaticale :

Soutiendrez-vous un faix *sous qui* Rome succombe ?
CORNEILLE.

Votre vie est pour moi d'un prix *à qui* tout cède.
RACINE.

J'ai su tromper les yeux *par qui* j'étais gardé.
RACINE.

Les chiens *à qui* son bras a livré Jézabel.
RACINE.

Je pardonne à la main *par qui* Dieu m'a frappé.
VOLTAIRE.

Du haut de la montagne où sa grandeur réside,
Il a brisé la lance et l'épée homicide
Sur qui l'impiété fondait son ferme appui.
J.-B. ROUSSEAU.

REMARQUE. Il n'est plus permis aujourd'hui d'employer *où* pour *auquel, à laquelle,* etc., à moins que le nom qu'on veut représenter par le pronom n'exprime une idée de lieu. Il ne faut point imiter Montesquieu quand il dit : *C'est un mal où mes amis ne peuvent porter remède.* Il ne faut pas dire non plus : *La félicité où j'aspire.* On doit corriger ces fautes de la manière suivante : *C'est un mal* AUQUEL *mes amis ne peuvent porter remède. La félicité* À LAQUELLE *j'aspire.* Les poètes seuls se permettent encore quelquefois cette licence.

DONT — D'OÙ.

828. DONT marque :

1° La relation :

Dieu, DONT *nous admirons les œuvres, est éternel.*
L'affaire DONT *je vous ai entretenu est très-importante.*

2° La descendance généalogique :

11.

Les aïeux DONT *vous descendez vous désavoueraient.*

Je connais la famille DONT *il est sorti.*

REMARQUE. Au lieu de *dont*, les auteurs emploient quelquefois *de qui*, en rapport avec des personnes, pour marquer une idée de cause, de moyen, de dépendance, etc. ; ou seulement pour rendre l'expression plus énergique :

Celui qui règne dans les cieux, DE QUI *relèvent tous les empires...* (BOSSUET.) *Souvenez-vous qu'on ne peut ôter la vie à ceux* DE QUI *on la tient.* (FÉNELON.) *Il y a des gens* DE QUI *l'on ne peut jamais croire du mal sans l'avoir vu.* (LA ROCHEFOUCAULD.)

> Cet Achille. . . . .
> *De qui*, jusques au nom, tout doit m'être odieux.
> RACINE.

829. D'où exprime une idée de lieu, de séparation matérielle, de sortie, de résultat ou de conséquence :

Retournez au lieu D'OÙ *vous venez.*

La déesse remonta dans le nuage D'OÙ *elle était sortie.*

La charité est la source D'OÙ *découlent les actions agréables à Dieu.*

Je vous citerai des faits D'OÙ *ressortira clairement mon innocence.*

830. Le pronom relatif ne doit pas exprimer le même rapport que son antécédent placé dans la proposition qui précède immédiatement; il en est ainsi de l'adverbe conjonctif *où;* il ne faut donc pas dire :

C'est À LUI À QUI *je parle. C'est* DANS CETTE MAISON OÙ *je vais.*

On remplace, dans ce cas, le pronom ou l'adverbe conjonctif par le mot explétif *que :*

C'est à lui QUE *je parle. C'est dans cette maison* QUE *je vais.*

On a donc raison de critiquer les vers suivants :

> *C'est à vous*, mon esprit, *à qui* je veux parler.
> BOILEAU.

> . . . . Était-ce *dans* mon âme
> *Où* devait s'allumer une coupable flamme?
> RACINE.

Disons, toutefois, pour la justification de Boileau et de Racine, que cette façon de parler était encore admise au XVIIe siècle; ce qui le prouve, c'est que les exigences de la mesure ne forçaient nullement Racine à commettre cette faute de syntaxe.

Mais lorsque l'antécédent et le conjonctif se trouvent dans une même proposition, cette répétition du même rapport est de rigueur :

DE LA MANIÈRE DONT *vous avez parlé, je reconnais que vous avez grand besoin d'être éclairé.* (MONTESQUIEU.)

Il en est encore ainsi lorsqu'on veut appuyer sur l'idée ou y ajouter une circonstance :

C'est à vous, ma fille, à vous À QUI *j'adresse ces reproches.*

PRONOMS INDÉFINIS.

ON.

831. Notre pronom indéfini on n'est autre chose qu'une corruption du substantif *homme.* On écrivait *hom, hum; hon, hun; home, hume,* etc. Puis, cette syllabe a en quelque sorte divorcé : d'un côté, *homme* avec son sens relatif; de l'autre, *on* avec son sens absolu; mais, dans cet acte de séparation, *on* a emporté avec lui la particule *le,* et primitivement, on disait toujours *l'on.* Comme le degré de parenté va s'affaiblissant par l'éloignement, *l'on* a fini par perdre son article, et aujourd'hui il ne faut dire que *on.* Cependant, il y a eu une espèce de capitulation, et les grammairiens ont jugé convenable de conserver l'article chaque fois que l'euphonie l'exige, c'est-à-dire après *que, si, et, où,* etc. :

Il faut que L'ON *consente.*

Si L'ON *nous entendait.*

On a fait cette sottise, et L'ON *est encore sur le point d'en faire une autre.*

Cependant l'hiatus *si on* est préférable à une dissonance :

Cet enfant est très-sensible; SI ON *le reprend vivement, il pleure.*

Si l'on le, en ce cas, ne serait pas supportable.

Cependant les poëtes, à cause de la mesure, se permettent quelquefois cette licence :

On offense un brave homme alors que *l'on* l'abuse.

MOLIÈRE.

Au commencement d'une phrase, on emploie toujours ON, car il n'y a pas d'hiatus à éviter.

832. Quoique le mot ON soit du masculin, il y a des circonstances qui marquent si évidemment qu'on parle d'une femme, qu'alors l'adjectif qui suit se met au féminin :

ON *ne sera pas toujours , ma chère demoiselle, jeune et* RIEUSE.

Ne soyez pas si fière de votre beauté : ON *a peu de temps à être* BELLE *et longtemps à ne l'être plus.* (Mme DESHOU-LIÈRES.)

On devient *forte* alors qu'*on* devient *mère.*

DEMOUSTIER.

ON peut aussi être suivi d'un adjectif au pluriel; c'est lorsque le sens indique clairement qu'on parle de plusieurs personnes :

En France, ON *est* TOUS ÉGAUX *devant la loi.*

ON *est* ÉGAUX *devant Dieu.*

ON *se joint pour se rassembler et n'être pas* SEULS. (GIRARD.)

. . . . *On se fait* cousins *chez nous sans s'être* vus *;*
Mais au premier faux bond, *on* ne se connaît plus.

NÉP. LEMERCIER.

Mais quand le soir, bien tard, les travaux sont finis,
Et qu'autour de la table *on* est *tous réunis...*

C. D'HARLEVILLE.

Enfin, ON s'emploie avec le pluriel DES et un nom :

ON *n'est point* DES ESCLAVES *pour essuyer de si mauvais traitements.* (ACAD.)

L'UN L'AUTRE ; LES UNS LES AUTRES ; L'UN À L'AUTRE ;
L'UN DE L'AUTRE, etc.

833. La syntaxe de ces mots a été jusqu'ici un sujet de confusion pour la plupart des grammairiens : les uns ont fait figurer au chapitre du pronom toutes les règles qui les concernent; les autres les ont placées au verbe; quelques-uns ont esquivé la difficulté en n'en parlant point du tout.

Notre opinion est que ce groupe de mots ressort à la fois du pronom et du verbe : ou il marque la réciprocité, et alors la règle appartient au chapitre du pronom ; ou il exprime la simultanéité, et la difficulté rentre dans le verbe. Nous allons donc nous occuper exclusivement ici de l'idée de réciprocité.

Quand les pronoms *l'un l'autre* entrent dans une phrase, le premier est ordinairement sujet et le second complément :

L'egoïsme et l'amitié s'excluent L'UN L'AUTRE.

> Dans ce monde, il se faut *l'un l'autre* secourir.
> LA FONTAINE.

> *L'un l'autre* vainement ils semblent se haïr.
> BOILEAU.

Dans ces exemples, *l'un* remplit la fonction de sujet ; *l'autre*, celle de complément direct ; c'est comme si l'on disait :

L'égoïsme et l'amitié s'excluent : L'UN *exclut* L'AUTRE.
Dans ce monde, il faut que L'UN *secoure* L'AUTRE.

L'UN *semble vainement haïr* L'AUTRE, et réciproquement.

Marquant ainsi la réciprocité et remplissant une fonction différente, les deux mots *l'un l'autre* ne doivent jamais être unis par *et*, cette conjonction ne pouvant joindre que deux mots qui remplissent la même fonction. L'idée de réciprocité se transformerait en une idée de simultanéité, ce qui est tout à fait différent. On a donc eu raison de blâmer les deux vers suivants :

> Aidons-nous *l'un et l'autre* à porter nos fardeaux.
> VOLTAIRE.

> Et nous nous encensons tous les mois *l'un et l'autre.*
> PIRON.

Quand le complément est indirect, il est précédé d'une préposition dont le choix ne saurait être indifférent, et cette préposition est toujours amenée par la nature du verbe :

La nature les a faits L'UN POUR L'AUTRE.
Les aventures se succèdent LES UNES AUX AUTRES.

Les vrais chrétiens se pardonnent LES UNS AUX AUTRES.
Ils se sont battus L'UN CONTRE L'AUTRE.

Un lien de malheur nous unit *l'un à l'autre.*

GUIRAUD.

On voit que, dans tous ces exemples, le choix de la préposition est déterminé par le verbe lui-même.

QUICONQUE.

834. QUICONQUE est du masculin et n'a point de pluriel :

QUICONQUE *n'observera pas cette loi sera puni.* (ACAD.)
J'ai promis de le protéger contre QUICONQUE *l'attaquerait.*

Il est quelquefois féminin, et peut être suivi d'un adjectif de ce genre, lorsqu'il a rapport à une femme :

Mesdames, QUICONQUE *de vous sera assez* HARDIE *pour médire de moi, je l'en ferai repentir.* (ACAD.)

REMARQUE. Par les exemples qui viennent d'être donnés, on voit que le pronom *quiconque,* dont le sens est *celui qui,* équivaut à deux mots, à un pronom conjonctif et à son antécédent; d'où il suit que *quiconque* appartient toujours à deux propositions : ou il est sujet dans l'une et l'autre proposition, ou bien il est complément dans la première et sujet dans la seconde. Il résulte encore de là que l'on ne doit point employer le pronom *il* après *quiconque;* ce serait représenter par deux mots le même sujet du second verbe ; on ne dira donc pas :

QUICONQUE *est riche,* IL *doit assister les pauvres.*

Cela équivaudrait à *Celui qui* est riche *il* doit assister les pauvres.

En conséquence, il ne faut point imiter les phrases suivantes :

QUICONQUE *n'est pas sensible au plaisir si vrai, si touchant, si digne du cœur, de faire des heureux,* IL *n'est pas né grand,* IL *ne mérite pas même d'être homme.* (MASSILLON.)

QUICONQUE *découvrit les diverses révolutions des astres,* IL *fit voir par là que son esprit tenait de celui qui les a formés dans le ciel.*

CHAPITRE V

DU VERBE

RAPPORT DU VERBE AVEC SON SUJET.

835. Tout verbe à un mode personnel, autre que l'impératif, doit avoir un sujet exprimé :

CELUI QUI PASSE *dans la paresse la première partie de sa vie ne* PEUT *s'attendre à se reposer dans sa vieillesse.*

Il y a dans cette phrase deux verbes à un mode personnel, *passe* et *peut*, et deux sujets, *celui* et *qui*. Le premier verbe, *passe*, a pour sujet *qui;* le second, *peut*, a pour sujet *celui*.

En vertu de la règle posée plus haut, on ne peut pas dire :

En quoi FÉNELON EUT *beaucoup de difficultés à surmonter*, FUT *l'éducation du duc de Bourgogne, prince né avec un caractère inflexible et des penchants vicieux.*

En effet, le verbe *fut* n'a pas de sujet exprimé; il faut donc lui en donner un, et dire :

CE *en quoi* FÉNELON EUT *beaucoup de difficultés à surmonter* FUT *l'éducation,* etc.

La phrase est alors régulière, parce que le premier verbe, *eut*, a pour sujet *Fénelon*, et que le second, *fut*, a pour sujet *ce*.

Il serait même utile, dans ce cas particulier, de répéter *ce* devant *fut*, comme on l'a vu au chapitre du pronom.

Réciproquement, un mot faisant fonction de sujet demande un verbe à un temps personnel :

> Aux petits des oiseaux *Dieu donne* leur pâture,
> Et sa *bonté s'étend* sur toute la nature.

Cette phrase est régulière, parce qu'il y a deux sujets *Dieu* et *bonté*, et deux verbes *donne* et *s'étend*, *Dieu* est le sujet de *donne; bonté*, sujet de *s'étend*.

Mais on ne peut pas dire :

Les facultés de l'esprit sont comme les plantes, QUI, *plus on les cultive, plus* ELLES *donnent de fruits.*

En effet, le pronom *qui* s'annonce comme sujet et se trouve ne pas avoir de verbe. Il faut supprimer ce pronom et dire :

Les facultés de l'esprit sont comme les plantes : plus on les cultive, plus elles donnent de fruits.

836. Le sujet étant exprimé par un substantif ou par un pronom ne doit pas être répété par les pronoms *il, elle.*

On ne dira donc pas :

CELUI *qui confie un secret à un bavard,* IL *met tout le monde dans sa confidence.*

Le pronom *il* forme une périssologie, le sujet de *met* étant déjà exprimé par *celui.*

Dites :

Celui qui confie un secret à un bavard met tout le monde dans sa confidence.

C'est en vertu de la même règle que l'on a eu raison de blâmer ces vers de Voltaire :

Louis, en ce moment prenant son diadème,
Sur le front du vainqueur *il* le posa lui-même.

ACCORD DU VERBE AVEC SON SUJET.

837. RÈGLE GÉNÉRALE. Tout verbe à un mode personnel s'accorde en nombre et en personne avec son sujet, qu'il en soit précédé ou suivi :

Le CŒUR *d'une mère* EST *le chef-d'œuvre de la nature.*

Nos *plaisirs* les plus doux ne *sont* point sans tristesse.
CORNEILLE.

Jadis *vivait* en Lombardie
Un *prince* aussi beau que le jour.

La règle générale qui précède a besoin, pour être bien comprise, d'être décomposée en un certain nombre de règles particulières que nous allons établir.

SUJETS JOINTS ENSEMBLE PAR LA CONJONCTION *ET.*

838. Lorsque le sujet se compose de plusieurs noms ou pronoms employés au singulier et joints ensemble

par la conjonction *et*, le verbe se met presque toujours au pluriel :

PAUL *et* VIRGINIE ÉTAIENT *ignorants comme des créoles.* (BERNARDIN DE SAINT-PIERRE.)

*L'*HIRONDELLE *et le* ROSSIGNOL ANNONCENT *le retour du printemps.*

> *L'un et l'autre à ces mots* ont levé *le poignard.*
>
> VOLTAIRE.

Dans les énumérations, la conjonction *et* est souvent sous-entendue :

La VIE, *la* MORT, *les* RICHESSES, *la* PAUVRETÉ, ÉMEUVENT *très-fortement les hommes.*

Si les sujets joints ensemble par la conjonction *et* ne sont pas de la même personne, le verbe s'accorde avec la personne qui a la priorité : VOUS *et* MOI AIMONS *l'étude. Ta* COUSINE *et* TOI IREZ *à la campagne.* VOUS *et* LUI MÉRITEZ *cet honneur.*

Le plus souvent, on met avant le verbe, par pléonasme, le pronom personnel de la même personne que le verbe :

Vous et moi, NOUS *aimons l'étude. Ta cousine et toi,* VOUS *irez à la campagne. Vous et lui,* VOUS *méritez cet honneur.*

SUJETS JOINTS ENSEMBLE PAR LA CONJONCTION *NI.*

839. Lorsque le sujet se compose de plusieurs noms ou pronoms joints ensemble par la conjonction *ni,* le verbe se met ordinairement au pluriel :

Le SOLEIL *ni la* MORT *ne* PEUVENT *être regardés fixement.* (LA ROCHEFOUCAULD.)

Ni le BONHEUR *ni le* MÉRITE *ne* FONT *l'élévation des hommes.* (VAUVENARGUES.)

> *Ni l'or ni la grandeur ne nous* rendent *heureux.*
>
> LA FONTAINE.

840. Il y a un cas où, après deux substantifs joints par *ni,* le verbe doit nécessairement se mettre au singulier ; c'est quand l'idée attributive ne peut se rapporter en même temps à deux personnes ou à deux choses, et qu'elle ne convient nécessairement qu'à une seule :

Ce n'est ni M. le duc NI *M. le comte qui* SERA *nommé ambassadeur d'Espagne.*

Ni cette dame NI *sa sœur n'*EST *la mère de cet enfant.*

Si les sujets ne sont pas de la même personne, le verbe s'accorde avec la personne qui a la priorité, comme pour la conjonction *et* :

Ni VOUS *ni* MOI *ne* CONNAISSONS *l'avenir.*

841. Après deux sujets unis par les locutions *et non, mais non*, l'exclusion étant donnée au second, le verbe s'accorde seulement avec le premier :

C'est l'ouvrage, ET NON *la personne, qui* INTÉRESSE *la postérité.* (VOLTAIRE.)

C'est l'action, ET NON PAS *le héros, qui* FAIT *l'épopée.* (VOLTAIRE.)

C'est votre père, MAIS NON *votre mère, qui* A ÉTÉ *compromis.*

> . . . . C'est la raison,
> *Et non pas* l'habit, qui *fait* l'homme.
>   LEBRUN.

Si, au contraire, la négation retombe seulement sur le premier de deux sujets unis par *mais*, l'exclusion est donnée au premier et l'accord se fait avec le second :

Ce n'est pas le talent, MAIS *la fortune qui* EST HONORÉE *dans le monde.*

SUJETS JOINTS ENSEMBLE PAR LA CONJONCTION *OU*.

842. Quand plusieurs sujets de la troisième personne sont joints ensemble par la conjonction *ou*, le verbe s'accorde seulement avec le dernier si l'idée que ce verbe exprime ne peut être attribuée qu'à un seul :

Le ROI OU *son* FILS PRÉSIDERA *le conseil des ministres.*

Votre PÈRE OU *votre* ONCLE SERA *nommé ambassadeur à Rome.*

Il ne faudra qu'*un seul président*, qu'*un seul ambas-*

sadeur. Le verbe est sous-entendu après le premier sujet partiel.

Mais le verbe se met au pluriel, si l'idée qu'il exprime peut être attribuée à chacun des sujets partiels dans des temps ou des circonstances différentes :

Le TEMPS OU *la* MORT SONT *nos remèdes*. (J.-J. ROUSSEAU.)

C'est-à-dire *deux choses, tantôt* le temps, *tantôt* la mort, sont nos remèdes.

La PEUR OU *le* BESOIN FONT *tous les mouvements de la souris.* (BUFFON.)

C'est-à-dire *deux causes* font tous les mouvements de la souris.

Du reste, lorsque l'idée exprimée par le verbe convient également aux deux sujets, le sens permet toujours de remplacer *ou* par la conjonction *et,* qui marque addition, et, dans la plupart de ces cas, la conjonction additive *et* conviendrait mieux que l'alternative *ou.*

Si les sujets joints ensemble par la conjonction *ou* ne sont pas de la même personne, on observe la même règle que pour les conjonctions *et, ni,* c'est-à-dire que le verbe se met au pluriel et à celle des personnes qui a la priorité :

> *Vous ou moi* } PARLERONS.
> *Lui ou moi* }

> Le roi, l'âne ou moi, nous *mourrons.*
>> LA FONTAINE.

SUJETS QUI NE SONT UNIS PAR AUCUNE CONJONCTION.

843. Le verbe qui a plusieurs sujets partiels, sans qu'il y ait entre eux aucune conjonction, s'accorde avec le dernier seulement :

1° Lorsque les sujets sont à peu près synonymes :

Son aménité, sa DOUCEUR CHARME *tout le monde.*

Une équité, une PROBITÉ *constante* FAISAIT *le fond du caractère d'Aristide.*

Ici, le verbe s'accorde avec le dernier sujet partiel,

comme exprimant le mieux l'idée qu'on veut rendre ; en pareil cas, les noms ne doivent pas être joints ensemble par la conjonction *et*, puisqu'il n'y a pas addition d'idées.

2° Lorsque les sujets sont disposés par gradation :

Un seul mot, un soupir, un *coup d'œil* nous *trahit.*

VOLTAIRE.

Le verbe s'accorde alors avec le dernier sujet comme ayant, eu égard à la pensée qu'il s'agit d'exprimer, une importance qui efface les sujets antérieurs et qui les fait oublier.

3° Lorsque le dernier sujet partiel résume tous les autres :

Votre temps, vos biens, votre vie, TOUT APPARTIENT *à la patrie.*

Grands, riches, pauvres, petits, PERSONNE *ne* PEUT *se soustraire à la mort.*

SUJETS JOINTS ENSEMBLE PAR *COMME, DE MÊME QUE,* ETC.

844. Lorsque plusieurs sujets sont joints ensemble par la conjonction *comme*, par une des locutions conjonctives *de même que, aussi bien que, ainsi que, plus que, moins que, autant que*, etc., ou par la préposition *avec*, le verbe s'accorde avec le premier sujet seulement :

*L'*OR AUTANT QUE *les honneurs* SÉDUIT *l'homme.*

*L'*ORDRE PLUS QUE *les épargnes sordides* FAIT *le profit.*

PRESQUE TOUTE LA *Livonie,* AVEC *l'Esthonie,* AVAIT ÉTÉ ABANDONNÉE *par la Pologne au roi de Suède.*

Dans ces exemples, il y a ellipse du verbe de la proposition secondaire ; c'est comme s'il y avait :

*L'*OR SÉDUIT *l'homme autant que les honneurs le séduisent.*

*L'*ORDRE FAIT *le profit plus que les épargnes sordides ne le font.*

PRESQUE TOUTE LA LIVONIE, *avec l'Esthonie,* AVAIT ÉTÉ, etc.

NOTA. — Ici il y a ellipse du participe *jointe.*

Cependant on pourrait citer beaucoup d'exemples où la conjonction comparative, de même que la préposition *avec*, ayant été considérée comme marquant une véritable addition, les auteurs ont mis le verbe au pluriel :

La tête AINSI QUE *la gorge* SONT COUVERTS *d'un duvet très-court.* (BUFFON.)

La santé COMME *la fortune* RETIRENT *leurs faveurs à ceux qui en abusent.* (SAINT-ÉVREMONT.)

Dans l'Egypte, dans l'Asie et dans la Grèce, Bacchus AINSI QU'*Hercule* ÉTAIENT RECONNUS *comme des demi-dieux.* (VOLTAIRE.)

> Le singe *avec* le léopard
> *Gagnaient* de l'argent à la foire.
> LA FONTAINE.

> Votre père en mourant, *ainsi que* votre mère,
> Vous *laissèrent* de biens une somme légère.
> REGNARD.

Mais il eût été plus régulier d'employer dans ces phrases la conjonction *et*.

Si les deux sujets unis par une conjonction comparative sont de différentes personnes, le verbe se met toujours au pluriel, s'accordant avec le pronom pluriel de première ou de seconde personne placé après les deux sujets pour les récapituler :

Mon frère, AINSI QUE *moi, nous* AVONS FAIT *nos études dans ce collége.*

845. Avec les expressions *non-seulement, mais encore*, on peut aussi quelquefois mettre le verbe au pluriel pour le faire accorder avec tous les sujets ensemble :

NON-SEULEMENT *toute sa richesse et tout son honneur,* MAIS ENCORE *toute sa vertu* S'ÉVANOUISSENT.

NON-SEULEMENT *lui,* MAIS ENCORE *sa sœur* ONT MÉRITÉ *d'être punis.*

ACCORD DU VERBE AVEC *L'UN ET L'AUTRE, NI L'UN NI L'AUTRE.*

846. *L'un et l'autre*, employés ensemble et unis par la conjonction *et*, servent à marquer une idée de similitude. Alors, s'ils remplissent la fonction de sujet, ils demandent le verbe au pluriel :

L'UN ET L'AUTRE RAPPORTENT *les mêmes circonstances.* (GIRAULT-DUVIVIER.)

L'UN ET L'AUTRE MANIFESTÈRENT *leurs vues dans le premier conseil qu'ils tinrent avant de commencer la campagne.* (BARTHÉLEMY.)

L'un et l'autre, à mon sens, *ont* le cerveau troublé.
BOILEAU.

L'un et l'autre, à ces mots, *ont levé* le poignard.
VOLTAIRE.

La même règle doit être observée avec *ni l'un ni l'autre :*

NI L'UN NI L'AUTRE *ne* CHERCHENT *à exposer leur vie.* (LA BRUYÈRE.)

NI L'UN NI L'AUTRE *n'*ONT EU *la moindre part au grand changement qui va se faire.* (VOLTAIRE.)

Après *l'un et l'autre, ni l'un ni l'autre,* le verbe se met au singulier si le sens est distributif.

NI L'UN NI L'AUTRE *ne* SERA *nommé consul.*

SUJET FORMÉ DE PLUSIEURS INFINITIFS.

847. Lorsque le verbe a un sujet formé de plusieurs infinitifs, il se met au pluriel s'il y a dans la phrase quelques mots prouvant que ces infinitifs laissent dans l'esprit une idée de pluralité :

SE NOURRIR, SE DÉVELOPPER *et* SE REPRODUIRE SONT *les effets d'une seule et même cause.* (BUFFON.)

La pluralité de l'attribut *effets* prouve la pluralité de l'idée.

JUGER *et* SENTIR *ne* SONT *pas la même chose.* (J.-J. ROUSSEAU.)

Le mot *même* prouve qu'on a dans l'esprit l'idée de comparer une chose avec une autre.

Au contraire, le verbe se met au singulier s'il y a quelque indice marquant que les infinitifs ne servent qu'à exprimer une idée unique :

Vous IMITER, *vous* PLAIRE *est toute mon étude.* (VOLTAIRE.)

VIVRE *libre et peu* TENIR *aux choses humaines* EST *le meilleur moyen d'apprendre à mourir.* (J.-J. ROUSSEAU.)

> *Se taire et souffrir en silence*
> EST *souvent le parti que dicte la prudence.*

NOMBRE DU VERBE *ÊTRE* APRÈS LE PRONOM *CE.*

848. Le verbe *être* précédé du pronom *ce* et suivi de la première ou de la deuxième personne du pluriel, *nous, vous,* reste à la troisième personne du singulier :

C'EST NOUS *qui avons fait cela.*

C'EST VOUS *qui parlerez.*

CE SERA VOUS, *messieurs, qui déciderez dans cette affaire.*

Dans ces façons de parler, on peut considérer *c'est qui* comme explétif, le sens des phrases ci-dessus étant : *Nous avons fait cela — vous parlerez — vous déciderez...*

849. Le verbe *être* après *ce* doit se mettre au pluriel lorsqu'il est suivi d'un pronom pluriel de la troisième personne ou d'un substantif pluriel :

CE SONT EUX, CE SONT ELLES *que nous attendons.*

CE FURENT *les* PHÉNICIENS *qui inventèrent l'écriture.*

C'ÉTAIENT *deux* COMPAGNONS *de beaucoup d'esprit.*

> J'ai mon Dieu que je sers ; vous servirez le vôtre ;
> *Ce sont* deux puissants *dieux.* . . . .
>   RACINE.

Quand, comme dans ces derniers exemples, le mot *ce,* devant *être,* peut se remplacer par *il, elle, ils, elles,* ou par un substantif quelconque, le substantif qui suit n'est qu'attribut et *ce* est sujet ; le verbe *être,* que l'on met au pluriel parce qu'il est suivi d'un substantif pluriel, s'accorde alors par syllepse avec le nom pluriel dont le pronom *ce,* ou les pronoms *ils, elles,* rappellent l'idée. Ainsi, dans les exemples suivants :

Bien loin d'être des demi-dieux, CE *ne* SONT *pas même des hommes.* (FÉNELON.)

> *Ce que je vous dis là ne* sont *pas des chansons.*
>   MOLIÈRE.

le sens est : ILS *ne* SONT *pas même des hommes ; les* CHOSES *que je vous dis là ne* SONT *pas des chansons.*

830. Le verbe *être* après *ce* reste ordinairement au singulier lorsqu'il est suivi de plusieurs substantifs de ce nombre :

L'aliment de l'âme, c'est la VÉRITÉ *et la* JUSTICE. (FÉNELON.)

C'est la PLUIE *et la* CHALEUR *qui fécondent la terre.* (DESCARTES.)

En France, ce qu'on a le plus, c'est l'ESSOR *et l'*ÉLAN ; *ce qui manque*, c'est la CONSISTANCE *et le* CARACTÈRE. (SAINTE-BEUVE.)

831. Dans le cas où un ou plusieurs des substantifs seraient au pluriel, c'est encore du singulier que l'on fait usage si le premier substantif est singulier :

CE SERA *le même* THÉÂTRE *et les mêmes décorations.* (LA BRUYÈRE.)

Ce qui m'attache à la vie, c'est ma FEMME *et mes enfants*. (MARMONTEL.)

Mais si le premier substantif qui suit le verbe *être* est au pluriel, c'est le pluriel qu'il faut :

CE SERONT *les mêmes* DÉCORATIONS *et le même théâtre.*

Ce qui m'attache à la vie, CE SONT *mes* ENFANTS *et ma femme.*

832. Si pourtant le pronom *ce* rappelait l'idée d'un pluriel précédemment énoncé, et que le verbe *être* fût suivi d'un attribut composé exprimant l'énonciation des unités formant ce pluriel, le verbe devrait être au pluriel :

Quelles sont les vertus théologales? CE SONT *la foi, l'espérance et la charité.*

CE est pour *ces vertus.*

Il y a dix espèces de mots : CE SONT *le nom, l'article, l'adjectif*, etc.

Il appelle à lui quatre courriers qu'il destinait au message; C'ÉTAIENT *l'âne, le chien, le corbeau et le pigeon.* (VOLTAIRE.)

> Les juges se placèrent :
> *C'étaient le linot, le serin,*
> *Le rouge-gorge et le tarin.*
>
> FLORIAN.

853. Quoique suivi d'un substantif pluriel, le verbe *être* après *ce* reste au singulier :

1° Quand *ce* rappelle l'idée d'un singulier :

L'OCCASION *prochaine de la pauvreté,* C'EST (cette occasion est) *de grandes richesses.* (LA BRUYÈRE.)

2° Quand, après *être,* viennent deux substantifs mis en opposition et suivis de *qui* ou *que* pouvant avoir pour antécédent le pronom *ce* :

Les dieux décident de tout, C'EST *donc les dieux et non pas la mer qu'il faut craindre.* (FÉNELON.)

Ce n'*est* pas les Troyens, mais Hector qu'on poursuit.
RACINE.

3° Quand le pluriel qui suit *c'est* est un substantif précédé d'un adjectif numéral et pouvant se tourner par un singulier :

C'EST *quatre heures qui sonnent,* c'est-à-dire *c'est la quatrième heure.*

C'EST *trente francs qu'il doit,* c'est-à-dire *c'est la somme de trente francs.*

4° Quand le verbe *être* précédé de *ce* a le sens d'un verbe unipersonnel, tel que *il y a, il y avait, il y eut,* etc. :

C'ÉTAIT *tous les jours de nouvelles accusations.* (VOLTAIRE.)

CE *ne* FUT *que plaintes et que larmes.* (MARMONTEL.)

Cependant, dans ce dernier cas, on peut employer indifféremment le pluriel ou le singulier. Ainsi l'Académie donne les exemples suivants :

CE *n*'ÉTAIT ou CE *n*'ÉTAIENT *que festins.*

Quand CE SERAIT, *ou quand* CE SERAIENT *les Romains qui auraient élevé ce monument.*

Avec le singulier, le sens est : *Il n'y avait que festins;* quand *il serait vrai,* quand *cela serait* que les Romains auraient élevé, etc.

854. Le pronom *ce* étant rejeté après le verbe *être* pour donner à ce verbe une forme interrogative, on

12

emploie de préférence le singulier devant un substantif pluriel suivi du pronom *que* :

Est-ce *les Anglais que vous aimez?* (Acad.)

855. Le singulier est aussi employé devant un substantif pluriel pour éviter certaines formes désagréables à l'oreille, comme *seront-ce, ont-ce été, fussent-ce, furent-ce* :

Sera-ce *nos intérêts que vous prendrez?*

Fût-ce *nos propres biens qu'il fallût sacrifier.* (Acad.)

Si ce n'est, locution prépositive, signifiant *excepté, hormis,* n'admet point la pluralité pour *est* :

Il ne craint personne, si ce n'est *ses parents.*

Si ce n'est *eux, quels hommes eussent osé l'entreprendre?* (Acad.)

On comprend également que, si le nom ou le pronom qui suit le verbe *être* est complément indirect de ce verbe ou du verbe suivant, le verbe *être* s'accorde avec *ce,* qui est le seul sujet :

C'est de vos parents, *oui,* c'est d'eux *que je tiens toute ma fortune.*

ACCORD DU VERBE APRÈS UN COLLECTIF.

856. Quand le verbe a pour sujet un collectif suivi d'un nom pluriel qui lui sert de complément, il s'accorde tantôt avec le collectif, tantôt avec le complément :

La foule *des curieux nous* empêche *d'approcher.*

Une foule de gens croient *à l'influence de la lune rousse.*

Dans le premier exemple, c'est avec le collectif *foule* que l'accord a lieu, parce qu'ici le collectif est général; dans le second, c'est avec le complément *gens,* parce que le collectif est partitif.

Toute la règle se réduit donc à reconnaître si le collectif est général ou s'il est partitif. Telle est la distinction que nous allons établir.

Le collectif est général quand c'est lui qui exprime l'idée dominante. En voici des exemples :

*L'*INFINITÉ *des perfections de Dieu m'*ACCABLE.

La FOULE *des humains* EST *sujette à l'erreur.*

Un NOMBRE *de quatre cents soldats* FUT FORMÉ *des débris du régiment.*

Nestor et Philoctète furent avertis qu'une PARTIE *du camp* ÉTAIT *déjà* BRÛLÉE. (FÉNELON.)

La MULTITUDE *des hommes qui environnent les princes* EST *cause qu'ils n'en remarquent aucun.* (MASSILLON.)

Le TIERS *des enfants* EST *mort au bout de dix ans.* (VOLTAIRE.)

Des enfants qui naissent, la MOITIÉ *tout au plus* PARVIENT *à l'adolescence.* (J.-J. ROUSSEAU.)

Cette SORTE *de poires ne* SERA *mûre qu'en hiver.* (ACAD.)

La *moitié* des humains rit aux dépens de l'autre.
DESTOUCHES.

Dans cette série d'exemples, l'idée principale se porte sur *infinité, foule, nombre, partie, multitude,* et sur tous les autres substantifs imprimés en petites capitales : le collectif est donc général.

857. Le collectif est partitif quand l'idée dominante est exprimée surtout par le complément :

La plus grande partie des VOYAGEURS S'ACCORDENT *à dire que les habitants naturels de l'île de Java sont robustes.* (BUFFON.)

Peu de GENS NÉGLIGENT *leurs intérêts.* (ACAD.)

La moitié des ARBRES *que j'ai fait planter* SONT *morts.* (SICARD.)

Une troupe de NYMPHES ÉTAIENT ASSISES *autour d'elle.* (FÉNELON.)

*Un nombre infini d'*OISEAUX FAISAIENT *résonner ces bocages de leurs doux chants.* (FÉNELON.)

Ce long amas d'*aïeux* que vous diffamez tous
Sont autant de témoins qui parlent contre vous.
BOILEAU.

Dans tous ces exemples, c'est sur le substantif qui suit le collectif que se porte principalement l'attention ; le collectif est partitif, et c'est avec le complément que l'accord a lieu.

858. A ces deux règles générales, qui ne souffrent aucune exception, ajoutons quelques cas particuliers qui forment plutôt des moyens, des procédés mécaniques que des principes. Les collectifs *la plus grande partie de, le plus grand nombre de, la plupart de, beaucoup de, une infinité de, peu de, assez de, trop de, combien de*, sont en général des collectifs partitifs qui commandent l'accord avec le complément :

La plupart des ENFANTS SONT *légers.*

Une infinité de GENS ONT CRU *cette nouvelle.*

*Un grand nombre d'*ÉTRANGERS ASSISTAIENT *à cette fête.*

Beaucoup de GENS PROMETTENT, *peu* SAVENT *tenir.*

859. Après les collectifs *force, nombre, quantité*, employés sans déterminatif, le verbe s'accorde toujours avec le nom qui suit :

Force SOTTISES *se* DÉBITENT *tous les jours.*

*Nombre d'*HISTORIENS *l'*ONT RACONTÉ. (ACAD.)

Quantité de PERSONNES SONT PERSUADÉES *de son mérite.* (ACAD.)

860. *Plus d'un* veut le verbe au singulier, bien que cette locution éveille une idée de pluralité :

PLUS D'UN *témoin* A DÉPOSÉ. (ACAD.)

PLUS D'UNE *personne* AGIT *sans réfléchir.*

On dit cependant :

A Paris, on voit plus d'un fripon qui se DUPENT *l'un l'autre.* (MARMONTEL.)

L'idée de réciprocité marquée par *l'un l'autre* appelle nécessairement le pluriel.

861. Lorsque *peu de* est précédé de l'article *le*, il devient le mot dominant, et c'est avec lui que le verbe s'accorde, toutes les fois que le sens permet de remplacer *le peu* par *le trop peu, le manque, l'insuffisance :*

LE PEU *de gens avec qui on peut communiquer des sciences abstraites m'en* AVAIT *dégoûté.* (PASCAL.)

LE PEU *d'instruction qu'il* A EU *le* FAIT *tomber dans mille erreurs.* (MARMONTEL.)

Mais si *le peu* marque simplement une petite quantité sans la présenter comme insuffisante, le verbe s'accorde avec le complément de *peu* :

*Le peu d'*AMIS *que j'avais* SONT VENUS *à mon secours.*
Le peu de LEÇONS *que j'ai prises* ONT SUFFI. (ACAD.)

862. Il arrive quelquefois qu'après un collectif précédé de *un, une,* l'accord se fait avec le collectif : c'est quand l'idée de quantité exprimée par le collectif est la seule à laquelle on puisse ou l'on veuille rapporter celle du verbe et de l'attribut ; dans ce cas, le collectif n'a plus la valeur d'une simple détermination et ne pourrait être remplacé par les adjectifs *quelques, plusieurs* :

UNE NUÉE *de traits* OBSCURCIT *l'air et* COUVRIT *les combattants.* (FÉNELON.)

UNE PARTIE *des citoyens* S'OCCUPE *sans cesse à accuser l'autre.* (VOLTAIRE.)

ACCORD DU VERBE AVEC LE PRONOM CONJONCTIF *QUI*.

863. Le pronom *qui* est toujours du même nombre et de la même personne que son antécédent. Il s'ensuit que l'accord du verbe avec le sujet *qui* doit se faire comme il se ferait avec l'antécédent, si cet antécédent était lui-même le sujet : *C'est* MOI QUI SUIS *chargé de vous conduire. C'est* TOI QUI AS *tort. C'est* NOUS QUI SOMMES *responsables.*

> C'est *moi qui* vous le *dis, qui suis* votre grand'mère.
> MOLIÈRE.

Ces phrases équivalent à peu près à celles-ci : JE SUIS *chargé.* TU AS *tort.* NOUS SOMMES *responsables.* JE SUIS *votre grand'mère.*

Si le pronom *qui* a pour antécédent plusieurs mots, l'accord du verbe se fait encore comme si ces mots étaient eux-mêmes sujets : *C'est* PAUL *et* LOUIS QUI VIENDRONT *avec moi. C'est votre* PÈRE *ou votre* ONCLE QUI SERA *parrain. C'est* VOUS *ou* MOI QUI PARTIRONS.

Il en est de même dans les phrases où entre *ne... que* : *Il* N'Y A QUE MOI QUI SOIS *au courant de toute cette affaire.*

Il N'y a QUE LUI *ou* MOI QUI PUISSIONS *vous tirer d'embarras.*

Cependant on trouve dans les écrivains beaucoup de phrases où cette règle est violée. Molière a dit : *Je vous demande si ce n'est pas* VOUS QUI S'APPELLE *Sganarelle. Ce ne serait pas* MOI QUI SE FERAIT *prier.*

> *Nous ne verrons que nous qui sachent* bien écrire.
>
> MOLIÈRE.

Voici d'autres phrases où cette règle n'est pas mieux observée :

Il N'y avait que MOI QUI PÛT *se souvenir.* (VOLTAIRE.)

Il N'y a que MOI QUI PASSE SA *vie à être occupée de la présence et du souvenir de la personne aimée.* (Mme DE SÉVIGNÉ.)

> O Richard, ô mon roi,
> L'univers t'abandonne :
> Sur la terre il n'est donc que *moi*
> *Qui s'intéresse* à ta personne.
>
> SÉDAINE.

Sans doute, ces exemples pourraient être justifiés en disant que le pronom *qui* a pour antécédent les mots *d'autre personne, d'autres personnes,* sous-entendus après *il n'y a que;* mais il est probable que si Molière, Voltaire, Mme de Sévigné, Sedaine vivaient de nos jours, ils mettraient à la première personne les verbes *s'appelle, se ferait, sachent, pût, passe sa vie, s'intéresse.*

Cependant un père pourrait dire : *Il* N'y a QUE MOI *ici* QUI *aime véritablement* SES *enfants,* parce que s'il disait *qui aime* MES *enfants,* le sens serait tout à fait différent.

Voici deux exemples qui se ressemblent par la forme, et qui, cependant, ne suivent pas la même règle d'accord, parce qu'ils se différencient par le fond :

Vous êtes d'anciens élèves, QUI DEVEZ *donner l'exemple aux nouveaux.*

Vous êtes les DEUX ÉLÈVES QUI SE SONT FAIT *punir hier.*

Dans le premier, *qui* a pour antécédent *vous,* qui se substitue en quelque sorte au substantif *élèves,* et le verbe est à la seconde personne du pluriel; dans le second, il a pour antécédent *élèves,* et le verbe doit se mettre à la troisième personne. Cette différence de personnes a pour raison une nuance assez délicate.

Disons, pour conclure, que le véritable antécédent du pronom *qui*, c'est le mot que ce pronom représente logiquement et grammaticalement; c'est celui sur lequel se porte exclusivement l'attention. Voilà pourquoi il faut dire :

C'est UN *de mes procès* QUI *m'A ruiné.*

Ici *qui* a pour antécédent *un*.

C'est un des PROCÈS QUI *m'ONT ruiné.*

Ici *qui* a pour antécédent *procès*.

C'est plus le GÉNÉRAL *que les officiers* QUI EST *blâmable.*

Qui a pour antécédent *général*.

C'est moins le général que les OFFICIERS QUI SONT *blâmables.*

Qui a pour antécédent *officiers*.

864. Après *un de ceux qui*, le verbe se met au pluriel :

Il est UN DE CEUX QUI *se sont le plus distingués dans cette campagne.*

Je suis peut-être UN DE CEUX QUI *cultivent les lettres en France avec le moins de succès.* (VOLTAIRE.)

Sa famille est UNE DE CELLES QUI *ont été ruinées par cette faillite.*

865. On pourrait encore éprouver quelque difficulté à distinguer l'antécédent de *qui*, lorsque celui-ci vient après un nom ou un pronom personnel précédé de *comme* :

Ce ne sont pas des GENS *comme vous* QUI SE PERMETTRAIENT *d'employer de telles paroles.*

Paris est fort bon pour un HOMME *comme vous,* QUI PORTE *un grand nom et* QUI *le* SOUTIENT. (MOLIÈRE.)

Dans la rigueur de la construction grammaticale, *qui* ne devrait avoir rien de commun avec le pronom qui suit *comme;* mais la figure de grammaire appelée *syllepse* semble autoriser quelquefois l'accord de *qui* avec ce pronom, et la phrase de Molière pourrait se con-

struire ainsi : *Paris est fort bon pour un homme comme*
VOUS, QUI PORTEZ *un grand nom et qui le* SOUTENEZ.

DES COMPLÉMENTS DES VERBES.

866. En dehors du cas où le complément est dit multiple, comme dans cet exemple : *L'écureuil mange des*
NOISETTES, *de la* FAÎNE *et du* GLAND, un verbe ne peut
avoir deux compléments directs, parce qu'une seule
action n'a qu'un seul objet immédiat. D'Olivet a donc
eu raison de critiquer ce vers de Racine :

Ne *vous* informez pas *ce* que je deviendrai,

puisque *vous* et *ce* sont l'un et l'autre compléments directs de *informez*. La grammaire veut qu'on dise :

Ne VOUS *informez pas* DE CE *que je deviendrai.*

Il n'est pas permis non plus de donner à un verbe
deux compléments indirects pour exprimer le même
rapport. Ainsi, on ne peut pas dire :

C'est À JENNER À QUI *l'on doit la découverte de la*
vaccine.

A JENNER, À QUI, forment une périssologie : il n'y
a qu'un seul rapport d'attribution, il ne doit y avoir
qu'un seul complément indirect marqué par *à*.

Il faut dire :

C'est À JENNER QUE *l'on doit la découverte de la*
vaccine.

Nous avons déjà parlé de cette difficulté au chapitre
du pronom. Voir numéro 830.

867. Il ne faut pas donner à un verbe un autre complément que celui qu'il exige : ainsi,

NE DITES PAS :	DITES :
La mort ne PARDONNE PERSONNE.	*La mort ne* PARDONNE À PERSONNE.
Tous ces gens-là n'ont d'autre	*Tous ces gens-là n'ont d'autre*
occupation que de SE NUIRE LES	*occupation que de* SE NUIRE LES
UNS LES AUTRES.	UNS AUX AUTRES.
Je vous apporte les livres QUE	*Je vous apporte les livres* DONT
vous AVEZ BESOIN.	*vous* AVEZ BESOIN.

Parce qu'on dit : *pardonner* À *quelqu'un, nuire* À *quel-*
qu'un, avoir besoin DE *quelque chose.*

868. Lorsque deux verbes ne veulent pas le même complément, il faut donner à chacun le complément qui lui convient.

Ainsi on dira bien : *Les Croisés assiégèrent et prirent* JÉRUSALEM, parce que les deux verbes veulent le même complément, un complément direct.

Mais si, au lieu de *prirent*, on mettait *s'emparèrent*, il faudrait s'exprimer ainsi : *Les Croisés assiégèrent Jérusalem et s'*EN *emparèrent*, attendu qu'on dit *assiéger une ville* et *s'emparer d'une ville*.

Pour un motif semblable, on dira : *Le Créateur préside au mouvement des astres et le règle*, et non : *Le Créateur préside et règle le mouvement des astres*.

La phrase suivante : *Je vais et je reviens de Versailles en quatre heures*, est également incorrecte. Il faut dire : *En quatre heures, je vais à Versailles et j'*EN *reviens*. Les verbes *aller* et *revenir* veulent chacun un complément indirect marqué par une préposition différente : *aller* À, *revenir* DE.

869. Lorsqu'un verbe a un complément direct et un complément indirect d'égale longueur, le complément direct, d'après l'ordre des idées, se place le premier :

*L'avare sacrifie l'*HONNEUR (compl. dir.) À L'INTÉRÊT (compl. indir.)

On doit préférer LA MORT (compl. dir.) À L'ESCLAVAGE (compl. indir.)

Si les compléments sont de longueur inégale, l'oreille exige que le plus court soit placé le premier :

L'avare sacrifie À L'INTÉRÊT (compl. indir.) *son* HONNEUR *et sa* VIE (compl. dir.)

870. Lorsque le complément d'un verbe se compose de plusieurs parties jointes ensemble par une des conjonctions *et*, *ou*, *ni*, l'usage veut que ces parties soient toutes des noms, des infinitifs ou des propositions de même nature.

Ainsi,

NE DITES PAS :	DITES :
Saint Louis aimait LA JUSTICE *et* à CHANTER LES LOUANGES DU SEIGNEUR.	*Saint Louis aimait* à RENDRE LA JUSTICE *et* à CHANTER LES LOUANGES DU SEIGNEUR.
Songez à PROFITER DU PRÉSENT *et* QUE L'AVENIR NE VOUS APPARTIENT PAS.	*Songez* QUE VOUS DEVEZ PROFITER DU PRÉSENT *et* QUE L'AVENIR NE VOUS APPARTIENT PAS.
Je désire apprendre à DESSINER *et* LA MUSIQUE.	*Je désire apprendre* LE DESSIN *et* LA MUSIQUE.
Cet élève n'aime ni L'HISTOIRE *ni* à CALCULER.	*Cet élève n'aime ni* L'HISTOIRE *ni* LE CALCUL.

EMPLOI DE L'AUXILIAIRE DANS LES TEMPS COMPOSÉS.

871. L'auxiliaire *avoir* marque l'action : J'AI *reconnu*, et l'auxiliaire *être* marque l'état : J'AI ÉTÉ *reconnu.*

Tous les verbes transitifs prennent *avoir* dans leurs temps composés : J'AI *aimé, j'*AI *fini, j'*AI *reçu, j'*AI *rendu.*

Parmi les verbes intransitifs, qui sont au nombre de six cents environ, il y en a à peu près cent cinquante qui, exprimant l'action, prennent l'auxiliaire *avoir :* tels sont *courir, contrevenir, dormir, languir, marcher, paraître, périr, régner, subvenir, succéder, succomber, triompher, vivre, survivre,* etc.

Cependant les verbes *aller, arriver, choir, décéder, éclore, entrer, mourir, naître, venir* et ses composés *devenir, intervenir, parvenir* et *revenir,* prennent l'auxiliaire *être* parce que l'esprit envisage, non l'action, mais le *résultat de l'action* et par conséquent l'état : *Vos cousines* SONT *venues nous voir. Que de Césars* SONT *devenus Laridons! Que d'hommes* SONT *morts sans avoir vécu!*

Parmi les verbes intransitifs, il en est qui prennent tantôt l'auxiliaire *être,* tantôt l'auxiliaire *avoir,* selon qu'on veut exprimer l'état ou l'action. En voici la liste à peu près complète :

ACTION — Auxiliaire *AVOIR.*	ÉTAT — Auxiliaire *ÊTRE.*
ACCOUCHER : *Cette femme* A ACCOUCHÉ *hier,* A ACCOUCHÉ *avec courage.*	*Cette femme* EST *heureusement* ACCOUCHÉE ; *elle* EST ACCOUCHÉE *depuis hier.*
ACCOURIR : *Nous* AVONS ACCOURU *aussitôt qu'on a sonné.*	*Il y a une demi-heure que je* SUIS ACCOURU *à son secours.*
CESSER : *La fièvre* A CESSÉ.	*La fièvre* EST CESSÉE *depuis hier.*

ACTION — Auxiliaire *AVOIR*.	ÉTAT — Auxiliaire *ÊTRE*.
. . . . Les orages *Ont cessé* de gronder sur ces heureux rivages. PATRU.	Et du Dieu d'Israël les fêtes sont [cessées. RACINE.
CONVENIR : *Cette maison m'A* CONVENU.	*Il* EST CONVENU *lui-même de sa méprise.*
CROÎTRE, DÉCROÎTRE : *En deux jours, la rivière* A CRU, A DÉCRU *d'un mètre.*	*Depuis deux jours la rivière* EST CRUE, EST DÉCRUE *d'un mètre.*
DEMEURER : *Il* A DEMEURÉ *six mois à Madrid. Il* A DEMEURÉ *quelque temps en Italie, pour apprendre la langue de ce pays.* (RESTAUT.)	*Mon frère* EST DEMEURÉ *à Paris pour ses études. Après un long combat la victoire nous* EST DEMEURÉE. *Nous* SOMMES DEMEURÉS *d'accord sur cela.*

NOTA. — *Demeurer* a diverses acceptions : signifiant *habiter, tarder, passer* un temps quelconque à faire une chose ; marquant une chose qui a eu lieu et qui n'est plus, il prend *avoir*. Quand le sujet n'est pas représenté comme ayant changé de lieu ou de situation, quand on veut signifier *être tué, être resté, avoir été,* on fait usage du verbe *être.*

Le verbe *rester* s'emploie à peu près dans les mêmes acceptions que *demeurer,* et se conjugue comme lui avec *être* ou *avoir.*

| DISPARAÎTRE : *Une république fameuse* A DISPARU *de nos jours, sous nos yeux, en un moment.* (DARÚ.) | Mèdes, Assyriens, vous *êtes* disparus ; Parthes, Carthaginois, Romains, [vous n'êtes plus. RACINE. |

EMBELLIR, GRANDIR, CHANGER, DÉCHOIR, RAJEUNIR, VIEILLIR. Ces verbes prennent *avoir* lorsqu'on veut marquer quelque chose de progressif, et *être* quand on a en vue d'exprimer une chose qui a lieu au moment ou dans la circonstance particulière dont on parle :

Il A *bien* EMBELLI *pendant son voyage.*	*Comme elle* EST EMBELLIE ! (MARMONTEL.)
Cet enfant A *bien* GRANDI *en peu de temps.* (ACAD.)	*Vous* ÊTES *bien* GRANDI. (MARMONTEL.)
Cet homme A CHANGÉ *de visage.* (ACAD.)	*Cet homme* EST CHANGÉ, *à ne plus le reconnaître.* (ACAD.)
Depuis ce moment, il A DÉCHU *de jour en jour.* (ACAD.)	*Il* EST *bien* DÉCHU *de son autorité.* (ACAD.)
Depuis un mois cet homme A RAJEUNI. (MARMONTEL.)	*On dirait qu'elle* EST RAJEUNIE. (ACAD.)
Il A VIEILLI *en peu de temps.* (MARMONTEL.)	*Je sens que je* SUIS *bien* VIEILLI. (MARMONTEL.)
ÉCHAPPER, signifiant se soustraire à, ou employé en parlant d'une	Signifiant sortir de, s'évader ; être fait par mégarde, par

chose qu'on a oublié de faire ou de dire, prend l'auxiliaire *avoir* :

L'un des coupables A ÉCHAPPÉ *à la gendarmerie.* (ACAD.)

*J'ai retenu le chant, les vers m'*ont [*échappé.* J.-B. ROUSSEAU.

négligence, par imprudence, et employé comme impersonnel, il prend *être* :

Ce voleur EST ÉCHAPPÉ *de prison. Ce secret lui* EST ÉCHAPPÉ.

*Ce mot m'*est *échappé*, pardonnez [*ma franchise.* VOLTAIRE.

PARTIR prend *être* dans ses diverses acceptions, excepté en parlant d'une arme à feu : *Le fusil* A PARTI *tout d'un coup.*

MONTER, DESCENDRE, ENTRER, SORTIR et PASSER. Ces verbes s'emploient comme transitifs ou comme intransitifs. Comme verbes transitifs, c'est-à-dire ayant un complément direct, il est inutile de faire remarquer qu'ils prennent seulement *avoir*. Comme verbes intransitifs, ils prennent l'un ou l'autre auxiliaire, d'après le sens actif ou passif qu'on veut donner au participe :

La rivière A MONTÉ *cette année à telle hauteur.* (ACAD.) *Le blé* A *beaucoup* MONTÉ *en six semaines de temps.* (LAVEAUX.)

Notre-Seigneur EST MONTÉ *au ciel.* (ACAD.) *Je ne dois qu'à moi seul, non à un sang illustre, les grandeurs où je* SUIS MONTÉ. (VOLTAIRE.)

Le thermomètre A DESCENDU *de quatre degrés pendant la journée.*

Il y a une demi-heure que je SUIS DESCENDU. *Il* EST DESCENDU *bien bas.*

Lucain EÛT ENTRÉ *lui-même dans ce sentiment s'il l'eût pu.* (BOSSUET.) Pour ce sens figuré, la distinction entre les deux auxiliaires est quelque peu subtile. Pris dans son sens propre, le verbe *entrer* est plus souvent employé avec *être* : *Ils* ÉTAIENT *à peine* ENTRÉS *qu'on les a appelés.*

Monsieur A SORTI *ce matin et il est de retour.* (MÉNAGE.) *La Seine* A SORTI *plusieurs fois de son lit.*

Monsieur EST SORTI *depuis ce matin, et il n'est pas encore rentré. La rivière* EST SORTIE *de son lit.* (ACAD.) *Tout le monde* EST SORTI.

Les exemples suivants font clairement ressortir l'emploi de l'auxiliaire avec PASSER : *Il* A PASSÉ *en Amérique en tel temps.* (ACAD.) *L'armée* A PASSÉ *par ce pays.* (BEAUZÉE.) *La procession* A PASSÉ *sous mes fenêtres.* (CONDILLAC.) *Cette loi bien défendue* A PASSÉ. (LEMARE.)

Les beaux jours SONT PASSÉS. (ACAD.) *Il* EST PASSÉ *en Amérique depuis tel temps.* (ACAD.) *La procession* EST PASSÉE. (CONDILLAC.)

TOMBER et EXPIRER prennent aussi *avoir* ou *être*. Cependant, avec le premier, on emploie plutôt l'auxiliaire *être* : *Cet homme n'a pas été longtemps en crédit, il* EST *bientôt* TOMBÉ. (ACAD.)

Les exemples où le participe *tombé* est accompagné du verbe *avoir* se rencontrent assez rarement. L'Académie donne les suivants : *Les poètes disent que Vulcain* A TOMBÉ *du ciel pendant un jour entier. Ce grand courage* A TOMBÉ *tout à coup. Le vautour* A TOMBÉ *tout à coup sur la perdrix.* Ici l'on envisage l'action de *tomber* au moment où elle se fait.

En parlant de personnes, EXPIRER prend toujours *avoir ;* appliqué à des choses, il prend *avoir* quand on considère le moment où une chose a fini, et *être*, pour signifier depuis quel temps elle est finie : *Son frère* A EXPIRÉ *dans mes bras. Elle* A EXPIRÉ *ce matin. Mon bail* A EXPIRÉ *hier,* ou EST EXPIRÉ *depuis hier.*

Les phrases suivantes ne sont pas à imiter : *Il* EST EXPIRÉ, *il est trépassé depuis une heure.* (LAVEAUX.) *Micipsa ne* FUT *pas plus tôt* EXPIRÉ *que Jugurtha...* (VERTOT.)

> . . . . A ces mots, ce héros *expiré*
> N'a laissé dans mes bras qu'un corps défiguré.
> RACINE.

> Et d'un père *expiré* j'apportais en ces lieux
> La volonté dernière et les derniers adieux.
> VOLTAIRE.

EMPLOI DES TEMPS DE L'INDICATIF, DU CONDITIONNEL ET DU SUBJONCTIF.

TEMPS DE L'INDICATIF.

INDICATIF PRÉSENT.

872. Le présent de l'indicatif s'emploie pour le passé quand on veut donner plus de vivacité au récit :

Turenne MEURT, *tout* SE CONFOND, *la fortune* CHANCELLE, *la victoire* SE LASSE, *la paix* S'ÉLOIGNE, *les bonnes intentions des alliés* SE RALENTISSENT, *le courage des troupes* EST ABATTU *par la douleur; tout le camp* DEMEURE *immobile.* (FLÉCHIER.)

Dans ce cas, il faut que tous les verbes qui concourent à former le même tableau soient au présent.

Ainsi, après avoir commencé la phrase par le présent : *Turenne* MEURT, *tout* SE CONFOND, etc., Fléchier ne pouvait employer le passé et dire : *La fortune* CHANCELA, *la victoire* SE LASSA, etc.

Cependant, lorsque la narration se prolonge, le changement de temps n'est plus une faute ; c'est souvent un moyen de varier avec goût les effets du style. Mme de Sévigné, dans le récit de la mort de Vatel, nous offre un heureux exemple de cette variété :

Vatel ATTEND *quelque temps : les autres pourvoyeurs ne*

VINRENT *point. Sa tête* S'ÉCHAUFFAIT, *il* CRUT *qu'il n'y aurait point d'autre marée. Il* TROUVA *Gourville; il lui dit : Monsieur, je ne survivrai point à cet affront-ci. Gourville* SE MOQUA *de lui. Vatel* MONTE *à sa chambre,* MET *son épée contre la porte, et* SE *la* PASSE *au travers du cœur; mais ce ne* FUT *qu'au troisième coup (car il s'en donna deux qui n'étaient pas mortels) qu'il* TOMBA *mort. Cependant la marée* ARRIVE *de tous côtés; on* CHERCHE *Vatel pour la distribuer; on* VA *à sa chambre; on* HEURTE*, on* ENFONCE *la porte, on le* TROUVE *noyé dans son sang.*

Ce récit tout entier est un modèle du genre. Toutes les circonstances du fait, toutes les parties principales sont rendues par des verbes au présent : *attend, monte, met, passe,* etc.; toutes les réflexions sont exprimées par des verbes au passé : *vinrent, s'échauffait, crut, trouva,* etc. Et ces temps s'entremêlent sans jamais former de disparate. C'est là le secret des bons écrivains.

873. Le *présent de l'indicatif* s'emploie aussi pour un *futur prochain :*

Je PARS *ce soir même pour Londres.*

Je REVIENS *à l'instant.*

> Ah ! monsieur, m'a-t-il dit, je vous *attends* demain.
>
> BOILEAU.

On rapproche ainsi le moment de l'action, et l'expression en devient plus vive, plus animée :

Mais on ne dirait pas :

Je SUCCÈDE *à mon père dans deux ans,* parce que l'expression *dans deux ans* marque un temps trop éloigné.

Enfin, le *présent de l'indicatif* s'emploie toujours pour le *futur* du même mode après la conjonction *si* marquant une condition :

S'il PART *demain, je vous le ferai savoir.*

Si *tu* OBTIENS *un premier prix, je serai comblé de joie.*

Mais après la conjonction *si* exprimant le doute, on emploie le *futur* : *Je ne sais s'il* PARTIRA *demain.*

IMPARFAIT DE L'INDICATIF.

874. L'*imparfait de l'indicatif* s'emploie bien après un

passé, quand il s'agit d'une chose qui n'a plus lieu au moment où l'on parle :

J'ai su que vous ÉTIEZ *à la campagne le mois dernier.*

Mais on emploie le présent de l'indicatif après un passé, lorsque le second verbe exprime une chose vraie dans tous les temps ou qui se fait dans tous les temps, ou qui continue d'avoir lieu au moment où l'on parle :

L'abbé de Saint-Pierre prouvait que la devise de l'homme vertueux EST *renfermée dans ces deux mots : donner et pardonner.* (D'ALEMBERT.)

Il concluait que la sagesse VAUT *encore mieux que l'éloquence.* (VOLTAIRE.)

J'appris à cette occasion que les brebis S'ENGRAISSENT *d'autant plus qu'elles boivent davantage.* (BARTHÉLEMY.)

Madame du Gué a mandé à M. de Coulanges que vous ÊTES *belle comme un ange.* (Mme DE SÉVIGNÉ.)

> Il m'a dit qu'il ne *faut* jamais
> Vendre la peau de l'ours qu'on ne l'ait mis par terre.
> LA FONTAINE.

> Vous m'avez dit tout franc que je *dois* accepter
> Celui que pour époux on me veut présenter.
> MOLIÈRE.

Toutefois, cette dernière règle n'a rien de bien absolu, surtout lorsqu'il s'agit d'un fait de la réalité duquel on pourrait douter encore, ou bien quand on énonce une opinion que l'on ne donne point comme une vérité essentielle ni incontestable. En voici quelques exemples :

J'ai ouï dire à plusieurs de nos chasseurs que rien n'É-TAIT *plus propre à désaltérer que les feuilles du gui.* (BERNARDIN DE SAINT-PIERRE.)

Il disait que rien ne RENDAIT *les mœurs plus aimables que la botanique.* (BERNARDIN DE SAINT-PIERRE.)

J'ai appris par la Gazette que M. de Choisy ÉTAIT AGRÉÉ *à l'Académie.* (RACINE.)

J'ai lu votre lettre à M. Despréaux; il en fut très-content et trouva que vous ÉCRIVIEZ *très-naturellement.* (RACINE.)

Disons encore que la restriction que nous venons d'établir n'est elle-même rien moins qu'absolue, car on trouve tantôt l'emploi du présent, tantôt l'emploi de l'imparfait dans des phrases rigoureusement identiques.

L'*imparfait* s'emploie aussi pour le *conditionnel simple* après la conjonction *si* exprimant la condition :

On vous estimerait SI *l'on vous* CONNAISSAIT.

Connaissait est pour *connaîtrait*, qui formerait une périssologie, l'idée de condition étant déjà exprimée par la conjonction *si*.

PASSÉ DÉFINI.

875. Le *passé défini* ne doit s'employer que pour exprimer ce qui a eu lieu dans une période de temps complétement écoulée, comme *hier, la semaine passée, le mois passé, l'année dernière.*

Ainsi on dit bien :

Je REÇUS *plusieurs lettres de mon père l'année dernière, la semaine passée;*

Mais on ne dira pas :

Il FIT *un très-grand froid cette semaine,*

Parce que l'expression *cette semaine* indique une période de temps qui n'est pas complétement écoulée.

Alors, il faut employer le passé indéfini, et dire :

Il A FAIT *un très-grand froid cette semaine.*

*J'*AI REÇU *ce matin la visite de madame votre mère.*

PASSÉ INDÉFINI.

876. Le *passé indéfini* s'emploie quelquefois pour un *futur antérieur* prochain :

*Attendez-moi, j'*AI FINI *dans un instant.*

C'est-à-dire, *attendez, j'*AURAI FINI *dans un instant.*

Réciproquement, le *futur antérieur* s'emploie assez souvent pour le *passé indéfini :*

Si vous n'avez pas réussi, c'est que vous AUREZ *mal* PRIS *vos mesures.*

L'emploi du futur antérieur, dans ce cas, peut être considéré comme un euphémisme : *c'est que vous* AVEZ *mal* PRIS *vos mesures* aurait quelque chose de trop affirmatif, et, par conséquent, serait trop désobligeant.

PLUS-QUE-PARFAIT.

877. Après un passé, on peut employer le passé indéfini ou le *plus-que-parfait :*

J'ai appris avec peine que vous AVEZ EU *la fièvre en arrivant à Lyon.*

J'ai appris avec peine que VOUS AVIEZ EU *la fièvre en arrivant à Lyon.*

La première forme est préférable si l'on écrit à la personne au moment où elle souffre encore de la fièvre; mais il vaut mieux employer le plus-que-parfait si le mal a complétement cessé. L'opinion de quelques grammairiens est que le plus-que-parfait ne saurait être employé dans ce dernier cas; voici plusieurs phrases d'écrivains qui prouvent qu'il y aurait témérité à formuler ici une règle absolue :

Il était fort en peine de ce que vous AVIEZ *appris sa maladie.* (ACAD.)

Vous pouviez lui dire que vous AVIEZ ÉTÉ *tantôt captif, tantôt errant en Sicile.* (FÉNELON.)

Il m'a dit que vous lui AVIEZ LU *un ouvrage de ma façon.* (BOILEAU.)

Je ne sais si je vous ai mandé que ma chère fille Aimée ÉTAIT ENTRÉE *aux Carmélites.* (RACINE.)

*Il m'a paru qu'ils n'*AVAIENT MANQUÉ *cette année ni de prudence ni de courage.* (CHATEAUBRIAND.)

Le *plus-que-parfait* de l'indicatif s'emploie souvent pour le passé du conditionnel après la conjonction *si,* marquant la condition :

Si vous AVIEZ PARLÉ *plus tôt, vous auriez cette place.*

C'est-à-dire : *Si vous* AURIEZ PARLÉ *plus tôt,* ou mieux : *Si vous* EUSSIEZ PARLÉ *plus tôt.*

FUTUR.

878. Le *futur* de l'indicatif s'emploie quelquefois pour l'impératif :

Un seul Dieu tu ADORERAS *et* AIMERAS *parfaitement.*

C'est-à-dire : *adore* et *aime.*

TEMPS DU CONDITIONNEL.

879. Le *temps simple* du conditionnel ne doit pas s'employer pour le *futur* de l'indicatif, quand on veut marquer la chose à venir comme positive.

Ainsi, lorsqu'on croit à la vérité des paroles qu'on a entendues, il ne faut pas dire :

On m'a assuré que vous IRIEZ *la semaine prochaine à la campagne.*

Dites alors :

On m'a assuré que vous IREZ *la semaine prochaine à la campagne.*

En effet, il s'agit d'une action qui aura lieu positivement ; il n'y a aucune idée de condition.

Mais on emploierait le *temps simple* du conditionnel, si l'on faisait dépendre d'une condition l'accomplissement de la chose exprimée par le second verbe :

On m'a assuré que vous IRIEZ *la semaine prochaine à la campagne,* SI VOTRE SANTÉ LE PERMETTAIT.

Le *passé* du conditionnel ne doit pas s'employer pour le temps simple du même mode.

Ainsi, il ne faudrait pas dire :

Je croyais que vous SERIEZ VENU *me voir.*

Mais :

Je croyais que vous VIENDRIEZ *me voir,*

Parce que le verbe de la seconde proposition devrait exprimer un temps à venir par rapport au verbe de la première. Ce serait donc le conditionnel présent ou temps simple qu'il faudrait employer.

Cette exclusion du passé en faveur du présent du conditionnel est l'opinion d'un grand nombre de grammairiens. Cependant on ne saurait la partager absolument, et les deux formes que nous venons de citer sont indifféremment acceptables suivant la nuance d'idée ou plutôt de temps que l'on veut exprimer. C'est avec ces distinctions imperceptibles, que l'on a la prétention de poser en règles rigoureuses, que l'on a fait du mot *syntaxe* le synonyme de *grimoire*.

EMPLOI DE L'INDICATIF ET DU SUBJONCTIF.

« Il y a, dit Lévizac, deux différences principales entre l'indicatif et le subjonctif : la première, c'est que le subjonctif n'exprime l'affirmation que d'une manière indirecte et subordonnée à quelques mots qui précèdent, au lieu que l'indicatif l'affirme absolument et indépendamment de tout autre mot qui pourrait précéder ; la deuxième, que le subjonctif n'a point de sens déterminé dès qu'il est séparé de ce qui le précède, au lieu que l'indicatif, s'il se trouve précédé de quelques mots, n'en forme pas moins par lui-même et sans le secours de ces mots un sens clair et déterminé, et, par conséquent, une affirmation directe. »

880. L'*indicatif* est le mode qu'on emploie dans les propositions subordonnées, quand on présente comme *certaine* une chose qui se fait, s'est faite ou se fera :

Je crois que l'âme EST *immortelle.*

881. Le *subjonctif* est le mode qu'on emploie dans les propositions subordonnées, quand on veut présenter une chose comme *douteuse*, indéterminée, soumise à une restriction quelconque :

Je doute que le méchant PUISSE *être heureux.*

D'après cela, on emploie l'indicatif ou le subjonctif selon le sens :

1° Après *commander*, *décider*, *ordonner*, *prétendre*, *supposer*, etc. :

INDICATIF.	SUBJONCTIF.
Je SUPPOSE *que vous* AVEZ APPRIS *les mathématiques, car vous en parlez pertinemment.*	*Je suppose que vous* AYEZ APPRIS *les mathématiques, en seriez-vous meilleur philosophe ?*

Dans le premier exemple, la personne qui parle désire qu'on regarde comme positive et presque certaine la supposition que l'on *a appris* les mathématiques ; dans le second, on donne cette supposition que comme douteuse.

La même distinction doit être faite dans les phrases suivantes :

Ordonné (il est) qu'il *sera fait rapport à la cour*	*J'*ORDONNE *que vous lui* OBÉISSIEZ.
Du foin que peut manger une poule en un jour. RACINE.	

2° Après un verbe à la forme interrogative ou à la forme négative :

INDICATIF.	SUBJONCTIF.
Où avez-vous vu que des gens ruinés ONT *des amis ?*	*Où avez-vous vu que des gens ruinés* AIENT *des amis ?*

Dans le premier exemple, on regarde comme certain que *les gens ruinés manquent d'amis;* dans le second, on doute seulement qu'il reste des amis dans la mauvaise fortune.

Je NE DIS PAS *qu'il* EST *mon ami.* | *Je* NE DIS PAS *qu'il* SOIT *mon ami.*

Dans le premier cas, la chose est posée comme un fait que certaines personnes peuvent croire positif; dans le second, elle est douteuse.

3° Après les locutions *on croirait que, on dirait que, il semble, il me semble :*

Cependant à le voir avec tant d'ar-[rogance,
Vanter le faux éclat de sa haute [naissance,
On dirait que le ciel *est soumis à* [sa loi,
Et que Dieu l'*a pétri* d'autre limon [que moi.　　BOILEAU.

On dirait que le ciel, qui se fond [tout en eau,
Veuille inonder ces lieux d'un dé-[luge nouveau.　BOILEAU.

Il SEMBLE *que la logique* EST *l'art de convaincre de quelque vérité.* (LA BRUYÈRE.)

Il SEMBLE *que ce mal* SOIT *sans remède.* (LAVEAUX.)

Il ME SEMBLE *que mon cœur* VEUILLE *se fendre par la moitié.* (Mᵐᵉ de SÉVIGNÉ.)

4° Après le pronom conjonctif ou après l'adverbe *où,* ayant pour antécédent un mot dont le sens est vague, mal déterminé :

INDICATIF.	SUBJONCTIF.
J'aspire à une place QUI M'EST *agréable.*	*J'aspire à une place* QUI ME SOIT *agréable.*
Je cherche quelqu'un QUI M'A RENDU *service.*	*Je cherche quelqu'un* QUI PUISSE *me rendre service.*
J'irai dans une retraite où *je* SERAI *tranquille.*	*J'irai dans une retraite* où *je* SOIS *tranquille.* (GR. DES GR.)

Dans *j'aspire à une place* QUI M'EST *agréable,* on emploie l'indicatif, parce que celui qui parle est certain que la place qu'il a en vue lui est agréable.

Dans *j'aspire à une place* QUI ME SOIT *agréable,* on se sert, au contraire, du subjonctif, parce que celui qui parle, ne connaissant pas lui-même la place qu'il pourra obtenir, ne peut affirmer qu'elle sera agréable.

5° Après *le plus, la plus, le premier, le dernier, le seul, le moindre, le meilleur,* et autres expressions superlatives:

INDICATIF.	SUBJONCTIF.
L'amour-propre est LA SEULE *chose dont on ne* VIENT *jamais à bout.*	*Le chien est* LE SEUL *animal dont la fidélité* SOIT *à l'épreuve.* (BUFFON.)

« La première phrase exprime une chose certaine, incontestable ; d'où le verbe de la proposition subordonnée à l'indicatif.

» Dans la seconde, au contraire, l'expression *le seul* pouvant éprouver quelque contradiction, on modifie, on affaiblit l'assertion par l'emploi d'une expression dubitative. Aussi, peut-on rapporter à l'euphémisme cet emploi du subjonctif. C'est une des nombreuses délicatesses de notre langue et en quelque sorte un contre-poids dans la balance du jugement. (BONIFACE.) »

6° Après les locutions conjonctives suivantes : *de sorte que, en sorte que, de manière que, si ce n'est que, sinon que, tellement que :*

INDICATIF.	SUBJONCTIF.
Je me conduirai DE MANIÈRE QUE *mes parents* SERONT *contents de moi.*	*Je me conduirai* DE MANIÈRE QUE *mes parents* SOIENT *contents de moi.*

On emploie toujours le subjonctif :

1° Après les verbes *douter que, désirer que, craindre que, il faut que, il importe que, il est nécessaire que, il est juste que, il est possible que, il est convenable que,* etc., parce que tous ces verbes expriment quelque chose de douteux, d'incertain :

On doit désirer qu'il RÉUSSISSE. (ACAD.)

S'il est convenable que j'y AILLE, *je suis tout prêt.*

Il faut que je SACHE *à quoi m'en tenir.*

2° Après les locutions conjonctives suivantes, qui renferment toujours en elles-mêmes une idée de doute, d'incertitude :

Afin que.	*En cas que.*	*Pourvu que.*
A moins que.	*Encore que.*	*Quoique.*
Avant que.	*Jusqu'à ce que.*	*Sans que.*
Bien que.	*Loin que.*	*Si peu que.*
De crainte que.	*Pour peu que.*	*Soit que.*
De peur que.	*Pour que.*	*Supposé que.*

EXEMPLES TIRÉS DE L'ACADÉMIE.

Ce livre est toujours sur le bureau, AFIN QU'ON PUISSE *le consulter.*

J'irai le voir AVANT QU'*il* PARTE.

QUOIQU'IL SOIT PAUVRE, *il est honnête homme.*

Cachez-lui votre dessein, DE PEUR QU'*il ne le* TRAVERSE.

Il vous accordera votre demande, POURVU QUE *vous* FAS-SIEZ *cette démarche.*

2° Après diverses locutions, telles que *quoi que, qui que, quelque...que, quelque :*

QUELQUE *effort* QUE FASSENT *les hommes, leur néant paraît partout.* (BOSSUET.)

QUEL QUE SOIT *le mérite d'un homme, il ne peut échapper à l'envie.*

Quoi que vous écriviez, évitez la bassesse.

BOILEAU.

Qui que ce soit, parlez et ne le craignez pas.

RACINE.

Mais dans *quelque* haut rang *que* vous *soyez placé,*
Souvent le plus heureux s'y trouve renversé.

TH. CORNEILLE.

Le subjonctif dépend souvent d'une proposition sous-entendue :

PLAISE *à Dieu qu'il revienne sain et sauf!* (ACAD.)

La paix SOIT *avec vous!*

En rétablissant les propositions principales sous-entendues, on aura :

Je souhaite qu'il PLAISE *à Dieu, etc.*

Je désire que la paix SOIT, *etc.*

Quoique les principes qui viennent d'être exposés suffisent, quand on sait les appliquer avec intelligence, pour distinguer tous les cas où l'on doit employer le subjonctif, nous allons reproduire ici brièvement les règles qui se trouvent dans toutes les grammaires à propos des verbes impersonnels :

Tout verbe impersonnel qui ne marque ni la certitude ni la probabilité veut au subjonctif le verbe amené par la conjonction *que :*

Il importe qu'on PRENNE *quelques précautions.*

Il est rare qu'une mère ne se FASSE *pas d'illusions sur ses enfants.*

Mais on dit :

Il est vrai que je SUIS *son ami. Il paraît que tout* VA *bien,*

Parce qu'ici les verbes impersonnels marquent l'un

la certitude, l'autre la probabilité, sans qu'il y ait négation ni interrogation.

Il semble, sans négation ni interrogation, demande
souvent le subjonctif quand il n'a point de complément
répondant à la question *à qui semble-il :*

*Il semble que vous n'*AYEZ *jamais rien vu de semblable.*

Au contraire, le même verbe, toujours sans négation
ni interrogation, demande généralement l'indicatif
quand il a un complément de cette nature :

Il me semble, il nous semble qu'on veut ALLER *trop vite.*

Enfin *il semble*, employé négativement ou interrogativement, est presque toujours suivi du subjonctif.

EMPLOI DES TEMPS DU SUBJONCTIF.

882. L'emploi des temps du subjonctif dépend *uniquement* de l'idée qu'on veut exprimer; nous ne trans-
crirons donc point ici les règles données par la plupart
des grammairiens, attendu que, loin d'être utiles, elles
peuvent occasionner de graves erreurs en mettant l'expression en contradiction avec la pensée.

La seule règle à suivre est celle-ci :

RÈGLE UNIQUE. Voyez à quel temps de l'indicatif ou
du conditionnel vous mettriez le second verbe si la
phrase exigeait l'indicatif ou le conditionnel, et mettez
le temps correspondant du mode subjonctif.

Voici la correspondance des temps du subjonctif avec
ceux de l'indicatif et du conditionnel :

PRÉSENT.

883. Le *présent* du subjonctif correspond :

1° Au *présent* de l'indicatif :

Il faut que je SORTE *maintenant.*

C'est-à-dire *Je* SORS *maintenant, car il le faut.*

Dieu a voulu que tous les hommes SOIENT *frères.*

C'est-à-dire *Tous les hommes* SONT *frères; Dieu l'a
voulu ainsi.*

2° Au *futur* de l'indicatif :

Il faut que je PARTE *demain.*

C'est-à-dire *Je* PARTIRAI *demain; il le faut.*

IMPARFAIT.

884. L'*imparfait* du subjonctif correspond :

1° A l'*imparfait* de l'indicatif :

Il semblait que ma présence EXCITÂT *son audace.*

C'est-à-dire *Ma présence* EXCITAIT *son audace, au moins en apparence.*

2° Au *passé défini* de l'indicatif :

Sylla, après son abdication, retourna seul le soir à sa maison, sans que personne OSÂT *l'insulter.*

C'est-à-dire *Personne n'*OSA *l'insulter.*

3° Au *conditionnel présent* ou *futur :*

*Il faudrait que j'*ÉCRIVISSE *maintenant.*

C'est-à-dire *J'*ÉCRIRAIS, *si je faisais ce qui est utile.*

Il a réussi hier, mais pensez-vous qu'il RÉUSSÎT *demain?*

C'est-à-dire RÉUSSIRAIT-*il demain?*

PASSÉ.

885. Le *passé* du subjonctif correspond :

1° Au *passé défini* de l'indicatif :

Il semble que la nature AIT EMPLOYÉ *la règle et le compas pour peindre la robe du zèbre.*

C'est-à-dire *La nature* A EMPLOYÉ *la règle et le compas, etc.*

2° Au *futur antérieur* de l'indicatif :

Si vous attendez qu'un enfant AIT CONTRACTÉ *l'habitude du mensonge, vous ne pourrez plus l'en corriger.*

C'est-à-dire *Quand un enfant* AURA CONTRACTÉ *l'habitude du mensonge, vous ne pourrez plus l'en corriger.*

PLUS-QUE-PARFAIT.

886. Le *plus-que-parfait* du subjonctif correspond :

1° Au *plus-que-parfait* de l'indicatif :

Je ne savais pas que vous EUSSIEZ ÉTÉ *indisposé hier.*

C'est le contraire de : *Je savais que vous* AVIEZ ÉTÉ *indisposé hier.*

2° Au *conditionnel passé :*

Je doute qu'il EÛT *mieux* RÉUSSI *que vous.*

C'est-à-dire AURAIT-*il mieux* RÉUSSI *que vous? j'en doute.*

EMPLOI DE L'INFINITIF.

887. L'emploi de *l'infinitif* comme sujet, comme attribut, comme complément direct, indirect ou circonstanciel, n'offre aucune difficulté; nous croyons donc inutile d'insister sur ce point.

L'infinitif ne doit jamais être construit d'une manière louche ou équivoque; il faut toujours qu'il soit impossible de se tromper sur la personne ou la chose qui fait ou doit faire l'action. Ainsi :

NE DITES PAS :	DITES :
Ces gâteaux sont servis pour MANGER.	*Ces gâteaux sont servis pour* ÊTRE *mangés.*
C'est pour FAIRE *des heureux que Dieu nous donne des richesses.*	*C'est pour que nous* FASSIONS *des heureux que Dieu nous donne des richesses.*
Le règne de ce prince a été trop court pour EXÉCUTER *ses vastes projets.*	*Le règne de ce prince a été trop court pour qu'il* EXÉCUTÂT *ses vastes projets.*
C'est pour DONNER *que le Seigneur nous donne.*	*C'est pour que nous* DONNIONS *que le Seigneur nous donne.*

Cet emploi défectueux de *l'infinitif* donne de la rapidité au discours, mais c'est aux dépens de la précision et de la clarté. Toutefois, cette considération n'arrête pas toujours les écrivains; voici quelques exemples :

Pour ÉVITER *les surprises, les affaires étaient traitées par écrit dans cette assemblée.* (BOSSUET.)

*Tous les désordres, toutes les guerres qu'on voit dans le monde n'arrivent que pour n'*APPRENDRE *pas la musique.* (MOLIÈRE.)

Toutes les conventions se passaient avec solennité pour les RENDRE *plus inviolables.* (J.-J. ROUSSEAU.)

Il faut éviter d'employer de suite trois ou quatre infinitifs compléments l'un de l'autre, comme dans cette phrase : *Je ne pense pas* POUVOIR ALLER *vous* VOIR *demain.*

Dites : *Je ne pense pas que je puisse* ALLER *vous* VOIR *demain.*

CHAPITRE VI

DU PARTICIPE

PARTICIPE PRÉSENT.

888. Le participe présent tient, comme nous l'avons dit, de la nature du verbe et de celle de l'adjectif.

Il tient de la nature du verbe quand il marque l'*action*. Alors il est toujours invariable :

Quel beau spectacle que de voir des enfants AIMANT *tendrement leur mère, la* CARESSANT *à l'envi, lui* OBÉISSANT *avec empressement et* PRÉVENANT *ses moindres désirs !*

Il tient de la nature de l'adjectif quand il marque l'*état*. Il prend alors le nom d'adjectif verbal et s'accorde en genre et en nombre avec le nom dont il exprime la manière d'être :

Le plus beau présent que le Ciel puisse faire à une mère, c'est de lui donner des enfants AIMANTS, CARESSANTS, OBÉISSANTS *et* PRÉVENANTS.

Toute la difficulté consiste, comme on le voit, à savoir reconnaître s'il y a *état* ou *action*.

889. Il y a action :

1° Lorsqu'on peut remplacer la forme verbale en *ant* par un autre temps du verbe précédé du pronom conjonctif *qui*, ou de l'une des conjonctions *comme, lorsque, parce que, puisque :*

Ses cheveux FLOTTANT *sur ses épaules attiraient tous les regards.*

On peut dire QUI FLOTTAIENT OU PARCE QU'ILS FLOTTAIENT *sur ses épaules.*

2° Lorsque cette forme a un complément direct :

La troupe légère des nymphes s'élança, FOULANT *aux pieds les gazons émaillés de fleurs.*

3° Lorsqu'elle est ou peut être précédée de la préposition *en,* et se traduire par *en faisant l'action de :*

Les ouvriers travaillaient EN CHANTANT.

Ces ruisseaux vont SERPENTANT *dans la prairie.*

On pourrait dire *vont en serpentant.*

Mais remarquez qu'on dit bien :

Elle a voyagé EN MENDIANTE *pour n'être pas reconnue.*

Le mouvement des eaux se transforme EN COURANTS *réguliers.*

Parce qu'ici les mots *mendiante, courants,* sont pris substantivement.

4° Lorsqu'elle est accompagnée de la négation *ne,* qui ne saurait modifier qu'un verbe :

Ce sont de bons maîtres, NE *se* MONTRANT *jamais durs envers leurs serviteurs.*

NOTA. — *Soi-disant* est toujours invariable :

De SOI-DISANT *marquis. Une* SOI-DISANT *princesse.*

890. Il y a état :

1° Lorsqu'on peut remplacer la forme verbale en *ant* par un adjectif qualificatif :

On aime les enfants sages et OBÉISSANTS.

On pourrait remplacer *obéissants* par *dociles.*

2° Lorsque cette forme est construite avec *être :*

La lecture de ce livre est ATTACHANTE.

3° Lorsqu'elle peut être construite avec un des temps du verbe *être,* précédé du pronom conjonctif *qui :*

. . . . Dans ma vieillesse *languissante,*
Le sceptre que je tiens pèse à ma main *tremblante.*

C'est-à-dire *Dans ma vieillesse,* QUI EST LANGUISSANTE, *le sceptre pèse à ma main,* QUI EST TREMBLANTE.

891. La forme verbale en *ant,* accompagnée d'un complément indirect ou circonstanciel, est, selon l'idée qu'on veut exprimer, tantôt participe présent, tantôt adjectif verbal.

Par exemple, dans cette phrase :

Voyez-vous la rosée DÉGOUTTANT *des feuilles?*

La rosée tombe goutte à goutte : il y a action.

Dans cette autre phrase :

Voyez-vous les feuilles DÉGOUTTANTES *de rosée?*

Les feuilles sont vues mouillées par la rosée : il y a état.

Ainsi, le choix entre le participe présent et l'adjectif verbal dépend surtout de l'idée qu'on veut exprimer.

892. Les mots *appartenant, approchant, demeurant, descendant, résultant, tendant,* et sans doute quelques autres encore, sont quelquefois employés comme adjectifs verbaux :

Une maison à lui APPARTENANTE *sera bientôt vendue.*

Les Juifs apprirent la langue chaldaïque, fort APPRO-CHANTE *de la leur.*

Le procureur impérial s'est rendu au lieu où ladite dame est DEMEURANTE.

Il était juste qu'ils conférassent les bénéfices fondés par eux aux seigneurs DESCENDANTS *des premiers fondateurs.* (VOLTAIRE.)

Les cas RÉSULTANTS *du procès.*

Les preuves RÉSULTANTES. (ACAD.)

La plupart de ces mots ne se disent guère qu'en termes de procédure ou en style administratif.

893. Les participes AYANT et ÉTANT sont toujours invariables.

Cependant *ayant* prend le signe du pluriel dans les termes de pratique *les* AYANTS *droit, les* AYANTS *cause :*

Les créanciers sont aussi quelquefois considérés comme AYANTS *cause.*

Chacun des AYANTS *droit a présenté ses titres.* (ACAD.)

894. Un certain nombre de participes présents changent d'orthographe en devenant adjectifs verbaux. Ainsi,

1° Les uns perdent la voyelle *u* du radical :

PARTICIPES PRÉSENTS.	ADJECTIFS VERBAUX.
Il parle sans cesse, FATIGUANT *tout le monde de ses aventures.*	*Je connais certains ouvrages dont la lecture est* FATIGANTE.
Cet homme, EXTRAVAGUANT *à tout moment, mériterait d'être mis aux Petites-Maisons.*	*Ce qu'il a dit m'a paru bien* EXTRAVAGANT.
C'est en INTRIGUANT *que la plupart des ambitieux arrivent aux honneurs.*	*C'est un drôle qui ne manque pas d'esprit, et qui est* INTRIGANT *comme tous les diables.* (LE SAGE.)

2° Les autres changent *qu* en *c :*

Ces négociants, VAQUANT *continuellement à leurs affaires, ne peuvent manquer de réussir.*	*Il y a un appartement* VACANT *dans cette maison.*
Tout en CONVAINQUANT *ses adversaires, on ne les persuade pas toujours.* (J.-J. ROUSSEAU.)	*Les preuves de la religion sont si* CONVAINCANTES, *qu'à moins d'un aveuglement volontaire, on est obligé d'y souscrire.*

3° Un nombre plus considérable changent *a* en *e :*

Combien ne voit-on pas de gens NÉGLIGEANT *leurs intérêts pour leurs plaisirs.*	*Les enfants* NÉGLIGENTS *deviennent presque toujours des hommes paresseux.*
Un homme EXCELLANT *dans sa profession réussit toujours.*	*J'ai eu la visite de votre oncle : c'est un* EXCELLENT *homme.*
Ils se sont entendus sur le fond, tout en DIFFÉRANT *sur la forme.*	*Je suis fâché de me trouver d'un avis si* DIFFÉRENT *du vôtre.*
L'Espagne, ADHÉRANT *aux conditions proposées par la France, signa le traité des Pyrénées.*	*La raison et l'entendement sont naturellement* ADHÉRENTS *à la pensée de l'homme.* (PASCAL.)
Cette réponse ÉQUIVALANT *à un refus, je n'ai qu'à me retirer.*	*Courage et valeur sont des mots* ÉQUIVALENTS.
Le sang, en AFFLUANT *trop abondamment au cœur, peut causer de graves maladies.*	*La Loire, avec ses rivières* AFFLUENTES, *forme le plus beau des cinq bassins de la France.*

Tout ce que nous venons de dire se résume en ces deux règles très-claires : Quand le mot en *ant* marque l'action, il est participe, et, par conséquent, invariable ; quand il marque l'état, il est adjectif, et il varie ; mais cette distinction n'est pas toujours facile à établir. Nous allons insister sur ce cas.

895. Le complément marque-t-il une action momentanée, une circonstance accidentelle ou passagère, de lieu, de temps, de manière, etc., le mot est *participe présent*, par conséquent *invariable*.

Au contraire, le complément se rapporte-t-il à une conduite habituelle, à une situation dont la durée se prolonge; suppose-t-il une manière d'être durable, une qualité distinctive, une action continue, qui, par cela même, devient un état permanent, le mot est *adjectif verbal* et *variable*.

Voici deux colonnes d'exemples présentant l'un et l'autre cas:

ACTION — PARTICIPE — INVARIABLE.	ÉTAT — ADJECTIF — VARIABLE.
Voyez-vous ces débris FLOTTANT *vers la côte?* (FÉNELON.)	*Calypso aperçut des cordages* FLOTTANTS *sur la côte.* (FÉN.)
Toutes ces idées, ROULANT *à tout moment dans cette âme farouche, lui inspiraient une haine muette et cachée.* (LA HARPE.)	*Ces étoiles sont autant de soleils dont chacun a des mondes* ROULANTS *autour de lui.* (VOLTAIRE.)
Ses chevaux fougueux ne sentant plus sa main défaillante, et les rênes FLOTTANT *sur leur cou, l'emportent çà et là.* (FÉNELON.)	*Il ne songe qu'à conserver la délicatesse de son teint, qu'à peigner ses cheveux blonds* FLOTTANTS *sur ses épaules.* (BONIFACE.)
Il y a des personnes OBLIGEANT *plutôt par vanité que par bienveillance.*	*Les personnes désintéressées et* OBLIGEANTES *par caractère sont rares.*
Voyez la sueur RUISSELANT *sur son visage.*	*Voyez sa figure* RUISSELANTE *de sueur.*
Où courez-vous, mortels abusés, et pourquoi allez-vous ERRANT *de vanité en vanité?* (BOSSUET.)	*Il pleurait de dépit, et alla trouver Calypso* ERRANTE *dans les sombres forêts.* (FÉNELON.)

Nous allons commenter d'après le principe que nous avons posé les deux phrases qui occupent la tête de chaque colonne, et qui sont du même auteur.

... *Débris* FLOTTANT *vers la côte.* Les débris franchissent un espace et se dirigent vers un but, vers la côte. Il y a mouvement, changement de lieu: c'est une *action* qui aura pour terme le moment où les débris seront jetés sur la côte.

. . . *Cordages* FLOTTANTS *sur la côte.* Ces cordages sont représentés comme fixés dans un lieu; ils surnagent sans direction certaine; c'est un *état,* une situation dont la durée ne saurait être limitée.

Nota. — On dirait vraiment que Fénelon a construit ces deux phrases tout exprès pour les grammairiens ; mais les grammairiens, dans le Sahara syntaxique qu'ils traversent, rencontrent rarement de ces sources vives, et ce sera une raison pour que nous citions encore ces deux passages de Racine, qui offrent la même nuance d'idée.

Andromaque dit à Hermione :

> Et n'est-ce point, madame, un spectacle assez doux
> Que la veuve d'Hector *pleurant* à vos genoux ?

Elle veut exprimer l'*action.*

Dans la même tragédie, Hermione dit à Pyrrhus :

> *Pleurante* après son char vous voulez qu'on me voie.

Elle veut exprimer l'*état.*

PARTICIPE PASSÉ.

896. Ou le participe passé est employé sans auxiliaire, ou il est construit soit avec l'auxiliaire *être,* soit avec l'auxiliaire *avoir.* De là les trois règles générales suivantes :

I. PARTICIPE PASSÉ EMPLOYÉ SANS AUXILIAIRE.

897. Le *participe passé* employé sans auxiliaire est un qualificatif, qui s'accorde en genre et en nombre avec le nom ou le pronom auquel il se rapporte :

Une robe DÉCHIRÉE. *Des robes* DÉCHIRÉES.

Un habit DÉCHIRÉ. *Des habits* DÉCHIRÉS.

Ma SOEUR, FRAPPÉE *de cette nouvelle, tomba* ÉVANOUIE.

FRAPPÉES *de cette nouvelle, mes* SOEURS *tombèrent* ÉVANOUIES.

J'ai vu la FOI *des contrats* BANNIE, *les* LOIS *les plus saintes* ANÉANTIES, *toutes les* LOIS *de la nature* RENVERSÉES. (MONTESQUIEU.)

Que de SCANDALES ÉVITÉS ! *que de* CRIMES PRÉVENUS ! *que de* MAUX *publics* ARRÊTÉS ! *que de* FAIBLES CONSERVÉS ! *que de* JUSTES AFFERMIS ! *que de* PÉCHEURS RAPPELÉS ! *que d'*ÂMES RETIRÉES *du précipice!* (MASSILLON.)

> Que de *remparts détruits!* que de *villes forcées!*
> Que de *moissons* de gloire en courant *amassées!*
>
> BOILEAU.

NOTA. — Pour les participes *excepté, supposé, attendu, vu, approuvé, ouï, passé, compris, y compris, non compris,* et les locutions *ci-joint, ci-inclus,* qui rentrent dans le même cas, voir les numéros 751 et 752.

II. PARTICIPE PASSÉ CONJUGUÉ AVEC *ÊTRE.*

898. Le *participe passé* conjugué avec *être* est encore un véritable adjectif et s'accorde en genre et en nombre avec le sujet, qui tantôt le précède, tantôt le suit :

La VERTU *timide* EST *souvent* OPPRIMÉE. (MASSILLON.)

Les anciens GRECS ÉTAIENT *généralement* PERSUADÉS *que l'âme est immortelle.* (BARTHÉLEMY.)

Cette LOI FUT ABOLIE *par le fait, sans* ÊTRE *formellement* RÉVOQUÉE. (ACAD.)

BÉNIS SOIENT *les* ROIS *qui sont les pères de leurs peuples!* (FÉNELON.)

Voici la place où FUT CONSTRUITE *la* CABANE *des naufragés.*

III. PARTICIPE PASSÉ CONJUGUÉ AVEC *AVOIR.*

899. Le *participe passé* construit avec *avoir* s'accorde en genre et en nombre avec son complément direct, quand ce complément le précède :

Les lettres QUE *je vous* AI ÉCRITES, LES AVEZ-*vous* REÇUES?

Une Furie leur répétait avec insulte toutes les louanges QUE *leurs flatteurs leur* AVAIENT DONNÉES *pendant leur vie.* (FÉNELON.)

Les meilleures harangues sont celles QUE *le cœur* A DICTÉES. (MARMONTEL.)

> Toutes les dignités *que tu m'as demandées,*
> Je te *les ai* sur l'heure et sans peine *accordées.*
>
> CORNEILLE.

Écrites s'accorde avec son complément direct *que,* mis pour *lettres,* féminin pluriel; *reçues* avec *les.* — *Données* s'accorde avec *que,* mis pour *louanges,* féminin pluriel. — *Dictées* s'accorde avec *que,* mis pour *haran-*

gues, féminin pluriel. — *Demandées* s'accorde avec *que,* mis pour *dignités,* féminin pluriel, et *accordées* avec *les.*

900. Le *participe passé* reste invariable quand le complément direct le suit ou quand il n'y a aucun complément de cette nature :

Mon père a ÉCRIT *une* LETTRE. *Cet élève a* PERDU *sa* PLUME. *Le chat a* MANGÉ *la* SOURIS.

Didon a FONDÉ *sur la côte d'Afrique la superbe* VILLE *de Carthage.* (FÉNELON.)

Mes sœurs ont LU *et* ÉCRIT *toute la matinée.*

NOTA. — Tous les participes passés se rapportent aux trois règles générales que nous venons d'établir; les deux premières sont très-simples et ne présentent aux élèves aucune difficulté sérieuse. Il n'en est pas ainsi du troisième cas, c'est-à-dire de l'accord du participe avec son complément direct. C'est précisément la recherche de ce complément direct qui peut embarrasser. Prenons un seul exemple : *Les arbres* QUE *j'ai* VU PLANTER. Ici, on voit tout de suite que le participe passé *vu* sera variable ou invariable, suivant qu'il aura pour complément *que* représentant *arbres* ou l'infinitif *planter.* Tous les cas particuliers que nous allons passer en revue ne seront que des corollaires de notre troisième cas général, c'est-à-dire des moyens de découvrir le complément direct. Voici les principaux de ces cas accessoires :

1° Participe passé suivi d'un infinitif exprimé;
2° Participe passé suivi d'un infinitif sous-entendu;
3° Participes passés *fait* et *laissé* suivis d'un infinitif;
4° Participe passé des verbes pronominaux;
5° Participe passé placé entre deux *que;*
6° Participe passé ayant pour complément *l'* mis pour *cela;*
7° Participe passé précédé de *le peu;*
8° Participe passé précédé du pronom *en;*
9° Participe passé des verbes intransitifs;
10° Participe passé des verbes impersonnels.

On voit, par cette énumération, que le participe joue un grand rôle dans la syntaxe française. C'est la pierre d'achoppement des études grammaticales. Mais, ce qui doit nous consoler, c'est que toutes les langues présentent des difficultés analogues; pour ne citer qu'un exemple, le latin a son *que* retranché.

PARTICIPE PASSÉ SUIVI D'UN INFINITIF.

901. Le participe passé d'un verbe transitif suivi d'un infinitif est tantôt variable, tantôt invariable.

13.

1° Il est variable lorsqu'il a pour complément direct le pronom qui le précède :

La dame QUE *j'ai* ENTENDUE CHANTER *a une belle voix.*

Entendue s'accorde avec son complément direct *que,* mis pour *dame,* dont il est précédé.

On reçonnaît que le participe passé a pour complément direct le pronom qui le précède, quand on peut placer entre le participe et l'infinitif le nom que ce pronom remplace : *J'ai entendu la* DAME *chanter.*

902. 2° Il est invariable lorsqu'il a pour complément direct l'infinitif qui le suit :

Santeuil a composé la plupart de ces belles hymnes que vous avez ENTENDU CHANTER *dans nos églises.*

Le participe passé *entendu* est invariable, parce qu'il est suivi de son complément direct *chanter :* Vous avez ENTENDU *chanter les hymnes.* Le pronom *que* est le complément direct de *chanter*, et non du participe passé *entendu.*

On reconnaît que le participe passé a pour complément direct l'infinitif qui le suit, quand on ne peut pas placer entre le participe et l'infinitif le nom dont le pronom précédent tient la place. Ici, on ne peut pas dire : *J'ai* ENTENDU *les* HYMNES *chanter.*

NOTA. — Voici deux petits moyens mécaniques qui ne sont pas à dédaigner, pour ces deux raisons : ils sont à peu près infaillibles, et le participe passé suivi d'un infinitif est, parmi les cas difficiles, un de ceux qui se présentent le plus souvent.

PREMIER MOYEN MÉCANIQUE. Le participe passé suivi d'un infinitif est variable si l'infinitif peut se tourner en participe présent :

Les blés que j'ai VUS MÛRIR.

Les blés que j'ai VUS MÛRISSANT, *faisant l'action de mûrir.*

Il est invariable si le sens ne permet pas cette transformation :

Les blés que j'ai VU SEMER, *que j'ai* VU MOISSONNER, *que j'ai* VU ENGERBER, *que j'ai* VU ENGRANGER, *que j'ai* VU BATTRE, *que j'ai* VU PORTER *au moulin, que j'ai* VU MOUDRE, *etc.*

L'infinitif changé en participe présent constituerait un non-sens.

DEUXIÈME MOYEN MÉCANIQUE. Le participe passé suivi d'un infinitif varie quand, en faisant la question *qu'est-ce qui est* ou *qui est-ce qui est* avec le participe, et la question *qu'est-ce qui* ou *qui est-ce qui* avec l'infinitif, le même mot répond aux deux questions :

Les acteurs que nous avons VUS JOUER.

Qui est-ce qui est vu? les acteurs. *Qui est-ce qui* joue? les acteurs. Participe variable.

Les acteurs que nous avons ENTENDU APPLAUDIR.

Qui est-ce qui est entendu? Ce sont les acteurs. *Qui est-ce qui* applaudit? Ce ne sont pas les acteurs. Participe invariable.

D'après ces principes et ces petites recettes, on écrira :

AVEC ACCORD :	SANS ACCORD :
Les acteurs QUE *j'ai* VUS *jouer hier ont été couverts d'applaudissements.*	*Les tragédies que j'ai* VU JOUER *la semaine dernière ne valent pas celles de Racine.*
Ces hommes sont injustes; je LES *ai* VUS *vous refuser des faveurs que vous aviez méritées.*	*Les faveurs que je vous ai* VU REFUSER, *vous les aviez pourtant méritées.*
Je LES *ai* ENTENDUS *louer leurs ennemis.*	*Je les ai* ENTENDU LOUER *par leurs ennemis.*

Certaines phrases analogues à celles qui précèdent peuvent même présenter un double sens; alors le participe passé varie ou ne varie pas.

Ainsi, les deux phrases suivantes peuvent être également régulières : *Cette dame, je* L'*ai* VUE *peindre; cette dame, je l'ai* VU PEINDRE. La première signifie que l'on a vu une dame faisant l'action de peindre, et la seconde que l'on a vu quelqu'un peignant cette dame.

PARTICIPE PASSÉ SUIVI D'UN INFINITIF PRÉCÉDÉ D'UNE PRÉPOSITION.

903. Les deux règles que nous venons de donner sont applicables au participe passé suivi d'un infinitif précédé d'une préposition.

Il faut distinguer, comme dans les exemples précédents, si le pronom est complément direct du participe ou de l'infinitif. Dans le premier cas, le participe varie; dans le second, il est invariable. Un moyen purement mécanique de faire cette distinction est de voir si, en donnant une autre construction à la phrase, on peut placer le complément entre le participe et l'infinitif ou seulement après l'infinitif.

En employant ce mécanisme, on écrira

AVEC ACCORD :	SANS ACCORD :
Des obstacles imprévus NOUS *ont* EMPÊCHÉS *de sortir.*	*Il a quitté la route qu'il avait* RÉSOLU *de* SUIVRE.
Les personnes QUE *j'ai* INVITÉES *à dîner tardent bien à venir.*	*La note que vous m'avez* COMMANDÉ *de* RÉDIGER *est prête.*

Parce que, dans les exemples de la première colonne, on peut dire : *Des obstacles imprévus ont empêché* NOUS *de sortir, J'ai invité des* PERSONNES *à dîner ;* tandis que, dans ceux de la seconde, il faut dire : *Il avait résolu de suivre la* ROUTE, *Il a commandé de rédiger la* NOTE.

NOTA. — Il se présente ici une petite difficulté avec les participes *eu* et *donné.* Presque toujours le complément direct qui précède paraît être à sa place indifféremment après le participe et après l'infinitif ; et, dans cette alternative, la plupart des grammairiens conseillent la variabilité. Nous ne saurions nous ranger toujours à cet avis, car il y a des cas où, évidemment, le substantif est complément de l'infinitif, et où il y aurait presque un non-sens à le faire dépendre du participe. En voici des exemples :

Les rivières que nous avons EU *à* TRAVERSER.

Les constellations qu'on lui a DONNÉ *à* DÉCRIRE.

Évidemment,

On n'a pas *eu* des rivières, mais *à traverser* des rivières.

On n'a pas *donné* des constellations, on a *donné à les décrire.*

Ces distinctions ont une double importance : au point de vue de l'orthographe, et sous le rapport du développement intellectuel.

PARTICIPE PASSÉ *FAIT* SUIVI D'UN INFINITIF.

904. Le participe passé *fait* suivi d'un infinitif est toujours invariable :

On les a FAIT *sortir,* FAIT *dormir,* FAIT *boire, etc.*

Les n'est le complément direct ni de FAIT ni des infinitifs SORTIR, DORMIR, BOIRE, mais des deux mots ensemble, qui forment comme un seul verbe composé. En effet, *faire sortir,* c'est *expulser ; faire dormir,* c'est *endormir ; faire boire,* c'est *abreuver,* etc.

Voici d'autres exemples :

Les plantes que j'ai FAIT *arracher étaient nuisibles.*

Louis XI fit taire ceux qu'il avait FAIT *si bien parler.*

Une effroyable voix alors s'est *fait* entendre.

RACINE.

Le participe *fait*, suivi d'un adjectif, suit la règle générale :

Les soldats que notre armée a FAITS *prisonniers.*
Les femmes que la guerre a FAITES *veuves.*

PARTICIPE PASSÉ *LAISSÉ* SUIVI D'UN INFINITIF.

905. Nota. — Plusieurs grammairiens consacrent un chapitre particulier au participe passé *laissé* suivi d'un infinitif, comme s'il était soumis à une règle particulière. Il n'en est rien, et ce participe rentre dans la règle qui a été exposée plus haut.

EXEMPLES DE *LAISSÉ* VARIABLE :

Les élèves QUE *nous avons* LAISSÉS *lire,* QUE *nous avons* LAISSÉS *manger et boire,* QUE *j'avais* LAISSÉS *étudier pendant la récréation,* QUE *vous avez* LAISSÉS *écrire à leurs parents.*
Elle s'était LAISSÉE *aller à la douceur de vivre.* (D'ALEMBERT.)
Le monde NOUS *a* LAISSÉS *rire et pleurer tout seuls.* (RACINE.)
Mon sujet s'étendant sous ma plume, je L'*ai* LAISSÉE *aller sans contrainte.* (J.-J. ROUSSEAU.)
Elle s'est LAISSÉE *mourir de faim.* (PORT-ROYAL.)

EXEMPLES DE *LAISSÉ* INVARIABLE :

Ils étaient punis pour les maux qu'ils avaient LAISSÉ FAIRE *sous leur autorité.* (FÉNELON.)
Rappelez-vous, Athéniens, les humiliations qu'il vous en a coûté pour vous être LAISSÉ ÉGARER *par vos orateurs.* (VOLTAIRE.)

PARTICIPES PASSÉS AYANT POUR COMPLÉMENT DIRECT UN INFINITIF SOUS-ENTENDU.

906. Les participes passés *dû, pu, voulu, désiré, su, permis,* et sans doute quelques autres encore, ont souvent pour complément direct un infinitif sous-entendu ; dans ce cas, ils sont toujours invariables :

Il n'a pas payé toutes les sommes qu'il aurait DÛ (sous-entendu PAYER).

Vous avez aimé votre prochain, si vous lui avez rendu tous les services que vous avez PU (s.-ent. *lui* RENDRE).

Mais on écrira, en faisant accorder le participe passé :
Il m'a toujours payé les sommes QU'*il m'a* DUES.
Il veut fortement les choses QU'*il a une fois* VOULUES.

Parce qu'il n'y a point d'infinitif sous-entendu après le participe : *Il a* DÛ *les sommes ; il a* VOULU *les choses.*

Dans ces phrases, le pronom *que* est le complément

direct de *a dues, a voulues;* et, comme ce complément précède les participes, ceux-ci doivent prendre l'accord.

PARTICIPE PASSÉ DES VERBES ESSENTIELLEMENT PRONOMINAUX.

907. Le participe passé des verbes essentiellement pronominaux suit la règle du participe passé employé avec *avoir*, et s'accorde toujours en genre et en nombre avec le pronom complément qui le précède :

La haine S'EST EMPARÉE *de son âme.* (ACAD.)

A ces mots, des transports de joie SE SONT EMPARÉS *de mes sens.* (J.-J. ROUSSEAU.)

Ils SE SONT ENFUIS *à notre approche.*

En effet, dans les verbes essentiellement pronominaux, le pronom complément est toujours direct, et, comme il précède le participe, il commande l'accord.

La décomposition de ces sortes de verbes montre clairement que le pronom complément est direct. En effet, *s'emparer,* c'est *se mettre en part, en possession; s'enfuir,* c'est *se mettre en fuite ; se repentir,* c'est *se mettre en peine ; s'abstenir,* c'est *se tenir loin de,* etc.

Remarquez que le pronom complément est, pour le genre et pour le nombre, toujours identique au sujet.

Un seul verbe essentiellement pronominal fait exception à la règle que nous venons d'établir, c'est le verbe *s'arroger* (*prendre pour soi*), dont le complément est toujours indirect :

Ils se sont ARROGÉ *des* DROITS *qui les ont perdus.*

Mais, comme ce verbe est équivalent à un verbe actif, il se présente des cas où il est précédé d'un complément direct, autre que le pronom dont il est accompagné, et avec lequel il s'accorde nécessairement : ·

Les droits QU'*ils se sont injustement* ARROGÉS *les ont perdus.*

Ici, l'accord a lieu avec *que* représentant *droits,* et non avec *se,* mis pour *à eux, à soi.*

PARTICIPE PASSÉ DES VERBES ACCIDENTELLEMENT PRONOMINAUX.

908. Le participe passé des verbes pronominaux acci-

dentels, et ils le sont presque tous, suit complétement la règle générale du participe passé employé avec *avoir*, c'est-à-dire qu'il est variable ou invariable selon qu'il est ou non précédé d'un complément direct ; ce qui, pour la plupart des cas, revient à dire : si le pronom complément *me, te, se, nous, vous, se*, qui accompagne toujours ces sortes de participes, est mis pour *moi, toi, soi*, etc., ou pour *à moi, à toi, à soi*, etc. Une série d'exemples offrant l'un et l'autre de ces deux cas en dira plus que toutes les explications.

PARTICIPE VARIABLE :

Ma patrie, ma famille, mes amis, SE *sont* PRÉSENTÉS *à mon esprit, et ma tendresse s'est* RÉVEILLÉE. (MONTESQUIEU.)

Nous ne NOUS *sommes pas encore* AVISÉS *de mettre au maillot les petits des chiens ni des chats.* (J.-J. ROUSSEAU.)

Ah ! comment s'est ÉCLIPSÉE *tant de gloire? Comment* SE *sont* ANÉANTIS *tant de travaux?* (VOLNEY.)

On respecte dans l'abaissement ceux qui SE *sont* RESPECTÉS *dans la grandeur.* (NAPOLÉON Ier.)

PARTICIPE INVARIABLE :

Les Asiatiques, très-anciennement civilisés, se sont FAIT *une* ESPÈCE *d'art de l'éducation de l'éléphant.* (BUFFON.)

Les Français s'étaient OUVERT *une* RETRAITE *glorieuse par la bataille de Fornoue.* (VOLTAIRE.)

Dieu n'a donné aux hommes ni canons ni baïonnettes, et ils se sont FAIT *des* CANONS *et des* BAÏONNETTES *pour se détruire.* (VOLTAIRE.)

909. Le participe passé d'un verbe accidentellement pronominal formé d'un verbe intransitif est toujours invariable, puisqu'un verbe de cette espèce n'a jamais de complément direct :

Voyez cette multitude d'yeux, ce diadème clairvoyant dont la nature s'est PLU *à ceindre la tête de la mouche.*

Bien des systèmes de philosophie se sont SUCCÉDÉ *depuis Socrate.*

Ces dames se sont SOURI ; *elles se sont* PARLÉ *des yeux.*

Se plaire, se déplaire, se complaire, se rire, se sourire, se convenir, se ressembler, se parler, se succéder, se suffire, se nuire, s'entre-nuire, sont à peu près les seuls verbes accidentellement pronominaux formés d'un verbe intransitif.

910. Première remarque. Le participe passé des verbes *se persuader* et *s'assurer* offre de la difficulté. Ces participes peuvent être variables ou invariables, placés dans des phrases qui sont en apparence analogues. Soient les exemples suivants :

PARTICIPE INVARIABLE :	PARTICIPE VARIABLE :
Ils s'étaient PERSUADÉ QU'ON N'O-SERAIT LES CONTREDIRE.	*Ils* SE *sont* PERSUADÉS *l'un l'autre de la bienveillance de leurs intentions.*
Ils se sont ASSURÉ *mutuellement* QU'ILS NE SE NUIRAIENT PAS.	*Nous* NOUS *sommes* ASSURÉS *qu'ils avaient tort.*

Remarquez que, dans les exemples de la première colonne, le pronom *se* renferme la préposition *à* et constitue dès lors un complément indirect. Les compléments directs sont les deux propositions *qu'on n'oserait les contredire — qu'ils ne se nuiraient pas.* Au contraire, dans les exemples de la seconde colonne, *se* et *nous* sont de véritables compléments directs ; *de la bienveillance — qu'ils avaient tort,* mis pour *de cela, qu'ils avaient tort,* sont compléments indirects.

911. Le participe passé du verbe *s'imaginer* exige aussi une courte explication. Les pronoms *me, te, se, nous, vous* sont toujours mis pour *à moi, à toi, à soi,* etc., et ne sauraient exercer aucune influence sur le participe, qui reste toujours invariable, comme dans les phrases suivantes :

Elles se sont IMAGINÉ *des choses fausses.*

Nous nous sommes IMAGINÉ *qu'on nous trompait.*

Mais il est des cas où ce participe est précédé d'un complément direct d'une autre nature, qui amène la variabilité :

Les choses fausses QU'*elles se sont* IMAGINÉES.

Ici, le participe passé *imaginées* s'accorde avec *que* mis pour *choses,* et rentre dans notre troisième règle générale.

912. Deuxième remarque. Les verbes *se douter, se convaincre,* se présentent également avec deux compléments, l'un qui précède, l'autre qui suit le participe, et où ne figure aucune préposition apparente ; alors on peut hésiter sur l'accord de leur participe. Ici, la préposition *de* est le plus souvent sous-entendue avant le complément qui suit le participe. Dans ce cas, le complément qui précède est direct, et le participe varie :

Nous NOUS *sommes* DOUTÉS *qu'il ne réussirait pas dans cette affaire ;*

C'est-à-dire nous avons mis *nous* en doute sur cela : sa réussite dans cette affaire.

Cette dame s'est CONVAINCUE *qu'on la trompait ;*

C'est-à-dire elle a convaincu *se, soi, elle,* DE cette chose, qu'on la trompait.

Si la préposition *de* est exprimée après le participe, il ne saurait y avoir de difficulté :

Nous NOUS *étions* DOUTÉS *de cette perfidie.*

Nous NOUS *étions* CONVAINCUS *de sa bonne foi.*

PARTICIPE PASSÉ SUIVI D'UN ADJECTIF OU D'UN AUTRE PARTICIPE.

913. Le participe passé suivi d'un adjectif ou d'un autre participe est soumis à la règle générale :

Dieu a fait notre âme à son image et L'a RENDUE *capable de le connaître et de l'aimer.* (BOSSUET.)

Le participe passé *rendue* s'accorde avec son complément direct *l'* mis pour *âme,* dont il est précédé.

Les compagnons de Léonidas SE *seraient* CRUS *déshonorés, s'ils avaient abandonné leur poste.*

Le participe passé *crus* s'accorde avec son complément direct *se,* mis pour *compagnons.*

Quant aux mots *capable* et *déshonorés,* ce sont les qualificatifs des compléments directs placés avant le participe.

PARTICIPE PASSÉ ENTRE DEUX *QUE.*

914. Le participe passé entre deux *que* est tantôt invariable, tantôt variable.

1° Il est invariable lorsqu'il a pour complément direct la proposition subordonnée qui le suit immédiatement :

J'ai reçu les livres que vous m'aviez ANNONCÉ *que vous m'enverriez.*

Le participe passé *annoncé* est invariable, parce qu'il a pour complément direct la proposition suivante *que vous m'enverriez* QUE, c'est-à-dire *les livres.*

Le premier *que* est pronom conjonctif et complément direct de *enverriez;* le second *que* est conjonction et joint ensemble les deux dernières propositions.

2° Il est variable si le complément direct le précède :

C'est votre sœur elle-même QUE *j'ai* PRÉVENUE *que je me voyais forcé de vous laisser partir seul.*

Le participe passé *prévenue* est variable, parce qu'il est précédé de son complément direct *que*, mis pour *sœur;* la proposition *que je me voyais forcé de vous laisser partir seul* n'est qu'un complément indirect, c'est comme s'il y avait *de ce que je me voyais*, etc.

PARTICIPE PASSÉ PRÉCÉDÉ DE PLUSIEURS NOMS ET NE S'ACCORDANT QU'AVEC UN SEUL.
PARTICIPE PASSÉ AYANT POUR COMPLÉMENT UN COLLECTIF.

915. En parlant de l'accord du verbe avec le sujet, nous avons établi des règles particulières pour les cas suivants :

1º Sujets joints ensemble par certaines conjonctions, telles que *comme, avec, de même que, aussi bien que, ainsi que, non-seulement, mais encore, plutôt que*, etc.

2º Sujets synonymes ou placés par gradation.

3º Sujets exprimés par un collectif.

Ce que nous avons dit alors pour l'accord du verbe, nous pourrions le répéter ici pour l'accord du participe. Toute la différence qui existe entre ces deux cas, c'est qu'il s'agit ici du complément au lieu du sujet. Quelques exemples nous dispenseront d'une plus ample explication :

1º *C'est sa* GLOIRE, PLUTÔT QUE *le bonheur de la nation,* QU'*il a* AMBITIONNÉE.

C'est PLUS *le* GÉNÉRAL QUE *les officiers* QU'*on a* BLÂMÉ.

2º *C'est son courage, sa valeur, son* INTRÉPIDITÉ QUE *tout le monde a admirée.*

C'est sa douceur, son AMÉNITÉ *que chacun a* RECHERCHÉE.

3º *Jamais* TANT *de vertu n'a été* RÉUNI *à tant d'intelligence.*

C'est UN *des bons médecins de Paris qu'il a* CONSULTÉ.

Mansart est un des plus grands ARCHITECTES *que la France ait* EUS.

Dans tous ces exemples, l'accord du participe avec le complément suit la même règle que l'accord du verbe avec le sujet.

PARTICIPE PASSÉ AYANT POUR COMPLÉMENT DIRECT *L'*.

916. Le participe passé qui a pour complément direct le pronom *l'* signifiant *cela* et représentant une proposition s'accorde avec ce pronom, qui, dans ce cas, est toujours du masculin singulier :

La chose était plus sérieuse que nous ne L'*avions* PENSÉ *d'abord.* (LE SAGE.) C'est-à-dire, *que nous n'avions pensé cela, qu'elle était sérieuse.*

Cette lettre est plus intéressante que je ne L'*avais* CRU. C'est-à-dire, *que je n'avais cru cela, qu'elle était intéressante.*

Notre perte n'a pas été telle que vous vous L'*êtes*
FIGURÉ. C'est-à-dire, *que vous vous êtes figuré cela, qu'elle
était telle.*

NOTA. — Cependant il arrive quelquefois que *l'* peut également
se remplacer par un nom ou par le mot *cela;* alors, suivant la pensée qu'on veut exprimer, on fait le participe variable ou invariable.
Ainsi on dira également bien : *La femme qu'il a épousée est riche,
jeune, belle, comme il* L'*a* DÉSIRÉE, c'est-à-dire comme il a désiré
elle, cette femme; ou *comme il l'a* DÉSIRÉ, comme il a désiré en
épouser une.

PARTICIPE PASSÉ PRÉCÉDÉ DE *LE PEU*

917. *Le peu* a deux significations : au propre, il veut
dire *la petite quantité;* par extension, il signifie *la trop
petite quantité, le manque absolu.*

Dans le premier cas, *le peu* n'exprime qu'une idée
secondaire et pourrait être supprimé sans que le sens
de la phrase en souffrît; l'idée principale est exprimée
par le nom suivant qui lui sert de complément, et dont
le participe passé prend le genre et le nombre :

*Le peu d'*ATTENTION *que vous avez* APPORTÉE *à cette
leçon vous a suffi pour la comprendre.*

C'est l'*attention* que vous avez *apportée,* quoique vous
en ayez apporté *peu,* qui vous a suffi pour comprendre;
et le participe passé *apportée* s'accorde avec son complément direct *que,* mis ici pour *attention,* dont il est
précédé.

Dans le second cas, *le peu* exprime l'idée dominante;
il ne peut pas être supprimé et commande l'accord du
participe passé :

Le PEU *d'attention que vous avez* APPORTÉ *à cette leçon
vous a empêché de la comprendre.*

Vous n'avez pas apporté d'attention à la leçon ou
vous en avez apporté trop peu, et c'est cela qui vous a
empêché de la comprendre ; la pensée s'arrête donc sur
le peu, et le participe passé *apporté* s'accorde avec *que,*
mis pour *le peu (le manque),* dont il est précédé.

En résumé, le participe passé précédé de *le peu* s'accorde toujours, comme on le voit, avec son complément

direct *que;* mais on donne pour antécédent à ce pronom conjonctif *que* le mot dominant dans la pensée.

REMARQUE. Il ne faut pas dire, dans le second cas, que le participe passé est invariable; ce serait se mettre en contradiction avec la règle générale, qui veut que le participe passé s'accorde toujours avec le complément direct qui le précède.

PARTICIPE PASSÉ PRÉCÉDÉ DU PRONOM *EN*.

918. Commençons par dégager de la règle concernant ce participe un petit cas qui, bien que tout à fait étranger à la règle particulière du pronom *en*, ne laisse pas que d'embarrasser quelquefois les élèves. Soient les deux exemples suivants :

On peut dire de la Bible que c'est vraiment le livre universel; les traductions QU'*on en a* DONNÉES *sont innombrables.*

Je n'ai pas trouvé Paris au-dessous de la description QU'*on m'en avait* FAITE.

Ces exemples et tous ceux qui leur ressemblent rentrent dans la règle générale du participe s'accordant avec le complément direct qui le précède. Ici, ces compléments sont *que* mis pour *traductions*, et *que* mis pour *description*. *En* n'exerce aucune influence sur le participe ; c'est un pronom complément déterminatif de *traductions* et de *description*.

919. Mais il arrive souvent que le pronom *en* peut être regardé lui-même comme le complément du participe, parce que la phrase ne contient aucun mot exprimé remplissant ce rôle; ce cas se rencontre quand le pronom *en* exprime une idée partitive, comme si, parlant de lettres, on disait : *J'*EN *ai* REÇU. Alors *en* est mis pour *des lettres*, avec un sens qui est évidemment partitif, et on peut croire à première vue que ce pronom est le complément direct du participe *reçu*. Cependant le participe, dans ce cas, reste presque toujours invariable, comme le prouvent les exemples suivants :

Il sait beaucoup de choses, mais il EN *a* INVENTÉ. (VOLTAIRE.)

*Que j'ai d'envie de recevoir de vos lettres! Il y a déjà près d'une demi-heure que je n'*EN *ai* REÇU. (Mme de SÉVIGNÉ.)

Il n'est que trop vrai qu'il y a eu des anthropophages; nous EN *avons* TROUVÉ *en Amérique.* (VOLTAIRE.)

*Tout le monde m'a offert des services, mais personne ne m'*EN *a* RENDU. (Mme DE MAINTENON.)

Confucius, en parlant des hommes, a dit : « J'EN *ai* VU *qui étaient peu propres aux sciences, mais je n'*EN *ai point* VU *qui fussent incapables de vertus.* » (VOLTAIRE.)

*J'ai vu des savants aimables, mais j'*EN *ai* TROUVÉ *d'un peu lourds.* (MARMONTEL.)

*Isabelle et Ferdinand formaient une puissance telle que l'Espagne n'*EN *avait point encore* VU. (VOLTAIRE.)

Hélas! j'étais aveugle en mes vœux aujourd'hui;
J'*en* ai *fait* contre toi quand j'*en* ai *fait* pour lui.
CORNEILLE.

REMARQUE. Si, dans ces sortes de phrases, le pronom *en* était précédé de l'un des adverbes de quantité *autant, combien, plus, moins*, etc., éveillant dans l'esprit une idée de pluralité collective, on pourrait faire varier le participe, comme le prouvent les exemples suivants :

Autant d'ennemis il a attaqués, AUTANT *il* EN *a* VAINCUS. (DESSIAUX.)

COMBIEN *n'*EN *a-t-on pas* VUS *qui n'avaient aucun souvenir de ce qui s'était passé!* (BUFFON.)

COMBIEN *Dieu* EN *a-t-il* EXAUCÉS? (MASSILLON.)

Quant aux sottes gens, PLUS *j'*EN *ai* CONNUS, MOINS *j'*EN *ai* ESTIMÉS. (DESSIAUX.)

Il a fait à lui seul PLUS *d'exploits que les autres n'*EN *ont* LUS. (BOILEAU.)

En possédant les cœurs, il possède PLUS *de trésors que son père n'*EN *avait* AMASSÉS *par son avarice cruelle.* (FÉNELON.)

Elle s'est accusée de PLUS *de fautes qu'elle n'*EN *avait* FAITES. (CAMINADE.)

Alexandre a bâti PLUS *de villes que les autres vainqueurs de l'Asie n'*EN *ont* DÉTRUITES. (VOLTAIRE.)

Cependant il est certain qu'aujourd'hui les grammairiens et les écrivains paraissent montrer une tendance à laisser le participe invariable après *en*, même lorsqu'il est précédé d'un adverbe de quantité.

PARTICIPE PASSÉ DES VERBES INTRANSITIFS.

920. Le *participe passé* des verbes intransitifs conjugués avec *avoir* est toujours invariable, puisque ces verbes ne peuvent pas avoir de complément direct :

Les beaux jours ont PASSÉ *rapidement.*

La justice et la modération de nos ennemis nous ont plus NUI *que leur valeur.* (MARMONTEL.)

La discorde a toujours *régné* dans l'univers.
LA FONTAINE.

Mes amis ont *parlé*, les cœurs sont attendris.
VOLTAIRE.

Où la mouche a *passé* le moucheron demeure.
LA FONTAINE.

921. Le *participe passé* des verbes intransitifs qui se conjuguent avec *être* dans leurs temps composés s'accorde suivant la règle qui se rapporte à l'auxiliaire *être* :

Ils disaient qu'ils étaient ENTRÉS *dans cette prison les plus innocents des hommes et qu'ils en étaient* SORTIS *les plus coupables.*

Toutes les choses qui sont NÉES *pour finir ne sont pas plus tôt sorties du néant qu'elles y sont aussitôt* REPLONGÉES.

C'est à l'ombre des lois que tous les arts sont *nés.*
THOMAS.

. . . . Depuis que je suis *née,*
L'hiver n'a pas vingt fois vu s'achever l'année.
D'AVRIGNY.

922. PREMIÈRE REMARQUE. Certains verbes, intransitifs de leur nature, peuvent, par exception, être employés transitivement. Alors on rentre dans le cas de la troisième règle générale (§ 899).

PARTICIPE VARIABLE :	PARTICIPE INVARIABLE :
Cet homme NOUS *a fidèlement* SERVIS.	*Leurs fautes nous ont* SERVI *à les mieux connaître.*
On NOUS *a* COMMANDÉS *pour midi.*	*On nous a* COMMANDÉ *de sortir.*
Les ennemis NOUS *ont* FUIS *du plus loin qu'ils nous ont aperçus.*	*Le temps qui nous a* FUI *ne reviendra jamais.*
Nous regrettons les personnes QUE *nous avons tant* PLEURÉES.	*Qui sait combien d'années nous avons* PLEURÉ ?
L'extrême vieillesse oublie les dangers QU'*elle a* COURUS.	*La pluie n'a cessé de tomber pendant les deux heures que nous avons* COURU.

923. DEUXIÈME REMARQUE. Conformément à ce principe, le participe passé des verbes *coûter, valoir, peser,* est tantôt variable, tantôt invariable.

Selon l'Académie, *coûter* (du latin *constare, stare cum,* rester avec ou moyennant) est, dans tous les cas, verbe intransitif ; elle écrit en conséquence :

J'ai versé les vingt mille francs que cette maison m'a COÛTÉ.

Je ne saurais vous dire toutes les peines que ce travail m'a COÛTÉ.

Il y a, selon elle, ellipse de la préposition *moyennant : Les vingt mille francs moyennant lesquels cette maison m'a coûté,* c'est-à-dire *m'est restée.*

Cependant, lorsque le participe passé *coûté* est employé au figuré, dans le sens de *causer, occasionner,* la plupart des grammairiens, contrairement à l'opinion de l'Académie, le considèrent comme participe de verbe transitif :

Mon enfant, n'oubliez jamais les soins QUE *votre enfance a* COÛTÉS *à votre mère.*

Mes manuscrits, raturés, barbouillés, et même indéchiffrables, attestent la peine QU'*ils m'ont* COÛTÉE. (J.-J. ROUSSEAU.)

Valoir, au propre, c'est-à-dire dans le sens de *avoir de la valeur,* est verbe intransitif :

Ce cheval ne vaut plus les deux mille francs qu'il a VALU.

Valoir est verbe transitif au figuré, c'est-à-dire dans le sens de *procurer, faire obtenir, produire* :

Voilà les chagrins QUE *vous a* VALUS *votre obstination.*

Les honneurs que j'ai reçus, c'est mon habit qui me LES *a* VALUS. (J.-J. ROUSSEAU.)

Peser est verbe intransitif dans le sens de *avoir le poids de* :
Ce ballot ne pèse plus les cent kilogrammes qu'il a PESÉ.

Il est verbe transitif quand il signifie *faire l'action de peser* :
Vos marchandises sont toutes prêtes, je LES *ai* PESÉES *moi-même.*

924. TROISIÈME REMARQUE. Les verbes *vivre, durer, dormir, régner,* qui sont intransitifs de leur nature, paraissent quelquefois être employés comme transitifs, mais le participe passé n'en reste pas moins toujours invariable :

On doit considérer comme perdus les jours qu'on a VÉCU *dans l'oisiveté.*

On croirait que ces huit jours me durèrent huit siècles ; j'aurais voulu qu'ils les eussent DURÉ *en effet.* (J.-J. ROUSSEAU.)

Toutes les heures que vous avez DORMI, *je les ai passées à écrire.* (BESCHER.)

Les soixante-douze ans que Louis XIV a RÉGNÉ *n'ont pas été toujours glorieux pour la France.*

> Oui, c'est moi qui voudrais effacer de ma vie
> Les jours que j'ai *vécu* sans vous avoir servie.
>
> CORNEILLE.

Dans ces phrases, le pronom conjonctif *que* ou le pronom personnel *les* n'est pas, comme on pourrait le croire au premier coup d'œil, le complément direct des participes *vécu, duré, dormi, régné* ; il n'en est que le complément circonstanciel. C'est comme s'il y avait : *Les jours* PENDANT *lesquels on a* VÉCU ; *j'aurais voulu que ces huit jours eussent* DURÉ PENDANT *huit siècles ; les heures*

PENDANT *lesquelles vous avez* DORMI ; *les soixante-douze ans* PENDANT *lesquels Louis XIV a* RÉGNÉ.

PARTICIPE PASSÉ DES VERBES IMPERSONNELS.

925. Le participe passé des verbes impersonnels conjugués avec *avoir* est toujours invariable :

Les chaleurs qu'il a FAIT *l'année dernière étaient intolérables.*

L'inondation qu'il y a EU *à Lyon a causé de grands dégâts.*

Les verbes *faire* et *avoir* sont transitifs de leur nature, mais l'addition du pronom indéfini *il* leur a fait perdre leur signification transitive. Le pronom conjonctif *que*, qui les précède, ne peut en être le complément direct, car il ne s'agit pas de *chaleurs faites, d'inondation eue.* Ces verbes marquent seulement l'existence et sont de véritables gallicismes : c'est comme s'il y avait : *Les chaleurs qui ont été,* ou *qui ont eu lieu; l'inondation qui a été, qui a eu lieu.*

926. Le participe passé des verbes impersonnels conjugués avec *être* s'écrit toujours au masculin singulier :

Il est ARRIVÉ *de grands malheurs ;* c'est-à-dire *il* (savoir, *de grands malheurs) est arrivé.*

Il s'est GLISSÉ *de nombreuses erreurs dans cette copie;* c'est-à-dire *il* (savoir, *de nombreuses erreurs) s'est glissé dans cette copie.*

Dans le premier exemple et autres analogues, le participe passé s'accorde avec le pronom *il.*

Dans le second et autres semblables, le participe passé s'accorde avec le pronom *se*, qui tient la place de *il* et en prend le genre et le nombre.

CHAPITRE VII

DE L'ADVERBE

Nota. — Le plan que nous avons adopté dans le cours de cet ouvrage a simplifié considérablement notre syntaxe du verbe. Au chapitre des synonymes, nous avons rangé :

1° Tous les verbes qui tantôt s'emploient d'une manière absolue, et tantôt sont suivis d'une préposition, comme : *Aider, aider à — Aimer, aimer à — Applaudir, applaudir à — Atteindre une chose, atteindre à une chose — Croire quelqu'un, quelque chose ; à quelqu'un, à quelque chose — Désirer, désirer de — Espérer espérer de — Hériter une chose, hériter d'une chose — Insulter, insulter à — Pardonner, pardonner à — Prétendre, prétendre à — Satisfaire, satisfaire à — Suppléer, suppléer à — Toucher, toucher à — Viser une chose, viser à une chose.*

2° Tous les verbes qui régissent tantôt une préposition, tantôt une autre, comme : *Avoir affaire à, avoir affaire avec — C'est à vous à, c'est à vous de — Commencer à, commencer de — Comparer à, comparer avec — Continuer à, continuer de — Contraindre à, contraindre de — Croire en quelqu'un, en quelque chose ; à quelqu'un, à quelque chose — Déjeuner, dîner de ; déjeuner, dîner avec — Emprunter à, emprunter de — Forcer à, forcer de — Joindre à, joindre avec — Manquer à, manquer de — Mêler à, mêler avec — Obliger à, obliger de — Participer à, participer de — S'occuper à, s'occuper de — Succomber à, succomber sous.*

Voilà tout ce dont notre chapitre des synonymes a pu alléger celui du verbe.

Ce chapitre ne vient pas moins en aide à la préposition, à la conjonction et à l'adverbe. C'est ainsi que nous avons fait rentrer dans la catégorie des synonymes les adverbes, les prépositions et les conjonctions qui suivent, lesquels changent de valeur et d'emploi en changeant de fonction : *A, où — Alentour, autour — A terre, par terre — A travers, au travers — Au moins, du moins — Auprès de, près de — Avant, auparavant — Avant, devant — Beaucoup, de beaucoup — De, par — Dedans, dans — Dehors, hors de — Dessus, sur — Dessous, sous — De suite, tout de suite — Durant, pendant — Entre, parmi — Plus de, plus que — Plus, davantage — Plutôt, plus tôt — Prêt à, près de — Si, aussi — Tant, autant — Tout à coup, tout d'un coup — Voici, voilà.*

Cela dit, nous allons donner, aux chapitres particuliers de

l'Adverbe, de la Préposition, de la Conjonction et de l'Interjection, toutes les règles qu'il serait impossible d'en détacher.

DE LA NÉGATION.

La négation proprement dite est *ne*, dont la valeur est presque toujours complétée et précisée par les adverbes *pas* ou *point*.

DIFFÉRENCE DE SIGNIFICATION ENTRE *PAS* ET *POINT*.

927. Ces deux mots sont originairement des noms passés à l'état d'adverbes : *Je n'irai* PAS signifie *Je ne ferai un* PAS *pour y aller; Je n'irai* POINT, c'est-à-dire *Je ne m'avancerai d'un* POINT. *Point* nie donc plus fortement que *pas* : un POINT est moindre qu'un PAS.

Ainsi, on pourra dire : *Il n'a* PAS *d'esprit ce qu'il en faudrait pour sortir d'un tel embarras;* mais quand on dit : *Il n'a* POINT *d'esprit*, on ne peut rien ajouter.

Par cette raison, *pas* vaut mieux que *point* :

1° Avant *plus, moins, si, autant*, et autres termes comparatifs : *Cicéron n'est* PAS *moins véhément que Démosthène. Démosthène n'est* PAS *si abondant que Cicéron.*

2° Avant les adjectifs numéraux : *Il n'en reste* PAS UN SEUL *petit morceau. Il n'y a* PAS DIX *ans. Vous n'en trouverez* PAS DEUX *de votre avis.*

Pas convient mieux à quelque chose d'accidentel; *point*, à quelque chose de permanent :

Il ne lit PAS, Il ne lit pas dans ce moment;

Il ne lit POINT, Il ne lit jamais.

Quand *pas* et *point* entrent dans une interrogation, c'est avec des sens différents.

Si la question est accompagnée de doute, on dira : *N'est-ce* POINT *vous qui me trahissez?*

Mais s'il n'y a pas doute, on dira par manière de reproche : *N'est-ce pas vous qui me trahissez?*

SUPPRESSION DE *PAS* ET DE *POINT*.

928. On peut supprimer *pas* et *point* :

1° Après les verbes *cesser, oser* et *pouvoir : Il ne* CESSE *de gronder. On n'*OSE *l'aborder. Je ne* PUIS *me taire.*

2° Dans ces sortes d'interrogations : *Y a-t-il un*

homme dont elle ne médise ? Avez-vous un ami qui ne soit des miens ?

3° Après *ne* suivi de l'adjectif *autre* et de *que :* *Je n'ai d'*AUTRE *désir* QUE *celui de vous être utile.*

Mais quand *autre* est sous-entendu, la suppression de *pas* ou de *point* est de rigueur : *Je n'ai de volonté que la sienne. Il ne fait que rire* (autre chose que rire).

Ils se suppriment encore après *ne... que* signifiant *seulement : Je* NE *veux* QUE *la voir.*

Après le verbe *douter* précédé d'une négation et suivi de la conjonction *que,* la proposition amenée par cette conjonction demande ordinairement qu'on répète *ne,* mais tout seul : *Je* NE DOUTE *pas* QUE *cela ne soit.*

Après *prendre garde,* signifiant *éviter,* on met le subjonctif et l'on supprime *pas* et *point :* PRENEZ GARDE *qu'on ne vous séduise ;* au contraire, quand *prendre garde* signifie *faire réflexion,* il faut mettre l'indicatif et ajouter *pas* ou *point :* PRENEZ GARDE *que l'auteur ne dit* PAS *ce que vous pensez.*

929. On supprime *pas* et *point :*

1° Après *savoir,* pris dans le sens de *pouvoir : Je ne* SAURAIS *en venir à bout.* Mais il faut employer *pas* ou *point* quand *savoir* est pris dans son sens ordinaire : *Je ne* SAIS PAS *l'anglais. Je ne* SAVAIS POINT *ce que vous racontez.*

2° Quand l'étendue qu'on veut donner à la négation est suffisamment exprimée par d'autres termes qui la restreignent, comme *nul, personne, guère, jamais, rien, goutte, mot, mie, grain, brin : Je ne soupe* GUÈRE. *Je ne soupe* JAMAIS. *Je ne vis* PERSONNE *hier. Je ne dois* RIEN. *Je n'ai* NUL *souci. Je ne dis* MOT.

3° Dans toute proposition négative amenée, après ces phrases, par la conjonction *que* ou par les conjonctions *qui* et *dont : Je ne soupe* GUÈRE. *Je ne* SOUPE *jamais que je ne m'en trouve incommodé. Je ne vois personne qui ne vous loue. Vous ne dites mot qui ne soit applaudi.*

4° Après *que,* mis à la suite d'un terme comparatif,

ou de quelque équivalent : *Vous écrivez* MIEUX QUE *vous ne parlez.* *C'est* AUTRE CHOSE QUE *je ne croyais.* *Il est* PLUS RICHE QU'*on ne croit.*

5° Quand le mot *que* signifie *pourquoi*, au commencement d'une phrase : QUE *n'êtes-vous arrivé plus tôt ?*

Ou quand il sert à exprimer un désir, à former une imprécation : QUE *ne m'est-il permis...* QUE *n'est-il à cent lieues de nous !*

6° Après *depuis que* ou *il y a*, suivi d'un mot qui indique une certaine quantité de temps, quand le verbe est au passé : *Depuis que je ne l'*AI VU. *Il y a six mois que je ne lui* AI PARLÉ.

Mais il faut *pas* ou *point*, si le verbe est au présent ; ce qui donne un sens tout différent : *Depuis que nous ne nous* VOYONS PAS. *Il y a six mois que nous ne nous* PARLONS POINT.

7° Après les conjonctions *à moins que*, et *si*, dans le sens de cette locution : *Je ne sors pas,* À MOINS QU'IL *ne fasse beau.* *Je ne sortirai point,* SI *vous ne venez me prendre en voiture.*

8° Lorsque deux négations sont jointes par *ni : Je ne l'estime* NI *ne l'aime.*

9° Après le verbe CRAINDRE, suivi de la conjonction *que*, lorsqu'il s'agit d'un effet qu'on ne désire pas : *Je* CRAINS *que vous ne perdiez votre procès.*

Il faut, au contraire, *pas* ou *point*, lorsqu'il s'agit d'un effet qu'on désire : *Je* CRAINS *que ce fripon ne soit* PAS *puni.*

La même règle est à observer après ces manières de parler : *De crainte que, de peur que.* Ainsi, lorsqu'on dit : DE CRAINTE QU'*il ne perde son procès*, on souhaite qu'il le gagne ; et DE CRAINTE QU'*il ne soit* PAS *puni*, on désire qu'il le soit.

EMPLOI ET SUPPRESSION DE *NE*.

930. Après *prendre garde, se garder, éviter, empêcher*, signifiant *prendre des mesures pour que la chose n'arrive pas*, on met généralement *ne* avant le verbe de la proposition subordonnée :

J'empêche
Gardez (ou gardez-vous) } qu'on *ne* vous voie. (ACAD.)
Évitez
Prenez garde

On peut dire : *Je n'empêche pas qu'il* NE *fasse* ou *qu'il fasse ce qu'il voudra.* (ACAD.) Cependant l'usage d'employer la négation semble prévaloir.

Après *défendre*, le verbe de la proposition subordonnée ne prend jamais de négation : *J'ai* DÉFENDU *qu'on fît telle chose.* (ACAD.) *Il* DÉFENDIT *qu'aucun étranger entrât dans la ville.* (VOLTAIRE.)

La forme impersonnelle *il s'en faut*, accompagnée de la négation ou d'un mot équivalent, tel que *peu*, *presque rien*, etc., veut *ne* avant le verbe de la proposition subordonnée : *Il ne* S'EN FAUT *pas de beaucoup que la somme* N'*y soit*.

Il s'en faut beaucoup rejette la négation : *Il* S'EN FAUT BEAUCOUP *que la somme y soit.*

931. Après le verbe *nier* et son synonyme *disconvenir*, employés négativement, on peut supprimer *ne* ou l'employer : *Je ne nie pas, Je ne disconviens pas que cela soit* ou NE *soit.*

Mais si la proposition subordonnée exprime une chose incontestable, il ne faut pas faire usage de la négation : *Je ne nie pas qu'il y ait un Dieu.*

932. Après *craindre*, dans une proposition affirmative, on emploie *ne... pas*, si l'on désire que la chose exprimée par la subordonnée se fasse : *Je* CRAINS *qu'il* NE *vienne* PAS, c'est-à-dire je désire qu'il vienne.

On emploie seulement *ne*, si la subordonnée exprime une chose dont on ne désire pas l'accomplissement : *Je* CRAINS *qu'il* NE *vienne*, c'est-à-dire je ne désire pas qu'il vienne.

Cette règle s'applique aux locutions *de peur que*, *de crainte que*, etc., comme on l'a déjà vu au § 929-9°.

Si la proposition principale est négative ou interrogative, la subordonnée ne prend aucune négation : *Je ne crains pas qu'il vienne. Craignez-vous qu'il vienne?*

933. Après les *comparatifs d'égalité*, on ne met jamais *ne* avant le verbe subordonné : *Il n'est pas aussi riche que vous le pensez.*

Si les termes de la comparaison établissent une inégalité, soit en plus, soit en moins, entre les objets, comme cela arrive quand on fait usage des mots *plus, moins, mieux, meilleur, moindre, pire, autre, autrement, plutôt,* la conjonction *que* doit toujours être suivie de *ne,* quand la proposition principale est affirmative :

Il est plus riche que NE *l'êtes. Il est moins spirituel qu'il* N'*est instruit. Il a été mieux reçu qu'il* NE *croyait.*

934. Mais si la proposition principale est négative, *ne* n'est plus nécessaire avec le verbe de la subordonnée :

Thèbes n'était pas moins peuplée qu'elle était vaste. (BOSSUET.) *Le castor n'est ni plus ni moins habile qu'il l'était il y a deux mille ans.* (DE FRAYSSINOUS.)

Et il en est ordinairement de même lorsque la proposition principale est interrogative :

Croyez-vous qu'un homme puisse être plus heureux que vous l'êtes depuis trois mois? (J.-J. ROUSSEAU.)

935. Si la proposition principale et la proposition subordonnée sont formellement négatives, l'une et l'autre prennent la négation :

Le singe n'est pas plus de notre espèce que nous NE *sommes de la sienne.* (BUFFON.)

Cette phrase signifie évidemment : *Le singe n'est pas de notre espèce, nous ne sommes pas de la sienne.*

936. Après les locutions conjonctives *avant que, sans que,* on supprime toujours la négation : *J'irai le voir* AVANT QU'*il parte. Je ne puis parler* SANS QU'*il m'interrompe.*

Mais si *que* était employé par ellipse pour *avant que, sans que,* il faudrait se servir de la négation : *Je ne puis parler qu'il* NE *m'interrompe.*

937. Après la locution conjonctive *à moins que,* on met toujours *ne* avant le verbe de la proposition subordonnée : *Il n'en fera rien, à moins que vous* NE *lui parliez.*

CHAPITRE VIII

DE LA PRÉPOSITION

DE LA RÉPÉTITION DES PRÉPOSITIONS.

938. Les prépositions *à, de, en* se répètent avant chaque complément :

Il dut la vie À *la clémence et* À *la magnanimité du vainqueur.*

Il est comblé D'*honneur et* DE *gloire.*

On trouve les mêmes préjugés EN *Europe,* EN *Afrique et jusqu'*EN *Amérique.*

Quant aux autres prépositions, on peut les répéter ou non. En général, on les répète lorsque les compléments ont entre eux un sens opposé ; cette répétition donne de la vivacité et de l'énergie à l'expression :

DANS *la ville et* DANS *la campagne.*

L'homme est SOUS *les yeux et* SOUS *la main de la Providence.*

Remplissez vos devoirs ENVERS *Dieu,* ENVERS *vos parents et* ENVERS *la patrie.*

On ne les répète pas lorsque les compléments sont à peu près synonymes :

Sardanapale passait sa vie DANS *la mollesse et l'oisiveté.*

Tous les Français sont également SOUS *la garde et la protection des lois.*

Il faut être indulgent ENVERS *l'enfance et la faiblesse.*

Elle charme tout le monde PAR *sa bonté et sa douceur.*

La préposition ne se répète jamais avant deux noms formant une seule et même expression.

Le roman pastoral DE *Daphnis et Chloé a été popularisé en France par la traduction d'Amyot. La fable* DE *l'*Alouette, ses Petits et le Maître d'un champ, *est un chef-d'œuvre.*

Il ne s'agit que d'un roman qui a pour titre *Daphnis et Chloé,* que d'une fable intitulée l'*Alouette, ses Petits, etc.*

939. *Sans* ne se répète pas quand le dernier complément est précédé de *ni :* Sans *feu ni lieu ;* sans *boire ni manger.* Hors ce cas, on répète ordinairement *sans,* surtout devant des noms qui ne sont pas précédés de l'article :

> J'étais *sans* bien, *sans* métier, *sans* génie.
>
> Voltaire.

940. Le même mot peut servir de complément à deux prépositions simples : *Il y a des raisons* pour *et* contre *ce projet.*

Mais lorsqu'une préposition simple est suivie d'une locution prépositive, chacune d'elles doit avoir son complément spécial ; ne dites pas : *Il a parlé* contre *et* en faveur de *mon projet,* parce que, dans ce cas, le nom *projet* semblerait être à la fois complément du verbe *a parlé* et du nom *faveur,* dont l'un demande la préposition *contre* et l'autre la préposition *de.* Cette règle a déjà été mentionnée (§§ 760 et suiv.)

CHAPITRE IX

DE LA CONJONCTION

EMPLOI DE QUELQUES CONJONCTIONS.

ET.

941. La conjonction *et* sert à joindre ensemble :

1° Deux propositions affirmatives :

Un ton poli rend les bonnes raisons meilleures ET *fait passer les mauvaises.* (CHATEAUBRIAND.)

2° Deux propositions négatives :

Les animaux n'inventent ET *ne perfectionnent rien.* (BOSSUET.)

3° Deux propositions, dont l'une est affirmative et l'autre négative :

Je plie ET *ne romps pas.* (LA FONTAINE.)

Je n'ai pas suivi ses conseils ET *je m'en applaudis.*

4° Les parties semblables d'une proposition affirmative :

La présomption ET *la médiocrité marchent presque toujours de compagnie.*

La charité est patiente, douce ET *bienfaisante.*

L'homme a deux ailes pour s'élever au ciel, la simplicité ET *la pureté.*

Et se répète quelquefois avant chaque terme d'une énumération :

> *Et* le riche *et* le pauvre, *et* le faible *et* le fort,
> Vont tous également de la vie à la mort.
> VOLTAIRE.

Mais, le plus souvent, il s'emploie seulement avant le dernier terme de l'énumération :

L'éléphant, le rhinocéros, le tigre ET *l'hippopotame sont les seuls animaux qui puissent résister au lion.* (BUFFON.)

14.

942. On supprime *et :*

1° Quand on veut rendre une énumération plus rapide :

> *Femmes, moines, vieillards,* tout était descendu.
>
> LA FONTAINE.

Le lion a LA FIGURE IMPOSANTE, LE REGARD ASSURÉ, LA DÉMARCHE FIÈRE, LA VOIX TERRIBLE. (BUFFON.)

2° Quand les termes de l'énumération sont synonymes ou placés par gradation :

La FIERTÉ, *la* HAUTEUR, *l'*ARROGANCE *caractérise l'Espagnol.*

Ce sacrifice, votre INTÉRÊT, *votre* HONNEUR, DIEU *vous le commande.* (DOMERGUE.)

Dans ces sortes de phrases, il n'y a point addition proprement dite, mais substitution d'un mot ou d'une idée à d'autres.

3° Entre deux propositions commençant chacune par *plus, mieux, moins, autant.*

PLUS *la raison acquiert de perfection,* PLUS *l'homme est moralement responsable de ses actions.*

MIEUX *vous écouterez,* MIEUX *vous comprendrez.*

MOINS *on a de richesses,* MOINS *on a de soucis.*

AUTANT *il a de vivacité,* AUTANT *vous avez de nonchalance.*

On dira de même :

PLUS *vous le presserez,* MOINS *il en fera.*

MOINS *vous en direz, plus il en fera.* (ACAD.)

943. NOTA. — Le rapport étant ici parfaitement établi par les adverbes, il serait illogique de faire usage de la conjonction *et.* Cet abus, néanmoins, se rencontre fréquemment ; en voici des exemples :

PLUS *les hommes seront éclairés,* ET PLUS *ils seront libres.* (VOLTAIRE.)

PLUS *on voit le monde,* ET PLUS *on le trouve plein de contradictions et d'inconséquences.* (VOLTAIRE.)

PLUS *ils s'accumulent,* ET PLUS *ils se corrompent.* (J.-J. ROUSSEAU.

> *Plus l'offenseur est cher, et plus grande est l'offense.*
>
> CORNEILLE.

> . . . . *Plus je vous envisage,*
> *Et moins je reconnais, monsieur, votre visage.*
>
> LA FONTAINE.

Plus on en tue, *et plus* il s'en présente.
VOLTAIRE.

Plus la fortune rit, *et plus* on doit trembler.
FR. DE NEUFCHÂTEAU.

Il est bon aussi de supprimer cette conjonction avant les mots : *puis, ensuite, après,* avec lesquels elle formerait superfétation. Ces fautes sont très-communes, surtout dans la conversation. On va même jusqu'à dire *et puis après,* comme on dit, dans un autre ordre d'idées, *jusqu'au jour d'aujourd'hui.*

NI.

944. La conjonction *ni* sert à joindre ensemble :

1° Deux propositions principales négatives dont la dernière est elliptique :

Il ne boit NI *ne mange.* (ACAD.)

La boussole n'a point été trouvée par un marin, NI *le télescope par un astronome.* (L. RACINE.)

2° Deux propositions subordonnées dépendant d'une même principale négative :

Je ne crois pas qu'il vienne, NI *même qu'il pense à venir.* (ACAD.)

3° Les parties semblables d'une proposition négative :

Elle n'est pas belle NI *riche.*

Dans cette phrase et ses analogues, on remplace élégamment *pas* par *ni :*

Elle n'est NI *belle* NI *riche.* (ACAD.)

Vous ne devez NI *le dire* NI *l'écrire.*

Si pourtant les parties semblables pouvaient être regardées comme des expressions à peu près synonymes, ou si elles exprimaient des choses considérées comme allant ensemble ou formant un mélange, elles devraient être unies par *et : Le savoir-faire* ET *l'habileté ne mènent pas toujours à la fortune. Un ivrogne n'aime pas l'eau* ET *le vin.*

Souvent *ni* se répète pour donner plus d'énergie à l'expression :

Ni l'or *ni* la grandeur ne nous rendent heureux.
LA FONTAINE.

NI *vous* NI *moi ne le pouvons.* (ACAD.)

PARCE QUE — PAR CE QUE.

945. *Parce que,* en deux mots, veut dire *par la raison que :*

L'homme n'est malheureux que PARCE QU'*il est méchant.*

Jamais celui qui s'attache à Dieu ne désespère, PARCE QU'*il n'est jamais sans ressources.* (BOSSUET.)

Par ce que, en trois mots, signifie *par la chose que, par les choses que :*

PAR CE QUE *l'homme fait, on peut juger de ses principes.*

Vous me traitez de sotte, et, PAR CE QUE *vous faites, je vois qu'au lieu de moi, c'est vous qui l'êtes.* (BOURSAULT.)

946. REMARQUE. *A cause que* est une locution tombée en désuétude; elle était très-usitée au XVIIe siècle. On la trouve dans quelques écrivains du XVIIIe; aujourd'hui, on dit *parce que.*

QUOIQUE — QUOI QUE.

947. *Quoique,* en un seul mot, signifie *bien que :*

QUOIQUE *peu riche, il est généreux.*

QUOIQU'IL *relève de maladie, il a voulu se mettre en route.*

Quoi que, en deux mots, veut dire *quelque chose que :*

QUOI QU'*il arrive, écoutez plutôt la raison que la passion.*

De QUOI QUE *vous parliez à un égoïste, il vous ramènera toujours à son* moi. (LA BRUYÈRE.)

948. REMARQUE. *Malgré que,* synonyme de *quoique,* ne s'emploie qu'avec le verbe *avoir* et dans ces phrases : MALGRÉ QUE *j'en aie,* MALGRÉ QU'*il en ait,* etc. :

MALGRÉ QU'*il en ait, nous savons son secret.* (ACAD.)

QUAND — QUANT.

949. *Quand* est conjonction et prend un *d* lorsqu'il signifie *encore que, quoique, lorsque :*

Je n'en serais pas venu à bout, QUAND *j'aurais travaillé jusqu'à minuit.*

Je serai votre ami, QUAND *même vous ne le voudriez pas.*

Quand s'écrit également par *d* s'il est adverbe, ce qui

a lieu dans le sens de *dans quel temps, quel temps :*
QUAND *partirez-vous?* A QUAND *remettons-nous la partie?*

Quant, par un *t* final, suivi de *à,* forme avec cette
préposition une locution prépositive qui signifie *pour,
à l'égard de, en ce qui concerne,* etc. : QUANT À *cette affaire, je m'en inquiète peu.*

QUE.

950. La conjonction *que* a un grand nombre d'usages
en dehors de son emploi purement grammatical :

1° Elle s'emploie pour éviter la répétition des conjonctions *comme, quand* et *si,* lorsque, à des propositions
qui commencent par ces mots, on en joint d'autres de
même nature :

Comme il était tard, et QU'*on craignait la chute du
jour.....*

Quand on est jeune, et QU'*on se porte bien.....*

Si vous le rencontrez, et QU'*il demande où je suis.....*

2° Elle remplace les conjonctions *afin que, sans que,
lorsque, depuis que, de peur que, avant que :*

Approchez QUE *je vous parle.*

Il ne fait point de voyage QU'*il ne lui arrive quelque
accident.*

Je lui ai parlé QU'*il était encore au lit.*

Il y a dix ans QU'*il est parti.*

Retirez-vous, QU'*il ne vous maltraite pas.*

Je n'irai point là QUE *tout ne soit prêt.*

3° Elle s'emploie quelquefois aussi comme mot explétif :

QUE *s'il m'allègue...* QUE *si vous m'objectez...*

4° Enfin elle entre dans quelques gallicismes :

Si j'étais QUE *de vous, je m'y prendrais de cette manière.*

C'est une belle chose QUE *de garder le secret.*

C'est se tromper QUE *de croire...*

Dans ces exemples, on peut supprimer QUE :

Si j'étais de vous.

C'est une belle chose de garder le secret.

C'est se tromper de croire...

CHAPITRE X

DE L'INTERJECTION

AH! HA!

951. L'interjection *Ah!* expression de douleur, d'admiration, de joie, etc., marque une émotion profonde et se prononce longuement :

AH! *que vous me faites mal!*

AH! *que cela est beau!*

AH! *que je suis aise de vous voir!* (ACAD.)

952. L'interjection *Ha!* exprime une surprise passagère, et se prononce brièvement :

HA! *vous voilà!* HA! HA!

OH! HO! Ô.

953. *Oh!* marque l'admiration, la surprise :

OH! *que la nature est belle au printemps!*

OH! OH! *je n'y prenais pas garde.* (ACAD.)

OH! sert aussi à donner au sens plus de force :

OH! *combien j'aimerais à le voir!*

OH! *je le ferai comme je vous le promets.* (ACAD.)

954. *Ho!* sert tantôt pour appeler, tantôt pour témoigner de l'étonnement ou de l'indignation :

Ho! *venez un peu ici!* Ho! *quel coup!* Ho! *que me dites-vous là!*

955. *O* sert à marquer diverses passions, divers mouvements de l'âme, et se place devant les noms et les pronoms :

ô *temps, ô mœurs!*

ô *le malheureux d'avoir fait une si méchante action!* (ACAD.)

ô *toi qui enseignes la vertu et qui domptes le vice, que deviendrait le genre humain sans ton secours?* (BOISTE.)

Cette interjection marque aussi l'apostrophe : ô *mon fils! ô mon Dieu!* (ACAD.)

EH ! HÉ !

956. *Eh!* marque la surprise :

EH ! *qui aurait pu croire cela?*

Eh bien s'emploie souvent de même , et quelquefois aussi pour donner plus de force à ce que l'on dit :

EH BIEN, *que faites-vous donc?*

EH BIEN, *le croirez-vous? il n'a pas voulu y consentir.*

EH BIEN, *soit.*

. L'Académie, dans ces exemples, ne met pas de point d'exclamation. C'est sans doute un oubli ; car *Eh bien!* étant une interjection, doit être suivi du signe inventé exprès pour marquer l'exclamation.

957. *Hé!* sert principalement à appeler.

HÉ ! *l'ami!* HÉ ! *viens çà.*

Ces sortes de phrases ne s'emploient qu'en parlant à des personnes fort inférieures, ou avec lesquelles on vit très-familièrement.

Hé! se dit également :

1° Pour avertir de prendre garde à quelque chose :

HÉ ! *qu'allez-vous faire?*

2° Pour témoigner de la commisération :

HÉ ! *mon Dieu!* HÉ ! *pauvre homme, que je vous plains!*

3° Pour marquer du regret, de la douleur :

HÉ ! *qu'ai-je fait!* HÉ ! *que je suis misérable!*

4° Pour exprimer quelque étonnement :

HÉ ! *bonjour! il y a longtemps qu'on ne vous a vu.*

HÉ ! *vous voilà? je ne vous attendais pas sitôt.*

HÉ QUOI ! *vous n'êtes pas encore parti!*

HÉ se répète quelquefois, dans la conversation familière, pour exprimer une sorte d'adhésion, d'approbation, accompagnée de quelque hésitation, etc. :

HÉ ! HÉ ! *je ne dis pas non.* HÉ ! HÉ ! *pourquoi pas?* (ACAD.)

FIN DE LA GRAMMAIRE FRANÇAISE.

GRAMMAIRE LITTÉRAIRE

ou

FLEURS DE LA LITTÉRATURE FRANÇAISE

INTRODUCTION.

Dans les deux parties qui précèdent, LEXICOLOGIE et SYNTAXE, nous n'avons guère étudié que le côté orthographique, et, en quelque sorte, matériel de la langue ; malgré cela, si nous voulions rester dans les limites que se sont posées jusqu'à ce jour les grammairiens, nous pourrions écrire ici, en lettres capitales, le mot FINIS ; mais, quand on est parvenu à cette profondeur, peut-on dire que la mine soit véritablement creusée, épuisée ? Ne re te-t-il pas encore à exploiter un filon autrement riche que la couche superficielle qui a été fouillée ? En d'autres termes, connaît-on suffisamment la langue qu'ont écrite les Pascal, les Bossuet, les La Fontaine, les Corneille, les Racine et les Fénelon, quand on a acquis ces notions préliminaires ? Assurément non, et voilà pourquoi nous avons jugé nécessaire de compléter notre travail par une nouvelle étude, à laquelle nous donnons sans hésiter le titre de GRAMMAIRE LITTÉRAIRE.

Le laboureur qui veut cultiver un champ doit exécuter deux opérations successives, dont l'une est la conséquence, le couronnement de l'autre : *préparer*, puis *ensemencer*. Au terme où nous sommes parvenu, la terre est suffisamment remuée et hersée ; les mauvaises herbes — et l'on comprend ce que nous entendons par ce mot — sont extirpées ; il s'agit donc de déposer dans le sol des semences qui germeront pour sortir de terre et *fleurir* au soleil. *Fleurir*, voilà le mot auquel nous voulions arriver, car il s'agit ici des *fleurs* qui émaillent si brillamment notre littérature. Ces locutions, devenues pour ainsi dire proverbiales, sont très-nombreuses dans notre langue ; nous les devons à nos grands écrivains et surtout à nos grands poètes, et alors même que l'on serait peu familiarisé avec leurs chefs-d'œuvre, il faudrait de toute nécessité connaître ces phrases heureuses qui sont comme l'assaisonnement de notre langue. On les entend dans la conversation, on les rencontre à chaque page dans la lecture. On doit nécessairement les comprendre sous peine d'être taxé d'ignorance. C'est ici que le *Sésame, ouvre-toi* des *Mille et une Nuits* devient indispensable à tous les esprits curieux. Telle est précisément la clef d'or que nous nous proposons de mettre entre les mains de chaque élève.

Ah! doit-on hériter de ceux qu'on assassine?

Vers de *Rhadamiste et Zénobie*, tragédie de Crébillon. Pharasmane, roi d'Ibérie, met à profit une émeute pour sacrifier son fils Rhadamiste à son ambition. Échappé miraculeusement à la mort, le jeune prince cherche un refuge chez les Romains, et combat dans l'armée de Corbulon. Dix ans plus tard, il revient à la cour de son père, qui ne le reconnaît pas, lui intimer un de ces ordres insolents par lesquels le sénat se plaisait à humilier l'orgueil des rois. Pharasmane répond avec hauteur. A quel titre les Romains voudraient-ils l'arrêter dans ses conquêtes? Ce sont les États de son frère et de *son fils* qu'il veut soumettre à son pouvoir :

> Et qui doit succéder à mon frère, à mon fils ?
> A qui des droits plus saints ont-ils été transmis ?

> RHADAMISTE.
> Qui? vous, seigneur, qui seul causâtes leur ruine!
> *Ah! doit-on hériter de ceux qu'on assassine?*

Les allusions que l'on fait à ce vers fameux sont presque toujours plaisantes; Crébillon lui-même en a donné l'exemple. Alors qu'il travaillait à sa tragédie de *Catilina*, il fut atteint d'une maladie très-grave, pendant laquelle son médecin le pria de lui faire présent des deux premiers actes, qui étaient achevés : Ah! lui répondit tragiquement Crébillon,

> *Ah! doit-on hériter de ceux qu'on assassine?*

Ah! ne me brouillez pas avec la République!

Vers de Corneille, dans sa tragédie de *Nicomède*. Le vieux Prusias, roi de Bithynie, a deux fils : Nicomède, l'aîné, prince fier, indépendant, haïssant les Romains, et qui a pris des leçons d'Annibal, et Attale, qui, élevé par ces mêmes Romains, jouit de toutes leurs sympathies. Le sénat le voudrait donc voir régner à la place de Nicomède, dont il connaît les sentiments hostiles, et il s'en explique à Prusias par la bouche de son ambassadeur Flaminius. Prusias est dans un mortel embarras; dévoué aux Romains, il ne saurait cependant fouler aux pieds les droits d'un fils qui lui a rendu les plus éclatants services. Dans cette cruelle perplexité, c'est Nicomède lui-même qu'il prie de répondre à l'ambassadeur, et le prince le fait en termes fiers qui achèvent de mettre le vieux roi à la torture :

> De quoi se mêle Rome? Et d'où prend le sénat,
> Vous vivant, vous régnant, ce droit sur votre État?
> Vivez, régnez, seigneur, jusqu'à la sépulture ;
> Et laissez faire après ou Rome ou la nature.

> PRUSIAS.
> Pour de pareils amis, il faut se faire effort.

> NICOMÈDE.
> Qui partage vos biens aspire à votre mort;
> Et de pareils amis, en bonne politique...

PRUSIAS.

Ah! ne me brouillez pas avec la République;
Portez plus de respect à de tels alliés!

Dans l'application, ce vers s'emploie pour marquer la peur que l'on a de déplaire à une autorité ou à un parti puissant.

———

Aimez-vous la muscade? On en a mis partout.

Vers de Boileau, dans la satire intitulée le *Repas ridicule*, que l'on rappelle pour exprimer la banalité d'une chose que l'on rencontre à chaque pas et la satiété qu'elle fait éprouver. Presque toujours on substitue au mot *muscade* celui qui fait l'objet de l'application : *Aimez-vous la moutarde? Aimez-vous les anchois? Aimez-vous la tomate?* etc.

———

Ane chargé de reliques (L'), titre d'une fable de La Fontaine :

Un baudet chargé de reliques
S'imagina qu'on l'adorait ;
Dans ce penser il se carrait,
Recevant comme siens l'encens et les cantiques.

Dans l'application, ces mots caractérisent ceux qui croient adressés à leur mérite personnel les hommages rendus à leur seule dignité, comme l'a si bien exprimé le *Bonhomme* dans la moralité de sa fable :

D'un magistrat ignorant
C'est la robe qu'on salue.

———

Animaux malades de la peste (LES), titre d'une fable de La Fontaine, son chef-d'œuvre, s'il n'avait fait le *Chêne et le Roseau*. Dans cet apologue, tout est devenu proverbe, depuis le titre, depuis le début, jusqu'à la morale, jusqu'à la conclusion. L'auteur se propose d'y montrer que le bon droit ne peut attendre ni justice ni impartialité quand il est en lutte avec la puissance. Voici les principaux passages auxquels on fait le plus souvent allusion :

1º Le titre même de la fable, qui s'applique à tout ce qui rappelle de près ou de loin l'abus de la force;

2º   *La peste, puisqu'il faut l'appeler par son nom.*

Ce vers se dit d'une chose mauvaise que, par précaution oratoire, on paraît ne pas vouloir nommer, ce à quoi on se décide cependant, comme à contre-cœur, et en jetant entre parenthèses la phrase qui fait l'objet de cette allusion. C'est ainsi que, dans une circonstance donnée, on dirait : Ce vice bas et odieux, cette lèpre sociale, *la calomnie, puisqu'il faut l'appeler par son nom;*

3º   *Ils ne mouraient pas tous, mais tous étaient frappés,*

vers auquel on fait le plus souvent allusion sur le ton de la plaisanterie

4º   . . . . *Vous leur fîtes, seigneur,*
En les croquant, beaucoup d'honneur.

Ces vers, par lesquels maître renard, le type du courtisan, cherche à calmer les remords hypocrites du lion, auquel il est arrivé parfois

. . . . . . *De manger*
Le berger,

sont d'une application toujours ironique. Ils servent à faire comprendre

que le petit doit toujours se trouver très-honoré des libertés, des licences, si loin qu'elles aillent, que le grand se permet à son égard;

50   *La faim, l'occasion, l'herbe tendre, et, je pense,*
       Quelque diable aussi me poussant,
    Je tondis de ce pré la largeur de ma langue.

Ces vers se citent pour expliquer une faute dont on cherche l'excuse
dans des circonstances alléchantes, irrésistibles;

60   *Je n'en avais nul droit, puisqu'il faut parler net.*

Ce dernier hémistiche, surtout, est devenu la formule qui termine une
confession pénible à l'amour-propre;

70   *Un loup quelque peu clerc.* . . . .

Dans l'application, cet hémistiche va à l'adresse du pédant qui, en quelque circonstance que ce soit, s'empare du rôle d'accusateur public. Quand,
en 1840, le roi Louis-Philippe, allant au-devant du vœu de toute la
France, demanda aux chambres de voter la somme nécessaire pour la
translation à Paris des cendres du Prométhée moderne, un député monta
à la tribune, et débita un discours violent sur l'inopportunité de cette
mesure. Le lendemain, un crayon spirituel et satirique dessinait la sil-
houette du malencontreux orateur avec une tête de loup et ces mots
pour légende :

    Un loup quelque peu clerc prouva par sa harangue
    Qu'il fallait dévouer ce maudit animal,
    Ce pelé, ce galeux, d'où venait tout le mal;

80   *Manger l'herbe d'autrui! quel crime abominable!*
      Rien que la mort n'était capable
    D'expier son forfait. . . . .

Vers qui, dans l'application, servent à exprimer pittoresquement le prétendu crime d'un pauvre diable qui, le plus souvent, n'a commis qu'une
peccadille. Il y a ici trois expressions auxquelles on fait ordinairement
allusion en les séparant :

    1° *Manger l'herbe d'autrui!*

    2° *Quel crime abominable!*

    3° *Rien que la mort n'était capable*
       D'expier son forfait

———

    Après l'Agésilas,
      Hélas!
    Mais après l'Attila,
      Holà!

Quatrain épigrammatique de Boileau contre deux des plus faibles tragé-
dies de Corneille, que celui-ci composa dans la décadence de son immortel génie. On prétend que le grand tragique prit naïvement cette épigramme pour un éloge. *Hélas!* prouvait qu'on s'était attendri à l'*Agésilas*, effectivement conçu dans le genre élégiaque; *Holà!* était un cri
d'admiration pour l'*Attila*.

On cite ces vers pour faire entendre qu'à une chose mauvaise, dans
quelque ordre d'idées que ce soit, en succède une autre plus mauvaise
encore; on comprend alors que les mots *Agésilas* et *Attila* doivent subir
une variante : « *Après* le discours du père, *hélas! Mais après* celui du fils,
holà ! »

———

Asmodée, principal personnage du *Diable boiteux,* roman de Le Sage. Asmodée, qui est un être diabolique, enlève le toit des maisons de Madrid, afin de dévoiler à son compagnon tous les événements secrets qui se passent dans les habitations.

En littérature, on donne le nom d'*Asmodée* à celui qui est informé de tous les événements, des mille circonstances qui se rapportent à la vie privée de chacun, et cela sans qu'on puisse se rendre compte des moyens d'information qui sont à son service.

———

Attacher le grelot, expression empruntée à la fable de La Fontaine intitulée : *Conseil tenu par les rats.*

Ceux-ci, plus que décimés par le terrible Rodilardus, qui menaçait d'anéantir le peuple entier des rats,

> Tant il en avait mis dedans la sépulture !

se réunissent pour aviser à un moyen de salut :

> Dès l'abord, leur doyen, personne fort prudente,
> Opina qu'il fallait, et plus tôt que plus tard,
> Attacher un grelot au cou de Rodilard,
> Qu'ainsi, quand il irait en guerre,
> De sa marche avertis, ils s'enfuiraient sous terre;
> Qu'il n'y avait que ce moyen.
> Chacun fut de l'avis de monsieur le doyen :
> Chose ne leur parut à tous plus salutaire.
> La difficulté fut d'*attacher le grelot.*
> L'un dit : Je n'y vas point, je ne suis pas si sot;
> L'autre : Je ne saurais. Si bien que sans rien faire
> On se quitta. . . . .

Dans l'application, *Attacher le grelot* signifie faire le premier pas dans une entreprise difficile et hasardeuse.

———

Au demeurant, le meilleur fils du monde.

Vers des plus comiques, par lequel Clément Marot, dans l'épître qu'il adresse à François Ier, pour en obtenir de l'argent, termine l'énumération des *qualités* de son valet :

> J'avois un jour un valet de Gascogne,
> Gourmand, ivrogne et assuré menteur,
> Pipeur, larron, jureur, blasphémateur,
> Sentant la hart de cent pas à la ronde;
> *Au demeurant, le meilleur fils du monde.*

Ce vers si plaisant est passé en proverbe, et se répète encore tous les jours dans le même sens.

———

> . . . . Avant l'affaire,
> Le roi, l'âne ou moi, nous mourrons.

Vers de la fable de La Fontaine le *Charlatan.* Un charlatan se présente devant un prince et assure qu'il rendra disert un âne :

> Oui, messieurs, un lourdaud, un animal, un âne;
> Que l'on m'amène un âne, un âne renforcé,
> Je le rendrai maître passé,
> Et veux qu'il porte la soutane.

Toutefois, pour opérer cette merveille, il demandait dix ans, et aux courtisans qui le raillaient sur l'impossibilité de la réalisation de cette promesse, il répondit :

> . . . . *Avant l'affaire,*
> *Le roi, l'âne ou moi, nous mourrons.*

On rappelle ce vers pour faire entendre qu'on ne craint point de se compromettre par un engagement à longue échéance, si difficile à tenir qu'il soit; c'est la traduction poétique de notre locution vulgaire : *D'ici là il passera de l'eau sous le pont.*

. . . . . . **Avocat, ah ! passons au déluge.**

Vers comique des *Plaideurs*, de Racine. Le poète fait ressortir très-habilement la manie ridicule qu'avaient les avocats de son temps de faire intervenir tous les grands événements de l'histoire à propos d'une haie ou d'un mur mitoyen.

L'INTIMÉ, avocat de l'accusé (un chien qui a dévoré un chapon).

. . . . . Avant la naissance du monde...

DANDIN, *bâillant.*
Avocat, ah ! passons au déluge.

L'INTIMÉ.
Avant donc
La naissance du monde et sa création,
Le monde, l'univers, tout, la nature entière,
Étaient ensevelis au fond de la matière ;
Les éléments, le feu, l'air, et la terre, et l'eau,
Enfoncés, entassés, ne faisaient qu'un monceau,
Une confusion, une masse sans forme,
Un désordre, un chaos, une cohue énorme.
Unus erat toto naturæ vultus in orbe;
Quem Græci dixere chaos, rudis indigestaque moles.
(*Dandin, endormi, se laisse tomber.*)

Dans l'application, ces mots : *Avocat, passons au déluge,* sont une manière ironique de faire entendre à quelqu'un qu'il remonte beaucoup trop haut dans le récit d'un événement.

Avocat, il s'agit d'un chapon.

Vers de Racine dans les *Plaideurs*. L'Intimé, transformé tout à coup en avocat, prend la parole devant le juge Perrin Dandin, et commence en ces mots sa plaidoirie :

. . . . Sans craindre aucune chose,
Je prends donc la parole et je viens à ma cause.
Aristote, *primo*, peri *Politicon*,
Dit fort bien...

DANDIN.
Avocat, il s'agit d'un chapon,
Et non point d'Aristote et de sa *Politique.*

Cette locution, tirée de la même scène que la précédente, offre avec elle une analogie évidente.

L'Intimé nous rappelle cet avocat qui, dans une cause où il s'agissait d'un mur mitoyen, parlait avec emphase de la guerre de Troie et du Scamandre ; son adversaire, homme d'esprit, l'interrompit en disant : « La cour remarquera que ma partie ne s'appelle point Scamandre, mais Michaut. »

Ces mots : *Avocat, il s'agit d'un chapon,* s'appliquent à ceux qui, dans une discussion, se lancent dans des considérations tout à fait étrangères au sujet.

Bâtons flottants, allusion à une fable de La Fontaine intitulée le *Chameau et les Bâtons flottants*.

On avait mis des gens au guet,
Qui, voyant sur les eaux de loin certain objet,
Ne purent s'empêcher de dire
Que c'était un puissant navire.
Quelques moments après, l'objet devint brûlot,
Et puis nacelle, et puis ballot,
Enfin *bâtons flottants* sur l'onde;

et le fabuliste conclut par ce vers :

De loin, c'est quelque chose, et de près, ce n'est rien.

Quoique La Fontaine commette ici une hérésie d'optique, les *bâtons flottants* n'en sont pas moins passés en proverbe, pour désigner toute chose ou plutôt toute personne qui perd à être vue de près. C'est, dans un ordre d'idées plus général, le *Major e longinquo reverentia* des Latins.

———

Beaux yeux de ma cassette (LES), allusion à un passage de l'*Avare*, acte V, scène III, comédie de Molière. C'est un des quiproquos les plus plaisants qui aient été mis sur la scène. On a volé la cassette de l'avare Harpagon; maître Jacques, son domestique, en accuse Valère, l'intendant, pour se venger des coups de bâton qu'il en a reçus. Valère aime la fille d'Harpagon, auquel il vient demander sa main; alors l'avare, qui ne songe qu'à sa cassette, rapporte à celle-ci tout ce que Valère lui dit de sa fille :

HARPAGON.

Il faut que tu me confesses en quel endroit tu me l'as enlevée.

VALÈRE.

Moi? je ne l'ai point enlevée, et elle est encore chez vous.

HARPAGON, *à part.*

O ma chère cassette! (*Haut.*) Elle n'est point sortie de ma maison?

VALÈRE.

Non, monsieur.

HARPAGON.

Eh! dis-moi donc un peu : tu n'y as pas touché?

VALÈRE.

Moi, y toucher? Ah! vous lui faites tort aussi bien qu'à moi; et c'est d'une ardeur toute pure et respectueuse que je brûle pour elle.

HARPAGON, *à part.*

Brûler pour ma cassette!

VALÈRE.

J'aimerais mieux mourir que de lui avoir fait paraître aucune pensée offensante : elle est trop sage et trop honnête pour cela.

HARPAGON, *à part.*

Ma cassette trop honnête!

VALÈRE.

Tous mes désirs se sont bornés à jouir de sa vue; et rien de criminel n'a profané la passion que ses beaux yeux m'ont inspirée.

HARPAGON, *à part.*

Les beaux yeux de ma cassette!

Dans l'application, ces mots : *Les beaux yeux de ma cassette*, signifient la passion exclusive d'un avare pour l'argent, la fortune, son coffre-fort, etc.

Bertrand et Raton, nom des deux personnages, des deux héros de cette charmante fable de La Fontaine, que tout le monde connaît : le *Singe et le Chat*, cette fable dont Mme de Sévigné disait : *Cela peint.*

> Un jour, au coin du feu, nos deux maîtres fripons
>   Regardaient rôtir des marrons.
> Les escroquer était une très-bonne affaire :
> Nos galants y voyaient double profit à faire :
> Leur bien premièrement, et puis le mal d'autrui.
> Bertrand dit à Raton : « Frère, il faut aujourd'hui
>   Que tu fasses un coup de maître ;
> Tire-moi ces marrons. Si Dieu m'avait fait naître
>   Propre à tirer marrons du feu,
>   Certes, marrons verraient beau jeu. »
> Aussitôt fait que dit, Raton, avec sa patte,
>   D'une manière délicate,
> Écarte un peu la cendre et retire les doigts ;
>   Puis les reporte à plusieurs fois ;
> Tire un marron, puis deux, et puis trois en escroque,
>   Et cependant Bertrand les croque.
> Une servante vient : adieu mes gens. Raton
>   N'était pas content, ce dit-on.

Ces deux noms sont passés en proverbe avec la signification métaphorique de dupeur et de dupé ; Bertrand, c'est Robert-Macaire, qui lance l'ami Raton dans les aventures les plus hasardeuses, pour en tirer seul tout le profit : Raton casse l'amande, au risque de se briser les dents, et Bertrand mange tranquillement le noyau.

Bon souper, bon gîte et le reste.

Un des plus jolis vers de cette jolie fable de La Fontaine : les *Deux Pigeons*, qui offre le tableau le plus admirable de l'amitié.

> Deux pigeons s'aimaient d'amour tendre.
> L'un d'eux, s'ennuyant au logis,
> Fut assez fou pour entreprendre
> Un voyage en lointain pays.
> L'autre lui dit : « Qu'allez-vous faire ?
> Vous voulez quitter votre frère ?
> L'absence est le plus grand des maux.
> . . . .
> Je ne songerai plus que rencontre funeste,
> Que faucons, que réseaux. Hélas ! dirai-je, il pleut :
> Mon frère a-t-il tout ce qu'il veut,
> *Bon souper, bon gîte et le reste ?*

Dans l'application, ces vers touchants servent à exprimer les inquiétudes que nous inspire le sort d'une personne aimée qui est absente.

Comme source de vers devenus proverbes, cette fable est une des plus riches après celle des *Animaux malades de la peste.* En voici quelques-uns :

> . . . . Quiconque ne voit guère
> N'a guère à dire aussi.

> Je dirai : « J'étais là, telle chose m'avint :
>   Vous y croirez être vous-même. »

> Mais un fripon d'enfant (cet âge est sans pitié).

Ce bloc enfariné ne me dit rien qui vaille.

Vers de La Fontaine dans la fable le *Chat et le vieux Rat.*

Un chat, dont les ruses avaient rendu très-prudent le peuple souri-
quois, imagine un dernier stratagème,

> Blanchit sa robe et s'enfarine ;
> Et, de la sorte déguisé,
> Se niche et se blottit dans une huche ouverte.
> Ce fut à lui bien avisé :
> La gent trotte-menu s'en vient chercher sa perte.
> Un rat, sans plus, s'abstient d'aller flairer autour :
> C'était un vieux routier, il savait plus d'un tour ;
> Même il avait perdu sa queue à la bataille.
> *Ce bloc enfariné ne me dit rien qui vaille,*
> S'écria-t-il de loin au général des chats :
> Je soupçonne dessous encor quelque machine ;
> Rien ne te sert d'être farine,
> Car, quand tu serais sac, je n'approcherais pas.

Se dit, dans l'application, de tout piége que l'on soupçonne.

———

Ce ne sont que festons, ce ne sont qu'astragales.

Vers de Boileau dans le premier chant de son *Art poétique.*

Le législateur du Parnasse s'élève contre l'abus que les auteurs de son
temps faisaient des descriptions inutiles :

> Un auteur, quelquefois, trop plein de son objet,
> Jamais sans l'épuiser n'abandonne un sujet ;
> S'il rencontre un palais, il m'en dépeint la face ;
> Il me promène après de terrasse en terrasse ;
> Ici s'offre un perron ; là règne un corridor ;
> Là ce balcon s'enferme en un balustre d'or.
> Il compte des plafonds les ronds et les ovales :
> *Ce ne sont que festons, ce ne sont qu'astragales.*

Ce dernier vers est la critique de la longue et fastidieuse description d'un palais, que fait Scudéri dans le troisième chant de son *Alaric.*

En littérature, on fait allusion au vers de Boileau pour désigner l'abus
des décors, des ornements, dans quelque genre que ce soit, mais principalement en parlant d'un style pompeux et trop chargé d'images.

———

C'est ainsi qu'en partant je vous fais mes adieux.

Vers d'un opéra de Quinault (*Thésée,* acte V, scène VI). Égée, roi d'A-
thènes, aime Églé, jeune princesse élevée à sa cour, et veut l'épouser au
mépris de la promesse qui l'engage lui-même à la magicienne Médée.
Thésée, fils inconnu du roi, à qui il rend le plus éclatant service en faisant rentrer dans le devoir des sujets révoltés, aime aussi Églé et en est
payé de retour ; mais la magicienne a conçu elle-même la passion la plus
vive pour le jeune héros, et, par les menaces les plus effroyables, par les
enchantements de son art infernal, elle veut contraindre sa rivale à déclarer à Thésée, de sa propre bouche, qu'elle est devenue insensible pour
lui ; sinon le héros va expirer. Églé consent à commettre ce mensonge ;
mais, en présence de Thésée, l'affection l'emporte sur la prudence, et la
jeune princesse laisse échapper son secret. Médée, irritée, conçoit alors
l'horrible projet de se venger de tous en faisant empoisonner le fils par
le père. Mais au moment où Thésée reçoit la coupe fatale, Égée reconnaît son fils à l'épée qu'il porte au côté, et l'empêche de prendre le poi-

son; de plus, il lui accorde la main de la belle Eglé. En ce moment, la magicienne, déçue dans toutes ses espérances, apparaît sur un char traîné par des dragons volants :

> Vous n'êtes pas encor délivrés de ma rage;
> Je n'ai point préparé la pompe de ces lieux
> Pour servir au bonheur d'un amour qui m'outrage;
> Je veux que les enfers détruisent mon ouvrage;
> *C'est ainsi qu'en partant je vous fais mes adieux.*

Au même instant, le palais s'obscurcit, et les Athéniens s'imaginent être poursuivis par des fantômes; mais Minerve entre sur la scène, et détruit tout l'effet des enchantements de Médée.

Ce vers est devenu proverbial pour caractériser la dernière vengeance, mais aussi la plus terrible, que l'on tire en s'éloignant d'une personne, d'une société, d'un pays, etc.; c'est, en quelque sorte, le trait du Parthe de la poésie.

Le jour même où mourut Louis XV, on avait publié à Versailles un dernier édit pour l'augmentation des impôts; le lendemain, on trouva ce vers au-dessous des affiches :

> *C'est ainsi qu'en partant je vous fais mes adieux.*

C'est du Nord aujourd'hui que nous vient la lumière.

Vers de Voltaire, dans son épître à Catherine II :

> Elève d'Apollon, de Thémis et de Mars,
> Qui sur ton trône auguste as placé les beaux-arts,
> Qui penses en grand homme, et qui permets qu'on pense;
> Toi qu'on voit triompher du tyran de Byzance,
> Et des sots préjugés, tyrans plus odieux,
> Prête à ma faible voix des sons mélodieux!
> A mon feu qui s'éteint rends sa clarté première :
> *C'est du Nord aujourd'hui que nous vient la lumière.*

Ce vers, plus juste sans doute au temps de Voltaire qu'il ne l'est à notre époque, est demeuré célèbre, et l'on y fait encore quelquefois allusion.

Cet oracle est plus sûr que celui de Calchas.

Vers qui termine le troisième acte d'*Iphigénie*, tragédie de Racine. Clytemnestre, mère d'Iphigénie et épouse d'Agamemnon, apprend que celui-ci va immoler la jeune princesse sur l'autel de Diane, pour obéir à la volonté du devin Calchas. Dans son désespoir, elle implore la protection d'Achille, à qui Iphigénie a été promise en mariage, et le héros lui répond :

> Madame, à vous servir je vais tout disposer;
> Dans votre appartement allez vous reposer :
> Votre fille vivra, je puis vous le prédire.
> Croyez, du moins, croyez que tant que je respire
> Les dieux auront en vain ordonné son trépas :
> *Cet oracle est plus sûr que celui de Calchas.*

Ce vers caractérise avec énergie la confiance absolue que l'on a dans la réalisation d'un événement.

Cheval s'étant voulu venger du cerf (LE), titre d'une fable de La Fon-

taine, dans laquelle le cheval implore le secours de l'homme pour se venger d'une injure que le cerf lui a faite. L'homme accepte, s'élance sur le dos du cheval, et le cerf perd la vie; mais, quand le cheval veut remercier

15

son vengeur, l'homme, qui a reconnu l'utilité du fier et vigoureux animal, le garde pour son service.

La morale de cette fable s'applique à ceux qui, pour la satisfaction d'une passion aveugle, s'exposent aux plus fâcheuses conséquences.

———

Chez elle un beau désordre est un effet de l'art.

Vers de Boileau (*Art poétique*, chant II). Boileau trace les règles de l'ode, et achève d'en préciser le caractère et le génie par ce vers resté proverbe. Toutefois, pour bien saisir la pensée de l'auteur, il ne faut entendre par ces mots qu'un désordre apparent, sous lequel se dissimule habilement une liaison savante dans les idées, que la réflexion découvre.

Dans l'application, le vers du poète caractérise ces désordres savamment étudiés pour produire plus d'effet; il se dit quelquefois en parlant de la femme, négligée à force d'être simple, mais dont l'ensemble n'offre qu'un attrait plus piquant.

———

Chien qui lâche sa proie pour l'ombre (LE),

titre d'une fable de La Fontaine, dans laquelle un chien, voyant réfléchie dans l'eau la proie qu'il emporte, lâche celle-ci pour l'ombre.

Dans l'application, le *Chien qui lâche sa proie pour l'ombre* est l'image de ceux qui abandonnent un bien, un avantage réel, pour courir après l'incertain.

———

Comment en un plomb vil l'or pur s'est-il changé ?

Vers de la fameuse prophétie de Joad. (*Athalie*, acte III, scène VII.)

> Cieux, écoutez ma voix; terre, prête l'oreille :
> Ne dis plus, ô Jacob, que ton Seigneur sommeille!
> Pécheurs, disparaissez : le Seigneur se réveille.
> *Comment en un plomb vil l'or pur s'est-il changé?*
> Quel est dans le lieu saint ce pontife égorgé ?
> Pleure, Jérusalem, pleure, cité perfide,
> Des prophètes divins malheureuse homicide :
> De son amour pour toi ton Dieu s'est dépouillé ;
> Ton encens, à ses yeux, est un encens souillé.

Le grand prêtre, rempli de l'esprit prophétique, montre sous ce voile transparent la corruption, les crimes futurs du jeune Joas, et l'abîme d'opprobre où doit tomber Jérusalem.

———

Comment l'aurais-je fait si je n'étais pas né ?

Vers de la fable de La Fontaine le *Loup et l'Agneau* :

> Et je sais que de moi tu médis l'an passé.
> — *Comment l'aurais-je fait si je n'étais pas né?*
> Reprit l'agneau; je tette encor ma mère.

Se dit pour se disculper d'une faute qu'on s'est trouvé, par le temps et par l'éloignement, dans l'impossibilité de commettre

———

Comment peut-on être Persan ?

allusion à l'exclamation qui termine une des pages les plus spirituelles des *Lettres persanes* de Montesquieu.

Cette locution est si pittoresque, si souvent rappelée, et la lettre qui lui sert de cadre est un modèle d'observations si justes et si fines, qu'au lieu d'en donner une sèche analyse, nous n'hésitons pas à la citer tout entière. Rico écrit, de Paris, à son ami Ibben, à Smyrne : « Les habitants de Paris sont d'une curiosité qui va jusqu'à l'extravagance. Lorsque j'arrivai, je fus regardé comme si j'avais été envoyé du ciel : vieillards, hommes, femmes, enfants, tous voulaient me voir. Si je sortais, tout le monde se mettait aux fenêtres; si j'étais aux Tuileries, je voyais aussitôt un cercle se former autour de moi ; les femmes mêmes faisaient un arc-en-ciel nuancé de mille couleurs, qui m'entourait. Si j'étais aux spectacles, je voyais aussitôt cent lorgnettes dressées contre ma figure : enfin, jamais homme n'a tant été vu que moi. Je souriais quelquefois d'entendre des gens, qui n'étaient presque jamais sortis de leur chambre, qui disaient entre eux : « Il faut avouer qu'il a l'air bien Persan. » Chose admirable ! je trouvais de mes portraits partout ; je me voyais multiplié dans toutes les boutiques, sur toutes les cheminées, tant on craignait de ne pas m'avoir assez vu. Tant d'honneurs ne laissent pas d'être à charge : je ne me croyais pas un homme si curieux et si rare ; et, quoique j'aie très-bonne opinion de moi, je ne me serais jamais imaginé que je dusse troubler le repos d'une grande ville où je n'étais point connu. Cela me fit résoudre à quitter l'habit persan et à en endosser un à l'européenne, pour voir s'il resterait encore dans ma physionomie quelque chose d'admirable. Cet essai me fit connaître ce que je valais réellement. Libre de tous les ornements étrangers, je me vis apprécié au plus juste. J'eus sujet de me plaindre de mon tailleur, qui m'avait fait perdre en un instant l'attention et l'estime publiques; car j'entrai tout à coup dans un néant affreux. Je demeurais quelquefois une heure dans une compagnie sans qu'on m'eût seulement regardé, et qu'on m'eût mis en occasion d'ouvrir la bouche; mais si quelqu'un, par hasard, apprenait à la compagnie que j'étais Persan : « Ah ! ah ! monsieur est Persan ? C'est une chose » bien extraordinaire ! *Comment peut-on être Persan ?* »

Dans les applications que l'on en fait, cette interrogation exprime plaisamment la surprise que cause l'aspect d'une personne appartenant à une classe ou à une nationalité qui excite notre curiosité.

———

Conseil tenu par les rats, titre d'une fable où La Fontaine met en scène des rats qui prennent une décision héroïque, fort avantageuse pour le salut de la république, mais que personne n'ose mettre à exécution, car il ne s'agit de rien moins que d'attacher un grelot au cou du terrible Rodilard.

On fait allusion au *Conseil tenu par les rats* pour caractériser ces assemblées où se prennent des résolutions excellentes, mais tout à fait inapplicables, ou dont personne n'ose assumer sur soi la responsabilité.

> Corsaires à corsaires,
> L'un l'autre s'attaquant, ne font pas leurs affaires.

Vers de la fable de La Fontaine : *Tribut envoyé par les animaux à Alexandre,* qui signifient, dans l'application, qu'il en prend mal aux écrivains, mais surtout aux fripons et aux méchants, de se faire la guerre entre eux.

Coup de pied de l'âne, allusion à la fable de La Fontaine le *Lion devenu vieux*. Le roi des forêts, chargé d'ans et décrépit, est étendu sans force et presque sans vie au fond de son antre, *pleurant son antique prouesse*. Les animaux accourent successivement pour se venger :

> Le cheval s'approchant lui donne un coup de pied,
> Le loup un coup de dent, le bœuf un coup de corne.

Enfin l'âne lui-même vient ajouter un dernier outrage :

> Ah ! c'est trop, dit le lion, je voulais bien mourir ;
> Mais c'est mourir deux fois que souffrir tes atteintes.

Dans l'application, le *coup de pied de l'âne* se dit des insultes que les faibles, que les lâches prodiguent à une puissance tombée.

Dans son chapitre des chapeaux, passage de Molière dans sa comédie du *Médecin malgré lui* :

SGANARELLE.

Hippocrate dit... que nous nous couvrions tous deux.

GÉRONTE.

Hippocrate dit cela ?

SGANARELLE.

Oui.

GÉRONTE.

Dans quel chapitre, s'il vous plaît ?

SGANARELLE.

Dans son chapitre... des chapeaux.

Dans l'application, qui est toujours plaisante, ces mots se disent quand, pressé d'indiquer à quelle source on a puisé une citation, un argument, on se trouve dans l'impossibilité de le faire.

Dés du juge de Rabelais, allusion à l'un des passages les plus spirituellement critiques du livre de Rabelais, où il personnifie les façons un peu sommaires avec lesquelles on rendait la justice à cette époque. Bridoie, aïeul du Brid'oison de Beaumarchais, a passé sa longue vie à appointer des procès à la grande satisfaction des plaideurs. Il se voit, sur la fin de sa carrière, appelé à donner les motifs d'un arrêt contre lequel on s'est inscrit. Bridoie n'y comprend rien ; il a, dans ce cas comme dans tous les autres, appliqué la méthode dont il s'est toujours bien trouvé. Cependant il se ravise ; peut-être *se sera-t-il trompé de dés*. A ce mot on se récrie : « Des dés ! qu'est-ce à dire ?... Expliquez-vous. » Le bon Bridoie s'explique en disant comme quoi il a deux sortes de dés, des gros et des petits, selon l'importance du procès ; il avoue que sa longue expérience lui a démontré qu'il n'y a pas de plus sûr moyen de juger sainement les causes, et qu'il pense que tous ses confrères, et ceux-là mêmes qui lui demandent compte de sa conduite, n'en usent pas autrement. Que si cette fois il y a eu erreur, elle ne prouve pas contre sa méthode, au fond ; c'est une simple méprise dans la forme, une malheureuse confusion de dés que l'on doit pardonner à son grand âge. Il faut avouer que la satire ne s'est jamais montrée ni plus vive, ni plus mordante, ni plus ingénieuse. C'est une bonne fortune de la gaieté de Rabelais.

Les *dés de Bridoie* sont, dans l'application, une des mines les plus riches où la littérature puise ses allusions.

Devine si tu peux, et choisis si tu l'oses.

Vers célèbre de Corneille dans sa tragédie d'*Héraclius*, acte IV, scène **v**. Pour parvenir au trône, Phocas immole à son ambition Maurice, empereur d'Orient, ainsi que tous ses fils. Héraclius, le plus jeune de ceux-ci, échappe au massacre de sa famille, grâce à sa nourrice Léontine, qui pousse le dévouement jusqu'à livrer son propre fils Léonce au tyran, afin de sauver l'héritier de l'empire. Phocas prend Léonce pour le véritable Héraclius, le fait mourir, et, voulant récompenser le prétendu service que lui a rendu Léontine, il lui confie son propre fils Martian pendant une expédition qu'il entreprend contre les Perses et qui dure trois années. Au retour de Phocas, la nourrice, comptant sur l'impossibilité de distinguer, après une telle absence, entre des enfants d'âge si tendre, remet au tyran le jeune Héraclius et garde Martian, qu'elle élève sous le nom de son fils Léonce. Cependant de vagues rumeurs apprennent à Phocas que le dernier rejeton de Maurice est vivant, et il veut le sacrifier à sa sûreté. Héraclius, qui connaît le secret de sa naissance, et que Phocas veut contraindre à un hymen incestueux, apprend à l'usurpateur que Léonce est son fils, mais sans se découvrir lui-même. Phocas, en proie à la plus cruelle perplexité, fait venir la nourrice et lui demande l'éclaircissement de ce mystère. C'est alors que Léontine, forcée de parler, mais sachant le sort qui attend l'héritier de Maurice, répond à Phocas :

> *Devine si tu peux, et choisis si tu l'oses :*
> L'un des deux est ton fils, l'autre ton empereur.

Ce vers fameux est passé en proverbe, et, bien qu'on le rappelle toujours sous une forme plaisante, il exprime avec une grande énergie l'embarras qu'on éprouve quelquefois à se décider entre deux choses, deux résolutions ou deux personnes qui nous attirent également.

———

Dindon de la fable (LE), allusion à un passage de la fable de Florian le *Singe qui montre la lanterne magique*.

> Un jour qu'au cabaret son maître était resté
> (C'était, je pense, un jour de fête),
> Notre singe en liberté
> Veut faire un coup de sa tête.
> Il s'en va rassembler les divers animaux
> Qu'il peut rencontrer dans la ville :
> Chiens, chats, poulets, dindons, pourceaux,
> Arrivent bientôt à la file.

Chacun s'installe; voilà notre Jacquot qui se met en besogne, place un verre peint dans la lanterne, et fait défiler toutes les merveilles de la création aux regards de ses spectateurs; mais ceux-ci ont beau s'écarquiller les yeux : les chats eux-mêmes n'aperçoivent rien.

> *Moi, disait un dindon, je vois bien quelque chose,*
> *Mais je ne sais pour quelle cause*
> *Je ne distingue pas très-bien.*

Maître Jacquot n'avait oublié qu'un point,

> C'était d'éclairer sa lanterne.

Ces vers se rappellent ironiquement pour faire comprendre au narrateur qu'il n'est pas clair, et que, lui aussi, il a oublié *d'éclairer sa lanterne*.

———

Du côté de la barbe est la toute-puissance.

Vers de Molière, dans l'*École des femmes*, acte III, scène II. Par mesure de précaution, Arnolphe, qui se croit sur le point d'épouser Agnès, lui trace à l'avance les devoirs de la femme mariée :

> Le mariage, Agnès, n'est pas un badinage;
> A d'austères devoirs le rang de femme engage.
>
> Votre sexe n'est là que pour la dépendance :
> *Du côté de la barbe est la toute-puissance.*

Ce vers, si comique dans la bouche d'Arnolphe, est l'objet de fréquentes applications.

Du droit qu'un esprit vaste et ferme en ses desseins
A sur l'esprit grossier des vulgaires humains.

Vers de Voltaire dans sa tragédie de *Mahomet*. Le prophète vient d'exposer à Zopire ses projets de révolution religieuse.

ZOPIRE.

> Voilà donc tes desseins! C'est donc toi dont l'audace
> De la terre, à ton gré, prétend changer la face?
> Tu veux, en apportant le carnage et l'effroi,
> Commander aux humains de penser comme toi :
> Tu ravages le monde, et tu prétends l'instruire.
> Ah! si par des erreurs il s'est laissé séduire,
> Si la nuit du mensonge à pu nous égarer,
> Par quels flambeaux affreux veux-tu nous éclairer?
> Quel droit as-tu reçu d'enseigner, de prédire,
> De porter l'encensoir et d'affecter l'empire?

MAHOMET.

> *Le droit qu'un esprit vaste et ferme en ses desseins*
> *A sur l'esprit grossier des vulgaires humains.*

On peut, sans témérité, supposer que ces deux vers sont la paraphrase poétique de la réponse faite par Eléonore Galigaï à ses juges, qui lui demandaient de quel charme elle s'était servie pour dominer l'esprit de la reine : « De l'ascendant qu'une âme forte a sur l'esprit d'une balourde. »

De toutes les applications qu'on a faites du distique de Voltaire, voici assurément la plus plaisante : Lekain, le grand acteur, fut rencontré un jour chassant sur les terres d'un riche seigneur. Un garde l'aborde et lui demande de quel droit il se permet de chasser sur les plaisirs de monseigneur. Le célèbre tragique prend une pose théâtrale et répond fièrement :

> *Du droit qu'un esprit vaste et ferme en ses desseins*
> *A sur l'esprit grossier des vulgaires humains.*

—Ah! monsieur, c'est différent, répond le pauvre garde-chasse, stupéfié par l'ampleur magistrale que l'acteur avait mise à déclamer les deux alexandrins; excusez, je ne savais pas.

Enfin Malherbe vint...

Hémistiche de l'*Art poétique* de Boileau, chant Ier.

L'auteur vient de parler des premiers essais de la poésie française :

> Durant les premiers ans du Parnasse françois,
> Le caprice tout seul faisait toutes les lois;
> La rime, au bout des mots assemblés sans mesure,
> Tenait lieu d'ornements, de nombre et de césure.

Après avoir passé en revue les différents poètes qui ont contribué à

> Débrouiller l'art confus de nos vieux romanciers,

il arrive à Malherbe, et lui adresse un hommage qui tient presque de l'enthousiasme :

> *Enfin Malherbe vint,* et, le premier en France,
> Fit sentir dans les vers une juste cadence,
> D'un mot mis en sa place enseigna le pouvoir,
> Et réduisit la muse aux règles du devoir.

Dans l'application, ces mots expriment la satisfaction produite par l'avénement d'un progrès, d'une réforme, dans quelque ordre d'idées que ce soit.

————

Et ce même Sénèque, et ce même Burrhus
Qui depuis...

Vers de *Britannicus,* tragédie de Racine. Agrippine, dans un long entretien, cherche à reprendre son empire sur Néron, à qui elle rappelle les sacrifices qu'elle s'est imposés, les intrigues auxquelles elle s'est livrée, les crimes même qu'elle a commis pour écarter Britannicus du trône et en préparer le chemin à Néron :

> J'eus soin de vous nommer. . . . . .
> Des gouverneurs que Rome honorait de sa voix ;
> Je fus sourde à la brigue et crus la renommée ;
> J'appelai de l'exil, je tirai de l'armée
> *Et ce même Sénèque, et ce même Burrhus*
> *Qui depuis...* Rome alors estimait leurs vertus.

Dans l'application, cette réticence, beaucoup plus énergique que l'expression même, caractérise fortement ceux dont la situation actuelle offre un contraste frappant avec leur passé.

————

Et ces deux grands débris se consolaient entre eux.

Vers de Delille, dans son poème des *Jardins,* chant IV. Après avoir donné quelques conseils sur la manière d'orner les habitations champêtres, l'auteur recommande de respecter les ruines, les monuments antiques, dans lesquels il trouve un poétique contraste avec les embellissements modernes, et en même temps un enseignement philosophique :

> L'aspect désordonné de ces grands corps épars,
> Leur forme pittoresque, attachent les regards ;
> Par eux, le cours des ans est marqué sur la terre ;
> Détruits par les volcans, ou l'orage, ou la guerre,
> Ils instruisent toujours, consolent quelquefois.
> Ces masses, qui du temps sentent aussi le poids,
> Enseignent à céder à ce commun ravage,
> A pardonner au sort. Telle jadis Carthage
> Vit sur ses murs détruits Marius malheureux ;
> *Et ces deux grands débris se consolaient entre eux.*

Les applications sont toujours plaisantes

————

Et dans de faibles corps s'allume un grand courage.

Vers de Racine, le fils, dans son poème de la *Religion,* où le poète parle des nids des oiseaux, des soins qu'ils apportent à élever leurs couvées, et surtout de l'énergie qu'ils déploient pour les défendre :

Que de berceaux pour eux aux arbres suspendus !
Sur le plus doux coton que de lits étendus !
Le père vole au loin, cherchant dans la campagne
Des vivres qu'il rapporte à sa tendre compagne ;
Et la tranquille mère, attendant son secours,
Réchauffe dans son sein le fruit de leurs amours.
Des ennemis souvent ils repoussent la rage,
Et dans de faibles corps s'allume un grand courage.

Dans l'application, ce vers se dit principalement de la femme, chez qui la faiblesse naturelle n'exclut pas le dévouement et l'intrépidité.

***

Et je sais même sur ce fait
Bon nombre d'hommes qui sont femmes.

Vers de la fable de La Fontaine les *Femmes et le Secret*.

Rien ne pèse tant qu'un secret :
Le porter loin est difficile aux dames ;
Et je sais même sur ce fait
Bon nombre d'hommes qui sont femmes.

Se dit, dans l'application, de certains défauts communs chez la femme, mais dont beaucoup d'hommes ne sont pas exempts.

***

Et la garde qui veille aux barrières du Louvre
N'en défend pas nos rois.

Vers de l'ode fameuse de Malherbe à Dupérier sur la mort de sa fille. Le poète cherche à consoler son ami en lui rappelant que tous, petits et grands, sont sujets à la mort :

La Mort a des rigueurs à nulle autre pareilles ;
On a beau la prier :
La cruelle qu'elle est se bouche les oreilles
Et nous laisse crier.

Le pauvre, en sa cabane où le chaume le couvre,
Est sujet à ses lois ;
Et la garde qui veille aux barrières du Louvre
N'en défend pas nos rois.

Souvent l'application de ces vers n'est que plaisante ; c'est ainsi qu'un écrivain du commencement de ce siècle a dit de l'invasion désastreuse du calembour dans toutes les classes de la société :

Le pauvre, en sa cabane où le chaume le couvre,
Est sujet à ses lois ;
Et la garde qui veille aux barrières du Louvre
N'en défend pas nos rois.

On sait, en effet, que Louis XVIII se complaisait à ce genre d'esprit.

***

Et l'ami Pompignan pense être quelque chose !

Vers qui termine plaisamment le petit poème de Voltaire intitulé la *Vanité*. Lefranc de Pompignan avait, en pleine Académie, signalé Voltaire comme un philosophe dangereux. Il expia cruellement cette courageuse attaque : six mois durant, il fut accablé de sarcasmes en vers et en prose. On connaît cette épigramme :

Savez-vous pourquoi Jérémie
A tant pleuré pendant sa vie ?
C'est qu'en prophète il prévoyait
Qu'un jour Lefranc le traduirait.

Et ce vers décoché contre ses *Cantiques sacrés :*

    Sacrés ils sont, car personne n'y touche.

Chaque courrier arrivant de Genève apportait un pamphlet contre le téméraire Pompignan. Enfin, le petit poème intitulé la *Vanité* fut le coup de grâce :

. . . .
La terre a vu passer leur empire et leur trône ;
On ne sait en quel lieu florissait Babylone ;
Le tombeau d'Alexandre, aujourd'hui renversé,
Avec la ville entière a péri dispersé ;
César n'a point d'asile où sa cendre repose...
Et l'ami Pompignan pense être quelque chose !

Et l'avare Achéron ne lâche point sa proie.

Vers de la *Phèdre* de Racine, acte II, scène v.

Phèdre, femme de Thésée, confie à Hippolyte, fils de ce prince et d'une première épouse, les craintes que lui fait concevoir la longue absence de Thésée, parti pour une expédition dangereuse. Hippolyte lui répond :

Madame, il n'est pas temps de vous troubler encore ;
Peut-être votre époux voit encore le jour ;
Le ciel peut à nos pleurs accorder son retour.
Neptune le protége, et ce dieu tutélaire
Ne sera pas en vain imploré par mon père.

PHÈDRE.

On ne voit pas deux fois le rivage des morts,
Seigneur ; puisque Thésée a vu les sombres bords,
En vain vous espérez qu'un dieu nous le renvoie ;
Et l'avare Achéron ne lâche point sa proie.

Ce vers célèbre a passé dans la langue, où il désigne, non pas la mort, comme dans le texte que nous venons de citer, mais des passions jalouses, telles que la haine, l'envie, et surtout la rapacité unie à la ténacité.

Et le combat cessa faute de combattants.

Vers de Corneille dans sa tragédie du *Cid*, acte IV, scène III. Le Cid fait au roi de Castille le récit de son combat avec les Maures, dont les deux rois lui ont rendu leur épée. Presque tous les ennemis gisent sur le champ de bataille, et le vers cité est une sorte d'éloquent épiphonème à ce récit considéré comme un chef-d'œuvre.

Les applications que l'on fait de ce vers sont presque toujours plaisantes : « On nous servit à déjeuner cinq douzaines d'huîtres ; il fallait voir comme chacun portait la main au plat. Enfin il ne resta plus au fond que de l'eau salée,

    Et le combat cessa faute de combattants. »

Et monté sur le faîte, il aspire à descendre.

Vers de Corneille dans sa tragédie de *Cinna*, acte II, scène Ire. Auguste fait part à Claude et à Maxime de son intention d'abdiquer l'empire :

L'ambition déplaît quand elle est assouvie,
D'une contraire ardeur son ardeur est suivie ;
Et comme notre esprit, jusqu'au dernier soupir,
Toujours vers quelque objet pousse quelque désir,

15.

Il se ramène en soi, n'ayant plus où se prendre,
Et monté sur le faîte, il aspire à descendre.

Ce beau vers, que Racine faisait admirer à ses enfants, exprime énergiquement la satiété, le dégoût de l'homme parvenu au faîte des honneurs et de la puissance, et cette idée est toujours celle qu'il rend dans les applications que l'on en fait.

Et par droit de conquête et par droit de naissance.

Début de la *Henriade* de Voltaire :

Je chante ce héros qui régna sur la France
Et par droit de conquête et par droit de naissance.

Dans l'application, ce vers signifie qu'on a sur une chose des droits indiscutables.

Et si vous n'en sortez, vous en devez sortir.

Vers de Boileau dans sa satire V — *sur la noblesse.* — Le poète trace le caractère de la véritable noblesse :

Respectez-vous les lois? fuyez-vous l'injustice?
Savez-vous pour la gloire oublier le repos,
Et dormir en plein champ le harnois sur le dos?
Je vous connais pour noble à ces illustres marques :
Alors, soyez issu des plus fameux monarques,
Venez de mille aïeux, et, si ce n'est assez,
Feuilletez à loisir tous les siècles passés :
Voyez de quel guerrier il vous plaît de descendre;
Choisissez de César, d'Achille ou d'Alexandre;
En vain un faux censeur voudrait vous démentir,
Et si vous n'en sortez, vous en devez sortir.

L'application de ce vers est le plus souvent plaisante.

Et voilà justement comme on écrit l'histoire.

Vers tiré d'une pièce de Voltaire intitulée *Charlot.* Henri IV est attendu dans un château qu'il honore de sa visite ; les gens de la maison, échelonnés sur la route pour annoncer son arrivée, donnent une fausse alerte, et l'intendant dit à la châtelaine :

Ils se sont tous trompés, selon leur ordinaire.

Tout le monde a crié : *Le roi!* sur les chemins;
On le crie au village et chez tous les voisins;
Dans votre basse-cour on s'obstine à le croire;
Et voilà justement comme on écrit l'histoire.

Ce vers est devenu proverbial; mais, dans l'application, le mot *histoire* est quelquefois remplacé par celui qui exprime la chose dont on parle : « Et voilà justement comme on écrit la *musique.* »

Faire de la prose sans le savoir, allusion à un des passages les plus comiques du *Bourgeois gentilhomme*, comédie de Molière.

M. Jourdain, épris d'une dame de qualité, prie son professeur de philosophie de lui écrire un petit billet qu'il laissera tomber aux pieds de la belle marquise.

LE MAÎTRE DE PHILOSOPHIE.

Sont-ce des vers que vous lui voulez écrire?

M. JOURDAIN.

Non, non; point de vers.

LE MAÎTRE DE PHILOSOPHIE.

Vous ne voulez que de la prose ?

M. JOURDAIN.

Non; je ne veux ni prose ni vers.

LE MAÎTRE DE PHILOSOPHIE.

Il faut bien que ce soit l'un ou l'autre.

M. JOURDAIN.

Pourquoi ?

LE MAÎTRE DE PHILOSOPHIE.

Par la raison, monsieur, qu'il n'y a, pour s'exprimer, que la prose ou les vers.

M. JOURDAIN.

Il n'y a que la prose ou les vers ?

LE MAÎTRE DE PHILOSOPHIE.

Non, monsieur. Tout ce qui n'est point prose est vers, et tout ce qui n'est point vers est prose.

M. JOURDAIN.

Et comme l'on parle, qu'est-ce que c'est donc que cela ?

LE MAÎTRE DE PHILOSOPHIE.

De la prose.

M. JOURDAIN.

Quoi ! quand je dis : « Nicole, apportez-moi mes pantoufles et me donnez mon bonnet de nuit, » c'est de la prose ?

LE MAÎTRE DE PHILOSOPHIE.

Oui, monsieur.

M. JOURDAIN.

Par ma foi, il y a plus de quarante ans que *je dis de la prose sans que j'en susse rien*, et je vous suis le plus obligé du monde de m'avoir appris cela.

Ces mots : *Faire de la prose sans le savoir*, constituent une des locutions les plus pittoresques de notre langue, et celle, peut-être, à laquelle on fait le plus fréquemment allusion.

———

Faites des perruques, conseil ironique de Voltaire à un perruquier nommé André, qui s'était avisé de composer une tragédie ridicule en cinq actes et en vers, intitulée le *Tremblement de terre de Lisbonne*, et qu'il lui avait dédiée en l'appelant *mon cher confrère*.

Cette phrase, qui s'adresse à tous ceux qui veulent prétentieusement sortir de leur sphère, est devenue une des locutions les plus piquantes de notre langue; c'est le *cordonnier, pas plus haut que la chaussure*, des Latins.

———

Geai paré des plumes du paon (LE), allusion à une fable de La Fontaine, dans laquelle le geai s'étant paré des plumes du paon ;

> . . . . Il se vit bafoué,
> Berné, sifflé, moqué, joué.

Dans l'application, ces mots se disent surtout des plagiaires, et, en général, de tous ceux qui se parent des dépouilles d'autrui.

———

Glissez, mortels, n'appuyez pas.

Vers d'un charmant quatrain écrit par le poëte Roy au bas d'une gravure de Larmessin, représentant des patineurs :

> Sur un mince cristal l'hiver conduit leurs pas,
>   Le précipice est sous la glace ;
> Telle est de vos plaisirs la légère surface :
>   *Glissez, mortels, n'appuyez pas.*

Ces vers, qui unissent la grâce à une pensée philosophique, rentrent tout à fait dans la manière de Voltaire ; aussi lui sont-ils souvent attribués.

Dans l'application, ce dernier vers :

> *Glissez, mortels, n'appuyez pas.*

n'est jamais employé que dans le sens figuré ; c'est un conseil à l'adresse des imprudents qui abusent du plaisir, de leur jeunesse, de leurs qualités, etc.

———

Grain de sable de Pascal, allusion à un passage des *Pensées :* « Cromwell allait ravager toute la chrétienté ; la famille royale était perdue, et la sienne à jamais puissante, sans un petit *grain de sable* qui se mit dans son urètre. Rome même allait trembler sous lui ; mais ce petit gravier, qui n'était rien ailleurs, mis en cet endroit, le voilà mort, sa famille abaissée, et le roi rétabli. » On sait, en effet, que Cromwell mourut de la gravelle. En remontant au temps de la jeunesse de cet homme extraordinaire, on trouve une petite anecdote qui a quelque rapport avec le *grain de sable.* Cromwell, désespérant de faire fortune en Angleterre, avait formé le projet de se rendre au nouveau monde ; déjà il mettait le pied sur le navire, quand un ordre de Charles Ier, défendant toute émigration, le força de rester en Angleterre. Le futur protecteur était alors à peu près inconnu, et cette circonstance peut servir aussi à montrer le doigt de Dieu dans toutes les grandes catastrophes humaines.

Le *grain de sable de Pascal* est devenu une locution originale et pittoresque pour exprimer cette vérité commune, que les petites causes peuvent engendrer de grands effets.

———

Grenouilles qui demandent un roi (LES), titre d'une fable de La Fontaine :

> Les grenouilles, se lassant
>   De l'état démocratique,
>   Par leurs clameurs firent tant
> Que Jupin les soumit au pouvoir monarchique :
> Il leur tomba du ciel un roi tout pacifique.

Or, ce roi était un *soliveau.* Les grenouilles se lassèrent bientôt d'un prince si débonnaire :

> Donnez-nous, dit ce peuple, un roi qui se remue !
> Le monarque des dieux leur envoie une grue,
>   Qui les croque, qui les tue,
>   Qui les gobe à son plaisir.

Dans l'application, on rappelle les grenouilles de la fable à propos d'un homme, d'une administration, d'un peuple, etc., qui, méconnaissant le bienfait d'une autorité douce et paternelle, aspire à un changement certainement funeste. On fait également allusion au *roi Soliveau.*

———

Guenille si l'on veut, ma guenille m'est chère.
Vers des plus justes et des plus plaisants, dans les *Femmes savantes,* acte II, scène VII. Le bonhomme Chrysale, homme simple, mais à jugement droit, deux qualités qui ne s'excluent pas, a pour femme Philaminte, savante, précieuse, philosophe, en un mot tout le contraire de

son mari. Or, celui-ci vient d'être forcé de renvoyer sa cuisinière Martine, qui lui faisait de bons potages, mais dont les fautes de syntaxe écorchaient les oreilles puristes de Philaminte et de sa sœur Bélise. Encore sous le coup de cette contrariété, Chrysale s'emporte contre Vaugelas, et fait l'apologie du pot au feu :

> Je vis de bonne soupe, et non de beau langage.

Philaminte indignée lui répond :

> Que ce discours grossier terriblement assomme !
> Et quelle indignité, pour ce qui s'appelle homme,
> D'être baissé sans cesse aux besoins matériels,
> Au lieu de se hausser vers les spirituels !
> Le corps, cette guenille, est-il d'une importance,
> D'un prix à mériter seulement qu'on y pense,
> Et ne devons-nous pas laisser cela bien loin ?

> CHRYSALE.

> Oui, mon corps est moi-même, et j'en veux prendre soin :
> *Guenille si l'on veut, ma guenille m'est chère.*

La *guenille* de Chrysale a passé en proverbe, et sert à exprimer l'attrait qu'inspirent les satisfactions matérielles, et les soins que l'on prend de soi-même.

———

> **Hé ! mon ami, tire-moi du danger ;**
> **Tu feras après ta harangue.**

Vers de la fable de La Fontaine l'*Enfant et le Maître d'école.* Un jeune enfant se noie ; passe par là un maître d'école, qui se met à le semoncer longuement ; puis, *lorsqu'il a tout dit,* il met l'enfant à bord, ce qui suggère au malin fabuliste la réflexion suivante :

> Je blâme ici plus de gens qu'on ne pense.
> Tout babillard, tout censeur, tout pédant,
> Se peut connaître au discours que j'avance.
> Chacun des trois fait un peuple fort grand :
> Le Créateur en a béni l'engeance ;
> En toute affaire, ils ne font que songer
> Au moyen d'exercer leur langue.
> *Hé ! mon ami, tire-moi du danger ;*
> *Tu feras après ta harangue.*

Les écrivains font souvent allusion à cette morale, exprimée en termes si pittoresques.

———

Héron de la fable (LE), allusion à une des plus charmantes fables de La Fontaine. Un héron se promène sur les bords d'une rivière, où se jouent une foule de poissons.

> Le héron en eût fait aisément son profit :
> Tous approchaient du bord ; l'oiseau n'avait qu'à prendre ;
> Mais il crut mieux faire d'attendre
> Qu'il eût un peu plus d'appétit :
> Il vivait de régime et mangeait à ses heures.

C'est ainsi qu'il dédaigne successivement la carpe, le brochet, la tanche et le goujon.

> Du goujon ! c'est bien là le dîner d'un héron !
> J'ouvrirais pour si peu le bec ! aux dieux ne plaise !
> Il l'ouvrit pour bien moins : tout alla de façon
> Qu'il ne vit plus aucun poisson.
> La faim le prit : il fut tout heureux et tout aise
> De rencontrer un limaçon.

On compare au héron de la fable ceux qui, après avoir fait les difficiles, les dégoûtés, finissent par se trouver heureux de rencontrer quelque chose de bien inférieur à ce qu'ils ont dédaigné.

—

Huître et les plaideurs (L'), allusion à une fable de La Fontaine, dans laquelle deux voyageurs se disputent pour la possession d'une huître qu'ils ont trouvée en même temps :

> Perrin Dandin arrive ; ils le prennent pour juge.
> Perrin, fort gravement, ouvre l'huître et la gruge,
> Nos deux messieurs le regardant.
> Ce repas fait, il dit d'un ton de président :
> Tenez, la cour vous donne à chacun une écaille
> Sans dépens ; et qu'en paix chacun chez soi s'en aille.

Dans l'application, on compare souvent à Perrin Dandin la Justice et, en général, quiconque abuse de sa position pour profiter d'un conflit.

—

Il aurait volontiers écrit sur son chapeau :
C'est moi qui suis Guillot, berger de ce troupeau.

Vers extraits de la fable de La Fontaine le *Loup devenu berger* Un loup, dont les prouesses avaient mis les bergers en défiance,

> Crut qu'il fallait s'aider de la peau du renard,
> Et faire un nouveau personnage.
> Il s'habille en berger, endosse un hoqueton,
> Fait sa houlette d'un bâton,
> Sans oublier la cornemuse.
> Pour pousser jusqu'au bout la ruse,
> *Il aurait volontiers écrit sur son chapeau :*
> « *C'est moi qui suis Guillot, berger de ce troupeau.* »

Ainsi affublé, il s'approche doucement d'un troupeau dont le berger et les chiens sont endormis ; mais, ayant cru devoir ajouter la parole aux habits pour compléter le stratagème,

> Chacun se réveille à ce son,
> Les brebis, le chien, le garçon.
> Le pauvre loup, dans cet esclandre,
> Empêché par son hoqueton,
> Ne put ni fuir ni se défendre.

Dans l'application, les deux vers que nous avons soulignés se disent de ceux qui affichent leurs titres, leurs qualités, etc.

—

Il compilait, compilait, compilait.

Vers célèbre de Voltaire dans le conte du *Pauvre diable*, et qui a passé en proverbe ; il est devenu, pour ainsi dire, le fer chaud au moyen duquel on marque au front les compilateurs.

On sait que Voltaire ne pouvait souffrir la critique, même la plus anodine. Or l'abbé Trublet, littérateur estimable, qui comptait parmi ses amis Maupertuis, le président Hénault, Fontenelle et Montesquieu, avait composé une assez longue dissertation où il attaquait les vers au bénéfice de la prose, et où il ne craignait pas d'appliquer à la *Henriade* ce que Boileau avait dit d'un poème de Chapelain :

> Et je ne sais pourquoi je bâille en le lisant.

Voltaire bondit sous l'aiguillon, et comme Trublet avait écrit un livre de pensées choisies, et d'autres ouvrages où il y avait, par la nature même du sujet, plus de recherches que d'invention, le satirique glissa les vers suivants dans son conte du *Pauvre diable* :

L'abbé Trublet alors avait la rage
D'être à Paris un petit personnage.
Au peu d'esprit que le bonhomme avait
L'esprit d'autrui par supplément servait.
Il entassait adage sur adage ;
Il compilait, compilait, compilait ;
On le voyait sans cesse écrire, écrire
Ce qu'il avait jadis entendu dire,
Et nous lasser sans jamais se lasser.
Il me choisit pour l'aider à penser.
Trois mois entiers ensemble nous pensâmes,
Lûmes beaucoup, et rien n'imaginâmes.

———

Il fallait un calculateur, ce fut un danseur qui l'obtint, allusion à un des passages les plus satiriques du fameux monologue de Figaro dans le *Mariage*, acte V, scène III. Figaro se retrace les vicissitudes de sa vie, les obstacles de toute nature contre lesquels se sont brisées toutes ses entreprises : « Le désespoir m'allait saisir ; on pense à moi pour une place ; mais, par malheur, j'y étais propre : *Il fallait un calculateur, ce fut un danseur qui l'obtint.* »

Dans l'application, on fait usage de cette mordante antithèse chaque fois que l'on veut rappeler le peu de justice, et surtout le peu de discernement qui préside parfois à la distribution des emplois.

———

Imiter de Conrart le silence prudent.

Vers de la Ire épître de Boileau :

Il est fâcheux, grand roi, de se voir sans lecteur,
Et d'aller du récit de ta gloire immortelle
Habiller chez Francœur le sucre et la cannelle.
Ainsi, craignant toujours un funeste accident,
J'imite de Conrart le silence prudent.

« Conrart, dit M. Géruzez, eut la prudence de ne rien publier et l'habileté de caresser l'amour-propre de ceux qui écrivaient. C'est par là qu'il eut beaucoup de célébrité et de crédit. Sa maison était ouverte aux auteurs ; ils trouvaient chez lui des auditeurs bienveillants, qui devenaient des prôneurs empressés. La maison de Conrart fut le berceau de l'Académie française, dont il a été le premier secrétaire perpétuel. » Ce titre explique l'épigramme suivante de Linière :

Conrart, comment as-tu pu faire
Pour acquérir tant de renom,
Toi qui n'as, pauvre secrétaire,
Jamais imprimé que ton nom ?

Le *silence prudent de Conrart* est devenu proverbial, et se dit ironiquement, dans l'application, de ceux qui ont la précaution de peu parler ou de ne pas écrire.

———

J'ai ri, me voilà désarmé.

Vers de la *Métromanie*, comédie de Piron.

Ces mots signifient que le mécontentement n'est plus possible après le rire, et les allusions qu'on y fait ont toujours lieu dans ce sens.

———

J'ai voulu voir, j'ai vu . . . . . .

Hémistiche de l'*Athalie* de Racine, acte II, scène VII.

Athalie croit avoir anéanti la race de David ; mais un rêve étrange lui fait apparaître un enfant qui lui perce le sein. Ce rêve la remplit d'anxiété. Elle pénètre dans le temple, et ce même enfant se présente à sa vue; il est à côté du grand prêtre. Elle le fait venir en sa présence et l'interroge.

Athalie, poussée à bout, ne garde plus aucune mesure, et se vante hautement du massacre de tous les membres de la famille de David, massacre qu'elle a ordonné. Alors Josabeth, femme de Joad, répond :

> Tout vous a réussi. Que Dieu voie et nous juge!

ATHALIE.

> Ce Dieu, depuis longtemps votre unique refuge,
> Que deviendra l'effet de ses prédictions?
> Qu'il vous donne ce roi promis aux nations,
> Cet enfant de David, votre espoir, votre attente...
> Mais nous nous reverrons. Adieu. Je sors contente.
> *J'ai voulu voir, j'ai vu.* . . . .

Dans l'application, ce dernier hémistiche est toujours l'expression d'un doute éclairci, ou il entre le plus souvent un sentiment de colère, un ton de menace.

———

J'appelle un chat un chat, et Rolet un fripon.

Vers de Boileau, satire Ire. Cette satire était le début du poète, qui n'avait alors que vingt-quatre ans. Sa colère fait tout d'abord explosion, mais elle révèle l'habile écrivain dont le vers *dira toujours quelque chose*, et l'homme de bien, ennemi déclaré du vice. Les vers heureux y abondent déjà, ces vers qui frappent et qu'on n'oublie plus, parce qu'ils expriment nettement une pensée juste. On pouvait bien augurer du jeune homme sincère et courageux qui disait à son début :

> *J'appelle un chat un chat, et Rolet un fripon.*

Ce Rolet était un procureur au parlement, bien connu par son habileté et ses friponneries.

Dans l'application, le vers de Boileau exprime l'absence de tout euphémisme, de toute réticence dans les expressions.

———

Jean s'en alla comme il était venu.

Premier vers de l'épitaphe de La Fontaine, composée par lui-même, et dans laquelle l'insouciance proverbiale du *Bonhomme* se trouve en quelque sorte personnifiée :

> *Jean s'en alla comme il était venu,*
> Mangeant son fonds avec son revenu,
> Croyant trésor chose peu nécessaire.
> Quant à son temps, bien sut le dispenser :
> Deux parts en fit, dont il soulait passer
> L'une à dormir et l'autre à ne rien faire.

L'aveu naïf de La Fontaine trouve en littérature de fréquentes applications. C'est par ce vers que Louis-Philippe fit à la France un stoïque et douloureux adieu : au moment de monter en voiture pour prendre le chemin de l'exil, le vieux roi serra la main d'un de ceux qui l'entouraient, en lui disant avec un sourire mélancolique :

> *Jean s'en alla comme il était venu.*

———

Je crains Dieu, cher Abner, et n'ai pas d'autre crainte.

Vers de Racine dans *Athalie*, acte Ier, scène Ire. Abner, sincère israélite, bien qu'au service d'Athalie, effrayé des projets sinistres que la reine semble nourrir contre Joad et contre le Temple, vient avertir le grand prêtre, qui lui répond avec calme et noblesse :

> Celui qui met un frein à la fureur des flots
> Sait aussi des méchants arrêter les complots.
> Soumis avec respect à sa volonté sainte,
> *Je crains Dieu, cher Abner, et n'ai pas d'autre crainte.*

Les allusions à ce beau vers, qui respire ce que l'enthousiasme poétique et religieux a de plus sublime, sont en général familières et plaisantes.

Je laisse à penser la vie
Que firent ces deux amis.

Vers de la fable de La Fontaine le *Rat de ville et le Rat des champs :*

> Sur un tapis de Turquie
> Le couvert se trouva mis.
> *Je laisse à penser la vie*
> *Que firent ces deux amis.*

Se dit d'une réjouissance, entre plusieurs, d'autant plus complète et bruyante qu'en général elle a lieu aux dépens d'autrui, ou tout au moins d'une manière illégitime.

Je l'ai vu, dis-je, vu, de mes propres yeux vu,
Ce qu'on appelle vu.

Passage de *Tartufe*, comédie de Molière, acte V, scène III. Orgon, enfin éclairé sur les véritables sentiments de Tartufe, raconte à dame Pernelle, sa mère, que, caché sous une table, il a assisté à une scène qui prouve toute la noirceur de l'hypocrite.

MADAME PERNELLE.
On vous aura forgé cent sots contes de lui.

ORGON.
Je vous ai dit déjà que j'ai vu tout moi-même.

MADAME PERNELLE.
Des esprits médisants la malice est extrême.

ORGON.
Vous me feriez damner, ma mère! Je vous di
Que j'ai vu de mes yeux un crime si hardi.

MADAME PERNELLE.
Les langues ont toujours du venin à répandre,
Et rien n'est ici-bas qui s'en puisse défendre.

ORGON.
C'est tenir un propos de sens bien dépourvu.
Je l'ai vu, dis-je, vu, de mes propres yeux vu,
Ce qu'on appelle vu.

Cette répétition énergique se rappelle pour faire entendre qu'on est tout à fait certain d'une chose, et qu'on n'en parle qu'après s'être assuré par soi-même, par ses propres yeux.

J'embrasse mon rival, mais c'est pour l'étouffer.

Vers de Racine dans *Britannicus*, acte IV, scène III. Néron a feint une réconciliation avec son frère Britannicus, aimé de Junie, pour laquelle il brûle lui-même d'une vive passion, et comme Burrhus le félicite de ces nouveaux sentiments, le tyran révèle tout à coup sa cruauté et sa profonde hypocrisie dans ce vers énergique resté proverbial :

> *J'embrasse mon rival, mais c'est pour l'étouffer.*

Ce beau vers sert à faire entendre qu'on ne feint de se réconcilier avec quelqu'un que pour mieux assurer sa propre vengeance.

. . . . *Je n'ai mérité*
Ni cet excès d'honneur ni cette indignité.

Vers de Racine dans sa tragédie de *Britannicus*, acte II, scène III. Néron, épris de Junie, aimée de Britannicus, lui déclare son intention de l'épouser en répudiant Octavie. Junie, surprise et affligée d'une résolution qui, brisant ses espérances, alarme sa délicatesse en la forçant à usurper la place d'une femme qu'elle estime et qu'elle chérit, répond au tyran :

> Seigneur, avec raison je demeure étonnée :
> Je me vois, dans le cours d'une même journée,
> Comme une criminelle amenée en ces lieux;
> Et lorsque avec frayeur je parais à vos yeux,
> Que sur mon innocence à peine je me fie,
> Vous m'offrez tout d'un coup la place d'Octavie!
> J'ose dire pourtant que *je n'ai mérité*
> *Ni cet excès d'honneur ni cette indignité.*

Dans l'application, ces deux vers de Racine caractérisent admirablement les personnes ou les choses que l'on déprécie avec exagération, après les avoir exaltées outre mesure, et réciproquement. On les emploie le plus souvent par plaisanterie.

Je ne dis pas cela.

Dénégation comique d'Alceste dans le *Misanthrope*, acte Ier, scène II. Oronte lui lit un sonnet sur lequel il veut avoir son sentiment. Il est difficile, dans un cas semblable, de dire crûment à un poète que ses vers sont mauvais; d'un autre côté, Alceste se pique d'une franchise intraitable; il abhorre les ménagements et la dissimulation, de sorte qu'il se trouve forcé de faire violence à son caractère. Mais c'est de mauvaise grâce; les détours qu'il emploie pour atténuer sa pensée ne trompent pas Oronte, qui ne cesse de lui dire : « Est-ce que mes vers vous semblent mauvais? »

Est-ce qu'à mon sonnet vous trouvez à redire?

et autres questions semblables, auxquelles Alceste répond trois fois : *Je ne dis pas cela*, hémistiche invariablement suivi d'un *mais* qui donne à comprendre que c'est précisément cela qu'il veut dire. J.-J. Rousseau, qui a dirigé une critique assez vive contre le *Misanthrope*, « lui reproche de tergiverser d'abord avec Oronte, et de ne pas lui dire crûment, du premier mot, que son sonnet ne vaut rien; et il ne s'aperçoit pas que le détour que prend Alceste pour le dire sans trop manquer aux égards que se doivent les gens bien élevés, est plus piquant cent fois que la vérité toute nue. Chaque fois qu'il répète : *Je ne dis pas cela*, il dit en effet tout ce qu'on peut dire de plus dur; en sorte que, malgré ce qu'il croit devoir aux formes, il s'abandonne à son caractère dans le temps même où il croit en faire le sacrifice.» (LA HARPE.)

Dans l'application, ces mots expriment toujours un sens analogue.

J'en passe et des meilleurs.

Allusion à un hémistiche fameux d'*Hernani*, drame de M. Victor Hugo.

Le roi donc Carlos propose une trahison à Ruy Gomez; celui-ci montre successivement les portraits de ses ancêtres, qui tous ont été des gentils-hommes remplis de bravoure et d'honneur; sur un geste d'impatience du roi, Ruy Gomez termine par cet hémistiche devenu proverbial :

> *J'en passe et des meilleurs.*

Dans l'application, ces mots sont devenus une sorte de formule au moyen de laquelle on abrége une énumération, une nomenclature.

Je pleure, hélas ! sur ce pauvre Holopherne, Si méchamment mis à mort par Judith.

Allusion à une épigramme mordante de Racine contre *Judith*, tragédie du poète Boyer :

> A sa *Judith*, Boyer, par aventure,
> Etait assis près d'un riche caissier,
> Bien aise était, car le bon financier
> S'attendrissait et pleurait sans mesure.
> « Bon gré vous sais, lui dit le vieux rimeur;
> Le beau vous touche, et ne sériez d'humeur
> A vous saisir pour une baliverne. »
> Lors le richard, en larmoyant lui dit :
> *Je pleure, hélas! sur ce pauvre Holopherne,*
> *Si méchamment mis à mort par Judith.*

Les écrivains rappellent souvent cette réponse comique du financier, qui distribue son intérêt d'une si étrange manière, et les allusions s'en font dans un sens analogue.

Je suis oiseau, voyez mes ailes. Je suis souris, vivent les rats !

Vers de La Fontaine dans la fable la *Chauve-souris et les deux Belettes*. Une chauve-souris va successivement se réfugier chez une belette ennemie des rats, et chez une autre ennemie des oiseaux. Grâce à sa double forme, elle s'échappe en s'écriant, dans le premier cas :

> *Je suis oiseau, voyez mes ailes :*
> Vive la gent qui fend les airs !

et dans le second :

> *Je suis souris ; vivent les rats!*
> Jupiter confonde les chats !

Ces deux vers sont devenus la devise de ceux qui, sans courage et sans dignité, affichent successivement les couleurs de tous les partis, au gré des circonstances et de leurs intérêts.

Je vois, je sais, je crois, je suis désabusée.

Vers de Corneille dans *Polyeucte*, acte V, scène v.

Félix, gouverneur d'Arménie pour l'empereur Dèce, a reçu l'ordre de persécuter les chrétiens. Sa fille Pauline, encore païenne, a épousé Polyeucte, l'un d'eux. Celui-ci confesse publiquement sa foi, et son beau-père, étouffant la voix du sang, l'envoie au supplice. Pauline alors, illuminée tout à coup par le sublime courage de son époux martyr, et, convertie elle-même, s'écrie dans un langage inspiré :

> Mon époux en mourant m'a laissé ses lumières ;
> Son sang, dont tes bourreaux viennent de me couvrir,
> M'a dessillé les yeux et me les vient d'ouvrir,
> *Je vois, je sais, je crois, je suis désabusée,*
> De ce bienheureux sang tu me vois baptisée ;
> Je suis chrétienne enfin, n'est-ce point assez dit?

Ce vers, d'une éloquence passionnée, exprime le soudain envahissement de l'esprit par les clartés d'une lumière nouvelle.

Laissez-leur prendre un pied chez vous, Ils en auront bientôt pris quatre.

Vers de la fable de La Fontaine la *Lice et sa Compagne :*

> Ce qu'on donne aux méchants, toujours on le regrette :
> Pour tirer d'eux ce qu'on leur prête,
> Il faut que l'on en vienne aux coups ;
> Il faut plaider, il faut combattre.
> *Laissez-leur prendre un pied chez vous,*
> *Ils en auront bientôt pris quatre.*

Dans l'application, ces vers se disent de tous ceux qui ont un penchant à abuser des bontés qu'on a pour eux et des services qu'on leur rend.

Laitière et le pot au lait (LA),

titre d'une des plus jolies fables de La Fontaine, trop connue pour que nous croyions utile de la rappeler ici.

Le *Pot au lait* de Perrette est devenu le synonyme de rêves brillants aussitôt déçus.

Le chagrin monte en croupe et galope avec lui.

Vers de Boileau, dans sa V^e épître, et qui n'est que la traduction heureuse de cet autre vers d'Horace : *Post equitem sedet atra cura,* « le noir souci s'assied derrière le cavalier. »

> Un fou rempli d'erreurs, que le trouble accompagne,
> Est malade à la ville ainsi qu'à la campagne,
> *Le chagrin monte en croupe et galope avec lui.*

Les écrivains rappellent souvent l'alexandrin de Boileau, mais souvent aussi le vers du poète latin.

Le crime fait la honte, et non pas l'échafaud.

Vers de Thomas Corneille, dans sa tragédie du *Comte d'Essex,* acte IV, scène III. Le comte, favori de la reine Élisabeth, a été condamné à mort pour crime de rébellion. Son intraitable orgueil l'empêche de se décider à un acte de soumission, qui lui attirerait certainement sa grâce. Le comte de Salisbury, son ami, vient le visiter dans sa prison et l'engage à consentir à cette démarche, en lui représentant l'opprobre de la mort qui pèsera sur sa mémoire :

LE COMTE D'ESSEX.

J'ai vécu glorieux et je mourrai de même.

· · · · · · · · · · ·

SALISBURY.

Vous mourrez glorieux! Ah ciel! pouvez-vous croire
Que sur un échafaud vous sauviez votre gloire?
Qu'il ne soit pas honteux à qui s'est vu si haut...

LE COMTE D'ESSEX.

Le crime fait la honte, et non pas l'échafaud.

Ce beau vers, qui exprime si énergiquement cette vérité, que le supplice n'a rien d'infamant pour l'innocence, peut toujours s'appliquer aux victimes de la persécution ou des luttes politiques. On le retrouve sous la plume de Charlotte Corday, écrivant à son père quelques jours avant son exécution.

———

Le dieu, poursuivant sa carrière
Versait des torrents de lumière
Sur ses obscurs blasphémateurs.

Belle strophe de Lefranc de Pompignan, dans son *Ode sur J.-B. Rousseau,* mort dans le Brabant après un exil de plus de trente ans :

Le Nil a vu, sur ses rivages,
Les noirs habitants des déserts
Insulter, par leurs cris sauvages,
L'astre éclatant de l'univers.
Cris impuissants! fureurs bizarres!
Tandis que ces monstres barbares
Poussaient d'insolentes clameurs,
Le dieu, poursuivant sa carrière,
Versait des torrents de lumière
Sur ses obscurs blasphémateurs.

Dans l'application, ces vers sont le plus magnifique emblème du génie, qui ne se rebute point de l'ingratitude des hommes, qui ne se venge des outrages, des injustices qu'on lui prodigue trop souvent, que par des bienfaits éclatants auxquels ses persécuteurs ont part les premiers.

———

Le maître l'a dit; en latin, *Magister dixit,* paroles sacramentelles des scolastiques du moyen âge, lorsque, à l'exemple des disciples de Pythagore, ils appuyaient leur opinion sur l'autorité du *maître,* d'Aristote.

Dans l'application, ces mots signifient qu'on se retranche derrière une autorité indiscutable.

———

Le masque tombe, l'homme reste,
Et le héros s'évanouit.

Vers de J.-B. Rousseau, dans *Ode à la Fortune :*

Montrez-nous, guerriers magnanimes,
Votre vertu dans tout son jour;
Voyons comment vos cœurs sublimes
Du sort soutiendront le retour.
Tant que sa faveur vous seconde,
Vous êtes les maîtres du monde,
Votre gloire nous éblouit;
Mais, au moindre revers funeste
Le masque tombe, l'homme reste,
Et le héros s'évanouit.

Dans l'application, ces beaux vers caractérisent l'homme dont une circonstance subite met à nu les sentiments secrets. Quelquefois aussi ils se rappellent sur le ton de la plaisanterie, en apportant quelque variante dans les substantifs *masque, homme, héros.*

Le pauvre homme!

Exclamation des plus comiques, que fait entendre Orgon dans la scène v du Ier acte de *Tartufe*. Orgon arrive de voyage, et il se fait rendre compte par Dorine, soubrette de sa femme, de ce qui s'est passé pendant son absence :

> DORINE.
>
> Madame eut avant-hier la fièvre jusqu'au soir,
> Avec un mal de tête étrange à concevoir.

> ORGON.
>
> Et Tartufe?

> DORINE.
>
> Tartufe! il se porte à merveille,
> Gros et gras, le teint frais et la bouche vermeille.

> ORGON.
>
> *Le pauvre homme!*

> DORINE.
>
> Le soir, elle eut un grand dégoût,
> Et ne put, au souper, toucher à rien du tout,
> Tant sa douleur de tête était encor cruelle!

> ORGON.
>
> Et Tartufe?

> DORINE.
>
> Il soupa, lui tout seul, devant elle,
> Et, fort dévotement, il mangea deux perdrix,
> Avec une moitié de gigot en hachis.

> ORGON.
>
> *Le pauvre homme!*

> DORINE.
>
> La nuit se passa tout entière
> Sans qu'elle pût fermer un moment la paupière;
> Des chaleurs l'empêchaient de pouvoir sommeiller,
> Et jusqu'au jour, près d'elle, il nous fallut veiller.

> ORGON.
>
> Et Tartufe!

> DORINE.
>
> Pressé d'un sommeil agréable,
> Il passa dans sa chambre au sortir de la table,
> Et dans son lit bien chaud il se mit tout soudain,
> Où, sans trouble, il dormit jusques au lendemain.

> ORGON.
>
> *Le pauvre homme!*

> DORINE.
>
> A la fin, par nos raisons gagnée,
> Elle se résolut à souffrir la saignée,
> Et le soulagement suivit tout aussitôt.

> ORGON.
>
> Et Tartufe?

> DORINE.
>
> Il reprit courage comme il faut;
> Et contre tous les maux fortifiant son âme,
> Pour réparer le sang qu'avait perdu madame,
> But à son déjeuner quatre grands coups de vin.

> ORGON.
>
> *Le pauvre homme!*

DORINE.

Tous deux se portent bien enfin ;
Et je vais à madame annoncer par avance
La part que vous prenez à sa convalescence.

De sérieuse qu'elle était de la part d'Orgon, cette plainte est devenue ironique dans l'application ; elle sert à faire comprendre qu'on ne compatit pas le moins du monde à un mal que quelqu'un voudrait donner comme réel, et qui n'est le plus souvent qu'imaginaire ou de peu d'importance, surtout en parlant d'un homme riche et puissant.

Le plus âne des trois n'est pas celui qu'on pense.

Vers de la fable de La Fontaine le *Meunier, son Fils et l'Âne.*

J'ai lu dans quelque endroit qu'un meunier et son fils
L'un vieillard, l'autre enfant, non pas des plus petits,
Mais garçon de quinze ans, si j'ai bonne mémoire,
Allaient vendre leur âne un certain jour de foire.
Afin qu'il fût plus frais et de meilleur débit,
On lui lia les pieds, on vous le suspendit ;
Puis cet homme et son fils le portent comme un lustre.
Pauvres gens ! idiots ! couple ignorant et rustre !
Le premier qui les vit de rire s'éclata :
Quelle farce, dit-il, vont jouer ces gens-là ?
Le plus âne des trois n'est pas celui qu'on pense.

Dans l'application, le mot *âne* est presque toujours remplacé par le nom du défaut ou de la qualité qui fait l'objet de l'allusion.

Le reste ne vaut pas l'honneur d'être nommé.

Vers de *Cinna*, tragédie de Corneille, acte V, scène 1re. Auguste prouve à Cinna qu'il connaît sa conspiration, et il lui nomme ses complices :

Tu veux m'assassiner demain, au Capitole,
Pendant le sacrifice, et ta main pour signal,
Me doit, au lieu d'encens, donner le coup fatal.
La moitié de tes gens doit occuper la porte,
L'autre moitié te suivre et te prêter main-forte.
Ai-je de bons avis, ou de mauvais soupçons ?
De tous ces meurtriers te dirai-je les noms ?
Procule, Glabrion, Virginian, Rutile,
Marcel, Plaute, Lénas, Pompone, Albin, Icile,
Maxime, qu'après toi j'avais le plus aimé :
Le reste ne vaut pas l'honneur d'être nommé.

Ce vers est devenu proverbe et termine, d'une manière peu flatteuse pour ceux que l'on omet, une énumération de personnalités choisies dans quelque genre que ce soit.

. . . . Les chants avaient cessé.

Hémistiche de Raynouard, dans les *Templiers*, acte V, scène dernière. Les Templiers, accusés des crimes les plus odieux, ont été condamnés à périr sur le bûcher. La reine, qui s'intéresse à eux parce qu'elle croit à leur innocence, obtient de Philippe le Bel, son époux, que leur supplice soit différé, et un officier part aussitôt pour en porter l'ordre, mais il arrive trop tard. Le connétable, Gaucher de Châtillon, fait en présence du roi et de la reine le récit de la mort de ces illustres chevaliers, du courage qu'ils ont déployé à cet instant suprême, *chantant* des cantiques jusque sur le bûcher, et de la double prédiction du grand maître concernant le pape et Philippe. Il termine par ces vers :

> Votre envoyé paraît, s'écrie... Un peuple immense,
> Proclamant avec lui votre auguste clémence,
> Au pied de l'échafaud soudain s'est élancé...
> Mais il n'était plus temps... *les chants avaient cessé.*

Dans l'application, ces mots s'emploient, le plus souvent, sous une forme plaisante, pour faire entendre qu'une réunion, une cérémonie est terminée, et qu'on arrive trop tard pour y participer, ou, plus simplement, pour dire qu'une chose a cessé d'exister.

———

Les restes d'une voix qui tombe et d'une ardeur qui s'éteint, mots d'une sublime mélancolie, par lesquels Bossuet termine l'admirable péroraison de son oraison funèbre du prince de Condé : « Au lieu de déplorer la mort des autres, grand prince, dorénavant je veux apprendre de vous à rendre la mienne sainte. Heureux si, averti par ces cheveux blancs du compte que je dois rendre de mon administration, je réserve au troupeau que je dois nourrir de la parole de vie *les restes d'une voix qui tombe et d'une ardeur qui s'éteint.* »

Les écrivains font souvent allusion à ces magnifiques paroles, qui portent l'âme à la réflexion et respirent une tristesse grave et touchante, la sainte frayeur du pasteur et du chrétien qui se sent appelé à aller bientôt rendre un double compte au tribunal de la justice divine.

———

. . . . . **Le temps ne fait rien à l'affaire.**

Fin d'un vers du *Misanthrope*, comédie de Molière, acte Ier, scène II.

Oronte, homme de cour, veut connaître le sentiment d'Alceste, le misanthrope, sur un sonnet de sa composition, et, avant d'en commencer la lecture, il lui dit, par précaution oratoire :

> Au reste, vous saurez
> Que je n'ai demeuré qu'un quart d'heure à le faire.

ALCESTE.

> Voyons, monsieur ; *le temps ne fait rien à l'affaire.*

Cette locution appartenait sans doute déjà à la langue du temps de Molière, et le grand écrivain n'a fait que la consacrer ; elle signifie que le mérite d'une œuvre ne s'évalue pas d'après le temps, les soins, les peines qu'elle a coûtés. Rossini n'a consacré que quelques semaines à la composition de son immortel opéra de *Guillaume Tell*, tandis que certaines partitions, qui ont demandé des années à leurs auteurs, sont tombées dans un oubli mérité.

———

Le trident de Neptune est le sceptre du monde.

Vers fameux de Lemierre, dans son petit poème intitulé le *Commerce :*

> Quel tumulte! A l'éclat de ces trésors nouveaux
> Les peuples attirés sont devenus rivaux :
> Le liquide élément est le champ de la guerre ;
> On court se disputer les trésors de la terre ;
> Et le peuple vainqueur, seul arbitre des mers,
> Saisit l'utile honneur d'enrichir l'univers ;
> La puissance dépend de l'empire de l'onde :
> *Le trident de Neptune est le sceptre du monde.*

Sous une forme figurée, ce vers signifie que l'empire de la mer donne l'empire du monde, sens qui se reproduit invariablement dans les applications que l'on en fait. -

———

**Le véritable Amphitryon
Est l'Amphitryon où l'on dîne.**

Vers de l'*Amphitryon* de Molière, comédie imitée de Plaute. Tout le tissu de cette pièce repose sur les méprises qu'occasionne un personnage qui paraît double. A la fin, c'est Jupiter, c'est le *deus ex machina*, qui éclaircit le mystère aux yeux de tous les personnages de la pièce, qu'il invite en même temps à un festin. Le valet du roi Amphitryon, Sosie, qui s'est abusé pendant tout le cours de la pièce sur l'identité de son maître, termine par ces mots :

> Je ne me trompais pas, messieurs ; ce mot termine
> Toute l'irrésolution :
> *Le véritable Amphitryon*
> *Est l'amphitryon où l'on dîne.*

Ces deux vers, qui sont restés dans la mémoire de tous, ont passé en proverbe, et, dans l'application, ils servent à exprimer ce sentiment d'égoïsme et d'intérêt qui pousse à encenser la force et la puissance.

———

Le vivre et le couvert, que faut-il davantage ?

Vers de La Fontaine dans la fable le *Rat qui s'est retiré du monde*, et qui, dans l'application, exprime la satisfaction qu'on doit éprouver en se voyant assuré du nécessaire.

———

L'homme s'agite, et Dieu le mène, allusion à un passage de Fénelon dans son beau sermon pour la fête de l'Epiphanie : « Dieu n'accorde aux passions humaines, lors même qu'elles semblent décider de tout, que ce qu'il leur faut pour être les instruments de ses desseins. Ainsi *l'homme s'agite et Dieu le mène.* » Ce passage, dont le dernier trait rappelle la maxime de l'Ecriture sainte : « Le cœur de l'homme dispose sa voie, et Dieu conduit ses pas » (*Prov.* XVI, 9), est un éloquent commentaire du proverbe *L'homme propose et Dieu dispose*, qui a été formulé probablement par l'auteur de l'*Imitation de Jésus-Christ*, dans laquelle il se trouve, liv. I, ch. XIX, § 2 : *Homo proponit et Deus disponit.*

Cette religieuse et profonde pensée de Fénelon, qu'on attribue quelquefois à Bossuet, mais à tort, est souvent rappelée par les écrivains, qui aiment à l'employer comme épiphonème.

———

Lion et le Moucheron (LE), allusion à une fable dans laquelle La Fontaine fait ressortir le triomphe de la faiblesse fine et adroite, personnifiée par le moucheron, sur la force furieuse et rugissante, représentée par le lion.

Ces quelques mots suffisent seuls à faire comprendre dans quel sens doivent avoir lieu les applications.

———

**L'œil morne.... et la tête baissée,
Semblaient se conformer à sa triste pensée.**

Vers de Racine, dans le fameux récit où Théramène raconte à Thésée la mort de son fils Hippolyte. (*Phèdre*, acte V, scène VI) :

16

A peine nous sortions des portes de Trézène.
Il était sur son char; ses gardes affligés
Imitaient son silence, autour de lui rangés.
Il suivait tout pensif le chemin de Mycènes,
Sa main sur ses chevaux laissait flotter les rênes.
Ses superbes coursiers, qu'on voyait autrefois,
Pleins d'une ardeur si noble, obéir à sa voix,
L'œil morne, maintenant, et la tête baissée,
Semblaient se conformer à sa triste pensée.

Les écrivains font souvent allusion à ces deux vers, et presque toujours d'une manière plaisante.

———

Louis . . . .
Se plaint de sa grandeur qui l'attache au rivage.

Vers de Boileau, dans son épître au roi intitulée le *Passage du Rhin* :

La Salle, Beringhen, Nogent, d'Ambre, Cavois,
Fendent les flots tremblants sous un si noble poids;
Louis, les animant du feu de son courage,
Se plaint de sa grandeur qui l'attache au rivage.

Ce vers célèbre se cite toujours ironiquement, et en parlant de quelqu'un qui craint ou qui feint de craindre de compromettre sa dignité, par des scrupules qui ne sont pas justifiés.

———

Madame se meurt! Madame est morte! Sublime mouvement d'éloquence de Bossuet, dans l'oraison funèbre de Henriette d'Angleterre, duchesse d'Orléans, morte soudainement à la fleur de l'âge.

Ces mots, qui montrent avec une énergie si éloquente le passage subit de la vie à la mort, se disent, dans l'application, des personnes, et principalement des choses.

———

Ma foi, s'il m'en souvient, il ne m'en souvient guère.

Vers du *Geôlier de soi-même*, comédie de Th. Corneille. Jodelet a été fait prisonnier, couvert des armes et du costume de Frédéric, prince de Sicile; Octave, roi de Naples, le prenant pour Frédéric lui-même, lui dit :

Seigneur, il vous souvient qu'un jour, sans mon secours,
Un cruel sanglier eût terminé vos jours;
Il vous souvient de plus que le roi votre père...

JODELET.

Ma foi, s'il m'en souvient, il ne m'en souvient guère.

Ce vers si plaisant, qui a passé dans la langue, a en quelque sorte son histoire. A une représentation de *Coriolan*, tragédie oubliée de l'abbé Abeille, deux actrices étant en scène, l'une disait à l'autre :

Vous souvient-il, ma sœur, du feu roi notre père?

Et comme celle-ci cherchait sa réponse, un plaisant du parterre repartit par le vers de la comédie :

Ma foi, s'il m'en souvient, il ne m'en souvient guère.

Le poète Olivier en a fait un usage plus piquant encore dans cette épitaphe épigrammatique :

Ci-gît un auteur peu fêté,
Qui crut aller tout droit à l'immortalité;

Mais sa gloire et son corps n'ont qu'une même bière,
Et quand Abeille on nommera,
Dame postérité dira :
Ma foi, s'il m'en souvient, il ne m'en souvient guère.

Il est facile de comprendre dans quelles circonstances peuvent avoir lieu les applications.

—

Mais attendons la fin.

Hémistiche de la fable de La Fontaine *le Chêne et le Roseau.* Celui-ci répond au chêne, qui s'apitoie orgueilleusement sur sa faiblesse :

Les vents me sont moins qu'à vous redoutables ;
Je plie et ne romps pas. Vous avez jusqu'ici,
Contre leurs coups épouvantables,
Résisté sans courber le dos ;
Mais attendons la fin. . . . . .

Dans l'application, ces mots signifient qu'il est imprudent de compter sur une constante prospérité tant qu'on n'a pas mené à terme une entreprise.

Mais où sont les neiges d'antan ?

Refrain du poëte Villon dans sa charmante ballade des *Dames du temps jadis.* Le poëte, qui, au moment où il écrivit, ne se sentait pas la conscience bien nette, était préoccupé de l'idée de la mort. Il se plaît donc à faire défiler devant nous le cortége des beautés illustres, des reines puissantes, des héroïnes, et il se demande : Où sont-elles ? — *Mais où sont les neiges d'antan?* Nous ne résistons pas au plaisir de citer une strophe de cette délicieuse ballade :

La royne, blanche comme un lys,
Qui chantoit à voix de sireine ;
Berthe au grand pied, Biettris, Alliz,
Harembouges qui tint le Mayne,
Et Jehanne, la bonne Lorraine,
Que Angloys bruslèrent à Rouen,
Où sont-ils, Vierge souveraine ?...
Mais où sont les neiges d'antan?

Ce vers, qui exprime si gracieusement un mélancolique retour vers le passé, est, de la part des écrivains, l'objet de fréquentes allusions.

Mais voici bien une autre fête.

Vers de La Fontaine dans sa charmante fable *le Chat et le vieux rat.*

Un second Rodilard, l'Alexandre des chats,
L'Attila, le fléau des rats,

avait employé toutes les ruses de son sac, et les souris n'osaient plus sortir de leur trou. Un dernier stratagème lui restait :

Le galant fait le mort, et, du haut d'un plancher,
Se pend la tête en bas : la bête scélérate
A de certains cordons se tenait par la patte.
Le peuple des souris croit que c'est châtiment,
Qu'il a fait un larcin de rôt ou de fromage,
Egratigné quelqu'un, causé quelque dommage ;
Enfin, qu'on a pendu le mauvais garnement.
Toutes, dis-je, unanimement,
Se promettent de rire à son enterrement,
Mettent le nez à l'air, montrent un peu la tête,

> Puis rentrent dans leurs nids à rats,
> Puis, ressortant, font quatre pas,
> Puis enfin se mettent en quête ;
> *Mais voici bien une autre fête :*
> Le pendu ressuscite.

Ces mots ont passé en proverbe, et se citent pour exprimer qu'une chose change tout à coup de face et dans un sens toujours désavantageux.

———

Médecin Tant-pis et le médecin Tant-mieux (LE), allusion à une fable où La Fontaine met en présence deux médecins qui, suivant l'usage, sont d'un avis diamétralement opposé.

Dans l'application, on désigne par ces deux mots ce travers particulier à certaines gens qui voient les choses ou tout en blanc ou tout en noir. C'est, à un certain point de vue, le pessimisme et l'optimisme en présence.

———

Même quand l'oiseau marche, on sent qu'il a des ailes.

Vers de Lemierre dans son poème des *Fastes*, chant Ier :

> Si la trace des dieux fut, dit-on, reconnue
> Aux parfums qu'après eux ils laissaient dans la nue,
> Que dans mes vers ainsi chaque trait aperçu
> Se sente du trépied où je l'aurai conçu,
> Que le plus humble objet brille encor d'étincelles;
> *Même quand l'oiseau marche, on sent qu'il a des ailes.*

Dans l'application, cet alexandrin exprime cette vérité, que, chez l'homme supérieur, la plus simple pensée porte toujours le cachet de son génie, l'empreinte de sa puissante originalité.

———

- Mes pareils à deux fois ne se font pas connaître,
Et pour leurs coups d'essai veulent des coups de maître.

Vers tirés de la fameuse scène de la provocation, dans *le Cid*, tragédie de Corneille, acte II, scène II. Rodrigue (le Cid), qui n'a pas encore porté les armes, provoque à un combat mortel le comte de Gormas, un des plus vaillants guerriers de l'Espagne, lequel a outragé don Diègue, père de Rodrigue :

RODRIGUE.

A moi, comte, deux mots.

LE COMTE.
Parle.

RODRIGUE.

               Ote-moi d'un doute.
Connais-tu bien don Diègue ?

LE COMTE.
Oui.

RODRIGUE.

               Parlons bas; écoute.
Sais-tu que ce vieillard fut la même vertu,
La vaillance et l'honneur de son temps? le sais-tu?

LE COMTE.

Peut-être.

RODRIGUE.

      Cette ardeur que dans les yeux je porte,
Sais-tu que c'est son sang? le sais-tu?

LE COMTE.
Que m'importe?

RODRIGUE.

A quatre pas d'ici je te le fais savoir.

LE COMTE.

Jeune présomptueux.

RODRIGUE.

Parle sans t'émouvoir.
Je suis jeune, il est vrai, mais aux âmes bien nées
La valeur n'attend pas le nombre des années.

LE COMTE.

Te mesurer à moi! Qui t'a rendu si vain,
Toi qu'on n'a jamais vu les armes à la main?

RODRIGUE.

Mes pareils à deux fois ne se font pas connaître,
Et pour leurs coups d'essai veulent des coups de maître.

Dans l'application, ces vers caractérisent une personne ou une chose qui se révèle subitement par un coup d'éclat.

———

Meunier, son fils et l'Ane (LE), titre d'une des plus jolies fables de La Fontaine, où il montre, par une succession d'incidents aussi plaisants que pittoresques, l'impossibilité de suivre les conseils, presque toujours contradictoires, que chacun se plaît à donner. De là, comme conclusion, ces mots passés en proverbe : *On ne peut contenter tout le monde et son père.*

Les allusions rappellent tantôt la fable elle-même, tantôt les mots que nous venons de citer.

———

Moi, moi, dis-je, et c'est assez. . . . . .

Allusion à un passage de Corneille dans sa tragédie de *Médée*, acte Ier, scène v. Médée, sur le point d'être abandonnée par le volage Jason, épris d'un nouvel amour pour la fille de Créon, roi de Corinthe, fait part de ses sentiments de colère et de ses projets de vengeance à Nérine, sa confidente. Celle-ci rappelle à Médée l'abandon où elle se trouve et lui conseille la prudence :

Que sert ce grand courage où l'on est sans pouvoir?

MÉDÉE.

Il trouve toujours lieu de se faire valoir.

NÉRINE.

Forcez l'aveuglement dont vous êtes séduite,
Pour voir en quel état le sort vous a réduite.
Votre pays vous hait, votre époux est sans foi ;
Dans un si grand revers que vous reste-t-il?

MÉDÉE.

Moi,

Moi, dis-je, et c'est assez...

Dans l'application, le *moi* fameux de Médée est resté proverbial pour exprimer la confiance absolue que l'on conserve dans ses propres forces au milieu d'un grand danger.

———

Monsieur Dimanche, personnage du théâtre de Molière, dans la scène la plus comique de *Don Juan*, et dont le nom est resté proverbial.

M. Dimanche vient réclamer ce qui lui est dû ; don Juan le paye en belles paroles et surtout en compliments : « Ah ! monsieur Dimanche, approchez ; que je suis ravi de vous voir ! Vite un siége pour M. Dimanche. » On apporte un pliant. Ce n'est pas assez : « Un fauteuil à M. Dimanche. » D'ailleurs don Juan coupe sans cesse la parole au pauvre marchand, et l'accable de questions empressées sur sa santé, sur celle de Mme Dimanche, de la petite Claudine et du petit Colin. Est-ce tout ? Non ; pas encore : « Et votre petit chien Brusquet, gronde-t-il toujours aussi fort, et mord-il toujours bien aux jambes les gens qui vont chez vous ? » M. Dimanche est confondu. Comment parler d'argent après tant de civilités ? Pour comble, don Juan invite M. Dimanche à souper. Pour le coup, c'en est trop ! ce malheureux créancier s'excuse très-humblement et parle de se retirer. Se retirer ! Voilà précisément le mot que guettait don Juan, comme le chat guette la souris, et il ne le laisse pas tomber : « Vite, vite ! un flambeau pour reconduire M. Dimanche. » Et le malheureux marchand est mis dehors sans avoir pu toucher un seul mot de sa créance.

Dans la langue, *Monsieur Dimanche* est resté le type du créancier timide, du fournisseur patient ; mais, de nos jours, cette espèce est devenue très-rare.

———

Montagne qui enfante une souris (LA), allusion à une fable de La Fontaine, qui n'est que le développement de ce vers d'Horace (*Art poétique*, v. 139) :

> *Parturient montes, nascetur ridiculus mus.*
>
> Une montagne en mal d'enfant
> Jetait une clameur si haute,
> Que chacun, au bruit accourant,
> Crut qu'elle accoucherait sans faute
> D'une cité plus grosse que Paris :
> *Elle accoucha d'une souris.*

Ces mots sont à l'adresse des personnes ou des choses dont les promesses pompeuses ou les brillantes apparences n'aboutissent qu'à un résultat ridicule.

———

Montrez-moi patte blanche.

Vers tiré de la fable de La Fontaine *le Loup, la Chèvre et le Chevreau.*
La chèvre, allant paître l'herbe nouvelle,

> Ferma sa porte au loquet,
> Non sans dire à son biquet :
> Gardez-vous, sur votre vie,
> D'ouvrir que l'on ne vous die,
> Pour enseigne et mot du guet :
> Foin du loup et de sa race !

Un loup qui passait par là entendit le mot d'ordre, s'approcha de la porte,

> Et, d'une voix papelarde,
> Il demande qu'on ouvre, en disant : Foin du loup !
> Et croyant entrer tout d'un coup.
> Le biquet soupçonneux par la fente regarde :
> *Montrez-moi patte blanche*, ou je n'ouvrirai point,
> S'écria-t-il d'abord. Patte blanche est un point

Chez les loups, comme on sait, rarement en usage.
Celui-ci, fort surpris d'entendre ce langage,
Comme il était venu s'en retourna chez soi.

Dans l'application, ces mots s'adressent à ceux dont on soupçonne les intentions hypocrites, et avec lesquels deux sûretés valent mieux qu'une.

Mouche du coche (LA), allusion à la fable de La Fontaine *le Coche et la Mouche* :

Dans un chemin montant, sablonneux, malaisé,
Et de tous les côtés au soleil exposé,
　　Six forts chevaux tiraient un coche.
Femmes, moines, vieillards, tout était descendu :
L'attelage suait, soufflait, était rendu.
Une *mouche* survient, et des chevaux s'approche,
Prétend les animer par son bourdonnement,
Pique l'un, pique l'autre, et pense à tout moment
　　Qu'elle fait aller la machine ;
S'assied sur le timon, sur le nez du cocher.
　　Aussitôt que le char chemine,
　　Et qu'elle voit les gens marcher,
Elle s'en attribue uniquement la gloire.

Dans l'application, ces mots : *Faire la mouche du coche*, signifient faire l'empressé, le nécessaire, et s'attribuer le succès des choses auxquelles on a le moins contribué.

Moutons de Panurge (LES), allusion à un des passages les plus comiques du *Pantagruel* de Rabelais.

Panurge, le joyeux compagnon de Pantagruel, est, comme on sait, un des enfants de l'imagination capricieuse de Rabelais. Pendant le voyage de Pantagruel au pays des Lanternes, Panurge se prit, en mer, de querelle avec le marchand Dindenault, qui l'avait gravement injurié. Pour se venger et jouer à Dindenault un tour de sa façon, il lui acheta un de ses moutons, qu'il précipita dans la mer. L'exemple et les bêlements de celui-ci entraînèrent tous ses compagnons, qui sautèrent l'un après l'autre à la file. Le marchand lui-même fut entraîné par le dernier, qu'il s'efforçait de retenir, et se noya avec son troupeau, complétant ainsi le tableau saisissant de l'extravagance imitative de la foule. Panurge, armé d'un aviron, les empêchait de remonter sur le navire, « *les preschoit éloquentement, leur remonstrant par lieux de rhétorique les misères de ce monde, affirmant plus heureux estre les trespassés que les vivants en ceste vallée de misère.* »

Dans l'application, ces mots : *Moutons de Panurge*, désignent ceux qui s'empressent de faire une chose par esprit d'imitation.

Nourri dans le sérail, j'en connais les détours.

Vers de Racine dans *Bajazet*, acte IV, scène VII. Le vizir Acomat, sur le point d'accomplir une révolution pendant l'absence du sultan Amurat, s'adresse à son confident :

D'amis et de soldats une troupe hardie
Aux portes du palais attend notre sortie ;
La sultane, d'ailleurs, se fie à mes discours ;
Nourri dans le sérail, j'en connais les détours ;
Je sais de Bajazet l'ordinaire demeure ;
Ne tardons plus, marchons ; et s'il faut que je meure,

Mourons : moi, cher Osmin, comme un vizir, et toi
Comme le favori d'un homme tel que moi.

Dans l'application, ce vers signifie qu'une longue habitude nous donne la profonde connaissance d'une chose compliquée, composée d'une multitude de détails, comme la chicane, la politique, l'administration, etc.

Nous avons changé tout cela, mots tirés de la scène si plaisante du *Médecin malgré lui*, où Sganarelle donne une théorie toute nouvelle de l'intérieur du corps humain : « Or, ces vapeurs dont je vous parle venant à passer du côté droit, où est le cœur, au côté gauche, où est le foie... » Le bonhomme Géronte est ébloui de cette magnifique tirade ; et il ne lui reste qu'un petit scrupule, qu'il soumet timidement à Sganarelle : « On ne peut pas mieux raisonner, sans doute. Il n'y a qu'une seule chose qui m'a choqué : c'est l'endroit du foie et du cœur. Il me semble que vous les placez autrement qu'ils ne sont ; que le cœur est du côté gauche, et le foie du côté droit.

SGANARELLE.

« Oui, cela était autrefois ainsi ; mais *nous avons changé tout cela*, et nous faisons maintenant la médecine d'une manière toute nouvelle. »

Dans l'application, ces mots : *Nous avons changé tout cela*, se disent ironiquement d'une réforme opérée contrairement à la logique, au bon sens, à la morale, etc.

Nous sommes tous d'Athène en ce point.

Vers de la fable de La Fontaine, *le Pouvoir des Fables*, dans laquelle, après avoir fait ressortir la frivolité athénienne, qui s'arrête à des contes d'enfants plutôt qu'aux paroles sérieuses d'un orateur, il se fait Athénien lui-même et s'écrie naïvement :

Nous sommes tous d'Athène en ce point, et moi-même,
Au moment où je fais cette moralité,
Si *Peau d'âne* m'était conté,
J'y prendrais un plaisir extrême.

Dans l'application, ce vers est un aveu par lequel on ne se reconnaît pas exempt de la légèreté de ceux qui, en littérature, en politique, dans les beaux-arts, négligent le sérieux pour s'attacher à des bagatelles qui leur plaisent.

Nul n'aura de l'esprit, hors nous et nos amis.

Vers de Molière, dans *les Femmes savantes*, acte III, scène II. Armande, Bélise et Philaminte, en compagnie de Trissotin, forment le plan d'une Académie au moyen de laquelle elles se proposent de faire sortir la femme de l'infériorité littéraire, philosophique et scientifique dans laquelle l'homme la tient depuis trop longtemps ; où elles seront les oracles du bel esprit et les distributrices des réputations :

Platon s'est au projet simplement arrêté,
Quand de sa *République* il a fait le traité ;
Mais à l'effet entier je veux pousser l'idée
Que j'ai sur le papier en prose accommodée ;
Car enfin je me sens un étrange dépit
Du tort que l'on nous fait du côté de l'esprit ;
Et je veux nous venger, toutes tant que nous sommes,
De cette indigne classe où nous rangent les hommes,

Pradon comme un soleil en nos ans a paru;
Pelletier écrit mieux qu'Ablancourt ni Patru;
Cotin, à ses sermons traînant toute la terre,
Fend des flots d'auditeurs pour aller à sa chaire;
Sofal est le phénix des esprits relevés;
Perrin... Bon, mon esprit! Courage! poursuivez!
Mais ne voyez-vous pas que leur troupe en furie
Va prendre encor ces vers pour une raillerie?
Et Dieu sait aussitôt que d'auteurs en courroux,
Que de rimeurs blessés s'en vont fondre sur vous!
Vous les verrez bientôt, féconds en impostures,
Amasser contre vous des volumes d'injures,
Traiter en vos écrits chaque vers d'attentat
Et d'un mot innocent faire un crime d'État.
Vous aurez beau vanter le roi dans vos ouvrages,
Et de ce nom sacré sanctifier vos pages :
Qui méprise Cotin n'estime point son roi,
Et n'a, selon Cotin, ni Dieu, ni foi, ni loi.

Dans l'application, ces vers si mordants sont dirigés contre ceux qui ont la sotte prétention de mettre leur nullité à l'ombre d'un nom ou d'une chose généralement respectée.

—

Qui nous délivrera des Grecs et des Romains?

Vers célèbre qui sert de début à l'unique élégie de Berchoux.

Le poète s'élève avec une verve des plus comiques contre la tyrannie que la langue et l'histoire des Grecs et des Latins exerçaient sur la littérature de cette époque :

Qui nous délivrera des Grecs et des Romains?
Du sein de leurs tombeaux, ces peuples inhumains
Feront assurément le malheur de ma vie.
Mes amis, écoutez mon discours, je vous prie.
A peine je fus né qu'un maudit rudiment
Poursuivit mon enfance avec acharnement;
La langue des Césars faisait tout mon supplice :
Hélas! je préférais celle de ma nourrice,
Et je me vis fessé pendant dix ans et plus,
Grâces à Cicéron, Tite, Cornélius,
Tous Romains enterrés depuis maintes années,
Dont je maudissais fort les œuvres surannées.

Dans l'application, ce vers exprime admirablement l'ennui, la fatigue que l'on éprouve à entendre vanter constamment tout ce qui a rapport à Rome ou à la Grèce, et, par extension, tout ce qui donne lieu à des répétitions trop fréquentes.

—

Race d'Agamemnon, qui ne finit jamais...

Allusion à un vers de Berchoux, qui sert de pendant à celui que nous venons d'étudier :

Qui nous délivrera des Grecs et des Romains?

On connaît trop la sanglante célébrité des Atrides et l'abus qu'en ont fait les tragiques, pour qu'il soit besoin de commenter ce vers.

Dans l'application, il désigne une suite d'hommes appartenant à la même famille, et qui se distinguent par des succès du même genre. C'est en ce sens qu'un ancien proviseur de Louis-le-Grand, voyant depuis cinq ou six ans les premiers prix du concours général invariablement remportés par les frères Taillandier du lycée Charlemagne, s'écria un jour plaisamment :

> Race de Taillandier, qui ne finit jamais!...

—

> **Rarement à courir le monde**
> **On devient plus homme de bien.**

Vers tirés de Régnier-Desmarets, dans son *Voyage à Munich*. Le poète, parlant du Danube, qui voit autant de religions qu'il parcourt de contrées, s'exprime ainsi :

> Déjà nous avons vu le Danube inconstant,
> Qui, tantôt catholique et tantôt protestant,
> Sert Rome et Luther de son onde,
> Et qui, comptant après pour rien
> Le romain, le luthérien,
> Finit sa course vagabonde
> Par n'être pas même chrétien :
> *Rarement à courir le monde*
> *On devient plus homme de bien.*

Le poète Gresset faisait évidemment allusion à ces vers quand, avant de raconter le fameux voyage du perroquet Vert-Vert sur la Loire, il a dit :

> Dans maint auteur de science profonde,
> J'ai lu qu'on perd à trop courir le monde.

—

Renard qui a la queue coupée (LE), titre d'une fable de La Fontaine, où un vieux renard des plus fins, ayant laissé sa queue dans un piége, saisit l'occasion d'un grand conseil tenu par tous ceux de sa race pour les inviter à se couper la queue, sous prétexte qu'elle n'est pour eux qu'un embarras, un poids inutile,

> Qui s'en va balayant tous les sentiers fangeux ;

mais chacun devine la cause de cette proposition saugrenue :

> Votre avis est fort bon, dit quelqu'un de la troupe ;
> Mais tournez-vous, de grâce, et l'on vous répondra.
> A ces mots, il se fit une telle huée
> Que le pauvre écourté ne put être entendu.

Les allusions à ce conseil intéressé sont fréquentes : elles caractérisent la jalousie qui ne peut supporter chez autrui un avantage, une satisfaction, un plaisir dont elle est elle-même privée.

—

Revenir à ses moutons, expression tirée d'une des plus charmantes farces de tréteaux du moyen âge, l'*Avocat Pathelin*, rajeunie plusieurs fois sur notre scène, et qui amusera probablement encore pendant longtemps nos petits-fils. M. Guillaume, plaidant contre son berger, qu'il accuse de lui avoir volé des moutons, reconnaît dans l'avocat de l'accusé maître Pathelin, qui lui a emporté six aunes de drap sans les payer. La stupéfaction trouble ses idées ; il embrouille les deux affaires et mêle à sa plaidoirie sur les moutons le drap, l'avocat et toutes les circonstances de l'achat. Le bailli, qui ne comprend rien à cet amphigouri, interrompt à chaque instant le plaideur pour lui crier avec impatience : « Mais, monsieur Guillaume, *revenez donc à vos moutons !* »

Dans l'application, cette phrase, l'une des plus fréquemment employées dans notre langue, signifie reprendre un discours interrompu, revenir à son sujet.

***

Rien ne sert de courir, il faut partir à point.

Premier vers de la fable de La Fontaine, *le Lièvre et la Tortue :*

> « Gageons, dit celle-ci, que vous n'atteindrez point
> Sitôt que moi ce but. — Sitôt ! êtes-vous sage ?
> Repartit l'animal léger :
> Ma commère, il faut vous purger
> Avec quatre grains d'ellébore.
> — Sage ou non, je parie encore. »
> Ainsi fut fait ; et de tous deux
> On mit près du but les enjeux.

> Notre lièvre n'avait que quatre pas à faire.

> . . . . il laisse la tortue
> Aller son train de sénateur.
> Elle part, elle s'évertue,
> Elle se hâte avec lenteur.

> Lui, cependant, méprise une telle victoire.

> . . . . Il broute, il se repose ;
> Il s'amuse à toute autre chose
> Qu'à la gageure. A la fin, quand il vit
> Que l'autre touchait presque au bout de la carrière,
> Il partit comme un trait ; mais les élans qu'il fit
> Furent vains : la tortue arriva la première.
> « Eh bien ! lui cria-t-elle, avais-je pas raison ?
> De quoi vous sert votre vitesse ?
> Moi l'emporter ! et que serait-ce
> Si vous portiez une maison ? »

C'est le cas de répéter :

> Rien ne sert de courir, il faut partir à point.

Application facile.

***

Rodrigue, as-tu du cœur ?

Hémistiche de Corneille, dans le *Cid*, acte Ier, scène v. Le vieux don Diègue, insulté par le comte de Gormas, veut charger son fils du soin de sa vengeance, et ces mots sont les premiers qu'il lui adresse.

Les allusions à cet hémistiche se font presque toujours sous une forme plaisante ou familière.

***

Rome n'est plus dans Rome, elle est toute où je suis.

Vers de Corneille dans sa tragédie de *Sertorius*, acte III, scène II. Sertorius, révolté contre Rome, occupe l'Espagne à la tête d'une armée aguerrie. Pompée, envoyé pour le combattre, lui demande une entrevue. Dans cette scène, qui est à la hauteur des plus belles de *Cinna* et des *Horaces*, Pompée s'efforce de ramener Sertorius à la soumission, et lui dit :

> Une seconde fois : n'est-il aucune voie
> Par où je puisse à Rome emporter quelque joie ?
> Elle serait extrême à trouver les moyens
> De rendre un si grand homme à ses concitoyens.

Il est doux de revoir les murs de la patrie...
C'est elle par ma voix, seigneur, qui vous en prie;
C'est Rome...

SERTORIUS.

Le séjour de votre potentat,
Qui n'a que ses fureurs pour maximes d'État!
Je n'appelle plus Rome un enclos de murailles
Que ses proscriptions couvrent de funérailles;
Ces murs dont le destin fut autrefois si beau
N'en sont que la prison ou plutôt le tombeau:
Mais, pour revivre ailleurs dans sa première force,
Avec les faux Romains elle a fait plein divorce;
Et, comme autour de moi j'ai tous ses vrais appuis,
Rome n'est plus dans Rome, elle est toute où je suis.

Dans l'application, ce vers a deux sens: quand on ne cite que le premier hémistiche, c'est pour indiquer un déplacement de personnes appartenant à une même société, une même administration, une même compagnie, un même pays, etc.: « Dans la saison des eaux, toute la haute société parisienne est à Bade, à Vichy, aux Pyrénées, en Italie: *Rome n'est plus dans Rome.* » Quand on cite le vers en entier, c'est toujours pour indiquer, sous une forme plaisante, la prétention de résumer en soi seul une opinion, une doctrine, un sentiment, etc.

———

Sac de Scapin (LE), allusion à une des *fourberies de Scapin* dans la pièce de ce nom.

Scapin, qui veut se venger de Géronte, l'enveloppe dans un sac, sous prétexte de le dérober à la colère d'un spadassin, et, en contrefaisant sa voix, il lui administre force coups de bâton. C'est une des scènes les plus bouffonnes du grand comique. Mais ces bouffonneries choquaient le goût sévère de Boileau, qui en a repris vertement son ami dans l'*Art poétique:*

Dans ce sac ridicule où Scapin s'enveloppe,
Je ne reconnais plus l'auteur du *Misanthrope.*

Dans l'application, le *sac de Scapin* est le trait vulgaire et presque grossier qui contraste trop avec la distinction d'esprit et de manière que l'on est accoutumé à rencontrer chez quelqu'un. Cela se dit particulièrement d'un auteur.

Sans dot, mots d'un comique achevé dans l'*Avare* de Molière. Harpagon veut marier sa fille au vieux seigneur Anselme. Élise se refuse à cette union disproportionnée. Au milieu de leur discussion, entre Valère, qui aime la jeune Élise et qui en est aimé; Harpagon, qui ignore ce sentiment réciproque, prend Valère pour juge.

HARPAGON.

Le seigneur Anselme est un parti considérable; c'est un gentilhomme qui est noble, doux, posé, sage et fort riche. Saurait-elle mieux rencontrer?

VALÈRE.

Cela est vrai. Mais elle pourrait vous dire que c'est un peu précipiter les choses, et qu'il faudrait au moins quelque temps pour voir si son inclination pourrait s'accommoder avec...

HARPAGON.

C'est une occasion qu'il faut prendre vite par les cheveux. Je trouve ici un avantage qu'ailleurs je ne trouverais pas, et il s'engage à la prendre *sans dot.*

VALÈRE.

Sans dot?

HARPAGON.

Oui.

VALÈRE.

Ah ! je ne dis plus rien. Voyez-vous ? voilà une raison tout à fait convaincante ; il faut se rendre à cela.

HARPAGON.

C'est pour moi une épargne considérable.

VALÈRE.

Assurément ; cela ne reçoit point de contradiction. Il est vrai que votre fille vous peut représenter que le mariage est une plus grande affaire qu'on ne peut croire ; qu'il y va d'être heureux ou malheureux toute sa vie ; et qu'un engagement qui doit durer jusqu'à la mort ne se doit jamais faire qu'avec de grandes précautions.

HARPAGON.

Sans dot !

VALÈRE.

Vous avez raison : voilà qui décide tout ; cela s'entend. Il y a des gens qui pourraient vous dire qu'en de telles occasions l'inclination d'une fille est une chose, sans doute, où l'on doit avoir de l'égard ; et que cette grande inégalité d'âge, d'humeur et de sentiments...

HARPAGON.

Sans dot !

VALÈRE.

Ah ! il n'y a pas de réplique à cela ; on le sait bien. Qui diantre peut aller là contre ? Ce n'est pas qu'il n'y ait quantité de pères qui aimeraient mieux ménager la satisfaction de leurs filles que l'argent qu'ils pourraient donner ; qui ne les voudraient point sacrifier à l'intérêt, et chercheraient, plus que toute autre chose, à mettre dans un mariage cette douce conformité qui sans cesse y maintient la tranquillité et la joie ; et que...

HARPAGON.

Sans dot !

VALÈRE.

Il est vrai ; cela ferme la bouche à tout. *Sans dot !* Le moyen de résister à une raison comme celle-là ?

Ce fameux *sans dot*, une des perles les plus précieuses du riche écrin de Molière, est l'objet de fréquentes allusions.

———

... Selon l'usage antique et solennel.
Second vers de la Iᵛᵉ scène du Iᵉʳ acte de l'*Athalie* de Racine :

Oui, je viens dans son temple adorer l'Éternel ;
Je viens, *selon l'usage antique et solennel*,
Célébrer avec vous la fameuse journée
Où, sur le mont Sina, la loi nous fut donnée.

Dans l'application, ce vers se prend dans un sens analogue, mais toujours sur le ton de la plaisanterie.

———

Se retirer dans un fromage de Hollande, allusion à une particularité de la fable de La Fontaine, *le Rat qui s'est retiré du monde*.

Les Levantins, en leur légende,
Disent qu'un certain rat, las des soins d'ici-bas,
Dans un fromage de Hollande
Se retira loin du tracas.

Dans l'application, ces mots se disent de ceux qui se confinent dans un lieu écarté, où ils s'entourent de toutes les jouissances de la vie.

Serpent et la lime (LE), titre d'une fable de La Fontaine. Un serpent pénètre dans la boutique d'un horloger, où il essaye de ronger une lime. Celle-ci, sans se mettre en colère, lui fait remarquer l'impuissance de ses morsures. Le fabuliste ajoute :

> Ceci s'adresse à vous, esprits du dernier ordre,
> Qui, n'étant bons à rien, cherchez surtout à mordre.
> Vous vous tourmentez vainement.
> Croyez-vous que vos dents impriment leurs outrages
> Sur tant de beaux ouvrages?
> Ils sont pour vous d'airain, d'acier, de diamant.

Ce dernier vers rappelle l'*Ære perennius* d'Horace.

Les écrivains font de fréquentes allusions à la vaine tentative du serpent, et ces allusions sont presque toujours à l'adresse des envieux, et particulièrement des zoïles qui s'attaquent aux œuvres du génie.

Sésame, ouvre-toi, formule magique tirée d'un des contes les plus populaires des *Mille et une Nuits*, et qui est passée en proverbe.

Ali-Baba, pauvre artisan d'une ville de Perse, était un jour occupé à ramasser du bois dans une forêt, lorsque quarante voleurs s'arrêtèrent à quelques pas de l'arbre qui le dérobait à leurs regards. Le chef, s'étant avancé vers la porte d'une caverne située en cet endroit même, prononça ces paroles : *Sésame, ouvre-toi*, et aussitôt la porte s'ouvrit, livrant passage aux quarante voleurs. Dès qu'ils furent sortis, Ali-Baba, qui avait entendu la formule cabalistique, s'avança à son tour et répéta : *Sésame, ouvre-toi*. La porte s'ouvrit de nouveau, et Ali-Baba, pénétrant dans l'intérieur, se trouva en présence d'un immense amas de richesses, accumulées depuis de longues années en ce lieu par les voleurs. Il en prit ce qu'il put emporter et se retira, se promettant de faire de fréquentes visites à la caverne.

Ali-Baba et la caverne des quarante voleurs sont demeurés célèbres, et l'on y fait souvent allusion; mais ce sont principalement les mots cabalistiques : *Sésame, ouvre-toi*, qui sont devenus l'objet de fréquentes applications en littérature; on désigne par le moyen prompt, rapide, devant lequel cèdent, comme par magie, toutes les difficultés, la clef qui ouvre toutes les situations et fait pénétrer tous les mystères.

Ses rides sur son front ont gravé ses exploits.

Vers de Corneille, dans le *Cid*, acte Ier, scène 1re. Elvire vante à Chimène la noblesse de la naissance de Rodrigue :

> Don Rodrigue, surtout, n'a trait en son visage
> Qui d'un homme de cœur ne soit la haute image,
> Et sort d'une maison si féconde en guerriers,
> Qu'ils y prennent naissance au milieu des lauriers.
> La valeur de son père, en son temps sans pareille,
> Tant qu'a duré sa force a passé pour merveille;
> *Ses rides sur son front ont gravé ses exploits,*
> Et nous disent encor ce qu'il fut autrefois.

Racine, dans ses *Plaideurs*, a fait une parodie très-spirituelle de ce vers. L'Intimé parle ainsi de son père, qui était huissier :

> . . . Ah! monsieur, si feu mon pauvre père
> Était encor vivant, c'était bien votre affaire !
> Il gagnait en un jour plus qu'un autre en six mois ;
> *Ses rides sur son front gravaient tous ses exploits.*

Les allusions au vers de Corneille sont presque toujours familières et plaisantes.

Si ce n'est toi, c'est donc ton frère.

Vers de La Fontaine, dans la fable le *Loup et l'Agneau*. Le loup, qui veut joindre à la force l'apparence du droit, fait à l'agneau des reproches dénués de raison.

> — ...Je sais que de moi tu médis l'an passé.
> — Comment l'aurais-je fait si je n'étais pas né ?
> Reprit l'agneau : je tette encor ma mère.
> — *Si ce n'est toi, c'est donc ton frère.*
> — Je n'en ai point. — C'est donc quelqu'un des tiens.

Ce vers sert à faire comprendre à quelqu'un que, s'il n'est pas le seul auteur d'une chose, il doit du moins en être le complice ; quelquefois aussi il marque un mauvais argument dans la bouche d'un accusateur prévenu.

Si mes confrères savaient peindre.

Vers de la fable de La Fontaine, *le Lion abattu par l'homme*.

Un lion, voyant dans un tableau un des siens terrassé par un homme, s'écrie :

> Avec plus de raison nous aurions le dessus
> *Si mes confrères savaient peindre.*

Dans l'application, ce vers exprime le regret que l'on éprouve de ne savoir pas manier une arme dont un adversaire fait un usage avantageux.

Soliveau de la fable (LE), allusion à la fable de La Fontaine, *les Grenouilles qui demandent un roi*.

Les grenouilles, lasses de vivre sous le joug paternel du soliveau, que leur avait envoyé Jupiter, demandent à celui-ci

> Un roi qui se remue.
> Le monarque des dieux leur envoie une grue,
> Qui les croque, qui les tue,
> Qui les gobe à son plaisir.

Le *roi soliveau* est resté le type de l'autorité faible et débonnaire, dont les sujets se rebutent, mais qu'ils ne tardent pas à regretter.

Soyons amis, Cinna, c'est moi qui t'en convie.

Vers célèbre de Corneille, dans *Cinna*, acte V, scène III. Auguste, après la scène où il a montré à Cinna qu'il connaît tous les détails de sa conspiration, apprend qu'il est également trahi par ceux qu'il chérit le plus tendrement. C'est alors qu'il s'écrie dans un transport sublime :

> En est-ce assez, ô ciel, et le sort, pour me nuire,
> A-t-il quelqu'un des miens qu'il veuille encor séduire ?
> Qu'il joigne à ses efforts le secours des enfers.
> Je suis maître de moi comme de l'univers :
> Je le suis, je veux l'être ! ô siècles, ô mémoire !
> Conservez à jamais ma dernière victoire ;

> Je triomphe aujourd'hui du plus juste courroux
> De qui le souvenir puisse aller jusqu'à vous.
> *Soyons amis, Cinna, c'est moi qui t'en convie :*
> Comme à mon ennemi je t'ai donné la vie,
> Et, malgré la fureur de ton lâche dessein,
> Je te la donne encor comme à mon assassin.

Dans l'application que l'on fait de ce vers, on ne cite généralement que le premier hémistiche : *Soyons amis, Cinna,* et presque toujours dans un sens plaisant et familier.

———

Tirer les marrons du feu, allusion à une fable de La Fontaine, pour faire entendre que quelqu'un a tout le mal, toute la peine, court tous les dangers dans une entreprise dont un autre recueille les profits. Voyez BERTRAND ET RATON.

———

Tous les genres sont bons, hors le genre ennuyeux, phrase de Voltaire, que l'on prend souvent pour un alexandrin, et qui est une simple ligne de prose dans la préface de l'*Enfant prodigue*.

Dans l'*Univers illustré*, M. Albéric Second a fait de ce passage une variante qui ne manque pas de sel : « Le mariage de M. X..., le moins spirituel et le plus ennuyeux des hommes, avec Mlle N... est rompu. Les choses étaient pourtant fort avancées : bans publiés, corbeille achetée, etc. On en parle, Dieu sait comme! J'ai demandé à la mère de Mlle N... le motif de la rupture, et elle m'a répondu sentencieusement : « Tous les « *gendres* sont bons, hors le *gendre* ennuyeux. »

Cette variante prouve que, dans l'application, le mot *genre* n'est pas toujours respecté, quoique ici il le soit, au jeu de mots près. Mais on pourrait dire, par exemple : Tous les *drames*, tous les *amis*, tous les *banquets*, etc., sont bons, hors les... ennuyeux.

———

...Tout dort, et l'armée, et les vents, et Neptune.

Vers de Racine dans *Iphigénie*, acte 1er, scène 1re. Agamemnon éveille son confident Arcas, qui s'étonne de le voir apparaître longtemps avant le jour :

> Quel important besoin
> Vous a fait devancer l'aurore de si loin?
> A peine un faible jour vous éclaire et me guide;
> Vos yeux seuls et les miens sont ouverts dans l'Aulide.
> Avez-vous dans les airs entendu quelque bruit?
> Les vents nous auraient-ils exaucés cette nuit?
> Mais *tout dort, et l'armée, et les vents, et Neptune.*

Dans l'application, ce vers se cite tantôt dans un sens analogue, pour signifier un repos, un sommeil général; tantôt pour désigner une accalmie politique; mais le plus souvent il se produit d'une manière plaisante pour caractériser un silence absolu et inusité.

———

Tout finit par des chansons.

Vers célèbre d'un couplet du *Mariage de Figaro*, comédie de Beaumarchais, et chanté par Brid'oison, en bégayant, comme toujours :

> Eh! messieurs, la comédie
> Que l'on juge en ce-et instant,
> Sauf erreur, nous pein-eint la vie
> Du bon peuple qui l'entend.
> Qu'on l'opprime, il peste, il crie,

> Il s'agite en cent fa-açons;
> *Tout fini-it par des chansons.*

Ce vers caractérise, d'une manière tout à la fois juste et comique, la frivolité particulière au caractère français, qui finit par ne plus trouver que matière à chansons dans les événements les plus sérieux, et même les plus tristes, comme le prouve la complainte de *Malbrough*.

———

Tout Paris pour Chimène a les yeux de Rodrigue.

Vers de Boileau dans sa IXe satire (*A mon esprit*).

Dans sa fameuse sortie contre Chapelain, Boileau dit que ce n'est pas la critique qui fait tomber un auteur quand il produit de bonnes pièces; le public sait alors le dédommager de ces injustes attaques :

> Quand un livre au Palais se vend et se débite,
> Que chacun par ses yeux juge de son mérite,
> Que Bilaine l'étale au deuxième pilier,
> Le dégoût d'un censeur peut-il le décrier ?
> En vain contre le *Cid* un ministre se ligue :
> *Tout Paris pour Chimène a les yeux de Rodrigue.*
> L'Académie en corps a beau le censurer,
> Le public révolté s'obstine à l'admirer.

Dans l'application, ce vers exprime la passion aveugle, l'engouement d'un parti, d'un pays, pour une chose quelconque.

———

Tu l'as voulu, Georges Dandin! exclamation plaisante de repentir que pousse Georges Dandin, dans la pièce de ce nom, de Molière, au moment où lui apparaît dans toute son évidence la sottise qu'il a commise en s'alliant à une femme de condition supérieure à la sienne.

Dans l'application, ces mots expriment un plaisant *mea culpa*, ou bien encore un blâme adressé à une faute trop maladroite pour exciter la sympathie ou la pitié.

———

. . . . Un endroit écarté
Où d'être homme d'honneur on ait la liberté.

Vers du *Misanthrope*, acte V, scène VIII, qui achèvent de peindre le caractère d'Alceste. Le misanthrope, furieux contre Célimène, qui, à vingt ans, refuse d'aller s'ensevelir avec lui dans un désert, lance sa dernière boutade :

> Trahi de toutes parts, accablé d'injustices,
> Je vais sortir d'un gouffre où triomphent les vices,
> Et chercher sur la terre *un endroit écarté*
> *Où d'être homme d'honneur on ait la liberté.*

Dans l'application, les mots *homme d'honneur* varient presque toujours.

———

Un frère est un ami donné par la nature.

Vers de la *Mort d'Abel*, tragédie de Legouvé père. C'est Caïn qui parle :

> Oui, le titre de frère est un nœud si sacré,
> Qu'en voulant le briser au ciel on fait injure :
> *Un frère est un ami donné par la nature.*

Si l'on en croit Ch. Nodier, Legouvé aurait emprunté de toutes pièces ce beau vers à un certain Baudouin, poète tout à fait inconnu, qui faisait le commerce d'épicerie à Saint-Germain-en-Laye. Baudouin, dans une tragédie intitulée *Démétrius*, faisait dire à un de ses personnages :

17

Ah ! le doux nom de frère est un titre si saint
Qu'en osant l'offenser au ciel on fait injure :
Un frère est un ami donné par la nature.

Ce vers a été l'objet de variantes plus ou moins comiques :

Un *père* est un *banquier* donné par la nature,
Un *oncle* est un *caissier,* etc.

C'est, pour l'ordinaire, dans ce sens plaisant que se font les allusions.

———

Un je ne sais quoi qui n'a plus de nom dans aucune langue, célèbre expression de Bossuet, dans son oraison funèbre de Henriette d'Angleterre : « La voilà, malgré son grand cœur, cette princesse si admirée et si chérie ; la voilà telle que la mort nous l'a faite ! Encore ce reste, tel quel, va disparaître ; cette ombre de gloire va s'évanouir, et nous l'allons voir dépouillée même de cette triste décoration. Elle va descendre à ces sombres lieux, à ces demeures souterraines, pour y dormir dans la poussière avec les grands de la terre, comme parle Job, avec ces rois et ces princes anéantis, parmi lesquels à peine peut-on la placer, tant les rangs y sont pressés, tant la mort est prompte à remplir ces places ! Mais ici notre imagination nous abuse encore : la mort ne nous laisse pas assez de corps pour occuper quelque place, et on ne voit là que les tombeaux qui fassent figure. Notre chair change bientôt de nature, notre corps prend un autre nom : même celui de cadavre, dit Tertullien, parce qu'il nous montre encore quelque forme humaine, ne lui demeure pas longtemps : *Il devient un je ne sais quoi qui n'a plus de nom dans aucune langue ;* tant il est vrai que tout meurt en lui, jusqu'à ces termes funèbres par lesquels on exprimait ces malheureux restes. »

Dans l'application, ces mots du grand orateur se disent d'une chose si confuse, si défigurée, qu'il est impossible de la désigner, de la caractériser d'une manière quelconque.

———

Un saint homme de chat.

Hémistiche de la fable de La Fontaine *le Chat, la Belette et le petit Lapin.* La belette et le lapin, en contestation, s'en rapportent au jugement de Grippeminaud :

C'était un chat vivant comme un dévot ermite :
Un chat faisant la chattemite ;
Un saint homme de chat, bien fourré, gros et gras.

Celui-ci leur dit d'approcher, qu'il est sourd, que les ans en sont la cause :

L'un et l'autre approcha, ne craignant nulle chose.
Aussitôt qu'à portée il vit les contestants,
Grippeminaud, le bon apôtre,
Jetant des deux côtés la griffe en même temps,
Mit les plaideurs d'accord en croquant l'un et l'autre.

Dans l'application, ces mots : *un saint homme de chat,* caractérisent l'hypocrisie et la méchanceté cachées sous des apparences de douceur et de bonhomie.

———

Vendre la peau de l'ours, allusion à la fable de La Fontaine *l'Ours et les deux Compagnons.* Ceux-ci ont vendu au fourreur, leur voisin, la peau d'un ours encore vivant, mais qu'ils s'engagent à tuer sous deux jours. Ils se mettent alors en campagne, et aperçoivent de loin l'ours qui accourt vers eux.

> Voilà mes gens frappés comme d'un coup de foudre,
> Le marché ne tint pas ; il fallut le résoudre :
> D'intérêts contre l'ours, on n'en dit pas un mot.
> L'un des deux compagnons grimpe au faîte d'un arbre ;
> L'autre, plus froid que n'est un marbre,
> Se couche sur le nez, fait le mort, tient son vent,
> Ayant quelque part ouï dire
> Que l'ours s'acharne peu souvent
> Sur un corps qui ne vit, ne meut, ni ne respire.
> Seigneur ours, comme un sot, donna dans ce panneau :
> Il voit ce corps gisant, le croit privé de vie ;
> Et, de peur de supercherie,
> Le tourne, le retourne, approche son museau,
> Flaire aux passages de l'haleine.
> C'est, dit-il, un cadavre ; ôtons-nous, car il sent.
> A ces mots, l'ours s'en va dans la forêt prochaine.
> L'un de nos deux marchands de son arbre descend,
> Court à son compagnon, lui dit que c'est merveille
> Qu'il n'ait eu seulement que la peur pour tout mal.
> — Eh bien ! ajouta-t-il, la peau de l'animal ?
> Mais que t'a-t-il dit à l'oreille ?
> Car il s'approchait de bien près,
> Te retournant avec sa serre.
> — Il m'a dit qu'il ne faut jamais
> *Vendre la peau de l'ours qu'on ne l'ait mis par terre.*

Cette façon d'amener plaisamment la moralité de l'apologue caractérise on ne peut mieux le talent naïf et malin de La Fontaine.

Dans l'application, ces mots : *Vendre la peau de l'ours*, signifient qu'il ne faut pas disposer d'une chose avant de la posséder, ni se flatter trop tôt d'un succès incertain.

Vérité en deçà, erreur au delà, mot de Pascal dans ses *Pensées :* « On ne voit presque rien de juste ou d'injuste qui ne change de qualité en changeant de climat. Trois degrés d'élévation du pôle renversent toute la jurisprudence. Un méridien décide de la vérité, ou peu d'années de possession. Les lois fondamentales changent ; le droit a ses époques. Plaisante justice, qu'une rivière ou une montagne borne! *Vérité en deçà des Pyrénées, erreur au delà!* »

Ces mots servent à expliquer, d'une manière plus ou moins exacte, la différence que les hommes ou les peuples divers attachent aux idées opposées de bien et de mal, d'erreur et de vérité, etc.

Vive le Roi! vive la Ligue!

Vers de La Fontaine dans la fable *la Chauve-Souris et les deux Belettes,* inspiré par le souvenir des troubles qui signalèrent le règne de Henri III, à l'époque de la Ligue, dont le chef fut le duc de Guise soutenu par les Espagnols, lequel s'efforça de renverser les Valois.'

Dans l'application, ce vers peut servir de devise aux âmes pusillanimes, aux caméléons politiques qui affichent successivement les couleurs de tous les partis, et cela au gré des circonstances et de leurs intérêts.

Voilà justement pourquoi votre fille est muette, allusion à un des passages les plus comiques du *Médecin malgré lui,* comédie de Molière. Sganarelle vient d'être appelé en qualité de médecin auprès de Géronte, dont la fille feint d'être muette. Sganarelle, qui voit l'ignorance de Géronte, se livre, avec un sérieux des plus comiques, aux raisonnements les plus bouffons : « Or, ces vapeurs dont je vous parle venant à passer du côté gauche, où est le foie, au côté droit, où est le cœur, il se trouve que le poumon, que nous appelons en latin *armyan*, ayant communication avec le cerveau, que nous appelons en grec *nasmus*, par le moyen de la veine cave, que nous appelons en hébreu *cubile*, rencontre en son chemin lesdites vapeurs qui remplissent les ventricules de l'omoplate; et parce que lesdites vapeurs... comprenez bien ce raisonnement, je vous prie;... et parce que lesdites vapeurs ont certaine malignité... écoutez bien ceci, je vous conjure..., ont une certaine malignité qui est causée... soyez attentif, s'il vous plaît..., qui est causée par l'âcreté des humeurs engendrées dans la concavité du diaphragme, il arrive que ces vapeurs... *Ossabundus, nequeis, potarinum, quipsa milus : Voilà justement ce qui fait que votre fille est muette.* »

Dans l'application, ces mots servent à caractériser ces explications prétentieuses, obscures, qui cachent l'ignorance et qui n'expliquent rien. C'est une des applications littéraires les plus fréquemment employées.

———

**Vous chantiez, j'en suis fort aise;
Eh bien! dansez maintenant.**

Réponse ironique de la fourmi à la cigale, qui vient la prier de lui prêter
    Quelque grain pour subsister
    Jusqu'à la saison nouvelle.

Dans l'application, ces deux vers expriment, comme dans la fable, un dur reproche d'imprévoyance.

———

Vous êtes orfévre, monsieur Josse, allusion à l'un des mots les plus fins et les plus justes de Molière, dans l'*Amour médecin*, acte Ier, sc. Ire.

Sganarelle a une fille unique, qui est tombée dans une sombre mélancolie. Il consulte deux de ses voisins, M. Guillaume, tapissier, et M. Josse, orfévre, sur les moyens de dissiper ce chagrin :

M. JOSSE.

Pour moi, je tiens que la braverie (la toilette) et l'ajustement est la chose qui réjouit le plus les filles; et si j'étais que de vous, je lui achèterais, dès aujourd'hui, une belle garniture de diamants, ou de rubis, ou d'émeraudes.

M. GUILLAUME.

Et moi, si j'étais en votre place, j'achèterais une belle tenture de tapisserie de verdure, ou à personnages, que je ferais mettre à sa chambre, pour lui réjouir l'esprit et la vue.

SGANARELLE.

Ces conseils sont admirables, assurément; mais je les tiens un peu intéressés, et trouve que vous me conseillez fort bien pour vous. *Vous êtes orfévre, monsieur Josse;* et votre conseil sent son homme qui a envie de se défaire de sa marchandise. Vous vendez des tapisseries, monsieur Guillaume, et vous avez la mine d'avoir quelque tenture qui vous incommode.

Dans l'application, ces mots : *Vous êtes orfévre, monsieur Josse*, caractérisent de la manière la plus pittoresque un intérêt qui se cache sous les apparences d'un conseil désintéressé.

FIN.

TABLE DES MATIÈRES

Les chiffres renvoient aux numéros, et non aux pages.

PARIS. — IMPRIMERIE PIERRE LAROUSSE, RUE NOTRE-DAME-DES-CHAMPS, 49.

www.ingramcontent.com/pod-product-compliance
Lightning Source LLC
Chambersburg PA
CBHW071617270326
41928CB00010B/1660